"庆祝河南大学建校110周年统一战线纪事系列丛书"
编辑委员会

- **主　任**　卢克平　宋纯鹏　张锁江
- **副主任**　张宝明　季　波
- **委　员**　谭　贞　许绍康　孙君健　孙功奇　杨朝阳　王学路
　　　　　　冯淑霞　傅声雷　张立新　李文山　裴　强　方　蒙
- **主　编**　李文山
- **副主编**　于红英　王春晓　刘百陆
- **编　者**　于红英　王春晓　刘百陆　赵克强　李龙国　李　婧

庆祝河南大学建校110周年统一战线纪事系列丛书

HENAN DAXUE
TONGZHAN YI WANG

河南大学统战忆往

河南大学党委统战部／编

李文山／主编

河南大学出版社
HENAN UNIVERSITY PRESS
·郑州·

图书在版编目(CIP)数据

河南大学统战忆往 / 河南大学党委统战部编.
郑州：河南大学出版社，2024.8. -- ISBN 978-7-5649-6050-6

Ⅰ．D613

中国国家版本馆 CIP 数据核字第 202455Q2M1 号

责任编辑　陈　巧
责任校对　孙增科
封面设计　高枫叶

出　版	河南大学出版社		
	地址：郑州市郑东新区商务外环中华大厦 2401 号	邮编：450046	
	电话：0371-86059701（营销部）	网址：hupress.henu.edu.cn	
排　版	郑州市今日文教印制有限公司		
印　刷	广东虎彩云印刷有限公司		
版　次	2024 年 8 月第 1 版	印　次	2024 年 8 月第 1 次印刷
开　本	787 mm×1092 mm　1/16	印　张	27.5
字　数	475 千字	定　价	79.00 元

（本书如有印装质量问题，请与河南大学出版社营销部联系调换。）

序

一部百年河大史,是河南大学与社会各界人士风雨同舟、肝胆相照的奋斗史,也是河南大学统一战线紧跟党的步伐,践行初心使命,不断守正创新的创业史。百十年来,河南大学六易校址,九易校名,历经磨难仍生生不息,有赖于"济济多士、风雨一堂"的荣辱与共,有赖于"兼容并包、海纳百川"的涵养气度,有赖于凝聚人心、汇聚力量的统一战线。

河南大学是全国高校中统一战线工作开展较早的高校之一。河南大学的统一战线工作始终坚持在党的领导下,紧盯国家和社会需求,围绕中心,服务大局,根据党在不同历史时期的任务、路线、方针、政策,革故鼎新,继往开来,为推动党的统战工作和河南教育领域抗日民族统一战线的发展作出了重要贡献。1925年,中国共产党的主要创始人之一李大钊在河南大学作了《大英帝国主义者侵略中国史》的演讲,为中国共产党统一战线理论的发展作出了重要贡献。在抗日战争和解放战争时期,河南大学师生高举人民民主统一战线的旗帜,成为中原地区凝聚、扩大全民族抗战,促进人民民主革命胜利的重要力量。新中国成立以来,在革命、建设、改革、新时代的不同历史时期,河南大学始终把统一战线摆在重要位置,以统一战线凝聚各方力量和智慧,为改革开放和中国特色社会主义现代化建设,为全面建设社会主义现代化国家、实现中华民族伟大复兴服务。

2022年9月25日,河南大学迎来110周年华诞,中国特色、世界一流、中原风格的世界一流大学建设正在加快推进。站在这一历史性时刻,回溯过往、总结经验,展现河南大学统战工作的历史风貌,宣传党外人士参政议政、服务社会、服务高等教育的成绩;接续历史文脉,传承河南大学的统战文化,引导广大统战成员继承和弘扬优良传统,汇聚起建设世界一流大学的磅礴力量,无疑对河南大学乃至于全省高校统战工作的新局面都有着重要的历史价值和现实意义。

因此,我们选取了河南大学统战史上有较大影响的人物、民主党派、统战团体等,或述其人,或考其史,汇编出版"庆祝河南大学建校110周年统一战线纪事系列丛书"。《河南大学统战忆往》即为丛书之一种,本着宁繁勿略的原则,考核史实、订正疏误,编订河南大学统一战线纪事以为补充,供后人查询。百年风华启新程,以史为鉴创未来。

谨以此书献给长期致力于统战工作的先贤!

谨以此书献给河南大学110岁华诞!

本书编辑委员会

2022年9月

目 录

一、党派团体篇

中国国民党革命委员会河南大学支部 …………………………………（ 3 ）
中国民主同盟河南大学委员会 ……………………………………………（ 7 ）
中国民主建国会河南大学总支部委员会 …………………………………（ 12 ）
中国民主促进会河南大学总支部委员会 …………………………………（ 16 ）
中国农工民主党河南大学委员会 …………………………………………（ 20 ）
九三学社河南大学委员会 …………………………………………………（ 26 ）
河南大学台湾同胞联谊会 …………………………………………………（ 34 ）
河南大学归国华侨联合会 …………………………………………………（ 38 ）
河南大学党外知识分子联谊会 ……………………………………………（ 41 ）
河南大学欧美同学会(河南大学留学人员联谊会) ………………………（ 45 ）

二、代表人物篇

丁 立 …………………………………………………………………………（ 53 ）
丁轸宇 …………………………………………………………………………（ 55 ）
于安澜 …………………………………………………………………………（ 57 ）
马运杰 …………………………………………………………………………（ 59 ）
马尚文 …………………………………………………………………………（ 61 ）
王 威 …………………………………………………………………………（ 64 ）

王立权 …………………………………………………………（67）
王汉澜 …………………………………………………………（69）
王寿庭 …………………………………………………………（71）
王拱璧 …………………………………………………………（73）
王梦隐 …………………………………………………………（76）
王曾选 …………………………………………………………（79）
王毅斋 …………………………………………………………（81）
牛庸懋 …………………………………………………………（84）
毛健予 …………………………………………………………（86）
卢治国 …………………………………………………………（89）
叶桐轩 …………………………………………………………（92）
田淑民 …………………………………………………………（95）
丘菊贤 …………………………………………………………（97）
邢治平 …………………………………………………………（99）
朱自强 …………………………………………………………（101）
朱伯俊 …………………………………………………………（103）
任访秋 …………………………………………………………（105）
华锺彦 …………………………………………………………（107）
全石琳 …………………………………………………………（109）
刘积学 …………………………………………………………（111）
刘葆庆 …………………………………………………………（113）
关梦觉 …………………………………………………………（115）
许　钧 …………………………………………………………（117）
孙心一 …………………………………………………………（119）
孙作云 …………………………………………………………（122）
孙应康 …………………………………………………………（126）
孙海波 …………………………………………………………（128）
杜　俊 …………………………………………………………（130）
杜孟模 …………………………………………………………（133）

杜瑞玺	(135)
李　靖	(137)
李丙寅	(139)
李式金	(141)
李光一	(143)
李明恒	(145)
李秉德	(147)
李性让	(150)
李俊甫	(152)
李赋都	(155)
李湍波	(157)
李廉方	(160)
李嘉言	(163)
李燕亭	(165)
杨震华	(167)
吴绍骙	(169)
宋泽生	(172)
宋鸿藻	(174)
宋景昌	(176)
张友铭	(178)
张文甫	(179)
张仲鲁	(181)
张明旭	(184)
张绍良	(186)
张恒渤	(187)
张振犁	(189)
张增坤	(191)
张邃青	(192)
陈仲凡	(194)

陈际轩 …………………………………………………………（196）

陈梓北 …………………………………………………………（197）

陈慰儒 …………………………………………………………（199）

武慕姚 …………………………………………………………（201）

周守正 …………………………………………………………（204）

周焕章 …………………………………………………………（206）

郑子祯 …………………………………………………………（208）

单毓华 …………………………………………………………（210）

孟宪德 …………………………………………………………（211）

赵子佩 …………………………………………………………（214）

赵天吏 …………………………………………………………（216）

赵希鼎 …………………………………………………………（218）

郝士英 …………………………………………………………（221）

荣铁生 …………………………………………………………（223）

胡石青 …………………………………………………………（225）

胡思庸 …………………………………………………………（227）

胡雄定 …………………………………………………………（232）

钟　瑛 …………………………………………………………（235）

段再丕 …………………………………………………………（236）

姚瀛艇 …………………………………………………………（238）

秦佩珩 …………………………………………………………（240）

聂连增 …………………………………………………………（243）

夏一图 …………………………………………………………（245）

钱　衡 …………………………………………………………（247）

钱天起 …………………………………………………………（249）

高　文 …………………………………………………………（251）

郭人民 …………………………………………………………（253）

郭庆棻 …………………………………………………………（255）

郭者宜 …………………………………………………………（258）

郭豫才 …………………………………………………………………… (259)

唐嘉弘 …………………………………………………………………… (261)

陶述曾 …………………………………………………………………… (263)

黄平权 …………………………………………………………………… (267)

黄敦慈 …………………………………………………………………… (268)

黄魁吾 …………………………………………………………………… (270)

常剑峤 …………………………………………………………………… (272)

阎仲彝 …………………………………………………………………… (274)

梁冰潜 …………………………………………………………………… (278)

彭芳草 …………………………………………………………………… (281)

葛　洪 …………………………………………………………………… (283)

董民声 …………………………………………………………………… (284)

傅铜文 …………………………………………………………………… (288)

傅桐生 …………………………………………………………………… (290)

傅蔚霞 …………………………………………………………………… (292)

谢孟刚 …………………………………………………………………… (294)

谢瑞阶 …………………………………………………………………… (297)

楚图南 …………………………………………………………………… (300)

蔡兴元 …………………………………………………………………… (303)

管葆真 …………………………………………………………………… (305)

穆青田 …………………………………………………………………… (307)

鞠秀熙 …………………………………………………………………… (309)

三、工作纪事篇

2000 年以前 …………………………………………………………… (313)

2001 年 ………………………………………………………………… (319)

2002 年 ………………………………………………………………… (320)

2003 年 ………………………………………………………………… (322)

2004 年 ………………………………………………………………… (325)

2005 年 …………………………………………………………………（329）
2006 年 …………………………………………………………………（331）
2007 年 …………………………………………………………………（334）
2008 年 …………………………………………………………………（336）
2009 年 …………………………………………………………………（339）
2010 年 …………………………………………………………………（341）
2011 年 …………………………………………………………………（344）
2012 年 …………………………………………………………………（346）
2013 年 …………………………………………………………………（348）
2014 年 …………………………………………………………………（349）
2015 年 …………………………………………………………………（352）
2016 年 …………………………………………………………………（356）
2017 年 …………………………………………………………………（361）
2018 年 …………………………………………………………………（368）
2019 年 …………………………………………………………………（377）
2020 年 …………………………………………………………………（394）
2021 年 …………………………………………………………………（412）
后记 ………………………………………………………………………（427）

一、党派团体篇

中国国民党革命委员会河南大学支部

中国国民党革命委员会(简称"民革")由原中国国民党民主派和其他爱国民主人士共同创建,于1948年1月1日正式成立。它是一个具有政治联盟性质的政党,致力于建设中国特色社会主义和推动祖国统一事业。同时,它也是中国共产党领导的多党合作和政治协商制度中的中国特色社会主义参政党。宋庆龄曾担任民革名誉主席,现任民革中央主席是郑建邦。目前,民革拥有成员超过15万人。

一、民革河南大学支部的历史沿革

1953年3月,民革河南大学小组成立。其负责人为张邃青教授,他不仅是全国第三届人民代表大会的代表、河南省第一至第四届人大代表、开封市副市长、民革开封市委副主委,同时还担任河南大学文史系主任和图书馆馆长。

1983年,民革河南大学支部正式成立。第一届支部主任委员是陈际轩,第二届至第六届支部主任委员由钱衡副教授担任。

自1996年5月民革河南大学支部换届至2016年9月届中调整期间,河南大学公共体育教研部主任丁英俊教授一直担任支部主任委员。

2016年9月,在民革河南大学支部进行届中调整时,河南大学文学院的张先飞教授接任了支部主任委员的职务。

2019年10月,民革河南大学支部再次换届,张先飞教授继续担任支部主任委员。

二、民革河南大学支部的现状

民革河南大学支部共有25位成员,其中在职党员16人,退休党员9人,由张先飞担任主任委员,丁凯任副主任委员。支部有民革河南省委委员、民革开封市委委员各1人,2人担任开封市政协常委,10位党员具有教授职称,其他同志均具有中高级职称。支部中,9位党员拥有博士学位,4位党员具有硕士学位,1人为博士生导师,多人担任硕士生导师,是一支具备高学历、高素质的队伍。

支部主任委员张先飞系民革河南省委委员、民革开封市委委员、第十二届开封市政协常委,现任职《河南大学学报》(CSSCI)副主编,为二级教授、博士、日本东京大学博士后研究员、博士生导师。他荣获国家"万人计划"哲学社会科学领军人才、教育部青年长江学者、中宣部"四个一批"人才、享受国务院政府特殊津贴专家、国家一级学会常务理事、河南省特聘教授、河南省优秀专家、首批河南社科名家、首批河南省"百优人才"、河南省青年社科专家、河南省高校创新人才、河南省高校创新团队首席专家、河南省高校基础研究重大项目首席专家等学术任职及荣誉称号,是河南省唯一的人文学科长江学者。他担任国家社科基金评审专家、长江学者评审专家、全国博士后基金评审专家。他主持并完成7项国家级项目,获教育部第六届、第八届"高等学校科学研究优秀成果奖"三等奖,河南省社科优秀成果奖一等奖2项、二等奖4项,河南省第四届文学艺术优秀成果奖,以及学科最高奖首届"唐弢青年文学研究奖"二等奖。他在国家级重点期刊《文学评论》《文艺研究》《文艺理论研究》《中国现代文学研究丛刊》《史学月刊》及海外重要专业刊物《韩中言语文化研究》等发表论文40余篇,其中在国家级期刊发表15篇;《新华文摘》全文转载1篇,《新华文摘》网刊全文转载1篇,《新华文摘》论点摘编4篇,《中国社会科学文摘》论点摘编1篇;CSSCI期刊共发表32篇;人大复印资料《中国现代、当代文学研究》与《中国现代史》全文转载12篇,《高等学校文科学术文摘》全文转载1篇。他出版系列专著3部:《"人"的发现:"五四"文学现代人道主义思潮源流》(人民出版社,2009)、《"人的文学":"五四"现代人道主义与新文学的发生》(人民出版社,2016)、《"人"的觉醒:现代中国文学"人学"思想探源》(河南人民出版社,2019)。

苗润圃曾任民革开封市委员会主委、开封市政协副主席、全国人大代表、民革中央委员、民革河南省委常委、河南省人大代表。

丁英俊曾任河南大学公共体育部主任、校体委副主任、公共体育教研部学术带头人、河南大学学术委员会委员、硕士生导师、河南省教育厅学术技术带头人。他曾担任第八、第九届开封市政协委员,顺河区第十一、第十二届人大代表,以及民革河南省委委员。他在北京奥运会、残奥会中担任技术官员,并获得"优秀裁判员"称号。自2012年起,他担任河南省田径协会副主席、河南省学生体育总会田径协会副主席与篮球协会秘书长、中国大学生网球协会副秘书长。在河南省大学生第17届田径运动会上,他担任现场总指挥;作为篮协秘书长,他主持了省第20、21届大学生篮球比赛和第15届CUBA中国大学生篮球联赛河南预选赛。他连续3年担任郑开国际马拉松赛河南卫视现场直播嘉宾,为河南大学再度捧回全国高校体育最高奖——"校长杯"作出了积极贡献。他先后被评为开封市、河南省、全国高校优秀青年体育教师,以及"河南省优秀教师",并荣获"全国体育教育系统新苗奖"等奖项。

丁凯现任河南大学淮河医院胸心外科副主任医师,并担任第十二届开封市政协常委。他从事临床工作二十余年,2009—2011年作为卫生部特派援外医疗专家在赞比亚工作两年,荣获赞比亚卫生部颁发的荣誉证书,并被评为援外医疗队先进工作者。2015—2017年,他兼任祥符区第一人民医院外科副主任。

刘大建曾任河南大学淮河医院神经内科主任,主任医师,硕士生导师。他对急性脑血管疾病、神经症、头痛、癫痫及周围神经病等的诊断及治疗均有深入研究,在医务界产生了重要影响并享有很高声誉。高芳曾任河南大学公共外语部第一教研室主任,是河南大学第三届"十佳教工";夏荣龙曾任河南大学第一附属医院副院长、国家肝胆胰外科委员会委员、河南省微创外科科学学会委员、《中华现代外科》杂志编辑。陈楠现任河南大学海外引智办公室副主任。

多年来,民革河南大学支部在校党委和民革开封市委的领导下,紧跟党中央的战略部署,在改革开放的政策指引下,积极投身于教育教学改革事业。支部成员在本职工作岗位上兢兢业业,恪尽职守,努力发挥自己的聪明才智,为国家教育事业建功立业。

民革河南大学支部认真履行参政议政职能,积极献计献策。多年来,在市、区级人大、政协会议上,支部成员共提出40余件提案,其中张先飞的《提升治理、落实、监管"三大能力",巩固扩大我市"五城联创"成果》(2020年度)等提案,被列为开封市政协的重点督办提案。

民革河南大学支部团结求实、和谐勤奋,党员彼此之间坦诚相处,互相激励。他们既努力做好各自的本职工作,又心系祖国统一大业,积极地参政议政,与中国共产党肝胆相照,风雨同舟。他们明确工作中的奋斗目标,脚踏实地、勤勤恳恳地努力干事创业,在思想上同党中央保持高度一致,聚精会神搞建设,一心一意谋发展,多出主意,多想办法,多建言献策。在各个不同的历史时期,他们围绕党的中心工作,尽心尽力,有一点热,发一分光,为促进社会生产力的持续发展和社会进步,在平凡的工作岗位上作出自己的贡献。

中国民主同盟河南大学委员会

中国民主同盟(简称"民盟")主要由从事文化教育以及科学技术工作的高、中级知识分子组成,是具有政治联盟特点的,接受中国共产党领导、同中国共产党通力合作的参政党,致力于中国特色社会主义事业,体现了进步性与广泛性的统一。

民盟于1941年3月19日在重庆秘密成立,当时的名称是"中国民主政团同盟"。1944年9月,中国民主政团同盟在重庆召开全国代表会议,决定将名称改为"中国民主同盟"。历任中央委员会主席分别为黄炎培、张澜、沈钧儒、杨明轩、史良、胡愈之(代主席)、楚图南、费孝通、丁石孙、蒋树声、张宝文。现任主席为丁仲礼。

1947年3月,以河南大学经济系教授王毅斋为首的一批进步知识分子在开封秘密成立民盟河南省地下支部。1950年11月,民盟河南省支部筹委会在开封成立,组建机关,配备专职干部,建立各级盟组织。1954年8月,民盟河南省第一次代表大会在开封召开,大会推选王毅斋为主任委员,组织机构逐步健全,工作逐步走向规范化、制度化的轨道。

一、民盟河南大学委员会的历史沿革

在中国民主同盟70多年的光荣革命历程中,河南大学委员会也基本跟随了民盟的足迹。河南大学是民盟在河南的发源地,建盟始于1947年3月,创建人为王毅斋、李俊甫、杜孟模、段再丕、陈方坤、刘世明、李定中和卢治国八人,王毅斋为首任支部主任委员。

1947年初,河南大学经济系四年级学生卢治国因参加学生运动被迫逃往上海,参加了民盟。民盟总部决定派他回河南,请河南大学经济系教授王毅斋负责建立河南民盟组织。同年3月中旬，王毅斋邀集李俊甫（河南大学化学系教授、中共地下党员）、杜孟模（开封高中教师）、段再丕（河南大学水利系教授）、陈方坤、李定中（均系河南大学经济系助教）、刘世明（开封《中国时报》编辑、中共地下党员）和卢治国等8人，在开封中山路段再丕家中秘密开会，宣布河南民盟地下省支部成立。会议一致推举王毅斋负责全面领导工作，刘世明、陈方坤分任组织和宣传工作，卢治国负责河南大学学生的发展工作，其余同志负责社会上的联系和发展工作。

1951年10月，民盟河南大学区分部正式成立，李俊甫任主任委员，杜孟模任组织委员，郝士英任宣传委员。

1955年8月，民盟换届更名为支部，张明旭任主任委员，焦大明任组织委员，郝士英任宣传委员，孙应康任秘书。

1959年9月，民盟支部换届，钱天起任主任委员，宋泽生、朱伯骏任副主任委员，孙应康仍担任秘书。

"文化大革命"期间，民盟活动停止。

1979年10月，民盟恢复活动，换届产生第四届委员会，张明旭任主任委员，孙应康、王寿庭任副主任委员，贾甦任秘书。

1984年2月，民盟支部换届，选举产生第五届总支委员会，毛健予任主任委员，王寿庭、丁立任副主任委员，李湍波任秘书。

1986年12月，第六届委员会产生，王寿庭任主任委员，宋景昌、黄平权任副主任委员，秘书长由黄平权兼任，李湍波任副秘书长。

1988年12月，第七届委员会产生。因河南大学盟员人数已超过《盟章》中规定的委员会的人数，经盟市委批准，盟总支委员会改为基层委员会，称民盟河南大学委员会。黄平权任主任委员，李湍波、易启祥任副主任委员，杜瑞玺任秘书长。

1992年4月，换届选举产生第八届委员会，黄平权任主任委员，易启祥、李贤臣任副主任委员，杜瑞玺任秘书长。

1995年4月，换届选举产生第九届委员会，李贤臣任主任委员，王宝童、马同森任副主任委员，杜瑞玺任秘书长。

1998年5月，换届选举产生第十届委员会，李贤臣任主任委员，王宝童、马同森任副主任委员，张一木任秘书长，阎现章任副秘书长。

2002年6月，换届选举产生第十一届委员会，孙先科任主任委员，刘济良、王守斌、张一木任副主任委员,阎现章任秘书长,王震生任副秘书长。共辖9个支部,离退休盟员分为4个小组。

2007年12月,换届选举产生第十二届委员会,孙先科任主任委员,刘济良、王守斌、张一木、阎现章任副主任委员,侯运华任秘书长。委员包括陈洪澜、周朵、丁俊良、李勉、王滨、刘清华、辛永芬、尹鸿博。

2008年12月,根据民盟河南大学委员会班子成员变动情况(孙先科调离,张一木副主委退休并移居省外),对领导班子进行调整。刘济良任主任委员,王守斌、阎现章、侯运华、刘清华任副主任委员,辛永芬任秘书长,李兵、毛立群任副秘书长。

2013年11月,换届选举产生第十三届委员会,刘济良任主任委员,侯运华、阎现章、刘清华、毛立群任副主任委员,辛永芬任秘书长,李兵、郭兴方任副秘书长。

2016年11月,原主任委员刘济良调离河南大学,民盟河南大学委员会届中调整,推荐万师强教授为主任委员,副主任委员、秘书长不变。

2020年12月,换届选举产生第十四届委员会,郭兴方任主任委员,毛立群、辛永芬、翟秋敏任副主任委员,田柯任秘书长。

二、民盟河南大学委员会的现状

民盟河南大学委员会现有盟员216人,其中高级职称120余人;博士研究生导师10多人,硕士研究生导师80余人;河南省优秀专家2人,开封市优秀教师3人,开封市教育系统优秀个人4人。此外,还有省政协委员2人,市政协常委2人,市政协委员5人。

民盟河南大学第十四届委员会于2020年12月27日成立,成员包括主委郭兴方,副主委黄慧慧、毛立群、辛永芬、翟秋敏,以及秘书长田柯;委员包括王滨、文洁、刘军、刘红、张乐林、陈文革、苗霞、周瑞敏、瞿伟。民盟河南大学委员会下设8个支部:文史支部、理工支部、图书馆支部、外语新传支部、艺术体育支部、教育支部、淮河支部和医学支部。

民盟河南大学委员会在参政议政的具体实践中,充分发挥了智力集中、人才荟萃的优势,先后推荐了一批同志到各级政协、人大担任职务。他们认真负责,踏实苦干,积极就有关问题提交提案、议案。其中,有不少提案被列为优秀提案,或被政府选为重点督办提案。例如,娄源功连续多年在全国两会上为中西部地区的教育公平呼吁,被网友和社会各界誉为"最执着的政协委员"。郭兴方、毛立群、刘清华、辛永芬、赵国权、韩梅、翟秋敏等同志的提案先后被市政协评为"优秀提案"。河南大学盟员还多次参加省市组织的调研活动，对兴办文化产业、环境保护、国有企业改革、旅游资源重组、文化兴市等问题深入研究，献计献策，为服务社会作出了积极贡献，也为民盟河南大学委员会赢得了良好声誉。

民盟河南大学委员会成员立足本职，发挥专长，不仅取得了丰硕的学术成果，而且积极参加国际、国内学术交流活动。据不完全统计，2013—2020年，民盟河南大学委员会成员所承担的国家、省部级科研项目有60多项，其中不乏参加或主持国家"973"计划、自然科学基金、国家社科重大项目、国家社科基金、教育部重大工程等项目。这些项目成果有的直接服务于民，有的通过转化间接服务于民。此外，盟员在不同的刊物上发表论文近500篇，出版教材和学术著作近30部，发表作品近60件，获得各类奖项近100个。这些成就突出地反映了广大盟员高尚的科研素质，为国家、地区和学校作出了积极的贡献。

民盟河南大学委员会认真做好教书育人工作。除了基础教学，民盟盟员在特色专业方面也作出了突出贡献。例如，王宏林教授的"中国文学批评史"、翟秋敏教授的"环境地质学"、辛永芬教授的"汉语方言调查与研究"以及涂白奎教授的"中国考古学"等课程，都深受学生们的喜爱。黄慧慧教授积极响应"文艺进万家，健康你我他"的号召，在抖音平台开设了24期"音乐公益课堂"直播，广受声乐爱好者和专业人士的好评，吸引了2万多人的关注和观看。韩梅教授在音乐人才培养方面也取得了显著的成绩。

民盟河南大学委员会将社会服务视为重要职责，充分发挥自身优势，不断创新工作内容，为全面建成小康社会和促进社会和谐发展贡献力量。教育支部在通许县练城乡的杨庄烛光小学建立了"教育科学学院实习基地"，并引领盟员教师参与支教活动。淮河支部利用专业知识，多次组织下乡义诊，近年来已累计义诊70多人次。文史支部的辛永芬教授和段亚广教授承担了教育部"中国语言资源保护"重大工程项目，4年间他们走了近万里路，为河南省的语言资源保护工作作出了杰出贡献，荣获教育部和国家语委联合颁发的"中国语言资源保护奖"先进个人称号。艺术支部的杨健生教授近年来参与了近百场国家或其他省市的书画创作、交流和展览活动，并多次投身于公益创作和义卖捐助等活动，荣获了"优秀盟员""社会服务工作先进个人""爱心艺术家""文明教工""师德先进个人"等荣誉称号。艺术支部的韩梅教授和黄慧慧教授也积极投身于各种公益演出,她们美妙的歌声回响在民盟各类大型活动的现场。特别值得一提的是,在 2020 年疫情防控期间,许多盟员老师积极捐款捐物,利用自己的专业为抗疫工作贡献力量,其中有 13 人次受到了盟省委和盟市委的表彰。

中国民主建国会河南大学总支部委员会

中国民主建国会(简称"民建")主要是由经济界人士组成的、具有政治联盟特点的政党。它接受中国共产党的领导,与中国共产党通力合作,是中国特色社会主义参政党。民建于1945年12月16日在重庆成立。70多年来,民建各级组织带领广大成员与中国共产党亲密合作,为我国的革命、建设和改革事业作出了重要贡献。民建历届中央委员会主席包括黄炎培、胡厥文、孙起孟、成思危、陈昌智等,现任中央委员会主席为郝明金。

一、民建河南大学总支部委员会的历史沿革

民建在20世纪50年代初期发展了河南大学的周守正教授为成员。1993年5月,梁留科、潘淑君、郭小迷、秦奋、冯天才、赵自胜、赵永久等人加入民建,同年10月成立了民建河南大学小组,由梁留科担任小组长。1995年7月,民建河南大学支部成立,梁留科任支部主任委员。1998年6月换届,梁留科继续担任主任委员,而刘健则任副主任委员。到了2002年4月19日,民建河南大学总支部委员会成立,下辖两个支部。梁留科被任命为民建河南大学总支部委员会主任委员,刘健和任艳彩任副主任委员,而秦奋和张建华则担任委员。

2008年1月,民建河南大学总支部委员会进行换届,秦奋接任第二届总支部委员会主任委员,任艳彩和路庆平任副主任委员。2013年11月26日,民建河南大学总支部委员会再次换届,选举产生了民建河南大学第三届总支部委员会。秦奋再次当选为主任委员,路庆平和杨瑞生任副主任委员,而张杨和彭宝玉则担任委员。

到了2019年11月17日,民建河南大学总支部委员会召开了第四次会员大会,选

举产生了第四届委员会。秦奋继续当选为主任委员,彭宝玉和韩道军当选为副主任委员,张杨和张小馨当选为委员,同时孟向东被任命为秘书长。

二、民建河南大学总支部委员会的现状

当前,民建河南大学总支部委员会正处于第四届任期,下设3个支部,拥有会员48人。其中,高级职称会员28人,博士学位持有者10人,河南省政协委员1人,开封市政协委员2人,担任学校党政和科研机构处级领导2人,副处级2人,还有民建开封市委委员2人。

自民建河南大学总支部第四届委员会成立以来,在河南大学党委、民建开封市委的直接领导和河南大学统战部的关心指导下,以及全体会员的共同努力和支持下,民建河南大学总支部委员会紧紧围绕地方社会经济建设和学校的中心工作,秉持求真务实的态度,团结一心,锐意进取,积极发挥参政党的作用,在组织建设、参政议政、社会服务等工作上都取得了显著的进展,并荣获了多项"先进集体"称号。2019年获得"民建开封市先进集体"称号,2020年更是荣获"民建河南省先进集体"和"抗击新冠肺炎疫情先进集体"称号。民建河南大学总支部委员会拥有一批优秀的会员,如秦奋、孙秋菊、翟蕾等人在2020年荣获"民建省委会抗击新冠疫情先进个人"称号;彭宝玉则在2019年获得民建中央授予的"民建脱贫攻坚先进个人"称号,并在2020年荣获"民建河南省优秀会员"等称号;韩道军、孟向东、施兆莉、孙秋菊等多人多次获得民建开封市委"先进个人"等荣誉。

民建河南大学总支部委员会始终围绕地方社会经济发展和河南大学的中心工作,积极参政议政,建言献策,服务社会。多年来,会员撰写了200多件议案、提案、建议和调研报告,涌现出一批参政议政的骨干会员。例如,秦奋提交的《关于河南省大数据发展建议》《"河南省国家大数据综合试验区建设"项目建议书》《关于建立"数字开封"的建议》等提案,以及由他执笔的民建开封市委集体提案《关于提升我市一渠六河连通综合治理工程建设效果的建议》,均被选为省市政协的重点提案及优秀提案,相关建议也被省市采纳。孙世强主笔的调研报告《关于促进小微企业发展的建议》受到了开封市政府领导的高度重视,市政府领导作出批示。工信部、财政部和人力资源部也邀请孙世强会员就相关问题深入研究,为国家出台相关政策提供决策建议。彭宝玉执笔的民建开封市委集体提案《关于加快推进我市普惠金融发展的建议》《关于开封高质量实施

制造立市战略的提案》,以及他个人提交的提案《关于做好我市脱贫攻坚与乡村振兴有机衔接的建议》《积极创建文化金融合作试验区助力开封文旅产业高质量发展》,均被评为优秀提案和重点提案。

2021年2月,民建河南省委会公布了2021年招标课题结项评审结果,秦奋负责的课题《加快推进数字政府建设,促进我省数字经济发展》和彭宝玉负责的课题《以文化金融创新驱动黄河流域文化产业高质量发展》均通过验收,并荣获二等奖。此外,秦奋负责研发的"郑开大道两侧功能区发展模拟系统"在习近平总书记等党和国家领导人视察河南大学时,作为宣传河南发展的平台,受到了广泛好评。

民建河南大学总支部委员会的会员们忠诚于党和人民的教育事业,他们认真贯彻党的教育方针,不仅在教书育人方面取得了显著成绩,还在为人师表、教学科研以及培育新人方面作出了突出贡献。据不完全统计,民建河南大学会员近年来在省级以上刊物上发表了200余篇文章,出版了20多部著作,并主持完成了多项国家自然科学基金课题和省级科研项目。

秦奋同志的"区域模型与信息系统的学科整合与创新"荣获国家级教学成果二等奖,"智能化地图综合与多尺度级联更新关键技术及应用"获得国家科技进步奖二等奖。他的其他研究成果,如"基于黄河文化的高等学校地理学科特色专业建设""Web地理信息课程建设与服务模式研究"等也获得了河南省教学成果特等奖等多项荣誉。韩道军同志参与的"大规模数据智能处理关键技术及产业应用"获得2019年河南省科技进步二等奖,他还入选了2019年度河南省高等学校青年骨干教师培养计划,并获得多项荣誉称号。彭宝玉同志也取得了显著的科研成果,并参与完成了国家教学质量工程等多项重要项目。

民建河南大学总支部委员会的会员们还利用自身的专业优势,积极开展乡村振兴、精准扶贫、旅游区规划以及黄河流域生态保护和高质量发展等科技和社会服务工作。例如,秦奋同志开展了黄河高原水土流失评价等服务工作,多次获得省部级奖励。彭宝玉同志则积极参加了国家精准扶贫工作成效第三方评估等重要工作。

在组织建设方面,民建河南大学总支部委员会积极推进各项工作,开展丰富多彩的活动,不断提升组织的凝聚力、创造力和战斗力。2017年,为积极响应国家精准扶贫的号召,总支向双楼村委捐赠了两台办公电脑及一台价值万元的打印复印一体机,以实际行动助力当地脱贫攻坚。2019年,民建河南大学总支成功承办了民建开封市委主办的"我和我的祖国"庆祝新中国成立70周年朗诵大赛。活动期间,全体会员齐心协力,以饱满的热情和精湛的技艺,为大赛的圆满成功贡献了自己的力量。其中,路庆平、李秀梅、张小馨、韩道军等人的诗歌朗诵荣获二等奖。2020年12月,民建河南大学总支组织开展了黄河水资源利用的专题调研,为黄河流域的生态保护与可持续发展贡献智慧与力量。2021年12月,秦奋、彭宝玉、韩道军、焦文献、尚文英等人积极参与了民建开封市委会组织的制造业产业体系调研活动,提出了许多富有建设性的意见和建议。

民建河南大学总支是一个团结的集体,会员们齐心协力,发挥群体优势,服务社会,奉献爱心,为社会和谐发展作出了应有贡献。2019年,针对听障与视障学生的特殊需求,民建河南大学总支的会员们纷纷伸出援手,踊跃捐款累计达一万元,并将这份温暖的爱心捐赠给了开封市特殊教育学校,为那里的孩子们带去了希望与关怀。2020年,面对新冠疫情的突如其来,在秦奋、孟向东等人的积极倡导与多方协调下,会员们不仅慷慨解囊捐款,还精心筹备,采购了医用酒精、消毒液、隔离衣等紧缺的防疫物资,迅速捐赠给河南大学第一附属医院,助力抗疫前线。同时,他们还研发了智慧疫情防控系统,为政府科学决策与民众个人防护提供了有力的技术支持与服务。2021年"爱眼日",眼科专家石荣先主任不辞辛劳,多次率领其科室的眼科医生深入校园,为开封市多所中小学的孩子们进行了细致的眼病筛查与视力检测,累计惠及学生达1500人次,同年7月,河南遭遇罕见暴雨洪灾,民建河南大学总支的会员们迅速响应,积极捐款,筹集资金超过一万元,为受灾群众送去了及时的援助与关怀。2021年12月3日,民建河南大学总支组织了"思源·励志"捐赠活动,前往祥符区曲兴镇双楼村,为双楼小学的孩子们捐赠了一批崭新的书包与丰富的课外图书。

中国民主促进会河南大学总支部委员会

中国民主促进会(简称"民进")于1945年12月30日在上海正式成立,它是一个以发扬民主精神,推进中国民主政治实践为宗旨的政治组织,因此定名为中国民主促进会。民进是一个主要由从事教育、文化、出版、传媒以及相关科学技术领域的高中级知识分子组成的,具有政治联盟性质的政党。它是与中国共产党通力合作的中国特色社会主义参政党。

中国民主促进会中央委员会历任主席包括马叙伦、周建人、叶圣陶、雷洁琼、许嘉璐、严隽琪。现任主席为蔡达峰。

截至2021年12月底,中国民主促进会共有地方组织357个,其中省级组织29个,市级组织274个,县级组织54个;共有基层组织9210个,包括基层委员会346个,总支497个,支部8284个,小组83个,共有会员188820人。中国民主促进会中央委员会主办的机关刊物是《民主》杂志。

一、民进河南大学总支部委员会的历史沿革

2005年12月,民进河南大学总支部委员会成立,贾玉英教授担任第一届总支部委员会主任委员,汪基德教授、王艳芳副教授任副主委。

2008年1月,民进河南大学总支部委员会换届,贾玉英教授继续担任第二届总支部委员会主任委员,汪基德教授、王艳芳副教授任副主委。

2013年11月27日,民进河南大学总支部委员会换届选举,产生了中国民主促进会河南大学第三届总支部委员会,汪基德当选为主委,王艳芳、安国勇任副主委,李武营、郭善兵任委员。

2019年11月7日,民进河南大学总支部委员会再次换届,选举产生了民进河南大学总支部第五届委员会。安国勇当选为主任委员,郭善兵、徐括喜当选为副主任委员,徐博、刘昂当选为委员。

二、民进河南大学总支部委员会现状

截至2019年底,民进河南大学总支部委员会有会员40人。安国勇教授担任总支部委员会主任委员,郭善兵副教授和徐括喜教授任副主任委员,徐博、刘昂为委员。

民进河南大学总支部委员会是一个高素质的民主党派组织,其中包括全国政协委员1人,河南省政协委员1人,河南省文史研究馆馆员1人,市政协委员3人。该组织已形成了老、中、青结合,专家和专业技术人员相结合的组织队伍。这为民进河南大学总支部委员会参政议政能力的进一步提升奠定了坚实的基础。

民进河南大学总支部委员会是一个高职称、高学历、高层次的党派组织。目前,所有会员均具备大学以上学历,以硕士、博士为主。会员的学科背景涵盖文史、理工、教育、医药、体育、艺术、编辑出版等领域。其中,博士生导师8人,占总人数的21.6%;教授、副教授23人,占总人数的62.1%。另外,还有河南省优秀专家、全国模范教师、享受国家特殊津贴的专家、省特聘教授、校特聘教授等各若干人。多名会员还担任教育部高等学校生物科学类专业教学指导委员会副主任委员、河南省高等学校生物科学类专业教学指导委员会主任委员、国家杰出青年科学基金获得者、教育部教育技术学专业教学指导委员会委员等职务,在各自业务领域作出了应有的贡献。

自2006年以来,民进河南大学会员在科研方面成绩显著:他们主持了多项国家自然科学和国家社会科学基金、省部级、地厅级科研项目,出版了近百部学术著作,在学术刊物上发表了数百篇论文,并多次获得国家、省、地厅级科研奖励。其中,宋纯鹏教授是河南省乃至全国著名的生命科学专家。他主持的国家863科研项目获得了300万元的经费支持,其研究课题在本学科中处于世界领先地位。他的高层次学术成果在国内外产生了重要影响,并多次获得国家和省级多项奖励。他主持的"植物应答干旱胁迫的气孔调节机制"项目于2013年1月荣获国家自然科学二等奖,这是国家对科技奖励制度进行重大改革以来,河南省首次获得该奖项,填补了我省在此领域奖项的空白。

自2006年以来,在民进省委会、市委的领导下,民进河南大学总支部委员会在全体会员的积极努力和支持下,围绕国家、河南省、开封市以及河南大学的中心工作,进一步加强自身的思想建设和组织建设,积极参政议政并服务社会,取得了可喜的成绩。民进河南大学总支部委员会先后荣获了"2017年度民进全省宣传思想工作先进集体""2018年度民进开封市基层组织参政议政工作先进单位"等荣誉和奖励。

具体工作与成绩如下。

(一) 参政议政

近年来,宋纯鹏教授在全国政协会议上,先后提出了《关于完善中西部地区人才队伍建设政策体系的建议》《关于打破"一省一校"模式,进一步实施"中西部高等教育振兴计划"的建议》《关于加强农业可耕地土壤污染治理的提案》等具有战略性和长远性的提案。其中,《关于加强农业可耕地土壤污染治理的提案》被中共中央统战部《零讯》采纳刊用,这是开封市统战系统在中央级统战刊物上取得的重大突破。

汪基德教授在河南省政协会议上,先后提出了《教育信息化促进教育扶贫的建议》《关于以"网络一对一"手段推动教育精准扶贫的政策建议》《关于制定"河南省公办(普惠制)幼儿园招生工作办法"的建议》《关于进一步加大对"双一流"建设高校支持力度的提案》等,受到了广泛关注。他先后接受了《东方今报》《河南日报》等媒体的采访;部分提案入选民进河南省委会编著的《中原开明智库——参政议政文集》,并荣获民进河南省委会2018年度参政议政优秀成果一等奖。

安国勇教授积极撰写博文,弘扬我市精神文明建设成果。他在开封市政协第十一届委员会第四次会议上,代表民进开封市委员会作了《关于发展先进制造业的建议》的报告。他提交的《全面消除城区黑臭水体》的提案,引起了开封媒体的关注和报道。他在开封市政协会议上提交的《开封市人民政府支持河南大学"双一流"建设的建议》,建议开封市委和市政府支持河南大学的"双一流"建设工作,引起了市委、市政府的关注和采纳。因参政议政成绩突出,他被授予"民进全国宣传思想先进个人"和"民进全市优秀会员"等光荣称号。

郭善兵申报的《关于保护、传承、弘扬黄河文化对策》课题,获民进河南省委会立项,结项报告获得好评。他撰写的《改革开放四十年来我国师德师风的建设和完善》,获开封市统一战线"纪念改革开放40周年"征文比赛一等奖。他撰写的《新形势下关于民主党派民主监督的几点思考》,被开封市委统战部列为2016年重点课题。

（二）积极组织、参加社会活动

近年来，民进河南大学总支部委员会认真组织、积极鼓励会员参加省、市、学校等组织的各类学习活动。会员先后到河南省社会主义学院、焦裕禄干部学院、大别山干部学院、愚公移山干部学院、登封嵩阳书院、开封市委党校、河南大学潭头镇办学纪念馆、南阳镇平和淅川河南大学流亡办学地点等多个教育基地学习、培训。70岁高龄的李玉洁老师积极参加民进河南大学总支部委员会开展的纪念"五一口号"发布70周年学习考察活动，撰写了《河大与潭头人民一起走过的那些艰难岁月》，见证了敌前办学、不屈不挠的河南大学精神，进一步激发了民进河南大学总支部委员会会员和河南大学师生弘扬优良传统，投身"双一流"建设的热情和决心。

（三）热心公益活动

2010年4月14日，青海玉树发生7.1级地震，民进河南大学总支部委员会积极响应民进市委的号召，组织会员向灾区人民献爱心活动。除了以教师名义在本单位捐款之外，又以会员的身份向灾区捐款2010元。

艺术家王艳芳、李玉昆积极服务于民进开封市委等组织举办的庆祝活动，带领自己的艺术团队服务和指导演出。医学和自然科学等领域的会员积极开展科普讲座、义诊等多种形式，参与社会服务活动。张文玲等积极响应国家号召，到非洲赞比亚参加援非医疗工作。

民进河南大学总支部委员会的会员们积极响应政府和组织的号召，以不同的形式，积极参与脱贫攻坚战。汪基德等通过在固始县乐道小学和卢氏县开展捐赠教学设备等方式，开展教育精准扶贫工作；参与民进中央开明慈善基金会主办、民进河南省委会承办的"同心·彩虹行动"贵州金沙县教师培训助教活动；安国勇、郭善兵、徐博、朱建霞、李海燕、王琼等会员通过中国社会扶贫网，多次向贫困家庭捐款扶贫。

2020年初，新冠疫情暴发。民进河南大学总支部委员会的全体会员以不同形式，积极参与新冠疫情的防治工作。民进河南大学总支部委员会向学校捐赠防疫消毒液500斤，所有会员都响应组织号召，积极向疫情较严重的武汉及开封防治疫情工作捐款捐物，奉献爱心。

中国农工民主党河南大学委员会

中国农工民主党(简称"农工党")于1930年8月9日在上海成立,是以医药卫生、人口资源和生态环境领域高中级知识分子为主,由一部分社会主义劳动者、社会主义事业建设者和拥护社会主义的爱国者组成的,具有政治联盟特点的中国特色社会主义参政党,是中国共产党领导的多党合作和政治协商制度中,同中国共产党通力合作的亲密友党。

农工党历任主席(领导人)为邓演达、黄琪翔、章伯钧、季方、周谷城、卢嘉锡、蒋正华、桑国卫,现任主席为陈竺。

农工党在除台湾、香港、澳门、西藏以外的30个省、自治区、直辖市建立了组织。截至2021年底,全党党员总数为19.06万名。农工党中央机关刊物为《前进论坛》。

一、农工党河南大学委员会的历史沿革

农工党在河南大学的发展始于1983年。当时的农工党开封市委委员吴金芬访友时找到河南大学医院的徐士珍主治医师,向他介绍了农工党的历史,动员他加入农工党,自此河南大学有了农工党成员。1986年8月,农工党河南大学小组成立,徐士珍任小组长;1993年12月,农工党河南大学支部成立,徐士珍任主任委员,牛丕俊、姜文英、王运河任副主任委员。1998年6月,农工党河南大学支部换届,姜文英任主任委员,董学芝、王运河任副主任委员。2002年4月18日,农工党河南大学支部换届,由于同原开封医学高等专科学校、淮河医院农工党支部合并,人员增多,经与学校党委协商、上级有关部门批准,扩建为农工党河南大学委员会,姜文英任主任委员,王运河、张改兰、唐文春任副主任委员。2008年1月委员会换届,万琪琳任第二届委员会主任委员,王

运河、唐文春、张改兰、席子明任副主委。2013年11月21日,农工党河南大学委员会换届,选举产生了中国农工民主党河南大学第三届委员会,万琪琳当选为主任委员,席子明、王运河、唐文春、张永乐任副主委,段金卯、王达奇等任委员。2019年11月13日,农工党河南大学委员会召开代表大会,选举产生了中国农工民主党河南大学第四届委员会,索智敏当选为主任委员,席子明、张鹏、王达奇、刘广超为副主任委员。

目前,农工党开封市河南大学基层委员会下设四个总支部,即明伦校区总支、金明校区总支、淮河医院总支、一附院总支。

二、农工党河南大学委员会的现状

农工党河南大学委员会现有成员145人,其中高级职称73人,担任县处级干部3人,曾任地厅级干部1人。党员主要集中在医疗、教学、科研第一线。

农工党河南大学委员会人才济济。据不完全统计,2015年至今,党员共发表论文322篇,其中核心期刊132篇,SCI期刊85篇。出版教材15部,出版学术著作6部;完成鉴定成果6项;承担国家级科研项目10项,省部级科研项目16项,地厅级科研项目12项;获国家专利25项;获省部级科研成果奖6项,获地厅级科研成果奖8项。

农工党河南大学基层委员会党员以多种形式、多种渠道,开展内容广泛、具有一定深度的调研活动,积极撰写议案、提案,参政议政,充分发挥了参政党的职能。他们认真履行职责,积极参与民主协商,积极参加民主协商会、座谈会、情况通报会,就我市经济、社会发展等问题提出意见和建议。针对我市改革发展稳定的重大问题,他们了解社情民意、开展调查研究、撰写提案。据不完全统计,自2015年至今,党员共提交提案100多项,一些提案被各级党政部门所采纳。内容涉及医疗卫生、计划生育、食品安全、郑汴一体化、文物保护、教育、出版、城管、城建、治安、人才引进、道德建设、文化、交通等方面,充分体现和证明了农工党成员的参政议政意识与能力。尤其是近两年,河南大学委员会成员提出了众多有价值的提案和社情民意调查。特别是在2020年疫情防控期间,在医院各个部门、各个科室,在疫情防控最前沿、最前线的急诊科、发热门诊、影像中心、儿科及孕产妇门诊、感染科、检验科、隔离病房等,都活跃着农工党员的身影。

席子明的提案包括《关于尽快出台保护、传承和弘扬黄河文化实施方案的建议》《关于"一村一企"打赢脱贫攻坚战建设美丽乡村的提案》《关于修改〈关于加强预检分诊和发热门诊管理的补充通知〉的建议》《关于对今年参加中招、高考的医护人员子女加分政策要谨慎实施的建议》《关于消除道路"拦路虎"确保市民出行安全的提案》《开展犬类狂犬疫苗接种,从源头上消除狂犬病》《关于将河南大学(校)医院纳入开封市社区卫生服务体系的提案》。韩文韬在新冠疫情之初提交了《关于抽调6家三级医院组建中医新冠肺炎疫情防控专家组的建议》。张鹏提交的提案有《关于加强人民调解化解处理医患纠纷助力构建和谐开封的建议》《加强大学附属医院的发展,提升开封市医疗水平》《大力发展开封中医药健康服务体系,助力"健康开封"发展战略》。吴加理提出的《关于推进开封市智慧旅游型城市建设的提案》也得到了一致好评。其中,席子明撰写的《建议以地级市(区)为单位,建设"基层医疗卫生人员实训培训基地"》被《零讯》刊发;刘广超撰写的《关于城市居家智能化养老》被列为开封市重点提案。

农工党河南大学委员会的每位党员都不忘初心、牢记使命,刻苦钻研,努力工作。其中,一大批优秀专家脱颖而出,为农工党河南大学委员会增光添彩。

吴博亚教授,作为著名的耳鼻喉科专家和主任医师,不仅为耳鼻喉科正名,填补了我国喉科基础医学的空白,更将医学心理学引入耳鼻喉科领域,创建了河南省首个嗓音门诊。他潜心治学,深入钻研,为耳鼻喉科医学的理论和实践作出了杰出贡献,也为无数患者解除了病痛。

董学芝教授不仅是一位深受学生敬爱的优秀教师,还在科学研究领域取得了丰硕成果。她的多篇论文发表在国内外顶级专业杂志上,并屡获殊荣。2004年,她主持研究的"把造纸黑液变成造纸材料"技术获得国家专利,并申请了国外专利。2005年,这项技术在国内两家大型造纸企业投入使用,成功将造纸废物黑液变废为宝,不仅创造了显著的经济效益,也为环保事业作出了巨大贡献。她还荣获了优秀教师和全国"三八红旗手"的称号。

陈清教授先后主持了8项国家和省自然科学基金以及攻关项目,获得12项省科技进步奖等奖项,并发表了40余篇论文。

索智敏教授承担了河南省科技厅、教育厅自然科学基金、河南大学自然科学基金、开封市科技局等多项课题,发表了30余篇论文,出版了3部专著。她于2008年获得河南大学"优秀教师"称号,2009年和2012年连续两届获得开封市卫生局"开封市卫生系统优秀人才"称号,2010年获得河南省卫生厅"河南省创新型人才工程中青年科技创新人才"称号,2013年获得河南大学教学质量评比特等奖。

万琪琳教授是开封市卫生系统第一届优秀技术人才、第二届心血管专业学科带头人,从事心血管内科临床教学科研工作已达35年。她撰写了《心血管疾病现代内科治疗学》一书,并在省级以上刊物发表了80余篇论文。

席子明博士现任开封市政协常委,先后荣获"全国卫生计生系统先进工作者"、开封市"五一劳动奖章"、开封市优秀教育工作者、开封市扶贫优秀驻村工作队员、开封市优秀政协委员、河南省科教文卫体工会优秀工会工作者及中共河南省委高校工委、河南省教育厅"凝心聚力建设行动先进个人"等30多项荣誉。他获得国家发明专利1项,出版著作12部,承担各级各类科研项目19项,发表论文70余篇。其成果获省级一等奖1次,地厅级一等奖5次,二等奖6次,三等奖4次。

王达奇副教授从事声乐教育多年,具有丰富的教学与实践经验。他在核心期刊上发表专业论文十余篇,两次获得全国优秀指导教师奖。他曾获中央电视台"青年歌手电视大奖赛"荧屏奖、全国歌戏"双栖明星"大赛银奖、全国"三新大赛"三等奖、"全国推新人"大赛第三名,并两次获得中国音乐金钟奖河南赛区金奖等。他多次受邀参与中央电视台众多栏目的演出。在2019年由农工党中央举办的"微视频展播"大赛中,他主唱的歌曲《我和我的祖国》获得全国一等奖。2020年3月,他演唱的原创歌曲《向天使致敬》被新华社客户端录用;同年,他演唱的原创歌曲《大美中华》和《大河·南风》被"学习强国"平台录用。

郭锐锋同志先后被国家人事部、国家食品药品监督管理局授予"全国食品药品监督管理系统先进工作者"、河南省"全省整顿和规范市场经济秩序信息先进个人"称号。他主持的科研项目获得河南省科学技术进步三等奖和河南省药品监督管理局科学技术一等奖。2005年,他光荣地出席了全国食品药品监督管理系统先进工作者表彰大会,并受到吴仪副总理的亲切接见。

张鹏荣获开封优秀政协委员、农工党河南省先进个人称号,曾提出多个重点提案。

信文启在2018年被评为全国优秀住院医师规范化培训教师,发表SCI文章2篇,中华系列杂志论文5篇(《中华麻醉学杂志》4篇),《临床麻醉学杂志》1篇。他主持河南省医学继续教育项目1项,开封市科技攻关计划项目1项,河南大学医学继续教育项目2项。他在2017年、2018年、2020年分别获得开封市自然科学优秀论文奖二等奖和一等奖。其论文《气管导管外置支气管封堵器在胸腔镜手术单肺通气中的应用》荣获2020年河南省医学科技奖二等奖。2020年,他荣获开封市青年科技奖。

刘广超教授,开封市政协委员,承担和参与省部级及国家项目12项,厅局级项目8项。他获得河南省科技进步奖二等奖2项,三等奖1项;厅局级奖9项;发明专利5项。他发表论文38篇,参与出版著作4部。

王泽坤教授先后主持承担国家自然科学基金面上项目及国际研究项目2项,发表

SCI论文15篇,其中病毒学顶级杂志JVI论文4篇,2篇入选亮点论文。他申请美国专利1件(已公开)。

崔秀坤副教授先后主持承担国家自然科学基金项目3项,发表SCI论文20篇,申请专利2项,获得河南省科技进步奖2项。

淮河医院的农工党党员在坚持技术创新的同时,还勇于担当社会责任,在援外、援疆、援藏以及历次重大突发事件中均表现出色。建院以来,穆宏地、高明、于庆、闫增、张淑芬、韩宏亮等积极响应国家号召参加援非工作,李红兵、赵爱国、张帆、乔盼盼、范春晖、刘伟乐等则投身于"援疆"工作,他们凭借精湛的技术和高尚的医德,深受患者欢迎并受到组织表彰。张鹏被派驻到祥符区人民医院进行为期两年的帮扶工作,他带领团队助力祥符区人民医院提升业务水平。

在农工党开封市委和中共河南大学党委统战部的领导与支持下,农工党河南大学委员会在全体党员的共同努力下,以邓小平理论、"三个代表"重要思想、科学发展观以及习近平新时代中国特色社会主义思想为指导,齐心协力、团结奋进,圆满完成了各项工作任务,并取得了显著成绩。

委员会高度重视党内思想建设,不断提高党员的政治素质。通过学习中共党史、多党合作历史以及农工党党章党史,深刻理解和把握新时代的新思想、新目标和新要求。以中共十九大精神为指引,开启新的发展征程。各支部采用座谈会、专题讲座、报告会等多种形式,组织学习十九大精神,深入贯彻并落实习近平总书记关于统一战线的一系列新思想、新观点和新论断,为全面建成小康社会和全面建设社会主义现代化开封凝心聚力。此外,还对党员进行了"不忘初心、继续携手前进"以及"多党合作历史传统记录工程"等专题教育。

在农工党河南省委会纪念成立30周年系列活动座谈会上,农工党开封市河南大学委员会荣获"先进基层组织"称号。河南省政协副主席、农工党河南省委会主委高体健亲临开封市河南大学第一附属医院进行调研,并为"农工党党员之家"揭牌。他还参加了一附院支部的"不忘合作初心,继续携手前进"主题教育座谈会,对一附院近年来的发展成绩以及农工党支部的工作给予了充分肯定。农工党河南大学淮河医院支部始终重视支部意识形态工作,曾组织党员在河南大学淮河医院的治淮精神陈列馆开馆当天,认真聆听讲解员讲述淮河的历史、灾害以及新中国治淮的决心与决策等相关内容,并代表农工党市委献上精美花篮。

近年来,农工党河南大学委员会坚持每年至少开展一次外出考察调研活动。他们组织全体党员深入革命老区等红色圣地,回顾感受多党合作的光辉历史,并调查了解当地医疗卫生状况。这既为建言献策和服务地方探寻了思路渠道,也加强了爱国主义教育。委员会号召广大党员坚定中国共产党的领导,更加自觉地紧密团结在以习近平同志为核心的党中央周围,增强"四个意识"、坚定"四个自信"、做到"两个维护",在各自岗位上努力工作,发挥好参政议政职能。他们赴栾川县潭头镇河南大学抗战办学旧址纪念馆参观学习,缅怀先贤,铭记历史,拜谒河南大学潭头惨案纪念碑,缅怀前辈。此外,还组织了"不忘合作初心,继续携手前进"主题教育培训活动,考察南水北调中线工程渠首,学习淅川人民舍小家为大家的"移民精神"。同时,他们还到商丘、淮阳等地开展"庆祝祖国70华诞,助推市校发展"调研活动。

农工党河南大学委员会还发挥专业优势,积极开展社会服务活动,助力精准健康扶贫,在健康医疗扶贫等方面积极发挥作用。他们定期组织医疗专家深入河南大学定点扶贫村——祥符区曲兴镇双楼村、通许县竖岗镇前付村、祥符区曲兴镇大蔡村等,开展精准扶贫、送医送药下乡活动,受到当地村民热烈欢迎。同时,他们还配合开封市科技局、电业局等对接的贫困村,进行送医下乡和义诊服务。在尉氏县庄头乡义诊时,及时抢救了一例急性心梗病人,挽救了贫困村民的生命。此外,河南大学金明支部还参加了免疫治疗国际高峰论坛。各支部党员也积极响应全民健康义诊宣传活动,参加"世界卫生日""糖尿病日""结核病日""世界无烟日""世界联合国糖尿病日""高血压病日"等宣传活动。他们还组织党员进行精准扶贫走访慰问贫困户活动,并参加市区社区医院的义诊帮扶活动,这些活动受到了多家媒体的报道。

农工党河南大学基层委员会组织党员共开展各项义诊、讲座等社会服务340余人次,受益群众40000多人次。他们还为居民提供了健康书籍及宣传手册40000多本,并为20000余名群众免费发放了药品。这些社会服务工作的开展不仅凝聚了党心,还赢得了民心,树立了农工党的良好形象。农工党河南大学委员会始终坚持凝聚共识、加强自身建设、提高履职能力。他们按照中共开封市委、市政府的工作部署以及农工党开封市委和河南大学党委统战部的要求,积极参与市委、市政府重大决策的咨询协商,积极建言献策,为新时代开封全面建设社会主义现代化新征程贡献智慧和力量,同时也为河南大学"双一流"建设作出了最大的贡献。

九三学社河南大学委员会

九三学社是一个以科学技术界高、中级知识分子为主的,具有政治联盟特点的政党。它接受中国共产党的领导,与中国共产党紧密合作,共同致力于建设中国特色社会主义事业。1956年12月,九三学社中央开始在河南发展组织,首选地点是位于开封的河南大学,发展基层组织。教育学家孟宪德教授与地理学家李式金教授加入了九三学社,这标志着河南大学九三学社的发展历史的开端。

一、河南大学九三学社委员会的历史沿革

1957年1月13日,九三学社开封直属小组成立,由孟宪德教授担任召集人。然而,由于各种历史原因,接下来的20多年里,全国民主党派的活动都陷入了停顿,河南大学的九三学社也停止了所有活动。

1978年,中共中央十届三中全会后,统一战线工作重新得到加强和重视。在校党委的领导下,我校九三学社坚决拥护中国共产党的领导,与中国共产党同舟共济、荣辱与共,团结一部分高级知识分子积极投身于高等教育实践,为河南大学的振兴作出了重要贡献。1979年,河南大学(当时称为河南师范大学)的九三学社基层组织恢复了活动。由于当时河南省还没有九三学社的省级组织,因此九三学社开封直属小组归属于社中央领导。

1980年7月,九三学社郑州分社开封支社委员会成立,孟宪德教授被选为主任委员,地理系的李式金教授和历史系的黄元起教授被选为委员。

1983年7月,河南师范大学支社成立,成为全市第一个支社。黄元起教授担任第一届支社委员会主任委员,中文系的高文教授担任副主任委员,社员共有14人。1984

年,河南师范大学更名为河南大学,河南师范大学支社也随之更名为河南大学支社。河南大学支社在组建之初就显示出很强的参政议政能力。孟宪德教授当选为九三学社郑州分社委员会副主任委员、河南省第五届政协委员,同时也是开封市第二至五届政协委员,其中在第四、第五届任市政协副主席;高文、黄元起教授则任市政协常务委员,鞠秀熙教授任委员。

1984年7月,根据九三学社新章程的规定,九三学社开封市分社委员会更名为九三学社开封市委员会,孟宪德教授被选为九三学社开封市第一届委员会主任委员,黄元起教授被选为副主任委员。1985年4月,历史系的王继麟教授增补为九三学社市委委员。1987年3月,九三学社河南大学支社换届产生第二届委员会,九三学社市委委员高文教授担任主任委员,王继麟教授担任副主任委员。

1993年5月29日,《史学月刊》主编孙心一同志在九三学社河南大学支社社员代表大会上被选为第三届支社委员会主任委员,生物系主任蔡兴元教授与历史系杨慧清博士被选为副主任委员。此时支社有43名社员,其中离退休人员占多数,平均年龄60岁。

1996年12月21日,九三学社河南大学支社社员代表大会选举产生第四届委员会,外语系的李性让教授担任主任委员,外语系的高继海教授与出版社的刘小敏编审担任副主任委员。然而,由于李性让教授在任期内突然离世,经社市委批准,河南大学支社提前换届。

1997年9月27日,产生第五届支社委员会,高继海教授担任主任委员,刘小敏、周齐贤教授担任副主任委员。

2001年8月,高继海教授当选为九三学社开封市委员会主任委员。

2000年7月,开封医学高等专科学校(1998年11月成立九三学社支社)与开封师范高等专科学校(1993年11月成立九三学社支社)相继并入河南大学。至此,河南大学共有3个支社。为了便于领导管理,经九三学社开封市委员会批准,2002年4月26日成立了九三学社河南大学委员会,并下设四个支社:第一支社(包括原河南大学支社文科院系)、第二支社(包括原河南大学支社理工科院系)、第三支社(原开封医学高等专科学校支社)、第四支社(原开封高等师范专科学校支社)。河南大学出版社的刘小敏编审担任主任委员,生命科学学院副院长李锁平教授、文学院的张大新教授担任副主任委员,图书馆二分馆主任陈隆予副研究馆员与医学院的许国强教授担任委员。

2013年12月,九三学社河南大学委员会进行换届选举。河南大学科研处处长苗琛教授担任主任委员,李锁平、陈隆予、许国强同志担任副主任委员,张璟慧、王子成、何艳玲同志担任委员。

2019年10月,九三学社河南大学委员会再次进行换届选举。河南大学外语学院的张璟慧教授担任主任委员,王子成、王新海、李二玲、赵勇教授担任副主任委员,何艳玲、王路娟、尼志强、秦文婧、姚远、董彦军同志担任委员。

二、河南大学九三学社委员会的现状

九三学社河南大学委员会是在河南大学设立的九三学社的基层委员会组织,接受九三学社开封市委及中共河南大学党委统战部的直接领导。目前,委员会下设四个支社,分别是九三学社河南大学委员会第一支社,约25人,以文学、艺术、新传专业的文科教师为主;九三学社河南大学委员会第二支社,约30人,以生命科学、计算机科学、物理等理科学者为主;九三学社河南大学委员会第三支社,约30人,以医疗、护理、医学教师等医务人员为主;九三学社河南大学委员会第四支社,约30人,以化学化工、地理环境、农业农林等学科为主。

(一)九三学社河南大学委员会第一支社:文化传播的大使

九三学社河南大学委员会第一支社是以人文、艺术学科人才为主的支社,也是河南大学委员会中唯一一个文科支社。支社中,既有高继海、张大新、唐瑰卿等这样的资深人文、艺术学者,也有伍茂国、姚远、张璟慧、郑宪信等这样的中青年骨干,还有倪娜、张博、李爽等这样的后起之秀。第一支社对自身的定位是"文化传播的大使",即以文科学者满腹经纶的学识与口若悬河的口才,传播文化与习近平新时代正能量,点亮心灵、凝聚共识。

围绕这一定位,第一支社先后开展了丰富多彩的活动。2017年11月9日,第一支社社员高继海应九三学社开封市委妇女工作委员会之邀,做了《西方与中国妇女解放的对比》的讲座,深度剖析了中国女性解放与西方女权的异同,使听众对历史上的女性问题有了清晰的认识;2019年11月11—18日,高继海赴省内各高校及四川、山东巡回讲学,以深厚的文学积淀赢得阵阵掌声;2019年5月21日,第一支社社员张大新应开封社市委之邀,做了《现当代豫剧的变革及其国际化进程》的讲座,并请自己的弟子现场演唱豫剧选段,为观众展示了传统瑰宝豫剧如何创新机制、适应现代社会;2019年3

月1日、4月11日,第一支社社员伍茂国教授先后在开封九三学社开封市委的"九三讲坛"与河南大学统战部的"同心大讲堂"做了《新中式建筑美学的奥秘》专题讲座,解读中式建筑背后的美学传承与文化符号;2018年3月14日,第一支社社员姚远做了《生活中的运筹学》的讲座,以深入浅出的语言将运筹学的定理运用在生活中,使人经历了一场头脑风暴;2018年9月28日,受许昌市旅游局邀请,第一支社社员张璟慧为即将开幕的许昌鄢陵"第十八届中国中原花木交易博览会"的300多位志愿者做了《政府外事与公务接待标准流程》的讲座,以自己亲身经历过的重大外事活动为例循循善诱听众,讲解如何完成外事接待;2019年4月18日、6月1日,张璟慧在河南大学传媒沙龙、河南师范大学分别做学术讲座,讲解文艺美学;2015年4月20日、2017年6月20日,张璟慧两次主讲"九三讲坛",讲解旅英的剑桥大学生活及基督教在西方世界的影响,让社员们更了解外部世界;2019年9月17日,第一支社社员李爽做了题为《生活中的科学用声及朗诵艺术鉴赏》的"九三讲坛",带领大家学习科学发声,并领略朗诵之美;2017年11月16日,第一支社社员张博做了题为《日本江户文化》的讲坛,打开了社员们了解日本文化的新视野;2017年10月23日,旅居美国多年的第一支社社员董秋敏做了题为《体验美国:一个普通中国人的视角》的讲座,以翔实的生活资料,讲了在美国生活的心得体会。

第一支社充分利用自己文科的特色与专长,传播文化、了解世界,弘扬习近平新时代正能量,为民主党派凝聚最大共识贡献力量。

(二)九三学社河南大学委员会第二支社:科技惠民的先锋

九三学社河南大学委员会第二支社主要由生命科学、计算机科学、物理与电子等理科领域的学者组成。他们中包括了国家级创新人才、"长江学者"王学路教授,科研与行政骨干苗琛教授,为我国菊花培育作出突出贡献的王子成教授,物理科学方面的青年专家郑海务教授,以及为河南省设计网络信息系统、奉献自己力量的刘扬等年轻有为的学者。鉴于此,第二支社的定位是努力成为"科技惠民的先锋"。近年来,第二支社在将科技转化为惠民实际生产力方面确实走在了前沿。

第二支社社员王学路长期致力于植物遗传学、植物激素信号转导与逆境下植物生长发育的机制研究,并在 Science、Dev. Cell、eLife、PNAS、Genes&Dev、Cell Research、Plant Cell、Mol. Plant、Plant Physiology、JXB 等国际知名杂志上发表了多篇重要论文,已被引用上千次。社员王子成通过科技攻关,成功实现了秋菊春季绽放,这一成就让汴梁为之惊艳。他还在徐州挂职科技职位,为当地种植园提出了切实可行的种植计划。第二支社的社员们还广泛参与农民技术培训班,例如,2019年11月初,王子成等主办了"2019年河南省新型职业农民教育培训(嵩县)跟踪服务现场会",他们不辞辛劳地为农民学员现场答疑;同年11月下旬,王子成等又筹办了"河南大学2019年河南省农民教育潭头培训班",他们精心设计课程,从未松懈。

第二支社的社员们所到之处,都注重将最新的科研成果转化为群众可以利用的技术,因此赢得了群众的高度评价和热烈欢迎。2019年11月4日下午,社员刘扬为空间信息处理研究团队的研究人员做了一场题为《类脑计算及其在遥感智能信息提取中的应用》的学术讲座;此外,刘扬还先后为河南大学首次研发了人事管理系统、设备与实验管理系统、校长办公自动化系统、综合财务系统以及教务管理与学分制选课等系统,为河南大学及开封、河南的网络信息化工程建设作出了突出贡献。社员刘银占更是常年坚守在河南大学位于内蒙古多伦县的实验基地进行野外工作,他所获取的第一手资料全部用于改善当地地理环境,也成为科技惠民的一个好榜样。

第二支社的自我定位正是九三学社"科技报国"理念的最好体现。他们表示,未来将更加紧密地将科研优势与惠民相结合,始终不忘九三学社建社的初心。

(三)九三学社河南大学委员会第三支社:服务社会的楷模

九三学社河南大学委员会第三支社主要由医疗、护理和医学教师等医务人员组成,在救死扶伤、送医下乡、健康科普、义诊群众、关爱老幼以及医学科研和教育等方面拥有显著优势。因此,第三支社的示范定位是努力成为"服务社会的楷模"。

第三支社拥有多位专业医务人员,包括劳动模范、河南大学第一附属医院护理部副主任何艳玲,第一附属医院胸外科副主任医师董彦军,以及第一附属医院主任医师、呼吸内科一病区主任秦文婧等。多年来,他们始终秉承"大医精诚"的古训,牢记习近平总书记的教诲,一如既往地奔走于社会各处,致力于服务社会,传承九三学社的美名。

2019年6月27日,第三支社组织社内胸心血管外科、呼吸科、神经内科、疼痛科、妇产科等多位专家前往祥符区开展义诊及健康科普活动。他们详细询问病情,进行心电图检查,测量血糖、血压,赠送药品,开具用药处方,并指导村民改变不良生活方式。同年9月26日,在喜迎国庆70周年及重阳节来临之际,为深入推进"不忘合作初心,继续携手前进"实践活动,第三支社前往祥符区罗王乡敬老院开展慰问义诊及调研活动。杨超、秦文婧、董彦军等社员及多名入社积极分子参与了此次活动。社员们将精心准备的慰问品交到老人手中,表达了对老人们的重阳节祝福。

第三支社还将培训作为服务社会的重要内容。2019年11月初,第三支社主委何艳玲主持举办了国家级继续教育项目《糖尿病健康教育新进展》培训班,邀请了国内知名专家进行学术讲座。来自开封市及各县区医院的医护人员以及各基层卫生社区站、卫生院的医护人员等600余人参加了此次培训。培训结束后,许多学员对何艳玲等专家的精深专业知识和诚挚待人态度表示高度赞许。

2020年新冠病毒疫情防控期间,第三支社全体医务社员化身为白衣战士,在党的坚强领导下始终捍卫着人民的生命安全,为抗疫作出了突出贡献。社员杨超亲赴武汉整整两个月,与战友们谨慎而英勇地战斗,成功治愈了210多名重症新冠病毒感染患者出院,为武汉乃至全国的抗疫胜利作出了杰出贡献。此外,社员秦文婧、白慧玲、董彦军、武利萍、范智博、邵化敏、李香、方建、孙小静、孙明飞、李伟华、曾昭蕴、何艳玲、丁丙谦、王大伟、黄婉茹、黄永丽、郭二涛、高克峰等也始终坚守自己的医疗阵地,为抗疫胜利作出了应有的贡献。

第三支社以医学技术及护理专长服务社会的特点别具一格。他们表示既然已入医之门,就始终要精于业务、诚于待人,今后会继续细水长流地进行社会服务,努力塑造和维护好河南大学第三支社的形象。

(四)九三学社河南大学委员会第四支社:参政议政的能手

九三学社河南大学委员会第四支社主要由化学化工、地理环境、农业农林、图书情报等领域的专家组成。也因此,他们的学科专业与国计民生紧密相连,先后为九三学社开封市委、九三学社河南省委会乃至九三学社中央贡献了大量高质量的参政议政材料、政协会议发言及联组发言材料。基于此,第四支社的自我定位是始终努力成为"参政议政的能手"。在第四支社中,有连获国家科技发明奖项的王新海;始终将农业建设与农村扶贫作为科研重心的李二玲;与社会经济建设密切接触的纪鸿超;以及关注城市规划与环境的宋志军等。

2016年,在政协开封市第十一届三次会议上,社员陈隆予提交的《关于建设我市大学科技产业园的建议》被评为优秀提案。第四支社社员陈隆予还参加了开封市政协组织的有关本市学前教育调研活动,先后考察了县区9所幼儿园,并提交了《关于加快我市学前教育发展的几点建议》调研报告。他还参加了市政协"大力发展学前教育,加快普惠性幼儿园建设"双月协商座谈会,并作重点发言。社员李二玲则参与了开封市"十三五"规划及兰考县产业规划制定工作,并主持了兰考县堌阳镇城乡一体化规划的调研与编制工作。她还多次为省市两级政协会贡献高质量的重点提案,为社中央出谋划策。社员王新海则承担了开封市"十三五"规划中惠济河与景观水系两个项目的编制工作。

此外,李二玲和纪鸿超还共同承担了九三学社河南省委理论研究课题"社省委会建设参政议政智库路径探讨"。而王新海则携论文《实施农村垃圾资源化利用》参加了社中央第十三届"九三论坛"——"乡村环境综合治理"主题论坛。

第四支社的社员们还积极参政议政、建言献策,认真履行民主党派职能,为省、市政协、人大两会撰写提案。近五年来,他们主要撰写的提案包括李二玲的《培育新型农业经营主体,加快现代农业发展》,该提案已提交至省政协。在2018年全市两会上,社市委提交的三篇集体提案均为第四支社社员执笔,分别是纪鸿超的《开封自贸区建设创新发展的机遇及问题》、李二玲的《实施精准扶贫方略,打赢脱贫攻坚战》,以及王新海的《实施农村垃圾资源化利用,加速建设我市美丽乡村》。同年9月,在开封市政协十二届一次会议的联组发言中,李二玲发表了多年科研的心血结晶——《打造集群经济,实现农村振兴》,提出从设立专门管理机构等五个方面入手推广精准扶贫和乡村振兴。此外,陈隆予向市政协提交了《关于巩固和扩大我市创卫成果的建议》及《关于加快我市马道街街景综合整治工作的建议》,而王新海则撰写了《关于加快我市水系污染治理的建议》提案。纪鸿超、尼志强、王新海等撰写的多篇社情民意信息被九三学社河南省委会采用。

2015年,开封市政府就本地河湖治理问题举行研讨会,王新海代表课题组就《开封市河湖水质保障方案》已取得的阶段性成果向市政府作了水系水质保障专项汇报。2016年7月,王新海又成功申报了河南省重大科技专项《五效立体富营养化集成处理系统(FEST)关键技术研发及产业化》,获批经费500万元。这是将高校研究成果转化为社会服务和经济建设的实际成果,展现了第四支社社员立足本职、服务社会,积极为建设"四个开封"和"美丽河南"作出的贡献。

第四支社拥有扎实的参政议政基础,他们将继续坚持自己积极参与参政议政的定位,携手前进。

结语：不忘初心再出发

九三学社河南大学委员会的四个支社在组织建设上各具特色，分别聚焦于文化、惠民、服务和参政。基于这些定位，他们已经在各项工作中取得了一定的成绩。然而，仍然存在一些问题，如社会服务工作缺乏有效的载体，参政议政工作水平需要进一步提升等。

九三学社河南大学委员会作为高校类型的基层组织，具有人才资源丰富的突出特点。知识分子往往秉承终身学习的理念，因此高校社员的知识更新迅速，常常站在学科领域的前沿。在中国古代，"学而优则仕"的理念深入人心，但对于高校民主党派组织来说，这并不是鼓励教育高校社员去追求官职，而是引导他们不仅要在专业上出色，更要服务社会、奉献国家。高校社员作为各自领域内的专家，专业素质越高，就越应该承担起相应的社会责任。他们不能满足于成为"精致的利己主义者"，而应该成为真正的"知识分子"，怀揣忧国忧民之心，"先天下之忧而忧，后天下之乐而乐"。否则，即使学富五车，如果不能报效祖国、服务社会，那么不仅自身价值无法体现，所学也将变得虚无。以"天下为公"为信念，方能彰显英雄本色。

九三学社河南大学委员会的四个支社将继续扎实工作，秉承母校河南大学"明德新民 止于至善"的校训以及九三学社"爱国、民主、科学"的宗旨，不忘合作初心，继续携手前进，创造更加出色的成绩，为九三学社和河南大学争光。（张璟慧）

河南大学台湾同胞联谊会

1979年,中华人民共和国全国人民代表大会常务委员会发表《告台湾同胞书》之后,为促进祖国的和平统一大业,尽快结束骨肉同胞长期分离的局面,经居住在祖国大陆17个省、市的50多位台湾同胞的倡议和筹备,1981年12月22日在北京召开了全国台湾同胞第一次代表会议,正式成立了中华全国台湾同胞联谊会。

河南大学台湾同胞联谊会(简称"台联")成立于1987年12月26日,是服务于河南大学广大台湾同胞和去台人员亲属的爱国民众团体,也是校党委联系校内外台胞、台属及海外台湾同胞的桥梁和纽带。

台联的成立,旨在继承和发扬台湾同胞光荣的爱国爱乡传统,高举社会主义、爱国主义旗帜,牢牢把握两岸关系和平发展的主题,与居住在祖国大陆的台湾同胞保持密切联系。在爱国统一的旗帜下,广泛团结联络台湾岛内、港澳和海外的台湾同胞,同心同德,为增进乡亲情谊和提高台湾人民福祉,为反对"台独",推动两岸关系和平稳定发展,为实现"和平统一、一国两制"的方针和祖国的统一,为振兴中华、促进中华民族大团结而贡献力量。我校台联理事会在校党委、统战部以及开封市台联的领导和指导下,在围绕中心、服务大局、团结联谊、参政议政、关注民生等方面发挥了一定作用,为促进两岸人员交往、促进学校的和谐稳定和祖国的统一大业作出了应有的贡献。

台联第一任理事会成员共计五人,是在河南大学党委的关心支持下,经民主协商后产生的。台联成立时共有成员126人,其中离退休人员38人,占总人数的30%;教学人员56人,占总人数的44%。

台联成立后,主要通过以下几个方面开展了相关工作。

一、坚持党和国家提出的"和平统一、一国两制"的对台工作方针,做好基层台联工作

我们坚决拥护并积极宣传党关于"和平统一、一国两制"的基本方针,以及新形势下发展两岸关系的各项方针政策。我们遵循"以亲情为纽带、以文化为依托、以交流为重点、以服务为保障、促进心灵契合"的工作思路,充分发挥人民团体的桥梁纽带作用。我们积极引导、团结并带领广大台联成员关心、支持和参与学校及开封市的改革、发展与建设。

为加强台联组织自身建设,我们履行参政议政职能,通过增强联系、教育培养、沟通协调和开展活动等方式,推动台胞代表人士队伍的建设。我们重视台胞工作,不断提升服务质量,创建更多交流渠道,真诚地团结和联系广大台联成员,热情接待来访的台胞,努力使台联成为受广大台湾同胞信任和欢迎的"台胞之家",为两岸人民的交流作出更大贡献。

二、加强理事会领导班子和联络组织建设,为台联组织开展活动提供保证

在校党委的领导和统战部的具体指导、支持下,校台联理事会高度重视加强理事会领导班子和联络组织的建设,以此作为开展台联工作的组织保障。2019年5月10日,"河南大学台湾同胞联谊会第五次代表大会"成功召开,会议选举产生了新一届台联理事会,调整并充实了理事会领导班子的力量。

理事会按照制度要求,参与学校重要会议、统战部与统战组织负责人的专题学习,以及校外参观、考察和交流等活动,持续提升台联理事会负责人的思想政治素质和各方面工作能力。我们发挥台联理事会的作用,结合其自身特点和优势,围绕中心、服务大局,立足本职做贡献,积极参政议政、建言献策,为学校"双一流"学科建设和地方发展出谋划策,发挥应有的作用。

为响应学校党委及统战部深入贯彻落实中央、省委和校党委关于统一战线的一系列重大决策部署,进一步提高我校党外干部的理论素质,推动培训工作走向规范化、制度化和科学化,台联理事会认真组织并积极参与相关培训和学习。

三、开展多种形式的学习宣传教育活动,营造台联工作氛围

我们以台联为单位,学习中央、省委、校党委关于对台工作的方针、政策和指示,学习有关领导同志关于祖国统一的专题讲话,以及党的全国代表大会、人大、政府工作报告中涉及台湾问题的内容。我们运用报刊、学校网站、统战网站等多种渠道,使学习宣传教育活动实现常规做法与现代技术手段的有效结合。

通过这些宣传教育活动,我们进一步提高了台联成员的思想认识,让他们了解党的对台政策。在与回大陆探亲的人员交流中,台联成员能够明确思想认识,勇于交流思想,沟通彼此感情,以便达成共识。他们大胆宣传党的方针政策,共同为推动两岸关系发展建言献策,发挥作用。

四、发挥台联工作优势,为学校"双一流"学科建设和社会发展服务

多年来,河南大学台联工作始终坚持并发扬围绕中心、服务大局的优良传统,积极发挥自身独特优势和作用,努力为促进学校建设和社会发展作出贡献。

首先,我们积极发挥台联工作的智力优势,组织台联广大成员立足教学、科研和管理岗位,奋力拼搏,并取得了显著成绩。

其次,我们发挥台联工作的政治优势,通过台联负责人收集成员意见,并借助参加学校各种会议等形式,为学校建设和发展建言献策。台联各级人大代表和政协委员分别通过议案和提案反映广大成员的意见建议、要求和呼声。从事党政管理、教学、科研或后勤保障服务的台联成员,在各自岗位上发挥其影响力,为各方面工作的建设、发展和改进贡献力量。

最后,我们发挥台联成员的亲情乡情优势,与台湾同胞和海外侨胞保持经常性沟通和联系,为宣传学校和促进统一服务。

这些工作的有效开展,不仅提升了学校的知名度,而且为促进两岸交流和统一发挥了积极作用。许多同志在自己的岗位上辛勤工作、默默奉献,他们或获得国家、省以及教育部等多项奖励,或被评为优秀教师、优秀共产党员和优秀教育工作者,为河南大学的建设和发展作出了应有的贡献。

五、加强台胞联系沟通工作，促进台胞联谊交友建设

多年来，我校党委、统战部和台联组织高度重视并做好台胞联谊交友、沟通协调、开展活动和帮助服务等工作。我们通过调查了解台联成员的基本信息、牵线搭桥、分组定期走访慰问、伤病探望以及举办各种联谊活动等方式，加强与台胞代表人士的沟通联系。

多年来，河南大学台联工作务实进取、积极贡献，站位高、标准严，坚持以人为本、科学发展、继往开来、开拓进取的原则，在推动两岸关系和平发展中发挥着重要作用，为推进祖国和平统一大业贡献力量。台联已成为学校政治生活中不可或缺的一部分。

河南大学归国华侨联合会

归国华侨联合会（简称"侨联"）是由归侨侨眷组成的人民团体，是党和政府联系广大归侨侨眷和海外侨胞的桥梁和纽带。其根本宗旨是为侨服务，主要任务是凝聚侨心、汇集侨智、发挥侨力、维护侨益。河南大学历来重视侨务工作，1984年5月24日，河南大学召开了第一届归侨侨眷代表大会，成立了"河南大学侨联"，成为河南省高校中第一个侨联基层组织，距今已36年有余。其间，河南大学侨联不断深入学习宣传党的精神，贯彻落实党中央关于侨联侨务工作的重要论述和指示精神，执行中央对侨的大政方针，坚持以人为本、为侨服务的宗旨，坚持侨联的群众性、民间性、涉外性、统战性，以亲情、乡情、友情为纽带，不断加强与海内外侨胞的密切联系，为学校建设和地方经济社会发展凝聚人心、汇聚力量。2019年5月11日，河南大学侨联选举产生了第五届委员会，武四新当选为主席，段少峰、陈楠当选为副主席，田柯当选为秘书长。截至2019年，河南大学侨联有归侨和侨眷153人，留学归国人员430人。目前，河南大学侨联在河南大学党委统战部的统一领导下开展工作，河南大学党委统战部设有分管领导和专职人员负责组织和管理河南大学侨联的工作，具体工作由河南大学侨联委员会负责开展。

河南大学侨联自建立以来在服务学校教学科研、服务归侨侨眷和支持我国的发展建设等方面作出了不懈的努力和积极的贡献，主要体现为以下四个方面。

一、坚持党的领导，凝聚侨心

河南大学侨联始终坚决听党指挥，服从学校党委统战部领导，致力于选拔政治上坚定、作风优良、专业水平高的侨联服务队伍，以确保侨联成为海外侨胞和归侨侨眷的贴心组织。河南大学统战部门与侨联委员会紧密结合侨情,认真制定培训方案,积极选拔工作积极、作风优良的侨联成员,进行专题培训和定期学习,以提升侨联组织为大局服务和为侨服务的能力水平。武四新、姬新颖、段少锋、陈楠等同志多次参加省、市、校各级部门举办的各类专题培训班和交流座谈。在这些政治正确、积极热心的侨联负责同志的组织和带领下,侨联成员多次赴西辛庄、清丰县、信阳等地学习和调研,深入理解党的方针政策,增强对社会主义制度优越性的认识,从而调动成员的积极性,增强中华民族的凝聚力。

二、积极建言献策,汇集侨智

在参政议政的具体实践中,河南大学侨联充分发挥高端人才的智力优势,积极建言献策,以推动国家和地方经济建设发展。河南大学侨联向各级政协和人大、省侨联和省侨青会推荐优秀中青年同志担任专家委员。这些专家委员认真负责,踏实苦干,积极就相关问题提交建议和提案。例如,姬新颖教授关于"打造七位一体区域抗疫中心和疫情监控体系保护国家安全"的提案被民革河南省委会采纳;凭借在人才引进方面的突出贡献,他在中国侨联第七届新侨创新创业成果交流系列活动中荣获"中国侨界贡献奖"二等奖。田柯老师的"关于降低自贸区外贸企业法律风险和争端解决成本的建议"经省侨联推荐被《中国侨联侨情专报》第5571期刊用。河南大学侨联成员在各自的专业领域深入研究,积极发声,为河南大学赢得了广泛赞誉。

三、尽心教学科研,参与社会服务,发挥侨力

河南大学侨联成员致力于教书育人工作。教书育人是教师的本职基本工作,侨联教师不辞辛苦,把育人作为首要任务,在课堂上传播先进的科技知识和文化思想。涌现出大批先进教师和优秀教师代表,他们获得了省、市、校等单位颁发的各级教学荣誉和奖项,为培育新时代社会主义建设人才默默无闻地奉献自己的力量。同时,河南大学侨联成员立足自身专业,勤勤恳恳地奋斗在科学研究第一线,取得了丰硕的科研和学术成果,推动祖国科研事业的不断发展。河南大学侨联始终牢记自己的社会服务任务,通过自身奉献和广泛宣传,为社会稳定、社会和谐贡献自己的力量。例如,张仲仪教授捐赠200万元建立两座"禹洲希望小学",为河南大学幼儿园配置电脑,救助下岗女工,帮助困难归侨侨眷。在疫情防控期间,河南大学侨联成员积极捐款捐物,以实际

行动支持国家抗疫工作。

四、服务归侨侨眷,维护侨益

习近平总书记多次提出要切实维护海外侨胞和归侨侨眷的正当合法权益,为他们做好事、解难事、办实事,让他们真切感受到祖(籍)国的温暖。河南大学侨联将"为侨服务"作为侨务工作的根本出发点和落脚点,通过侨界人大代表和政协委员积极反映侨界问题,为广大归侨、侨眷和留学归国人员表达心声,为生活困难的老归侨争取扶助政策,协助困难归侨侨眷申报贫困补助,在重要节日开展慰问归侨侨眷活动,积极组织和宣传侨界的"牵红线"活动。一系列为侨服务的工作得到了社会各界的肯定和好评,张仲仪教授被中国侨联评为"全国归侨侨眷先进个人",先后有六位同志被评为"开封市归侨侨眷先进个人""开封市侨联工作先进个人",河南大学侨联被开封市侨联评为"开封市侨务工作先进单位"。

河南大学党外知识分子联谊会

一、河南大学知联会成立情况、班子成员

为贯彻落实中央统战工作会议、全国高校统战工作会议和河南省高校统战工作会议精神,更好地凝聚广大党外知识分子的智慧和力量,并为党外知识分子参政议政、建言献策、施展才华提供平台,河南大学于2018年11月25日成立了党外知识分子联谊会(简称"知联会")。知联会是河南大学党外知识分子自愿参加的、具有统战性、联谊性和服务性的群众团体,也是校党委与党外知识分子联系和沟通的桥梁。知联会的成立,体现了校党委深入学习贯彻党的十九大精神,贯彻落实习近平总书记关于知识分子工作的新要求,是履行党委统战主体责任的重要举措。这既体现了校党委的政治责任和政治担当,也展示了校党委与党外人士凝心聚力、积极主动服务党外知识分子的决心。河南大学知联会现有会员52人,第一任会长由杜祖亮教授担任。

表1 河南大学知联会班子组成

	姓名	单位	学位	职称	职务
会长	杜祖亮	材料学院	博士	中原学者	院长
副会长	张祎捷	淮河医院	博士	教授	院长
	杨朝军	外语学院	博士	教授	院长
	白锋	材料学院	博士	国家优青	副院长
秘书长	李恒	经济学院	博士	教授	副院长
副秘书长	杜文风	土木学院	博士	教授	
	李亚敏	化学学院	博士	教授	

二、坚持党的领导，凝心聚力

知联会自成立以来，不断加强自身建设，始终牢记章程，秉承宗旨，规范管理，健康发展，努力争创一流，致力于打造党外知识分子之家。

一是狠抓学习，努力将知联会打造成党外知识分子提升素质的学习园地。依据河南大学党外知识分子联谊会章程，结合党外知识分子的思想和工作实际，我们树立了"终身学习"的理念，组织引导广大党外知识分子深入学习习近平新时代中国特色社会主义思想，学习中央和全省统战工作会议精神，学习中央和省委会有关统一战线和党外知识分子工作的文件精神。通过不断提高政治理论水平和思想素质，我们毫不动摇地坚持中国共产党的领导，坚定中国特色社会主义的道路自信、理论自信、制度自信、文化自信，始终与中国共产党保持思想上同心同德，目标上同心同向，行动上同心同行。

二是加强联系，把知联会打造成团结和谐的党外知识分子之家。知联会组织会员开展理论学习、专题讲座、形势报告、交流研讨等多样化和内容丰富的学习活动，并举办丰富多彩的联谊活动，以加强沟通，广交朋友，增进友谊，共同建设党外知识分子之家。我们密切联系全校党外知识分子，关心他们的工作、学习和生活状况，了解他们的需求，维护他们的合法权益。充分利用本会人才聚集的优势，我们注重对党外知识分子的发现、培养和推荐，积极为学校举荐政治坚定、业务突出、群众认同的高素质人才，努力把知联会建成学校联系党外知识分子的桥梁和纽带。

三是积极作为，努力把知联会打造成发挥作用的重要平台。知联会发挥人才荟萃、智力密集、联系广泛的优势，充分调动广大党外知识分子的积极性。我们既围绕学校人才培养、学科建设、文化传承等中心工作提出科学建议，又围绕地方和国家经济社会发展贡献务实之策。这使得知联会成为全校党外知识分子反映意见、提出建议的重要平台，为河南大学"双一流"建设和地方经济社会发展提供持续的力量支持。

三、党外知识分子为学校教学、科研作出突出贡献

河南大学知联会积极引导会员结合自身专长，提出有价值的建议，制定科学的策略，并付诸实用之力。围绕学校中心工作，知联会组织会员开展调查研究、专题考察，为学校决策提供参考，同时也在学校教学、科研方面作出了突出贡献。

例如,知联会会长、中原学者杜祖亮教授,为了突破发展困境,经过深入调研和反复研讨,根据国家和区域经济发展需求明确了研究方向。他专注于未来光电信息与能源等领域的纳米材料与器件的基础及应用研究,旨在为构建新一代光电信息产业的核心技术体系提供创新源头。他将实验室创始人和奠基者朱自强教授以及"两弹一星"功勋党鸿辛院士的科学家精神、爱国情怀和奉献精神等优良品质和作风,凝练为科教团队的精神内核,从而打造了"自强不息、迎难而上、协作奋进、追求卓越"的实验室/学院创新文化。他带领的实验室先后成为教育部重点实验室、高效显示与照明技术国家地方联合工程研究中心,聚集和培养了一支高素质的科研团队,该团队还入选了教育部"长江学者和创新团队发展计划"。其成果荣获"2019年度中国光学十大进展",并被国家自然科学基金委作为简报专题上报给了中共中央办公厅、国务院办公厅等中央领导部门。

副会长白锋教授和会员申怀彬教授获得了国家自然科学基金优秀青年科学基金的资助,为河南省的国家级青年科技人才队伍建设作出了重要贡献。副会长杨朝军教授入选了2021年度"中原英才计划"——中原教学名师,副秘书长杜文风教授荣获2019年教育部在线教育"智慧教学之星"称号,这些成就都体现了我校教师出色的教学水平和能力。在知联会会员中,有6位是省部级以上重点科研机构负责人,8位是省级一级重点学科或专业带头人,他们共同为河南大学的教学、科研事业贡献了重要力量。

四、党外知识分子服务地方社会经济建设成就

知联会通过组织开展讲学培训、信息咨询、科技开发、扶贫济困等社会公益活动,积极为地方经济社会发展服务。知联会会员大多为行业内的知名专家,他们在各自的研究领域积极开展产学研合作,为地方企业提供技术支持。河南大学知联会副会长、淮河医院院长张祎捷当选为开封市知联会会长,她团结并带领市知联会全体会员,为开封市地方经济高质量发展贡献力量。作为开封市新冠病毒感染医疗救治专家组组长,张祎捷同志在第一时间组织专家制定了"专家会诊制度和申请流程""确诊病例出院流程"等,她坚持每天研判疫情并多次提出建设性意见,宣传新冠病毒防控知识,为开封市"仅用1个月零6天实现确诊病例和疑似病例'双清零'"作出了积极贡献。

会员康文艺教授带领团队成功获批国家食用菌加工技术研发分中心,他们围绕食

用菌功效成分研究及精深加工、功能性食品与特殊人群膳食产品开发以及原料和产品的检测技术等方向,为我国的食用菌行业提供精深加工需求和转化平台。他们联合国内近30家企业、事业单位,共同申报并获批建设河南省食用菌精深加工产业技术创新战略联盟,为促进行业进步和地方经济发展作出了显著贡献。杜文风教授带领的河南省装配式建筑工程技术研究中心,在近3年内,其项目成果的推广应用已取得1.308亿元的经济效益,并成功解决了新郑国际机场二期工程等10余项地区重点工程中的关键技术难题。

  知联会现有会员52人,全部具有高级职称,且均为学校教学和科研的业务骨干。其中,河南大学高层次人才13人,担任副处级以上领导干部职务者20余人。这些人才在各自的工作岗位上兢兢业业,攻坚克难,各具特色,不断取得突破性的成绩,为河南大学的双一流建设和服务地方社会经济建设作出了突出贡献。

河南大学欧美同学会（河南大学留学人员联谊会）

河南大学欧美同学会（河南大学留学人员联谊会）是以我校归国留学人员为主体，自愿组成的、具有统战性质的团体，是校党委联系广大留学人员的桥梁和纽带，同时也是归国留学人员的政治、工作和生活之家。

一、河南大学欧美同学会（河南大学留学人员联谊会）基本情况

河南大学建校百余年间，名家辈出，其中不少是来自欧美的归国志士。2018年12月13日，河南大学欧美同学会（河南大学留学人员联谊会）正式成立。明德新民，止于至善，河南大学欧美同学会的成立恰逢其时，汇聚众流、博采众长，是学校党委贯彻习近平总书记重要精神，落实中央、省委统战工作精神，加强和改进新时期留学归国人员工作的重要举措。河南大学欧美同学会（河南大学留学人员联谊会）的成立，是我校留学归国人员政治生活中的一个里程碑，它响应了党的十九大关于"把党内和党外、国内和国外各方面优秀人才集聚到党和人民的伟大奋斗中来"的重要部署。在中国共产党成立100周年之际，河南大学欧美同学会（河南大学留学人员联谊会）将继续发扬荣校报国的优良传统，助力学校"双一流"建设，努力成为留学归国人员爱国敬业形象的宣传者、自强不息创新创业的推动者以及朝气蓬勃的和谐交流联谊的服务者，让归国报国的知识分子们植根中原沃土，绽放个人华彩，为我省经济社会发展和高等教育事业作出更多贡献。

现任理事会会长为傅声雷，副会长包括张先飞、师冰洋、姬新颖、刘路阳，秘书长由段少峰担任，副秘书长为郑海务，理事成员包括秦明周、杨志、郭立俊、崔军、卢锋、姚

远,现有会员48人。2020年12月26日,河南大学欧美同学会(河南大学留学人员联谊会)荣获河南欧美同学会(河南留学人员联谊会)"先进集体"荣誉称号。

二、坚持党的领导,凝心聚力

2021年7月1日,在河南大学统一战线庆祝中国共产党成立100周年座谈会上,河南大学欧美同学会(河南大学留学人员联谊会)会长傅声雷表示,将继承发扬留学报国传统,立足本职,勇于担当,坚定信念、牢记使命,为民族复兴、中原出彩和河南大学振兴贡献智慧和力量。在以往工作中,河南大学欧美同学会(河南大学留学人员联谊会)始终坚持党的领导,在统战工作中凝心聚力,发挥了积极的作用。

(1)政治学习与时俱进。历年省委统战部召开的网上统战工作座谈会、我校统战工作研讨会,河南大学欧美同学会(河南大学留学人员联谊会)的徐树维等多名代表都会积极参会发言。2019年,省委高校工委、省教育厅主办的"河南省高校统一战线学习习近平总书记考察调研河南时重要讲话精神暨庆祝新中国成立70周年座谈会",河南大学欧美同学会(河南大学留学人员联谊会)的段少峰也参加了座谈;在党委理论学习中心组学习扩大会议中,多名代表参会学习2020年全国两会精神。此外,傅声雷、段少峰等也积极参加了河南省欧美同学会、省社会主义学院"不忘留学初心,唱响文化自信"的新春联谊会。

(2)统战工作骨干辈出。河南大学欧美同学会(河南大学留学人员联谊会)多名成员担任统战工作的重要骨干。例如,张先飞当选为民革河南大学支部主任委员,被授予"河南民革榜样人物"称号;赵勇当选为九三学社河南大学委员会副主任委员;段少峰、陈楠为我校侨联副主席;党委统战部启动的优秀党外代表人士采风活动,首期推出的就是傅声雷"心系青山,共护蓝天"的报道;开封市侨联授予姬新颖开封市归侨侨眷先进个人的称号;段少峰还赴洛阳参加了省委高校工委、省教育厅举办的第三期党外代表人士培训班等。

综上所述,河南大学欧美同学会(河南大学留学人员联谊会)将始终如一地宣传贯彻《中国共产党统一战线工作条例》,筑牢共同思想基础。同时,扎实开展"学党史,跟党走"主题教育,把理想信念与三尺讲台相融合,教书育人与科学研究相融合,服务社会与创新创业相融合,教育管理与服务师生相融合,用岗位建功书写教育的最美答卷。此外,我们还将心怀"国之大者",发挥统一战线人才荟萃、智力密集的优势,多献务实之策,多尽发展之力,在服务国家和地方工作大局中贡献河南大学的智慧和力量。

三、为学校教学、科研作贡献

(1) 傅声雷。2004年,思乡心切的傅声雷带着家人从美国回到了祖国,积极投入到国内生态学科的发展建设之中。他于2009年获得了土壤生态学领域的"国家杰出青年科学基金"。2014年,他应邀担任《生物多样性》期刊的副主编。同时,他还是土壤生态学权威期刊 *Soil Biology & Biochemistry* 迄今以来唯一在国内工作的华人编委。2009年,傅声雷团队又成功申请"中国科学院退化生态系统植被恢复与管理重点实验室",为华南植物园乃至我国恢复生态学的发展起了积极的推动作用。2015年,傅声雷团队的研究成果"南亚热带典型林分提质增效关键技术与应用"获得广东省科学技术一等奖。为了推动生态地理学发展和更好地进行自然探索,傅声雷团队率先建立了国内第一个生态地理学实验室和野外控制实验平台。近年来,他结合河南省的具体情况,带领河南大学研究团队成功申请成立了"河南省大气污染综合防治与生态安全重点实验室",对大气污染问题进行研究。迄今,傅声雷已获得"第十批河南省优秀专家""中原学者"等荣誉称号。

(2) 师冰洋。自2015年归国后,被聘为河南大学黄河学者特聘教授,成为生物医学工程方向带头人。现为河南大学药学院院长。他主要从事老年痴呆症的生物治疗、疾病的早期精准检测和基因治疗等前沿研究工作,在药物开发和疾病诊断及治疗方面科研成果突出。2018年,他获批迄今为止河南省唯一的国家重点研发计划青年项目"脑靶向仿生纳米药物的精准诊疗技术及应用",同时,河南大学-麦考瑞大学生物医学联合创新中心获批省重点实验室。

(3) 杜祖亮。河南省凝聚态物理学科特聘教授、中国有序分子膜专业委员会副主任、教育部新世纪优秀人才计划人选、享受政府特殊津贴专家、河南省优秀专家、河南省跨世纪学术和技术带头人培养对象。他的专业方向为凝聚态物理与材料,目前主要从事纳米结构材料与器件、光电材料、分子组装等方面的研究。他已培养硕士、博士研究生40余人。先后承担完成国家重大基础研究"973"前期专项、国家高科技"863"计划、国家自然科学基金重大纳米研究计划、国家自然科学基金、教育部新世纪优秀人才计划、教育部高校科技创新工程重大项目等国家级科研项目10余项;同时承担河南省创新人才项目、河南省杰出青年基金项目等省部级项目10余项。他发表SCI学术论文100余篇,鉴定成果4项,专利6件。

（4）张先飞。长江学者青年学者、第十批河南省优秀专家、中宣部2019年文化名家暨四个一批人才、河南省青年文化迭代计划顾问。在中国哲学社会科学最有影响力学者排行榜中位列中国文学第118位、文化榜单第36位。他的主要研究领域为新文学渊源、五四文学思潮、鲁迅周作人研究。他先后在《新华文摘》《文学评论》《文艺研究》《中国现代文学研究丛刊》等国家级期刊发表学术论文15篇,在人民出版社出版《"人"的发现："五四"文学现代人道主义思潮源流》《"人的文学"："五四"现代人道主义与新文学的发生》系列专著两部。张先飞主持国家社科基金项目2项、霍英东教育基金会第十届高等院校青年教师基金项目、日本政府博士奖学金项目、全国高校古委会项目、河南省高校哲学社会科学创新团队项目与基础研究重大项目各1项。他曾获教育部第六届"高等学校科学研究优秀成果奖"三等奖、首届"唐弢青年文学研究奖"二等奖、河南省社会科学优秀成果奖一等奖、河南省文学艺术优秀成果奖一等奖。

此外,河南大学欧美同学会（河南大学留学人员联谊会）的赵勇在国际化学顶级刊物《德国应用化学》上发表了金属锂电池的研究新进展。

四、联系海内外校友,汇聚人才,服务学校建设和地方经济建设

（1）助力人才凝聚。在政协会议中,河南大学欧美同学会（河南大学留学人员联谊会）的傅声雷提出了多项建议,包括加大对高层次人才引进和培养的支持力度,建立高层次人才学术交流机制,积极谋划国家及重大项目和成果,建立高层次人才跟踪机制,以及加强人文关怀等。同时,校党委统战部对留学归国人员文化适应方面的课题进行了立项。为加强文化适应和做好高校归国留学人员的统战工作,研究座谈会邀请了我会的多名骨干成员参会交流,以助力人才聚集。

（2）助力校内服务。疫情防控期间,河南大学欧美同学会（河南大学留学人员联谊会）的姬新颖教授组织并带领河南省感染病与生物安全专业委员会的46名爱心人士,通过河南大学教育发展基金会为学校疫情防控捐赠了14560元。在科普与文化讲座方面,校党委统战部邀请了河南大学欧美同学会（河南大学留学人员联谊会）的姬新颖教授作题为"中美文化差异与国际交流"的同心大讲堂报告。同时,党委统战部还邀请了河南大学欧美同学会（河南大学留学人员联谊会）的段少峰教授作题为"一把双刃剑——臭蛋气的前世今生"的同心大讲堂专题讲座。

（3）助力地方经济。在扶持当地文教发展方面，赵勇、郑海务被聘为黄河科技学院特聘教授。在助力地方经济方面，郑海务应邀参加了江苏省徐州市贾汪区委区政府主办的2020高端装备与智能制造业产业双招双引恳谈会，并作了大会报告。其高层次人才项目与当地塔山镇进行了签约。此外，张重生老师主研的首款AI甲骨缀合产品"缀多多"在现场发布，首次实现了人工智能与传统文化的完美结合，展现出了良好的转化前景。

（4）助力社会发展。在2019年的省政协十二届二次会议中，河南大学欧美同学会（河南大学留学人员联谊会）的傅声雷提交了《关于加强多部门联合联动公关、综合防治大气污染的提案》。11月，傅声雷主持的河南大学欧美同学会与河南大学共同推动黄河流域生态保护和高质量发展座谈会在省委统战部召开。6月25日，省委统战部召开筹备成立河南欧美同学会医药和生物专业委员会座谈会，河南大学欧美同学会（河南大学留学人员联谊会）的姬新颖教授应邀介绍经验。1月6日，姬新颖教授牵头成立了肿瘤精准诊疗河南省产业技术创新战略联盟，并获得批准。3月11日，姬新颖教授提出的"关于把生物安全（感染病防控）作为国家安全工作重要任务的建议"被采纳，并收到上级部门的来函感谢。8月12日，民革省委会采纳了河南大学欧美同学会（河南大学留学人员联谊会）姬新颖的五项提议，其中"打造七位一体区域抗疫中心和疫情监控体系维护国家安全"的提案获得了民革河南省委会2020年度调研课题的资助。在市政协十二届二次会议中，河南大学欧美同学会（河南大学留学人员联谊会）提交了多份个人提案。在学校工作会议上，河南大学欧美同学会（河南大学留学人员联谊会）也有多名代表参会。

综上所述，河南大学欧美同学会（河南大学留学人员联谊会）将以习近平总书记的重要讲话精神为指引，坚持大团结大联合的主题，加强思想政治引领，紧扣中心大局，广泛凝心聚力，为持续推进学校"双一流"建设和高质量发展贡献统战力量。

二、代表人物篇

丁　立

丁立(1918~2009)，男，汉族，河南省宝丰县高皇庙村人。原名丁宗岱，由于保密需要，曾用丁益民、丁升文、赵志高等名。

丁立幼年在宝丰县高皇庙村读小学，1932年到省会开封省立第一初级中学读初中。1935年至1938年6月，他先后在江苏南京高级中学、江苏镇江省立镇江高中、河南开封省立开高、镇平省立开高等学校读完高中课程。高中毕业后，他在宝丰县立中学任教师。1939年7月考入当时位于四川乐山的国立武汉大学经济系，1944年获法学学士学位。

1939年至1944年初，在四川乐山国立武汉大学经济系读书期间，他在成都兼任华西晚报社的编辑记者，积极参加进步的学生运动，并于1944年在四川成都加入中国民主同盟。1945年初在重庆八路军办事处参加革命工作，后被派往抗日前线湖南辰溪、卢溪等地区潜伏，从事党的地下工作，为开展敌后游击战做准备。

1945年3月，他任中国工业合作协会湖南事务所副主任，1946年1月返回重庆八路军办事处汇报工作，并被批准加入中国共产党。1946年6月离开重庆，经湘西前往南京，到常州中国银行做驻厂员。同年底，被党组织派往上海，在中共中央社会部上海情报站任内勤情报员，公开身份是上海《金融日报》英文编辑。1949年5月上海解放后，他任中央军委上海联络局情报科长，直至1956年，在中央军委总参和中共中央调查部的领导下，完成了大量的国际情报工作。

1956年9月，他前往北京中央调查部干部学校进修英语，原拟派往中国驻印度大使馆任文化专员（未及赴任）。1957年被错划为党内右派，开除党籍、连降三级。1958年4月下放到河北省唐山柏各庄农场劳动，1962年右派摘帽，9月工作关系转到北京中央调查部六局。1964年4月返回北京,任北京国际关系学院总务处食堂管理员。1970年1月到河北省饶阳县东刘庄大队劳动一年,1971年1月前往河北冀县(今衡水市冀州区)参加河北外语专科学校的筹备工作,任食堂管理员。1975年9月任河北师范大学外语系资料室负责人,1979年右派问题得到平反,恢复党籍和行政级别14级,11月被河北师范大学任命为图书馆主任。

1982年8月,他调到河南工作,担任当时的河南师范大学(现河南大学)图书馆副馆长,主要负责全校各系资料室的规划建制和图书馆业务工作的功能互补。在工作中,他努力学习图书馆业务知识,不仅很快熟悉了业务,他撰写的图书馆学论文还入选了1983年中国图书馆学术年会。他代表河南大学图书馆参加了在四川峨眉山召开的中国图书馆学会年会。同年,接待了来自美国的同行——堪萨斯州图书馆的保雅利先生的考察访问,双方进行了友好、有效的交流。离休后,他被聘为开封市经济学会理事、河南大学经济研究所特约研究员等,曾受邀参加在辽宁大学召开的中国世界经济学史年会以及在上海、咸阳召开的中国世界经济年会。他发表了《从世界经济发展趋势看"一国两制"构想的重大战略决策》等一系列论文,并获得1988年河南省统战理论学会论文一等奖。

丁立于1983年11月离休,先后享受副厅级、厅级政治生活待遇。(邱建章)

丁轸宇

丁轸宇(1913~1996),河南省邓县(今邓州市)人。1932—1936年在河南大学经济系学习,后出国留学,1939年归国,被聘为河南大学经济系副教授、教授。1948年河南大学南迁,他先后到上海、武汉任教,并在武汉任中共中央中南局财经委员会高级工程师。新中国成立后,他担任河南省经济顾问,省工业厅、冶金厅、科技委员会高级工程师。曾任全国政协常委,河南省政协副主席,河南大学顾问兼校友总会名誉会长。

丁轸宇生于邓县大丁村。大丁村从明朝以来,先后出知州以上官员50余人,举人1人,拔贡、岁贡等36人,廪生、增生等321人。"文风鼎盛,好学成才"是大丁村人才辈出的原因。正因如此,丁轸宇从小在这样的良好学风下成长,幼读私塾、小学,并在其父(清末民初的文学学者)指导下阅读中国古典小说,如《三国演义》《西游记》《红楼梦》《东周列国志》《水浒传》《今古奇观》等,开阔了思想境界和知识领域。1932年高中毕业后,他考入河南大学经济系。

丁轸宇在河南大学经济系学习4年,刻苦努力,成绩优异,受到进步教授嵇文甫、王毅斋、关梦觉等名师的器重。他不但学习好,而且思想进步,热心为同学服务,经常在校刊撰译文章,被师生评为"妙笔生花"的高才生。1936年,他以优异成绩毕业于河南大学经济系,并获得出国留学资格,随即到英国伦敦大学经济科学院工业管理系攻读硕士学位,1939年学成归国。

丁轸宇回国后即被聘为河南大学经济系副教授。当时正值抗日战争,学校辗转流亡,艰苦办学,教育经费紧张,教学科研条件十分简陋。但他为了保证教学质量,一丝不苟地进行教学科研工作。学校每迁移一处,一经安顿,他便立即为学生授课。在没有教室、没有课本、没有讲义的困难情况下,他也能在野外露天向学生们滔滔不绝地讲授。尤其难能可贵的是,他提倡学术自由,讲述《资本论》的有关章节、艾思奇的《大众哲学》和李达的《政治经济学》等论著,热情宣传马克思主义经济学观点。1942年,河南大学由省立改为国立,丁轸宇也被聘为教授。此后,他继续向学生讲授政治经济学、西欧哲学概论等课程,并积极参加河南大学教授会的抗日救亡活动。解放战争时期,他非常同情和支持河南大学进步学生的爱国运动,深受学生们的爱戴。

1948年,河南大学被迫南迁,他先后到上海、武汉执教,并在武汉参加革命,任中共中央中南局财经委员会高级工程师。新中国成立后,丁轸宇于1949年冬受聘担任河南省人民政府经济顾问,为新中国成立初期河南建设的恢复精心筹划,贡献卓著。1952年,他被定为二级教授。随后,他历任河南省工业厅、冶金厅、科学技术委员会高级工程师。1957年,他被错划为"右派",经受了严峻的考验。在下放锻炼期间,他仍然以一个学者的风范,认真读书研究,埋头著书,写下了政治经济学方面的数十万言文稿。

粉碎"四人帮"后,丁轸宇教授相继当选为河南省第五届政协副主席、河南省进出口管理委员会顾问、河南省国际信托投资公司董事长、中原油田名誉外事顾问、河南省第六届政协副主席、全国第七届政协常务委员。他始终关注母校河南大学的发展,1985年起任河南大学顾问兼校友总会名誉会长、河南大学兼职教授,为开创河南大学教育新局面做了许多有益的工作。

于安澜

于安澜(1902~1999),原名海晏,字安澜,后以字行。河南省滑县人,我国著名的语言文字学家、美术史论家、书画篆刻家,曾任中国训诂学会、中国音韵学会顾问,中国美术家协会、中国书法家协会会员,九三学社社员,河南大学教授。

1902年,于安澜出生于河南省滑县的一个书香门第,幼时读私塾。1920年考入河南省立汲县中学(今卫辉一中),入学后便因其才学出众而得到国文教师范文澜的赏识。因其学习成绩优异,1924年中学毕业后即被保送至中州大学(今河南大学)文史系学习。

进入大学后,他得到了冯友兰、郭绍虞、嵇文甫、董作宾等多位名师的悉心指导,为其学术研究打下坚实基础。在大学期间,除了学习本专业知识外,于安澜还发起成立了社团——美术研究会,并被推选为社团负责人。他常在课余之时绘画、治印,同时还兼任开封现代中学的美术教师。1930年冬大学毕业。1931年春,他受聘于信阳省立第三师范学校任教,后因病返乡。1932年春,又应邀到豫北沁阳省立第十三中学任教。

1932年夏,于安澜考入北平燕京大学研究院国学研究所继续深造,专攻文字、音韵学。同年,开始撰写《诗学总论》并成书,该成果获1933年河南省教育厅颁发的甲等学术奖金。1934年下半年,他完成了《汉魏六朝韵谱》初稿,再次获得该年度河南省教育厅颁发的学术奖金。1935年,该书稿撰写完毕,交由中华书局印刷出版。1937年6月,他的第二部著作《画论丛刊》一函六册出版问世。卢沟桥事变爆发后,北平、天津相继沦陷,于安澜被迫滞留北平,并在北平汇文中学任高中三年级文史课,课余时间仍致力于古籍整理研究。1939年夏,京汉铁路通车,他返回故里,后在滑县联中任教直至抗战胜利。

1946年，于安澜回到母校河南大学任教，1948年随河南大学南迁苏州。1949年开封解放后返汴。1950至1951年，于安澜先后在武昌教育学院和平原师范学院（今河南师范大学）任教。1955年，他返回开封师院（今河南大学）中文系资料室工作。1983年，于安澜开始招收研究生。由于他在多个学科领域均有成就，其学术影响波及海内外。这一时期，他的各种学术活动也开始增多，应邀先后加入了中国训诂学会、中国音韵学会、中国美术家协会、中国书法家协会，并担任了中国训诂学会、中国音韵学会、河南省语言学会、河南省美术家协会、河南省书法家协会等学术团体的顾问。1984年，他出任河南大学古籍整理研究所所长。

于安澜一生著作等身，为人胸襟坦荡，淡泊名利。他从20世纪30年代初至90年代末，潜心治学任教六十余载，在语言文字学、音韵学、训诂学、古典诗词学、美术史论、书法、绘画、篆刻等诸多领域均有杰出建树，培养了大批高水平学术人才。其著作《汉魏六朝韵谱》仍为目前学术界研究中古音韵学的主要参考文献，而备受美术界推崇的《画论丛刊》至今仍是我国美术院校学子的必读书目。除此之外，于安澜还撰有《画史丛书》《古书文字易解》《诗学辑要》《书法源流表》等许多学术著作，进而奠定了其在国内学术界的重要地位。他的书法及绘画作品也曾多次获奖，在国内外书画界均享有极高声誉。晚年的于安澜仍心系社会，多次呼吁为河南省有重大历史影响的先哲及文化、艺术名人举行纪念活动，常常为筹备历史文化纪念馆四处奔波并亲自撰写碑文。许慎纪念馆、吴道子纪念馆、花木兰纪念馆等皆是由他的倡议从而建立起来的，他为河南省乃至我国文化事业的发展均作出了重要贡献。1999年逝世。

马运杰

马运杰(1887~1955),又名马运五,原名鸿福,号禾霖,回族,河南开封人。1905年毕业于河南高等学堂正科,历任陇海货捐局局长、开封商会理事长、省政协委员、河南大学经济系讲师、副教授。新中国成立后,他当选为省首届工商联主席、第一届全国人大代表、省民委副主任。他还是老五福商标的申办人。

马运杰祖籍南京,其祖父马永龄在南京经营花边折扇业。嘉庆二十四年(1819年),马永龄迁居开封。马家在开封除继续经营豫盛永花边折扇业外,同治三年(1864年)还开设了马豫兴鸡鸭店,后来又开设了豫盛昶皮毛土产店等。光绪十三年(1887年),马永龄去世,马运杰的父亲马有义继承了父业。光绪三十年(1904年),马有义与兄长分立门户,同年,马运杰就读于河南大学堂。次年,他前往上海,在其父经营的豫盛昶号从事皮毛土产业,并加入了上海内地商团。1911年辛亥革命时,马运杰随商团在上海参加了起义。

1914年,马有义病逝,马运杰继承了父业,在开封经营"福盛恒"号(1926年改为"五福"号)酱果业。他先后被推选为开封酱果业会董、河南总商会会董、开封商会委员、常务委员、常务理事等职务。1919年,马运杰当选开封商会公断处处长,在任5年间,他公正严明,颇受商界好评,并获得司法部嘉奖,被授予二等獬豸奖章。1921年,马运杰担任开封赈济委员、平粜厂长,因他办事得力、廉洁奉公,荣获七等嘉禾奖章和大红十字奖章。同年,他当选为"五四"爱国抵货运动开封国货维持会调查主任。1925年,他当选为"五四"爱国抵货运动开封各界代表委员会委员。1928年,他当选为"济南蔡公时惨案,爱国抵制日货运动"开封各界委员会委员。在这3次爱国运动中,他身体力行,积极奔走,同时还努力联络各界人士,动员物力财力支援焦作福公司煤矿工人的罢工斗争。

1938年6月,开封沦陷,马运杰因黄河决口未能西上逃难,"五福"及其分号被日本侵略军抢掠一空,损失惨重。当时,马运杰特意留起胡须,深居简出,断绝了一切社会活动。虽然经济状况不佳,但他宁愿坐吃山空,也不愿对日军委曲求全,以表爱国之心。日伪数次威逼利诱胁迫他出来任职,他均以疾病为由推脱。他曾几次避居商丘、亳县。

1945年抗战胜利后,马运杰继续当选为开封市商会常务理事,1946年代理理事长。

马运杰热心为人民办公益事业,曾与友人一起创建开封养正回民小学,并获得教育部授予的嘉祥奖章。他还向友人发起资助,在北羊市街开凿了一口甜水井,解决了开封城东部群众的吃水问题。中华人民共和国成立后,他更加关心民族团结问题,常向回族群众宣传党的民族政策,为加强民族团结做了许多工作。1950年10月,他赴京参加国庆观礼,受到毛泽东等中央领导人的接见,他深感这是一生中最大的光荣。他特别珍惜毛泽东赠送给他的那套毛呢制服和金星牌金笔,特地在笔上刻上自己的名字,对那套制服倍加爱护,只有遇上节日或重大政治活动才穿。

中华人民共和国成立后,马运杰在中国共产党和人民政府的扶持下继续经营"五福"酱园。1951年加入中国民主建国会,并先后当选开封市政协委员、市人民政府委员、市民建会筹备委员、省人民政府委员、省人民委员会委员、省工商联主任委员和第一届全国人民代表大会代表等职务。因在加强民族团结方面的卓越贡献,马运杰先后被选为开封市回民代表、中南民族事务委员会委员、河南省民族事务委员会副主任、中国伊斯兰教协会筹备委员和中国回民文化协进会委员。1950年10月,中南区各民族代表团参加国庆观礼。1955年4月25日,马运杰在郑州去世。

马尚文

马尚文(1932~2017),回族,笔名余勉,河南渑池人,中共党员。他曾任河南大学化学系教授、河南大学出版社编审,河南化学学会刊物《化学研究》常务编委,河南大学台湾同胞联谊会副会长,河南大学退休职工管委会委员,河南大学教授协会理事。在工作期间,他被评为河南大学教书育人先进个人及河南大学优秀共产党员。其事迹被收入《中国出版人名词典》《中国回族大辞典》《河南少数民族名人》。

马尚文1961年毕业于东北师范大学化学教师进修班,之后到河南大学工作。在河南大学化学系教师岗位上,他数十年如一日,教书育人,踏实做事,诚恳做人,爱生如子,夙兴夜寐,呕心沥血,桃李满天下,深受师生的爱戴。同时,他利用业余时间,积极从事黄金资源的研究、开发和提取工作,先后发表有关黄金的论文30余篇,其他论文20余篇。其中有论文被美国《化学文摘》(CA)收录,并多次获河南大学科研成果优秀奖及省科委科研优秀成果奖。他出版了《无机化学》《中级无机化学》《无机化学同步练习与训练》等书。

1987年,根据工作需要,学校调他到刚成立两年的出版社从事化学和其他自然科学的编辑工作。离开二十多年驾轻就熟的教师岗位,到一个陌生的岗位上去工作,对于一位五十多岁面临退休的老教师而言,种种困难可想而知。但他没有退缩,毅然决然地接受了组织上的安排。在出版社工作期间,他一方面积极学习编辑业务知识,一方面积极策划组织选题,兢兢业业为他人做"嫁衣"。在编辑工作岗位上,他坚守出版物的党性原则和政治导向,坚守出版物的思想性和科学性,服务于学校的教学和科研建设,编辑出版了一大批优秀出版物,如《配位化学》《中学化学教材教法》《仪器分析》《分子遗传学》《高等有机化学选论》等,这些出版物先后获中国大学出版协会优秀教材奖及河南省教育厅优秀教材奖。

在做好本职工作的同时,马尚文还积极参与到河南大学台湾同胞联谊会的工作中。河南大学台湾同胞联谊会(简称"台联")成立于1987年12月26日。当时,我国改革开放已经走过了十个年头,中美关系、中日关系已正常化,祖国统一大业成为人们关注的热点。随着两岸关系的发展,有些旅居台湾的大陆赴台人员和暂居境外的旅台人员,通过各种渠道和大陆亲人进行了联系。他们或互通电话、互通书信,或托亲朋好友交换礼品,或假道境外见面,还有的回大陆探亲。通过双方的交往,他们有一个共同的心愿——期望两岸早日统一,家人早早团圆。为促进祖国早日实现和平统一,根据有关精神,河南大学党委决定把全校的台属成员组织起来,建立一个组织,以促进两岸关系的发展。正是在这种背景下,"台联"才得以诞生。

河南大学台湾同胞联谊会第一任的理事会成员共五人,马尚文因台属身份(其二哥在台湾)当选为理事。2000年,新的河南大学组建后,根据形势发展和工作需要,河南大学"台联"进行了换届。马尚文因"台联"工作成绩出色,赢得了校党委和"台联"成员的信任,被推选为新一届理事会成员,并担任副会长。从当选"台联"第一任理事会成员起,他就与统战工作结下了不解之缘。尤其是在他1992年退休以后,更是不遗余力地投入这项工作中,为早日实现两岸和平统一、共同完成振兴中华大业贡献着他的力量。

首先,他广泛结交朋友,积极开展两岸联谊活动。马尚文从1980年初第一次收到他二哥从美国内华达州寄回老家的信起,就把目光投向更远,希望在同他二哥的书信来往中,能打听到更多的朋友、同学、同乡的下落。功夫不负有心人,他陆续得到多位中学时期的同乡、同学的信息,探明了他们当时的身份和详细地址,并根据两岸开放探亲的实际情况,邀请他们回大陆探亲、观光、拜祖认根。从1990年3月起,马尚文的同学、同乡、挚友段清晨先生就先后回大陆达11次,足迹遍布郑州、开封、南阳、洛阳、三门峡(包括陕县、渑池)等地。段先生曾经与一位同行的王姓老先生一同前来,当时王老先生已是79岁高龄。在参观河南大学校园时,他心情十分激动。当他看到学校大门口校匾上"河南大学"几个大字时,他脱口说出想不到有生之年能亲临河南最高学府参观;当看到大礼堂时,他又是不住地赞誉,说想不到能在这里亲眼见到如此雄伟高大的建筑。马尚文在陪同台湾同胞寻根拜祖和参观访问的同时,还积极帮助他们联系政府投资事宜。仅其挚友段清晨先生在河南郑州、洛阳、三门峡、家乡渑池县就先后投资建厂开公司多处,为当地的经济发展作出了很大贡献。马尚文在同台胞的接触过程中,除了尽到主人之礼外,还尽可能地使他们感受到宾至如归的温馨。对他们特别关心的诸如大陆改革开放政策是否会变、共产党是否信守承诺、两岸是否会再发生冲突、大陆今后发展的动向和"一国两制"方针能否在台湾推行等等疑问,都尽可能地根据新时期爱国统一战线政策精神和当时的国情实际向他们解释说明,使他们深感此次大陆之行收获颇丰。

其次,他亲赴宝岛探亲,实地参观访问。1997年11月,马尚文应其二哥的邀请,在其长子的陪同下到台湾进行探亲参观访问。当时,台湾当局批准他们停留的时间很短,只有两周,这在当时已是能够给予的最优条件。马尚文和其长子在台湾亲友及同学的陪同下,利用这难得的两周时间,一方面参观游览祖国宝岛胜景;一方面访亲拜友,联络情感,加深友谊。他积极向亲朋好友介绍和宣扬国家的"一国两制"方针,为祖国和平统一的大业增进共识。

再次,他积极宣传"一国两制"方针,呼吁祖国早日统一。从河南大学台湾同胞联谊会成立以来,在校党委每年举办的中秋节和春节茶话会上,马尚文代表"台联"的发言就有十次之多。双节座谈会是宣传党对台湾工作方针政策的大好时机。马尚文的发言都是针对当时党中央提出的对台工作重点,结合台海两岸实际,为早日实现两岸和平统一、振兴中华大业而大声疾呼。同时,他还不失时机地揭露和批判"台独"分子妄想把台湾从中国分裂出去的图谋。

从1987年河南大学台湾同胞联谊会成立到2017年马尚文因病逝世,服务于统战工作已经成为他生活、工作的重要组成部分。他一直都在为实现党的"和平统一、一国两制"方针孜孜不倦地工作着!

王 威

王威（1930~2020），回族，河南省杞县人。曾任中国版画家协会理事、河南省文联荣誉委员、河南省美术家协会名誉主席、河南省文史馆馆员。

中学时期，他拜吕佛庭先生为师，学习工笔人物山水画。凭借一幅名为《老赵家的驴也牵来了》的版画，王威直接从开封艺专考入中央美院华东分院（即中国美院的前身），并直接升入二年级，于1958年毕业。他先后担任过河南大众报社、河南画报社、《奔流》杂志社的美术编辑。1959年，他开始从事美术教育工作，曾在郑州艺术学院美术系、河南大学美术系任教，担任系主任、教授、硕士生导师，并曾任中国美术家协会四届理事、河南省美术家协会主席。

王威教授

王威先生从1950年开始发表作品，创作并发表了大量的版画、山水画作。他于1962年、1978年、1996年、2010年四次举办个人画展，并多次参加国内外大型画展。他的作品风格稳健严谨、朴实自然，思想深刻，艺术精湛，生活气息浓重。十三件作品被中国美术馆收藏。他的作品反映生活、记录时代，不是表面的、格式化的，而是从平凡之中发现美，生动而真实。例如，《棉花姑娘》等作品都给人留下了深刻印象，具有强烈的感染力和超越时代的生命力。

2017年1月，王威教授在工作室　拍摄者：席卫权

王威先生于1996年6月荣获"中国鲁迅版画奖"，2000年获中国文联颁发的"从事新中国文艺工作六十年奖章"，2004年5月获"河南省德艺双馨

艺术家"奖。他出版了《王威素描集》《王威版画》《王威山水画选》《王威扇画选》等作品。

他创作于20世纪50年代的《老赵的驴也牵来了》《春耕》；60年代的《棉花姑娘》《春暖出耕早》；80年代的《春到中原》《山里红》等一批作品，均具有浓郁的生活气息与时代特征。而《听涛》《胸中自有雄兵百万》《毛主席在延安》等作品则技法精细熟稔，构图奇正相生，气魄宏大，意蕴深远。

胸中自有雄兵百万 75 cm×87 cm 1977年

王威先生是河南美术教育和美术创作的奠基人之一。他培养出了许多美术界精英，如马国强、李伯安、王宏剑、王颖生、肖红、谢冰毅、李明、袁汝波、韩学中等画家。他是美术现代教育的开拓者、引路人。河南大学美术学院之所以被称为河南美术教育的发源地，与王威等几位老先生有很大关系。在美术教育方面，王威先生一直坚持认为，基础课应由最优秀的老师去教授，以便新入学的学生一开始就能有个高起点。他总能一针见血地指出学生在绘画上遇到的问题，并找到解决办法。因此，他一直是学生们最喜爱的老师之一。无论画品还是人品，他都是楷模。

柳园渡口 58 cm×53 cm
1981年（中国美术馆藏）

老赵的驴也牵来了 19 cm×26 cm 1954年

毛主席在延安 23 cm×23 cm
1979年（中国美术馆藏）

退休后,王威将主要精力转移到山水创作上。他谦虚地说,画一幅画并不难,但要想画出一幅有点艺术品位或感染力的作品却非常难。他紧紧抓住"传统"和"写生"这两个关键,承继宋北派画风。他的作品极善留白用虚,几乎走遍了广袤华夏的山山水水。每一幅作品几乎都源自实地写生,满溢生命质感。(李涵)

王立权

　　王立权(1916~2013)，出生于河南省济源市，是中共党员和民盟盟员。1962至1978年期间，他历任开封师院地理系副主任、主任、副书记、书记。1978至1984年，他担任河南大学图书馆馆长和党支部书记。1984至1985年，他回到地理系工作，并在1985年光荣退休后，仍然坚持在大洋洲地理研究室的工作。

　　王立权从小经历了许多波折，但始终立志求学。大学期间，他因病休学两次，历经艰辛才最终完成学业。1936年，他考入北京大学地质系，在首都北京呼吸着"自由的空气"。在这里，他见证了一些学生组织的进步运动，特别是鼓励抗日救亡的运动。他亲眼看见日本侵略者的飞机在北京上空盘旋，不分昼夜地轰炸。而国民党反动派监视学生进步运动，不积极抗日，这更加引起了他和同学们的不满和痛恨。

　　1939年，王立权在济源灾童教养所担任教员，虽然薪资低廉，生活艰苦，但他与学生一起抬煤、搬石头修房，共渡难关。1940年，他到西北工学院借读，但不到一年又因病退学。1942至1945年，他到西北大学地质系学习，至此才终于完成了学业。

　　王立权教授一生历经坎坷和磨难，他见证了20世纪上半叶多灾多难的旧中国和下半叶革命、改革、建设的新中国。在1933至1936年期间，和大多数学生一样，他不问政治，专心读书。然而，进步的思想开始在学校萌芽，深受学生欢迎。王立权在高中三年级时积极参加了轰轰烈烈的"一二·九"学生运动。由于当时国民党政府的腐朽和懦弱，不积极抗日，日本人得寸进尺地侵略中国，这激起了他和同学们的爱国热情以及对国民党政府的不满。当"一二·九"运动的火焰燃烧到开封时，王立权热血沸腾，学生们高举"严惩卖国贼""坚决抗日"的旗帜，进行了示威、游行、卧轨等抗议活动。当时他担任学生队伍的纠察工作，以保证学生队伍的完整性，避免国民党反动派破坏学生内部,起到了组织和领头的作用。他为自己能够加入共产党领导的这项伟大运动并取得光辉胜利而深感自豪,此时的王立权已经对中国共产党心生向往。

1948年开封解放后,他终于等到了党的到来。他参加了土改复查运动并担任组长,还参与了抗美援朝运动的学习、肃反运动以及"三反"思想改造。由于表现突出,他被评为模范,并积极争取加入党的队伍中。1951年8月,王立权加入了中国民主同盟,并担任民盟河南师专分部组织委员。1953年10月,他提交了入党申请书,并由刘兰坡、黄绍斌介绍加入了中国共产党,进一步加强了民盟和中国共产党的联系,为推动河南大学乃至河南省统一战线工作作出了积极贡献。

1978年5月,王立权服从校党委的安排,前往学校图书馆工作,并担任馆长和党支部书记。在做好管理工作的同时,他还经常处于"双肩挑"的状态,白天开会,夜晚熬夜备课,次日一早又要授课。尽管工作繁忙辛苦,但他始终兢兢业业、任劳任怨,在教学、科研和管理等方面都取得了显著的成绩。他发表的《对高校图书馆专业队伍建设谈点认识和建议》一文,对河南大学图书馆的建设和发展起到了重要的推动作用。他用五年半的时间为河南大学图书馆的恢复、整顿和改革工作作出了巨大的贡献,取得了突出的成绩和效果。

1984年12月河南大学机构改革后,王立权被调至地理系工作,在大洋洲地理研究室从事相关科研和教学工作。他曾先后为本、专科学生讲授《普通自然地理》《中国地理》《世界地理》《地理教学法》等多门课程,深受学生们的喜爱。同时,他还承担了大量的野外实践和教育实习指导工作,并主持编写了《大洋洲岛国地理》一书,参与编写了《西南非洲及其人文问题》《斯威士兰发展的区域分析》等著作。此外,他还发表了多篇地理教学和研究的论文及译文。

王立权教授平日为人谦虚谨慎、和蔼可亲。身为系党总支部书记,他一直以普通党员的身份参加支部生活会,并认真开展批评和自我批评。作为一位年近花甲的老教授,他经常与青年教师一起探讨如何改进教学方法。离休后,他仍主动要求发挥余热,在大洋洲地理研究室坚持工作。他时刻关注自己曾经工作过的院系的发展,并在离休后继续为新学院的发展出谋划策、奔走呼告。王立权教授的一生是鞠躬尽瘁、死而后已的一生,是积极进取、拼搏奋斗的一生,也是克勤克俭、甘于奉献的一生。

王汉澜

王汉澜(1924~2002),河南项城人,是民盟的盟员,也是著名的教育学家。他曾任中国教育学会理事、全国教育学研究会常务理事、河南省教育学会副会长、河南省教育学研究会理事长、开封市人大常委会副主任、开封市政协副主席以及河南大学教育系主任等职务。

1924年,王汉澜出生于河南省项城县(今项城市)。他5岁时进入县立小学读书,后来考入省立商丘高中。1942年,他成功考取国立河南大学教育学系。1944年冬天,在返校途中遭遇日寇进攻南阳,被迫返回家乡,在家休学一年。其间,他受聘于河南省第七行政区联立师范学校教书。1947年大学毕业后,他先后在中州中学、河南省人民政府教育厅工作。1950年9月,他回到河南大学教育系任教,1953年加入中国民主同盟,1985年加入中国共产党。

1981年,受教育部委托,他与华中师范大学的王道俊教授合作主编了高等学校文科教材《教育学》。该书由人民教育出版社出版后,引起了不小的震动。至2002年,该书已再版21次,发行200多万册,成为我国教育科学类图书中发行量最大、受到教育界专家学者一致称誉的教育学著作。该书曾荣获国家教委优秀教材奖、全国优秀哲学社会科学学术著作奖、"吴玉章奖金"优秀奖以及第一届国家优秀图书奖提名奖等重要奖项。

从1981年到他逝世的20多年间,继《教育学》之后,王汉澜又编著出版了《教育测量学》《教育科学研究方法》《教育评价学》等十几部学术专著,并在国家重要学术刊物上发表了40多篇科研论文。他主编的《教育测量学》和《教育实验学》填补了教育学科研究的空白。其中,《教育测量学》获得中南地区大学出版社优秀教材一等奖,而《教育实验学》则获得了1997年国家级教学成果二等奖。

  在长期的教学实践中,王汉澜形成了独特的教学风格。在课程设置上,除了为本科生开设教育学、教育统计学等教育专业常规课程外,他还为研究生设置了《欧洲哲学史》《中国哲学史》和《教育研究动态》三门课程。1988年,根据教育科学和教育事业的发展需要以及自身优势,王汉澜又兼招了教育科学研究法研究生。为了使研究生掌握更先进的科研方法并提高研究能力,他聘请专家讲授了"多元统计"与"模糊数学"。

  在备课上,无论是新课程还是熟悉的老课程,王汉澜都会广泛收集资料、撷取精华、不断更新教学内容,并反复推敲以达到融会贯通的地步。他会根据不同专业学生的特点准备不同的教案,令听过他讲课的学生都为他认真负责、一丝不苟的精神所折服。

  在课堂上,王汉澜旁征博引、深入浅出地阐述问题,逻辑严谨、语言简练生动且富有感染力。他的教学具有"深、广、新、实"的特点,并将德育寓于智育之中,使教书与育人有机结合,为学生带来难得的艺术享受。

  在研究生教学方法上,王汉澜大胆革新,为研究生开设创新课程如教育实验学等。他还以任务带动学科和科研的结合,把研究生的学习与科研有机结合起来。他运用多种教学方法传授知识,如有的课程以教师系统讲授为主,有的课程则是由教师作启发报告、布置参考资料并进行专题讨论。这些教学方法有效地培养了研究生的科研与写作能力。

  在批改学生作业时,王汉澜极为认真细致,甚至连错别字和标点符号都不放过。这既体现了他炉火纯青的教学艺术,也彰显了他言行一致、为人师表的道德品质。由于丰硕的成果,王汉澜成为我国教科法学科的主要奠基人之一,被誉为中国教育学"三王"(王汉澜、王策三、王逢贤)之一。

  王汉澜先生科研成果卓著且人品高尚,在教育理论界享有很高的声望。他的名字和事迹被收入《当代中国社会科学学者大辞典》《中国现代社会科学家大辞典》《当代中国科学家传略》《中国专家大辞典》《中国教育家》和《世界名人录》等40多种大型辞典中。《中国教育报》《河南日报》等报刊也都曾介绍过他的事迹。(赵国权 张亚美)

王寿庭

王寿庭（1914~2009），河南省虞城县人，是著名的二胡演奏家和教育家，也是新中国河南高等音乐教育事业的开创者之一。他曾担任河南省政协委员、河南省文联委员、河南省音协副主席、河南省高级职称评委、民盟河南大学主委等职务。

1932年，18岁的王寿庭考入开封河南艺术学校，专攻二胡。抗战后期，为了使自己的琴艺更上一层楼，他历经艰辛，徒步西行，翻越秦岭，来到西北音乐院，投身著名二胡演奏家王绍先教授门下，在音乐理论与演奏技艺上进行了进一步系统的学习。新中国成立后，他以满腔的政治热情积极投身于社会主义教育事业。他先后在河南艺术学院、郑州师范专科学校、郑州艺术学院、开封师范学院、河南大学等校执教。无论在哪里，他都兢兢业业为师，勤勤恳恳做人。

王寿庭精湛的琴艺不仅给人们带来了极大的艺术享受，也为自己赢得了极高的声誉。他所演奏的琴曲多次被中央及省市电视台录制播放。中央电视台先后录制播放了《王寿庭演奏的几首二胡古曲》《点点心血化琴声》《琴艺高雅、治学严谨》《流淌的神韵、执着的追求》等节目。其中，《王寿庭演奏的几首二胡古曲》被中国国际广播电台以38种语言向国外介绍播出，为我国民族音乐走向世界作出了积极的贡献。广大听众对他的演奏给予了高度赞誉，如"字正音纯、情满气足、雍容大度、秀丽高雅""稳如泰山，美如花朵，如画中素描，无半点虚假"等，这些赞誉都表达了人们对这位老音乐家的喜爱之情。其演奏风格可用八个字概括：典雅清新，柔美细腻。这是他数十年来所孜孜以求的，也是他希望弟子们所能达到的水平。

在河南大学任教期间，他除了完成繁重的教学工作外，还担任校系学位委员会委员和器乐教研室主任的职务。他潜心研究教学规律，悉心钻研教学方法，结合自己的教学经验和学生的学习特点，形成了完备的教学体系。他不仅教授学生知识，更注重学生的品德修养。他要求学生做到的，自己首先身体力行。20世纪80年代初，他曾一度患脚疾，不能下床行走，为了不耽误学生，他坚持在病榻上教学，历时一年之久。这件事使学生深受教育。在思想上，王先生时常教育学生要树立正确的学习观，端正学习态度与明确学习目的。他说："音乐艺术是纯真而崇高的艺术，如欲从中索取点什么，便难以达到崇高而纯真的艺术境界。"曾经跟随过他的一个学生说："我跟王老师学会的不仅仅是两根弦上的技术，更多的是怎样做人。"多年来，他为祖国建设培养了大批优秀的音乐人才，他的学生遍及全国音乐界和教育界，许多已成为文教战线的骨干力量。他指导的硕士研究生在毕业论文答辩会和二胡独奏音乐会上均得到专家的好评。他严谨的治学态度和优良的师德在师生中传为佳话。

在搞好教学工作的同时，王先生还致力于音乐艺术的科学研究。在20世纪50年代，他就出版了《二胡练习曲》《河南鼓子曲》两本著作；20世纪70年代末，河南人民出版社又出版了他的《二胡基础教程》，为我国二胡艺术的推广与普及作出了贡献。进入20世纪80年代以来，王先生更是焕发了艺术的青春。1987年，《王寿庭二胡创作曲集》出版，此书在全国引起了广泛的反响，许多专家纷纷来信予以赞扬与祝贺。中央民族学院音乐系著名音乐教育家陈振铎先生给予了充分肯定，山东师范大学二胡专家刘建勋副教授认为"（此著作）对二胡的发展与提高作出了巨大贡献"。除了出版专著，王先生还在《河南大学学报》《中州乐坛》《人民音乐》等报刊发表了数十篇学术论文，在乐曲创作与古曲整理上也取得了丰硕的成果，为我国的二胡艺术作出了杰出的贡献。（根据陈家海、李法桢主编的《河南省近现代音乐教育发展研究》中收录的文章摘编，原文为《潜心抚琴六十载，辛勤育才五十春——记河南大学音乐一系教授、二胡演奏家、教育家王寿庭》，作者为刘宏、王素梅）

王拱璧

王拱璧(1886~1976),名璋,字拱璧,河南省陈州府西华县孝武营村(今河南省漯河市召陵区青年镇青年村)人。其父王际泰,开明乡绅,早年考中秀才,热心教育,创办"崇实学堂"教书育人;其母邵氏,知书达理,学识丰富。

王拱璧从小深受父母影响,聪明好学,幼读私塾。1902年,考入陈州中学堂,接触新学。不久免试进入河南大学堂就读。因思想激进,他参与学潮,被开除。1907年,奔赴上海中国公学求学新知。其间,经万鸿图(字切千)介绍加入中国同盟会。1908年,转入中国体操学校,学习体育和军事,为军事斗争做准备。1910年,奉中国同盟会之命,先后在河南邓州、西华等县谋划军事暴动,是中国民主革命的先驱之一。

1912年,中华民国成立,王拱璧奉命到开封中国同盟会河南分部任职。不久,因袁世凯窃国,革命形势受阻,王拱璧被迫脱离政界,入行教育,继续革命。1912—1916年间,先后在河南留学欧美预备学校(河南大学前身)、河南省高等师范、河南省矿业专科学校、省立一中等校任体育、音乐教员。1914年,创办河南体育专修学校,任校长。1915年,他还受河南省政府委派,作为筹备委员会主任委员筹办了"河南省第一届运动会",30多所学校5万多人参加,规模空前。他也因此被视为河南省体育教育和近代体育运动的先驱。

1917年,赴日本东京留学,入早稻田大学研究生院深造,攻读社会教育。留日期间,因热衷于社会调查和社会活动,他被选为河南留日学生会会长和中国留日学生总会干事。1918年4月,为反对《中日共同防敌军事协定》,受总会派遣回国,在济南、开封、上海等地开展抵制日货运动。1919年5月,他作为中国留日学生总会代表赴上海支援五四运动,以新闻界为阵地,发表《最毒之日货》等文章,揭露日本帝国主义新闻侵略政策及其罪恶。7月,因积劳成疾回乡治病,病中完成《东游挥汗录》《河南人的当头祸》等书,揭露日本帝国主义对中国、河南的侵略。

1920年,王拱璧从日本留学回国,心怀救国救民的理想,谢绝政府高官厚禄的邀约,毅然返乡投身于乡村自治与改造,试图以日本"白桦派"领袖武者小路实笃的"新村主义"来改造中国乡村,"铲除封建主义,提高农民文化,发展农村教育,开拓农村经济文化新面貌",进而通过改造农村来救国。王拱璧在家乡创建青年公学(据考证,该校是中国近代第一所新型农村中学),实行"农教合一",探索乡村自治和乡村教育的途径和方法。由于办校成效显著,先后获得河南省教育厅颁发的"惠嘉青年"、北洋政府教育部颁发的二等金质嘉禾奖章,吸引了国内外众多学者赴校参观访问。王拱璧也因此被誉为中国的近现代乡村教育的先驱人物。

1927年初,北伐战争屡获胜利,王拱璧受国民党委派,赴开封的《河南民报》社工作。随后,他又被调任省教育厅,负责编审工作,拟定《开封市民教育计划》和《农村教育方案》。不久,随着蒋介石对革命的背叛,河南的政治局势发生了翻天覆地的变化。面对这一突变,王拱璧选择了投身教育界,在河南大学执教,主讲"乡村教育""农村社会学"及"农村问题"等课程,深受学生们的喜爱。在教学之余,王拱璧积极参与营救和保护工作,成功援助了李子纯、马腾霞、刘济生等一大批共产党人。"九一八"事变后,东北大学迁至河南大学校园办学,王拱璧同时兼任东北大学教授,主讲"日帝侵华史",并创作了一系列抗日主题作品,如《东征曲》《为自由而战》,还发表了《抵制日货之理论与实践》等文章。1931年,王拱璧与李子纯在南阳市方城县共同创办了嵩山公学,他同时担任校长一职。因其在开封等地多所学校及公共场合多次进行反日演讲,积极营救和掩护包括共产党员在内的爱国进步人士,1932年,他被解聘。之后他被介绍到汝南契税局担任局长,仍继续他的农村调查和研究工作,为土地问题和农村建设问题的研究积累了大量宝贵的资料,并撰写了长达六万余言的《豫南百村》。

1937年,"七七事变"爆发,王拱璧鼓励长子王膺民与次女王俊岚投身抗日组织,奔赴抗日前线。同时,他创作了《抗敌》《奋起战斗》等激昂的抗战歌曲,编写了《抗战必胜》等鼓舞人心的作品,四处奔波演讲,以满腔热血唤醒沉睡的民众。1939年,王拱璧被委以西昌禁烟监运所长的重任。他深入西昌实地考察,不仅写下了《国难行》《旅宁七篇》等充满爱国情怀的诗篇,还发表了《肃清私烟与打倒帝国主义》《西昌建设方案》等具有前瞻性的文章,为西昌乃至更广泛地区的建设与发展贡献智慧。此外,他撰写的《川康一斑及宁属问题》文稿,洋洋洒洒六万余字,被顾颉刚先生领导的边疆学会选作边疆丛书第一辑。1942年春,王拱璧心怀故土,返回家乡。他将原有的青年公学改制为青年中学,并亲自担任董事长兼校长,以此作为抗日救国的新阵地。他紧密依靠共产党员和进步人士的力量,广泛联系群众,积极开展抗日宣传活动。在抗战胜利之后,他坚守在乡村教育的岗位上,直至迎来解放的曙光。

新中国成立后,王拱璧先生长期担任河南省图书馆副馆长的职务,连续当选为河南省第一、二、三届人民代表大会的代表,并担任河南省政协委员。直至1976年,王拱璧先生在郑州辞世,享年九十岁。(王立)

王梦隐

王梦隐（1911~1994），字心平，浚县卫贤镇赵岗人，九三学社社员，中国古代文学研究会理事。王梦隐在教育领域辛勤耕耘60载，他潜心教学，淡泊名利，无怨无悔。其中，他在河南大学度过了40年的时光。他的家庭成员中有多人也在教育领域工作，第三代中又出了好几位人民教师，这个大家庭可称为"教育世家"。

王梦隐1934年从北京大学国文系毕业后即投身教育。作为高级知识分子和九三学社的一员，他深深感受到了党的知识分子政策的英明。他一生追求光明和进步。学生时代，在北大红楼，他曾聆听过鲁迅先生的讲演。"九一八"事变后，他作为热血青年参加了北大南下示威团，赴南京请愿。1933年，他和北大同学范长江（原新华社总编辑）等人组织了五月社，研究国际问题，发表文章宣传抗日。新中国成立后，他在党的高等教育战线潜心教书育人，积极追求进步，与共产党肝胆相照，荣辱与共，展现了知识分子的高尚情怀。

翻阅王梦隐留下的日记，其中有一件与统战相关的事件特别感人。现摘录如下为证：

1985年9月7日，共和国第一届教师节前夕，省市领导随同学校领导亲临中文系看望执教50年的六位老教授。河南大学中文系举行隆重的庆祝任教五十年老教授大会。

大会在十号楼121教室举行。参加的老师有任访秋（民盟）、高文（九三学社）、华锺彦及王梦隐（九三学社）四人，于安澜因事在郑州开会，吕景先（民盟）因病未出席。全系中青年教师及研究生、日本留学生、进修生、本科生共200余人到会祝贺。中文系书记主持会议，副校长、系主任分别亲致祝词。

当会议开始鸣炮奏乐时,我的内心十分激动,感谢党对我们老年知识分子这样尊重,举办如此隆重而盛大的庆祝会,实在感慨万千。一方面感到党和人民给我们这些执教半个世纪的老教师荣誉太多;一方面又惭愧自己对党和人民的贡献太少。系主任致辞时,对我们六位老教师称颂备至,实在愧不敢当。

会议中,河南省省长何竹康、市委领导、校党委书记韩靖琦、校长李润田又亲临会场,一一向我们握手致贺并合影留念,更感到责任重大。正像任访秋教授代表我们六人所致答谢词中说的,这是对我们的鼓舞与鞭策。这说明尊师重教蔚然成风,正是拨乱反正后,教育界的春和景明。

回顾51年来,新中国成立前生活困苦,法币贬值,杯水车薪,不足以养家糊口。且教育界学派、党派林立,得罪学阀巨子,即遭解聘。新中国成立后教师生活安定,职业巩固,不愁失业。虽十年动乱时期,教师被贬为臭老九,"四人帮"横行,斯文扫地,当时有识之士,深感教师难当,欲教不能,欲罢不忍。但,我深信党的教育事业不会长此中断。教师之神圣事业也不会从此长久毁灭。噩梦醒来是早晨。教育战线迎来新的曙光。曾记得,去年春节,余在中文系全体教工团拜会上赋诗言志:

夕阳无限好,晚霞犹满天。

后生诚可畏,老马亦挥鞭。

富贵与浮名,与我如去烟。

春风育桃李,守拙抵万千。

余年逾七十,虽精力日衰,但愿竭尽余年,为党的教育事业发挥余热。自1978年起开始指导研究生,迄今已毕业三届,现又带了两届。

至于五十年来,任教冀、陕、豫大中学校,教过的学生,成千上万,虽不能说桃李满天下,但对培养后进尽事人梯之责,得天下英才而教育之,诚一生最大的乐事。所教学生中,不乏英才俊杰,仅河南大学教师中,如政教系之貊奇,历史系之郝立本,物理系之马灵先。中文系高足遍布省内外,成为教育、文化等岗位上之骨干力量。每念及此,殊感快慰。今日庆祝会上,献花,送彩色照片,请市著名书法家桑凡写条幅,实在是受之有愧而又感到无上光荣。余学浅德薄,半个世纪来执教社会主义讲坛,虽辛苦备尝,呕心沥血,无数个日日夜夜,尽心尽力于教育事业,得此荣誉,更激发余忠诚党的教育事业的责任感,只要一息尚存,必将奋进不已,老而弥笃,勉旃!

(此稿作为《河南画报》重要新闻刊登在当年第6期上,体现共产党的统战政策,尊重知识,尊重人才,尊师重教蔚然成风。)

  掩卷沉思良久,一位对党、对人民和党的教育事业无限忠诚的老年党外知识分子的崇高情怀溢于言表。王梦隐辛勤执教、甘为人梯的奉献精神在字里行间流淌。他展现了老骥伏枥的坚韧之志,抒发了园丁般无私劳作的情怀。他一生追求进步,对党忠诚不渝。他平易近人,乐于奉献,淡泊名利,为人谦逊诚恳,这体现了老一代党外知识分子的人格魅力和学者风范,为后人树立了楷模。(文洁)

王曾选

王曾选(1918~2000),曾用名王册恕,河南省郑州人,长期从事英语专业的教学和科研工作。他曾任河南大学外语学院教授、硕士生导师、英语语言文学研究所副所长、河南省外国语学会副理事长、河南省翻译工作者协会副会长等职务。1943年毕业于西北大学外语系,1953年硕士毕业于华中师范大学英语语言文学专业,随后被分配到河南大学工作,1987年任新成立的河南大学英美语言文学研究所副所长。

1931年,王曾选毕业于郑州市第一完全小学。1931至1937年间,他先后在开封、郑州、北京三地完成初高中阶段的学习,并于1937年7月毕业于北平中国学院附属高中(原为孙中山等人为培养民主革命人才而创办的中国大学)。

中学毕业后,王曾选维护抗日民族统一战线,坚持抗战,反对倒退。他于1939年1月至6月积极加入由阎锡山拨款创办的第二战区文化抗敌协会民族革命通讯社,在社内担任内勤记者,主要负责抄写战报的工作,并参与汇编《西线》《西线文艺》等进步刊物,为抗战胜利贡献出自己的一份力量。

1939年6月,国立西北联合大学撤销,其文理学院和法商学院等合并组建成国立西北大学,由教育部直接领导,并于9月在陕西城固开课。一直热爱外语并坚持学习的王曾选考入了国立西北大学外文系。学校所在的汉中城固地区,北边是千里秦岭,南边是连绵几百里的大巴山,交通闭塞,各方面条件都非常艰苦。教授们住在简陋的校舍,或租住在当地的农民家中;学生则住在竹片泥巴墙垒成的草屋里,睡双层大铺。遇到下雨时,师生们上课、吃饭,甚至睡觉都得撑着雨伞。尽管如此艰苦,王曾选和同学们一起依然坚持刻苦学习,并和师生一起捐款抗日,支援前线。

经过四年的寒窗苦读,王曾选于1943年7月从西北大学顺利毕业,并于同年9月赴任陕西城固文治中学英文教员一职,后于1945年7月从该校辞职。1946年3月至1948年3月,王曾选前往河南省训团担任训导,之后在郑州三中和郑州二中担任教员、辅导员。因在岗位上表现优秀,王曾选被河南省教育厅于1950年保送至华中师范学院进修,攻读俄语硕士学位,并于1953年结业,随后被分配至河南大学担任俄语教师一职。1987年,河南大学英美语言文学研究所成立,王曾选被选任为副所长。

　　王曾选一生致力于教育教学事业。早年他历经磨难,艰苦求学,在极端条件下依靠自身顽强的意志完成了学业。他曾在多个教学岗位任职,将自身所学毫无保留地投入到了我国的教育事业中,为国家培养出一代又一代优秀的外语人才。同时,他不忘祖国,心系国家。在从事教学事业之余,王曾选将自己的力量投入文化进步事业与抗日救亡事业当中。他用自己的一生践行献身祖国教育事业的理想,挥鞭执教数十载,是一位当之无愧的优秀的人民教师!

王毅斋

王毅斋(1896~1972),曾用名子豫,河南杞县人。1911年因学业优良被破格保送至河南高等学堂插班学习,1915年以全校第一名的优异成绩毕业。1923年考取公费留学生资格,赴德国慕尼黑大学深造,后转至奥地利维也纳大学攻读政治经济学。1928年毕业,获经济学博士学位。回国后曾任济源县长,因不满官场黑暗而弃职。1930年被聘为河南大学经济系教授。王毅斋教授讲授财政学、合作论等课程。1932年,王毅斋在《经济周刊》发表了《我对于讨论中国经济出路问题之一点意见》。

王毅斋教授不仅在政治经济学方面有很高的造诣,而且有强烈的爱国主义精神。1931年,日本帝国主义发动了"九一八"事变,河南大学师生奋起投入抗日救亡运动的洪流,并成立了抗日救国会。在抗日救国会成立大会上,王毅斋教授发表了慷慨激昂的演说。他义愤填膺,挥笔写下悲壮感人的《涕告河南大学同学书》,号召青年学生成立"抗日救国敢死团"。河南大学学生纷纷响应,"抗日救国、勇赴国难"的正义呼声在河南大学校园日益高涨。一些进步学生直接投奔抗日前线,或在校内组织各种救亡团体宣传抗战。

1932年上海"一·二八"抗战爆发,王毅斋积极捐款捐物,慰劳上海抗日军民,并在河南大学进步学生中组织"反帝读书会",以"青年应何处去"为论题,抨击不抵抗主义。与此同时,他还出资在家乡杞县创办大同中学,聘请河南大学的进步师生(多数为中共地下党员)到大同中学执教,使这座学校很快成为中国共产党在豫东的一个红色堡垒和培养抗日干部的革命摇篮。1934年,他在河南大学参与创办《今日》半月刊,宣传中共抗日民族统一战线的主张,揭露国民党反动派破坏抗日的罪行。1935年暑假,省政府以"王毅斋思想左倾"为借口,胁迫河南大学将他解聘。

被解聘之后，王毅斋亲自担任大同中学校长，大力倡导陶行知"小先生教授法"，让学生订阅革命书刊，在学校广泛开展大众语文运动。同时，他还提出"到民间去"的口号，鼓励学生走与工农相结合的道路。在他聘请的教师中，中共党员占全校教师总数的80%。王毅斋常向全校师生作抗日救国的演讲，还亲自带领师生进行街头宣传和示威。1936年到1938年，大同中学学生成批开往抗日前线，不少学生投奔革命圣地延安和中共中央所在地竹沟。据不完全统计，在抗日战争和解放战争中为革命牺牲的大同中学学生就达370人。大同中学学生能为中国革命作出巨大贡献，这与校长王毅斋的辛勤培育是分不开的。

1940年9月，当河南大学在潭头办学时，王毅斋再次被聘为经济学教授，随后又被聘为经济系主任。担任经济学主任后，他捐资购买了千余册书刊，并设法建立了经济系资料室。他讲授财政学课程时，见解深刻，讲解精辟。在教学中，他公开讲授《大众哲学》，鼓励学生阅读《资本论》，学会运用马克思主义理论分析问题。在课堂上，他批判国民党"攘外必先安内"的政策，号召同学们继承孙中山遗志，遵循三大政策，与反共卖国行径作斗争。然而，1941年10月，王毅斋被解除了经济系主任的职务。

从1944年4月到10月，日寇占领了河南、湖南、广西、广东大部分地区和贵州部分地区，逼近陪都重庆。10月14日，国民政府发表了《告知识青年从军书》。在10月底的一次集会上，时任校征集委员会副主任的王毅斋对全体学生发表演讲，指出青年报国之道莫若从军。他的演讲铿锵有力，激昂慷慨，声泪俱下，引起了与会同学的共鸣。一时间，报名从军、保家卫国的同学络绎不绝。1945年1月21日上午9时，河南大学欢送36位自愿从军的热血男儿奔赴抗日前线。

1947年3月中旬，王毅斋召集了李俊甫（河南大学化学系教授）、杜孟模（开封高中教师）、段再丕（河南大学水利系教授）、李定中（河南大学经济系助教）、陈方坤（河南大学经济系助教）、刘世明（《中国时报》编辑）和卢治国等八人，在开封市中山路中段段再丕先生家开会。会议由王毅斋主持，卢治国汇报了寒假期间上海、南京之行的情况，并传达了民盟总部要求在河南建立民盟组织，并由王毅斋先生负责领导河南民盟工作的决定。大家一致同意由王毅斋负责领导工作，刘世明、陈方坤分别负责组织、宣传工作，卢治国负责在河南大学同学中的发展工作，其他同志负责社会上的建盟工作。这次会议标志着河南民盟地下省支部的成立。

同时期，河南大学全校教职员工联名致电教育部，要求"享受京沪各大学同等待遇"。罢教罢课失败后,为提高教师待遇和改善学生生活,王毅斋、马辑五教授被推选为河南大学教授会的代表赴南京请愿。

1948年6月22日开封解放后,王毅斋与嵇文甫、李俊甫等87名师生奔赴中共中央中原局所在地宝丰,任中原大学筹备委员会副主任,参与创办新型人民大学。1949年5月28日,经中共中央中原局和中原临时人民政府同意,新成立的中共河南省委、省政府决定重建河南大学,王毅斋教授担任秘书长,以财经系为蹲点单位,与财经系教师一起,根据课程性质进行不同重点的分组研究工作。

新中国成立后,他历任河南省人民政府委员、中南军政委员会委员、河南人民委员会委员、省文委副主任、副省长、省政协副主席、第一届全国人民代表大会代表、民盟中央委员、民盟河南省委员会主任委员等重要职务,为河南大学的振兴、全省文教事业的发展和统战工作作出了卓越贡献。

牛庸懋

牛庸懋(1917~1997),河南省鄢陵县人,曾任河南省外国文学学会会长、名誉会长,是中国作家协会会员、河南省作家协会理事。他很小就开始读书,并表现出对文学的浓厚兴趣。在青年时代,牛庸懋曾师从某著名国学家学习骈体文写作,这段经历为他日后从事古典文学的相关研究奠定了基础。同时,他也对古代天文学产生过浓厚的兴趣,曾花费大量时间和精力研究相关著作。在考入国立河南大学之前,他曾在河南当地的一所高中从事英语教学工作。1943 年,牛庸懋从国立河南大学文史系毕业,获得学士学位。由于在校期间的突出表现,他得以留校任教,教授古代文学专业,开始了长达半个世纪的教书生涯,先后担任助教、讲师、副教授、教授等职位,与河南大学文学院结下了不解之缘。

1956 年,因院系调整,已经更名为河南师范学院的河南大学,再度改名为开封师范学院。在这次院系大调整中,牛庸懋响应国家号召,从教授古代文学改为教授外国文学。这次调整也使他的学术研究道路发生了巨大的改变。20 世纪 60 年代初,牛庸懋被评为高教六级,1979 年被破格提升为教授。改革开放以来,在河南大学外国文学方向获批硕士招生点之后,牛庸懋开始担任外国文学教研室主任,主要负责外国文学教学和科学研究工作,并作为研究生导师承担研究生教学任务。1983 年,牛庸懋发起并协助建立了九三学社河南大学委员会。

牛庸懋一生醉心于学术研究,为人民的教育事业奉献了心血。他发表与出版了多篇(部)外国文学方面的学术论文和专著,研究范围包括英国、法国、美国、希腊、苏联等众多国家的文学作品。牛庸懋先后撰写了《漫谈〈圣经〉文学》《比较文学琐议》《论旧约文学》《论彭斯》《葛雷及其墓畔哀吟》等诸多代表性作品,文字朴实,论证翔实,具有极高的学术价值,受到学界的一致好评。此外,他还编写了《外国文学简史》《西欧文学史》等适宜不同年龄段、不同水平人群学习的教材,为河南大学文学院的学生培养工作作出了巨大贡献。闲暇之余,牛庸懋经常开展诗文创作活动,曾写下《游杜甫草堂》《夜登六和塔望钱塘江口》等作品,被收入《中日友好千家诗》中,间接为中日关系的友好发展贡献了一份力量。其诗对仗工整,用典精深,是不可多得的拟古作品,值得诗文爱好者们模仿、学习。牛庸懋还爱好书法,他和于安澜一起为包公祠的正殿撰写长联,这副对联至今还被挂在包公祠正殿两侧的廊柱上。

牛庸懋不仅在外国文学研究领域享有巨大声誉,在古典文学研究方面也占据一席之地。他是河南大学外国文学专业的开创者及奠基人之一。1997年8月,牛庸懋在开封家中病逝。

毛健予

毛健予(1908~1986),字健予,河南滑县上官镇人,河南大学历史系教授。毛健予出身于地主家庭,家里兼营典当行,在豫北一带是名门望族。毛健予青年时代受到了良好的教育。1923年考入位于开封前营门的河南省立第一中学读书。1925年曾参与开封的五卅运动相关活动。1929年入北京大学历史学系就读,1933年毕业,获得学士学位。后曾就职于开封高中、豫皖苏建国学院,任历史教员。在开封高中教学时,资助过不少青年学子,在政治上也对他们多有关照。抗日战争时期,毛健予在开封高中组织社会科学读书社,传播进步思想。他受中共地下党组织的委托,先后介绍近百名进步青年奔赴延安。毛健予还曾为地方自卫军陈曙辉部编入八路军出一份力。开封解放前夕,毛健予和部分教师坚持抵制国民党政府让学校南迁的命令。1950年到河南大学历史系任教,曾兼任《新史学通讯》(《史学月刊》前身)编辑,任《史学月刊》编辑委员会委员。1950年5月,中国史学会河南分会成立,毛健予兼任秘书。1951年1月31日,《新史学通讯》创刊号正式出版发行,这是中华人民共和国成立后最早的一份史学刊物。朱芳圃任编委并题写刊名,当时参加编委编辑工作的还有郭晓棠、张邃青、宋泽生、刘绍孟、孙海波、孙作云、史苏苑、郭人民、王存华、王云海等专家教授。

1951年4月,《新史学通讯》设置五位常务编辑,毛健予是其中之一。粉碎"四人帮"后,任河南大学历史系中国近代史教研室主任,曾兼任河南省史学会理事、秘书,兼任《史学月刊》编委,任中国民主同盟开封市委委员,民盟河南大学总支主任委员。

1954年,毛健予晋升为副教授。他在任河南大学《史学月刊》编辑期间,提出为青年教师和中小学历史教学服务的宗旨。他身体力行,为宣传和普及马克思主义新史学、培养青年史学工作者做了大量工作,为学生开设"清代官制"选修课程。1979年起担任中国近代史专业研究生主要指导教师。1982年,毛健予晋升为教授。1984年2月,民盟河南大学总支部委员会成立,毛健予任主任委员。1986年7月15日去世,终年78岁。

1. 长期致力于中国近代史教学和研究,参与中国近代史教学大纲的编写和相关活动,为近代史研究作出了很大贡献。

他撰写了《关于中国近代史分期问题的介绍》和《中国近代史分期的标准问题》等论文。他所编的《中国近代史教学大纲》在20世纪50年代曾被教育部向全国推荐使用。毛健予还积极参与了当时史学界关于"中国近代史分期问题"的讨论,参编了《中国近代史讲义》和《中国近代史教学参考资料》,并撰述了《中国近代史诸问题》。他的学术著作《冯子材》在史学界享有好评。然而,在1958年的"反右"斗争中,尽管毛健予未被打成"右派",但他在《史学月刊》上受到了公开批判,理由是"在科学研究上所走的是资产阶级的白专道路"。这是因为他的两篇文章(《抗法名将冯子材在睦南关前的英勇战绩》和《睦南关大捷前后的冯子材》)被扣上了资产阶级立场的帽子。

1959年11月,他参加了"白朗起义"调查活动。1974年至1976年,中共滑县县委宣传部和当时的开封师范学院历史系组成"李文成起义"调查组,对李文成起义的有关情况进行调查,毛健予也参加了"李文成起义"调查活动。随后,他将调查情况写成《李文成起义》一书,1979年5月由河南人民出版社出版。

2. 在近代史研究领域硕果累累。

毛健予关于中法战争的论文主要有《中法战争中李鸿章怎样始终主张投降？为什么竟会在胜利条件下签订卖国条约？》《抗法名将冯子材在睦南关前的英勇战绩》《睦南关大捷前后的冯子材》等。

毛健予发表关于两次鸦片战争的文章主要有《第一次鸦片战争前关于禁烟问题的争论中许乃济主张弛禁的理由是什么？是否仅系他个人的主张？我们对他应该怎样认识？》《第一次鸦片战争英国为什么选定南京为签约的地点？第二次鸦片战争为什么又在天津和北京签约？》《第二次鸦片战争的根本原因是什么？当时在广东中英双方负责交涉的人物有无相当关系？》《亚罗船到底是何国船？其实际情况如何？》等。

毛健予关于晚清社会问题的研究成果颇丰,发表了《武训与圣芳济》《张勋复辟一役是否也有帝国主义在后面指使?》《和琦善订立川鼻草约的究竟是哪个义律？究竟是哪一年？》《清末为什么要颁布宪法大纲？以后又颁布了"宪法十九信条",它的内容是什么?》《义和团"扶清灭洋"的策略意义》《在维新变法运动过程中康有为为什么著"新学伪经考"、"孔子改制考"和"大同书"三书?》《从社会经济的变化来认识旧中国怎样逐步沦为半殖民地半封建社会》《清政府为什么执行"闭关"政策?是不是预防资本主义侵略以保护封建经济?》等多篇论文。

同时,毛健予还发表了关于历史教学方面的研究成果,如《从几个典型总结中所暴露出来的历史教学上的一些偏差》《学习中国近代史的目的和要点》《中国近代史的基本特点和教学重点》等。此外,他还参与了多次问题讨论与解答,积极推动历史教学的发展。

3. 德行高尚,精心育人,身体力行。

他非常注重对青年学生进行爱国主义教育,并为此倾注了大量心血。在教书育人方面,他孜孜不倦,为培养本科生和研究生作出了重大贡献。20世纪80年代初期,他无私地到我省20多所大专院校讲学,而且从未接受任何报酬。毛健予还十分关心社会主义新方志的编修工作,曾多次到各地协助指导地方志的编纂。他是《河南省志·河南近代大事记》志稿的审定人,并且在繁忙的日程中审阅了部分市、县的地方志稿以及部分省直单位的专业志稿。在20世纪80年代,毛健予转向了清史教学和研究,撰写了《清代宗藩关系浅谈》和《清代官制》(未刊稿)等作品。他一生秉持"活到老,学到老"的信念,甚至在76岁高龄时还在学术刊物上发表了《清代的吏胥和幕宾》。直到他78岁去世时,还留下了手稿,展现了他笔耕不辍、潜心笃志以及润物无声的学者风范。

(李暖)

卢治国

卢治国(1919~2001),河南邓县(今邓州市)人,中共党员,民盟盟员,河南省民盟组织创始人之一,曾任民盟河南省委主委兼秘书长、河南省政协常委。

解放战争时期,卢治国在河南大学经济系学习。1946年夏,蒋介石破坏国共停战协定发动内战,进攻解放区,使亿万民众再次陷入战火之中,引起了全国人民的强烈反对。在国统区,知识界反应更为强烈。各高等学府的进步师生首先起来利用各种形式,进行反内战的宣传活动。蒋介石一方面加紧对解放区的进攻,一方面制造先统一后民主的舆论,并派遣特务潜入各高等学校,暗中控制。当时在大学里,民主与统一孰先孰后的问题,成为政治斗争的一个焦点。1946年12月,河南大学学生自治会在学校小礼堂组织了题为"先民主后统一,还是先统一后民主?"的辩论会。卢治国积极参与,作为正辩一方的主辩人对于先民主后统一的正方辩题讨论有深刻见解,辩论起来有理有据,最终带领正辩一方获胜。

卢治国积极参加爱国民主运动:1946年12月24日,北京大学女生沈崇被美国兵强奸。事件发生后,卢治国第一时间组织反美游行,于1947年1月领导进步学生开展反对美军暴行的游行示威,并起草了游行宣言《告全国同胞书》。卢治国的表现很快引起了反动当局的注意,卢治国在王毅斋先生的资助下前往上海暂避(与前往上海暨南大学应聘的胡梅村教授同行)。抵沪后,在胡先生的帮助下,卢治国见到了中共代表团顾问华岗,起初想要到解放区去的卢治国在听过华岗的局势分析与意见后,坚定了要留在蒋管区进行斗争的决心,为撒播革命的种子,为革命事业的发展奉献自己。在上海,由周新民①与李世璋②作介绍人,卢治国加入了中国民主同盟,并随后前往南京民盟总部。

随着内战的加剧,1947年春,国民党强迫中共驻南京、上海、重庆等地代表团限期撤离,并宣布国共和谈破裂。在中共南京代表团撤退前,民盟总部设宴为他们饯行,卢治国也参加了宴会。在宴会上,中共代表团说,今后在蒋管区的斗争,主要由民盟来承担了,民盟的担子加重了。民盟的同志说,我们要把这个斗争坚持下去,担子还是重的,还需要中共的指导,中共和民盟是并肩作战的战友。满怀革命热情的友好谈话使卢治国更加强了斗志,决心为艰巨的革命斗争任务奉献终生。送别中共代表团后,卢治国接受了在河南建立民盟组织的任务,团结处于中立的知识分子,进行反蒋斗争。卢治国将上海、南京之行的情况向王毅斋作了介绍,并将民盟总部的信交给他,说服其共同参与建盟任务。

1947年3月,卢治国、王毅斋、李俊甫等8位同志在开封集会,成立民盟河南地下支部,由王毅斋负责领导工作,卢治国负责在河南大学同学中的发展工作。卢治国工作尽心尽力,积极宣传,不久便在同学中发展盟员11人。为使共产党、民主同盟两个地下组织结合起来,更好地开展斗争,卢治国于1947年4月加入了中国共产党。5月,河南大学师生积极响应和声援各大城市学生的斗争,投入了反饥饿、反内战、反迫害的爱国民主运动,卢治国被推举为赴南京请愿代表团首席代表。5月21日,代表团召开记者招待会,说明赴南京请愿的目的及要求。22日上午,学生自治会集合全校同学,卢治国代表请愿代表团作简短致辞。此后,以代表团为前导,浩浩荡荡的游行队伍向南关火车站进发,途经开封主要街道,宣传车不断散发油印快报。市民林立街旁,目送游行队伍经过。一时之间,激烈昂扬的革命斗争声浪震撼了开封古城。到达南京后,卢治国带领请愿代表团辗转于总统府、行政院、教育部、参政会等多个部门请愿,却屡屡碰壁。河南大学请愿团再次到教育部请愿时,教育部次长、河南大学老校长田培林接见了他们。田培林老校长与河南大学请愿团有一番深入的交流,卢治国向老校长表示他们的请愿是正当的,教育部应该答复。卢治国等人不畏强权,敢于斗争,为心中的信

---

① 周新民:1942年加入中国民主同盟,为贯彻执行党的政策方针,按照周恩来、董必武等领导的指示,到云南昆明以云南大学法律系教授的公开身份作掩护,参与筹备成立民盟昆明支部。

② 李世璋:1946年,李世璋随民联中央迁回上海,以聚兴诚银行总秘书的身份,与中共密切合作,与周恩来、林伯渠、华岗、吴克坚、南汉宸、张执一等联系,听取党的指示。

念抛头颅、洒热血,革命热情之高令人动容。从田培林口中,卢治国等人知晓河南大学发生了"五二八"大逮捕事件,学运遇挫。随后又得到情报,国防部已准备对"六二"南京学生反内战运动施行镇压。学运的艰难处境使河南大学代表团不得不商议撤离南京,而卢治国暂留南京,坚持工作。6月14日,卢治国被通知密赴上海出席秘密召开的学联会议(本次会议后被视为第十三次全国学生代表大会),参与研究制定了全国学联组织章程,决定全国学联秘书处设在上海,确定了全国学联秘书处与各地学校和各高等学校联系办法,并做出了有关决议。卢治国的革命斗争之路艰难坎坷,对革命道路的发展有功。

1948年,卢治国到桐柏军区第三军分区工作,曾任中南军政大学河南分校秘书等职。1951年到民盟河南省委会工作,任民盟河南省第一届委员会委员、第二届副主委兼秘书长。1977年后参加民盟河南省临时领导小组,积极筹备民盟组织的恢复工作,同时担任中共河南省委会右派摘帽办公室负责人、省政协常委,以后又担任民盟河南省委第五届、第六届副主委兼秘书长。

叶桐轩

叶桐轩(1913~1971),原名叶荫槐,河南淮阳人,毕业于上海新华艺术专科学校。他是河南省著名画家、美术教育家,曾任开封市政协委员、中国美术家协会会员、河南省美术家协会常务理事。

叶桐轩出生于 1913 年 8 月 7 日,淮阳城内钟楼街 19 号,在家中众多子女中排行老七。父母开办了一家粮行,家中子女众多,条件并不宽裕,但这并没有影响到叶桐轩对美术的执着。1928 年,年仅 15 岁的他考入河南省立艺术学校。1930 年,17 岁的他以优异成绩被上海新华艺术专科学校中国画专业录取,有幸成为潘天寿先生的门生。在上海求学期间,他因其艺术天赋和刻苦学习,取得了优异而显著的美术成绩,成为潘天寿教授的得意门生,这也是叶先生艺术生涯中重要的成长阶段。

1931 年 12 月大学毕业后,叶桐轩先生回河南从事美术教育工作。他回到家乡时还未满 19 岁,但已在家乡小有名气,民间曾流传着一句话"刘香茂的字,叶桐轩的画"。毕业后,他历任淮阳师范学校、西平县文城中学、项城县师范学校、颍滨中学、方城师范学校、省立沁阳中学、省立开封师范学校、湖北郧阳省立第八师范、河南省艺术学校、开封北华艺术学校和开封两河中学的美术教师。叶先生几乎每一两年就换一个城市教学,但不论身在何处,他对绘画艺术的追求始终不变,经常身背画笔、画纸,方便随时随地作画。更难能可贵的是他的爱国热情,在抗战时期,他经常带着学生们沿街画画,宣传抗日救国,卖画募捐,为国家默默贡献着力量。

作为河南省近现代早期的美术教育者,叶桐轩先生非常重视专业国画理论的研究。新中国成立前,他在长期颠沛流离的教书生涯中,一边从教,一边悉心探索国画理论。1945 年在湖北郧阳任教时,他曾举办个人画展,其中十余件展品分别被西班牙、挪威等外国援华抗战人士购买收藏。1946年,他编著了《国画诗选》"花卉翎毛""山水走兽"两册,作为美术专业普及读物在社会上广为流传。1948年,他编绘了《国画教材教法》,这些书籍先后多次重版,是河南省近现代较早的美术论著之一。此外,叶先生还在1947年出版了《国画诗选》,足见其深厚的文化艺术底蕴。

新中国成立后,叶桐轩先后在开封师范专科学校、开封师范学校、郑州师专、河南艺术学院、河南大学任教。他是河南省较早采用西方教育思想和教育方法授课的美术教师之一。他非常重视绘画实践和直观教学,要求学生注意观察自然、体验生活。他讲课富于激情,深受广大学生的称赞和爱戴,为新中国社会主义建设事业培养了大批美术人才。

他擅长中国画,尤其擅长写意花鸟,对山水、人物也有深厚功底。他不存门户之见,取精用宏,博采众长,学古而不拘于古,师造化而不为自然所役,充分发挥自己的个性和天赋,创作了大量具有独特风格的作品。他的作品思想深邃,诗情浓郁,意境清新,章法多变,色墨瑰丽。在他的笔下,鸟兽虫鱼、山川草木都富有蓬勃生机。他早年创作的《西湖之秋》《西湖山水》《庐山苍松》《鸡公山》等山水画,描绘了祖国的壮丽河山。但他在新中国成立后创作的作品成就更大,《鸭河水库全景》《沙河新貌》《喜讯频传图》《三门峡水库工地》《旭日东升喜讯频传》等作品,展现了人民改天换地的业绩和建设社会主义的豪情。《梅花》一画参加了河南省第三届美术作品展览;《鸭河水库黑山头工地》一画,参加了1960年全国美术作品展览;《四季花鸟条屏》由河南人民出版社出版,总发行量超过18万套。叶桐轩的6幅作品被人民大会堂河南厅选用。

20世纪50年代中期到60年代中期是他艺术创作的高峰期。他在传统笔墨的基础上,汲取了水彩画技法的某些长处,丰富了国画的表现手法,以简洁的笔墨去表现丰富多彩的现实世界。部分作品参加了全国及河南省美展。在这一时期,叶桐轩先生还经常受邀到各地文艺部门举办专题艺术讲座和巡回展览。叶先生也从不拒绝,热心为广大的绘画爱好者、美术工作者传授绘画技艺与绘画理论,无私地与大家分享自己的绘画创作经验。1961年,河南日报、河南省博物馆、郑州市文化局等单位邀请叶桐轩先生为各界的美术工作者、中国画爱好者办讲座;1962年,受开封市文化教育局、开封市文联等单位之约举办讲座;1963年,应开封市文联、洛阳市文联、焦作市文联、新乡市文联之邀,分别在开封、洛阳、焦作、新乡举办个人画展。通过这一系列讲座、个展,引起了巨大的社会反响。叶桐轩先生的艺术作品得到了社会大众的交口称赞,他的绘画理论思想也得到了进一步的传播。叶先生在其人生岁月中,以自己的聪明才智和精湛的绘画技艺,创作了大量的优秀艺术作品,为百花写情、为百鸟传神,讴歌祖国山河,描绘时代风采,成绩斐然、硕果累累,丰富和弘扬了传统的中国绘画艺术以及美术教育事业,赢得了中原社会各界广泛的赞誉。

1971年3月2日,叶桐轩先生因突发脑溢血不幸病逝,享年58岁。叶桐轩先生一生工作作风严谨,追求艺术的态度一丝不苟、精益求精。他的作品体现了艺术殿堂的真、善、美,影响着河南乃至整个社会的绘画发展,是我省花鸟画的一代宗师。在叶先生58年的人生岁月中,他不断丰富和弘扬着我国绘画艺术以及美术教育事业的艺术复兴。叶先生虽已逝去,但是,他为中国人民留下的宝贵美术财产将使他永远载入中国艺术史册。1978年以来,《河南画报》《郑州文艺》等刊物先后发表他的遗作11幅,河南省群众艺术馆与郑州市文联、开封市文化馆先后举办他的国画作品展,展出作品100多幅。河南人民出版社从他的遗作中精选24幅,编辑出版了《叶桐轩画选》。1982年10月,中国美术馆将叶桐轩遗作《金鱼》《牡丹鸡子》作为中国国画艺术珍品收藏。(马利霞)

田淑民

田淑民(1907~1983),河南上蔡县人,著名园艺学家。

1925年,田淑民中学毕业后,赴法国勤工俭学。他先后在比映古洋瓷厂和凡尔赛特鲁夫园艺厂当杂工,后来考入凡尔赛园艺学院。1931年,他以优异成绩从凡尔赛园艺学院毕业,并被法国农业部授予园艺工程师职称。1932年3月回国后,他先后在上海劳动大学农学院、湖北教育学院农事系担任教授。之后,他回到河南,与汝南籍的陈国荣、王文彬在开封共同创办了河南省第一所园艺学校——河南省园艺科实验场,田淑民担任导师兼实验场主任。

抗日战争爆发后,园艺场西迁至镇平。后来在省教育厅厅长鲁荡平的支持下,园艺场又在邓县(今邓州市)和南阳卧龙岗增设了两个分场,田淑民担任总场长。1940年9月,他成为河南大学园艺系教授兼主任,并加入河南大学教授会,担任该会的执行委员之一。1948年5月开封解放后,田淑民前往豫皖苏边区参加革命。1949年1月,他出任建国学院教授,同年4月,他成为中原临时人民政府农业部技术副主任、技正,并随后奉命南下,负责接收武汉农林水利机关的工作。

1949年7月,田淑民被派往湖北农学院执教,历任湖北农学院园艺系主任、副教育长,华中农学院副教授,河南农学院教授。同年,他荣获李先念省长颁发的奖励教学金。1955年,他成功培育出适宜南方栽种的"华农一号"苹果新品种。1956年,他出席了在北京举行的"群英会"。此后,他又陆续培育出"红光一号""狮子山一号""狮子山二号"葡萄新品系以及"豫脆香"晚熟苹果新品系。自1957年起,他撰写了《葡萄学》《果树各论》《果树栽培的理论与实践》《晚熟苹果育种初步体会》等论文。

田淑民曾任第五、六届全国政协委员、河南省第四届政协委员、民建河南省委常委、中国园艺学会第一届理事、河南省园艺学会第一届副理事长、中国农科院郑州果树研究所顾问、河南省园艺学会理事长、河南省农学院学术委员会委员以及苹果研究室主任等职务。他于 1983 年 5 月 11 日在郑州逝世。

丘菊贤

丘菊贤(1932~2015),广东省梅州市梅县人,是著名的客家学者。1932年,丘菊贤出生于印尼雅加达,父亲在印尼雅加达经商。他少年时在家乡梅县隆文镇文普村读书,后来升入梅县松口国光中学读初中。1952年从梅州中学高中毕业后,他曾在梅县梅南中学教书。1954年考入河南大学历史系,1957年大学毕业后,他在新乡、偃师等地任中学教师。1983年,他被调入河南师范大学(今河南大学),先后任职于河南大学历史系、《史学月刊》编辑部和河南大学出版社。

在河南大学出版社工作期间,他表现出极高的责任心和独到的眼光。他担任责编出版的《先秦史新探》和《世界近代政治思想史》两部著作,先后获得中南区优秀学术奖(1989年)、河南省新闻出版局优秀图书奖(1991年)。在图书编辑的同时,他与陕西历史博物馆的杨东晨研究员合作,结合文献资料、考古发现与实地考察,于1993年出版《中华都城要览》一书。该书系统介绍了历代都城130余座,内容丰富、立论公允,受到学界好评,并获得开封市第三次优秀成果二等奖。此外,他还撰写了《国史自学备要》和《汉魏洛阳史话》两部专著以及十余篇论文,涉及历史教学与中国古代史研究的诸多方面。

20世纪80年代末,随着世界华人、华侨掀起寻根热潮,客家问题研究成为学界热门课题。身为客家人的丘菊贤很快投身其中。中原地区是历史上客家人的主要源流地,凭借此地利之便,他在河南首先发起了客家问题研究活动,成为中原地区与客家人联系的重要纽带。在河南大学出版社期间,丘菊贤有计划地编辑出版了《客家历史与传统》和《漂洋过海的客家人》两本研究客家文化的学术专著。他撰写的《黄河文化是客家文化的源头》等多篇论文也被国内外报刊转载。以此为契机,丘菊贤的研究方向逐渐由中国古代史向客家研究聚焦，成为具有影响力的客家研究学者。

1992年，丘菊贤从河南大学退休。应梅州市市志办公室、梅州市客家联谊会之邀，他回到客家研究氛围浓郁的家乡梅州市。他先后受聘于梅州市志、梅州客家联谊会、客家研究会、梅州侨办等机构，并任《梅州市志》《客家大观园》《梅州市华侨志》《客家人》等杂志的编审及副主编。同时，他还被聘为中原客家研究会、江夏文化研究会的顾问和梅州市客家研究会的副会长，全力进行客家研究。为了搜集更丰富的客家研究资料，他对客家人居住的村庄、各姓氏的祠堂等进行了大量的实地考察，足迹遍布四川、江西、福建等客家人居住地。他对地方历史资料，尤其是族谱文献，进行了发掘整理。虽然年久发黄的族谱往往散发着难闻的异味，但他却能连续几个小时看得津津有味。有时为了解决一个疑问，他不顾年迈，骑着自行车奔波于各大图书馆之间辗转求证。辛苦付出换来的是累累硕果。他先后出版了《客家综论》(1999年)、《梅州客家研究大观》(2000年)、《韩素音研究论文集》(2001年)、《史志文存》(2002年)、《世界客家(第2卷)》(2005年)、《梅州客家研究百年纪要(1905—2005)》(2006年)等书，这些作品被学术界认为是脚踏实地的论著。他还协助编辑出版了《梅州市志》《客从何来》《客家人文》《梅州华侨志》等书籍，在海内外客家人中产生了广泛影响，推动了客家研究的进展。此外，他还特别注重从历史系研究生和青年学人中挑选、培养客家研究后继人才。他多次与其他客家学者一起在报纸杂志发文，呼吁政府和相关部门采取措施培养客家研究的接班人。在他的鼓励和奖掖下，多位青年学人得以快速成长，成为客家研究的重要力量。（惠冬）

邢治平

邢治平(1917~1998),河南滑县人,教授,民盟盟员。他七岁入本县范所营小学读书,1930年8月考入开封两河中学,三年后进入开封济汴高中。1936年8月,以优异成绩考入河南大学文学院文史系。在校读书期间,正值日寇侵华,他满怀民族义愤,积极投身于抗日救亡运动。在艰苦卓绝的环境中,他以顽强的毅力刻苦攻读,圆满地完成学业,于1940年8月以全优成绩毕业并留校担任文史系助教,之后长期从事中国古代文学专业的教学与科研工作。1946年2月晋升为讲师,1978年晋升为新时期的首批副教授,并于同年成为河南大学古代文学专业第一批硕士研究生导师。1988年,他又以显著的教学业绩和丰硕的科研成果晋升为教授。他曾先后任河南大学中文系资料室主任、中国《红楼梦》学会会员、中国《水浒》学会会员等职。

他一生追求进步,拥护党的领导,学习党的思想方针。他曾在农村参加社教运动,在实践中锻造自己的革命思想,靠近工农大众,主动追求进步。

邢治平将其一生奉献给了教育事业,先后主讲过先秦两汉、魏晋南北朝、唐宋、元明清文学专业基础课,并为高年级学生和研究生开设"杜甫研究""《红楼梦》研究""《西游记》研究"等专业选修课和硕士学位课程。他博采众长,授业解惑,深受历届学生的赞许和爱戴。在河南大学从教的五十年里,他兢兢业业地为文学院培养了大批优秀人才,提高了文学院的整体科研水平,为文学院的发展奠定了良好的学术基础。

邢治平教授治学严谨,学识渊博。他在古代文学领域笔耕不辍,著述丰富,成就卓著。在杜诗研究方面,他取得了显著的成绩,辑有《杜诗论丛》。该书是一部杜诗研究资料汇编,全面涉及杜甫的文学主张、创作方法、人道主义、爱国精神,以及体裁、风格、交游、咏怀状物、名物训诂等方面,且时有己见,足资参考。他本着百家争鸣的精神,对郭沫若的《李白与杜甫》一书中"扬李抑杜"的问题,提出了自己的看法,颇为中肯,不失为一家之言。除此之外,他尤其对明清两代的小说研究用力甚勤,在《红楼梦》《水浒传》《西游记》等古代经典小说方面取得了一系列具有较高水平的科研成果。他的《〈红楼梦〉十讲》《〈西游记〉祖本新探》《〈红楼梦〉文化思想浅探》等多篇学术论著,为中国古典小说研究提供了多元化的研究视野,推动了古典小说研究的深入发展,在海内外学术界产生了广泛的影响。

邢治平教授一生追求真理,淡泊名利,恪尽职守,默默奉献。他为人忠厚坦诚,谦逊平和,襟怀宽广,平易近人。作为一位德高望重的知名学者,他尤为注重为人师表,言传身教,奖掖后进,不遗余力,颇受学生们敬重。邢治平教授于1998年1月13日因病在开封逝世,享年82岁。

朱自强

朱自强(1934~1995),江苏无锡人,曾任河南大学物理系主任、教授、博士生导师,是国家有突出贡献的专家、享受国务院政府特殊津贴的专家、河南省优秀专家。他曾任中国化学学会永久会员、中国化学学会有序分子膜专业委员会委员、河南省物理学会副理事长、河南省光学学会副理事长、河南省红外研究会总顾问、*Molecular Science*杂志编委等职务。

朱自强早年就读于上海圣芳暨中学,毕业后升入南开大学物理系,师从著名物理学家胡刚复先生。1955年大学毕业后,他赴吉林大学物理系任教,致力于科学研究。他在理论原子核、电法测井、计算数学、光化学和有序分子膜等科学领域都取得了创造性成果。他撰写的《计算组合数学》等3部著作取材新颖、深入浅出,被多所大学选为研究生教材及参考书。他卓有成效的研究工作受到了知名学者余瑞璜院士、吴式枢院士、孙家钟院士以及徐利治、杨善德等教授的高度赞赏。

朱自强的学术研究涉及物理学、化学、生物学、数学和材料科学等诸多学科,在许多领域都具有独特的见解。他与同行一起在国内率先开展了光化学、有序分子膜、纳米材料、分子电子学等方面的研究,是国内最早从事LB膜研究的专家之一。他首次制备了无脂链超分子导电膜组装体,率先利用表面光电压谱研究了LB膜的光电性能,最先观察到了纳米粒子在LB膜中的生长过程,是有序分子膜界的权威之一,也是国际分子膜研究领域的知名学者。他先后主持并完成了近二十项国家和省部级研究课题,在国际、国内学术会议和国内外核心学术期刊上发表学术论文百余篇。他所撰写的《近代物理实验技术》中LB技术一章独具特色,对分子有序组装技术的研究具有重要指导意义。

1985年底,带着年仅3岁的女儿,朱自强教授从吉林大学来到河南大学,为理工科复兴之路指明了方向。创业之初,条件异常艰难。他把原物理楼东侧一楼大厅的走廊围起来作为实验室,用木框和塑料布搭建起超净工作间,将三条腿的桌子改造成实验台。为了节约经费,年近六旬的他坚持坐一周的火车,取道莫斯科去巴黎开会。经过艰辛的努力,他于1986年组建起学校第一个专业科研实验室——固体表面实验室。作为拓荒者,朱先生坚持人才兴校、科研强校,强调与国际学术前沿接轨。1988年,他主持召开中国化学学会LB膜专业组成立大会暨全国第一届LB膜学术研讨会,奠定了我国该领域的研究基础。在他的带领下,河南大学获得了第一个国家自然科学基金项目、第一个863项目、第一个理工科硕士点。一批青年学人,如黄亚彬、张治军、宋纯鹏、孟进芳、张伟风、顾玉宗、杜祖亮等很快脱颖而出,为物理学、化学、生物学、材料科学等学科的发展和实验室建设奠定了重要的人才基础。

朱自强生活勤俭、治学严谨、严于律己、乐观豁达。他不遗余力地关心、指导、帮助年轻人的成长。其"先做人后做事"以及注重思维方式和能力训练培养的教育思想,在生活和科研上带动和影响了一批学人。他先后培养硕士、博士研究生30余名,如今这些学生中的大多数已成为国内外的知名专家、学者。在生命的最后几年,虽身患绝症,他仍呕心沥血,时刻不停地工作,把整个生命都献给了祖国的科学和教育事业。他所开创的事业在河南大学理工科发展进程中具有里程碑意义。

朱伯俊

朱伯俊(1915~1964),原名朱伯焌,曾用名朱俊如,河南省兰考人。1951年10月加入中国民主同盟,曾任民盟开封师专支部委员、开封师范学院支部副主任委员、开封市委员会副主任委员等职。1964年当选为河南省人民代表大会代表。1957年12月加入中国共产党。朱伯俊1948年11月参加工作,一直从事学校教育工作,历任中学教员、开封师专物理科和开封师范学院物理系讲师、物理系无线电教研室副主任、普通物理教研室副组长、电工无线电教研室主任与物理系副主任等职。1964年7月15日,因病在开封逝世。

1921年2月至1927年7月,朱伯俊在开封本地上私塾。1927年8月至1929年7月,在开封第一完全小学高级部(小学五六年级)学习。1929年8月至1935年7月,在开封省立第一初中、开封师范上学。

新中国成立前,他一直在中学教书,对教材和教法都有成熟的见解,也乐于帮助其他课程和教师。他在教学上有威望,很受学生欢迎。1935年8月至1941年9月,在鲁山县乡村简易师范、扶沟私立昌潭中学、兰封县中、鲁阳小学、私立中国中学等学校担任数学、化学、物理教员和教务主任。1940年暑假,他考取国立西北师范学院(在陕西城固),因没有路费,申请保留学籍1年。1941年10月至1945年7月,在西北师范学院理化系学习。从1943年春天起,因有教学经验,他为子女义务补习中学数理化。从1943年暑假起,他一边上学,一边在附近的兰州乡村师范学校兼任物理、化学半专教员,以解决生活费问题。大学四年,他进一步学习了物理、化学、数学知识,打下了自然科学的基础。

1945年8月至1951年10月,朱伯俊在国立二十一中、私立中国中学、兰封县中、禹县中学、开封中学等校任教员、校长、教务主任等职。1951年10月,他调任开封师专物理科教学,担任普通物理、理论力学教学工作。他工作踏实负责,热情肯干,对待教学工作能刻苦钻研,教书育人,教学效果良好。他对待同志诚恳热情,能从政治上关心和团结同志。在协助党对民盟成员进行思想教育工作中,他也积极肯干,作出了重要贡献。

为了提高教学理论水平,1956年9月至1957年2月,他在湖南师范学院选修理论课。1962年7月,他与马襄文等9人当选为物理系务委员会委员。他为物理学院的发展鞠躬尽瘁,即使生病期间也不放松教学工作。病情稍有好转,就主动帮助办公室做一些具体工作。为了实现全民办电和办一个系内展览,他像青年教师和学生一样经常熬夜。虽身患重病,但从未放弃工作,婉言谢绝组织上提出的让他休息的建议。他在工作和学习中表现出坚强的毅力和乐观主义的精神。1960年被评为开封师范学院物理系"三好教师"。

他忠于党的教育事业,一生勤勤恳恳、兢兢业业,出色地完成了学校和学院分配的各项工作任务,为物理学院的进步和学校的发展作出了应有的贡献。

任访秋

任访秋(1909~2000),原名维焜,笔名访秋、霜枫,河南省南召县人,教授。他曾任民盟河南省第五、六届委员会副主委,民盟河南省第七、八届委员会顾问,民盟开封市委员会主委、名誉主委,中国人民政治协商会议第六届全国委员会委员,河南省人民政治协商会议第四届委员会常委,第五届、第六届委员会副主席,河南省文史馆名誉馆长。他六岁起开始跟随父亲读书,由于提早接受文学作品的熏陶,任访秋对文学有着异乎寻常的热爱。1923 年,任访秋考入河南第一师范,并在这里受到了鲁迅、梁启超等人的文学观念影响。在此期间,任访秋一面接受进步思潮、新文学观念的影响,一面与陈治策、白寿彝、罗梦册等人组织"晨星社",先后在开封、北京两地发行《晨星》文学半月刊、月刊。1929 年,任访秋进入北京师范大学中文系学习。

在北师大求学期间,任访秋笔耕不辍,继续在北京《晨报》副刊和师大《国学丛刊》上发表文章,并同北京师范大学、北京大学的部分学生组织"草虫社"。"草虫社"以北京《益世报》作为主要宣传阵地,并创办了《草虫周刊》。1933 年大学毕业后,任访秋前往洛阳师范任教,又于 1935 年返回北京大学研究院深造。在研究院求学期间,任访秋以《袁中郎研究》一文成功通过答辩,同年从北师大毕业。

1940 年,任访秋返回暂驻嵩县的河南大学任教。授课之余,他还经常为《前锋报》的副刊《燧火》撰稿。抗战胜利后,任访秋跟随学校返回开封,在此期间与陈梓北、王般若、郝士英等人组织"师友社",并担任该社主要刊物《师友》月刊的主编。

新中国成立后,任访秋深入学习了马列主义、毛泽东思想,开始运用唯物主义辩证观与历史唯物主义的立场、观点、方法研究中国文学。1951 年,由任访秋与李嘉言、张长弓合作撰写的《中国文学史提纲》一书,显示出他已将社会主义思想系统地应用于文学研究中。1950年2月,任访秋在李俊甫、王毅斋的介绍下加入民主同盟,同时被评为二级教授,在中文系主讲"中国文学史""中国现代文学史""文艺学"三门课程。1956年任访秋担任中文系副主任,次年被任命为民盟开封市委主委。在随后的动乱中,任访秋被错误划分为"右派",一切职务均被免去,部分研究成果也在混乱中丢失。

"文革"结束后,任访秋被任命为中文系系主任,开始招收研究生,所培养的研究生多数成为中国语言文学学科的骨干人才。在新时期,他被评为一级教授,先后担任河南省文学学会会长、中国现代文学研究会副会长、中国近代文学研究会顾问、开封市人大常委会副主任、河南省政协副主席等职务,享受国务院政府特殊津贴。

任访秋一生追求光明与进步,时刻与中国共产党保持统一战线,与党肝胆相照。作为中文系的领军人物,他始终忠于党的教育事业,为河南大学中文学科的建立作出了巨大贡献。任访秋学术渊博,在中国古典文学、中国现代文学和中国近代文学三个领域内均取得了令人瞩目的成就。在中国古典文学方面,出版了《中国文学史散论》《中国古典文学研究论集》《〈聊斋志异〉选讲》《中国古典文学论文集》《袁中郎研究》《中国古典文学论文集续编》等专著;在近代文学方面,出版了《中国新文学渊源》《中国近代文学作家论》《中国近现代文学研究论集》等三种个人学术专著,并主编了《中国近代文学史》《中国近代文学大系·散文卷》两部著作,两书分别获得教育部高校教材全国优秀奖、国家图书最高奖;在现代文学方面,出版了《中国现代文学史》上卷,该书是中国现代文学学科的重要奠基之作。

任访秋为河南大学中国语言文学学科的建设作出了巨大贡献。1981年,由他担任第一导师的现当代文学专业成为河南大学的第一批硕士点之一。他不仅在河南省享有巨大声誉,也是中国文学史上一位里程碑式的人物。2000年7月3日,任访秋因病在开封去世。

华锺彦

华锺彦(1906~1988),原名连圃,字锺彦,辽宁沈阳人。他是我国著名学者、诗人,是当代吟咏研究的奠基人,河南大学教授。华锺彦曾任中国唐代文学学会常务理事、中国韵文学会理事、中华诗词学会顾问、河南诗词学会顾问等职务。1906年,华锺彦出生于辽宁沈阳一个家境贫寒的农民家庭,后入私塾读书。他凭借坚忍的毅力刻苦学习,三年便完成了全部的小学课程。1919年,华锺彦进入奉天省立第一师范学校读书。1924年毕业后到中学任教,1926年考入东北大学深造,师从高亨。1931年,华锺彦又考入北京大学,师从高步瀛专攻唐宋诗词,并结识了钱玄同、俞平伯等诸位名师。1933年,他从北京大学毕业,获文学学士学位。之后,他曾执教于天津女子师范学院、京华美术学院、东北大学、东北师大等高校。

1954年秋,华锺彦调入河南师范学院二院(今河南师范大学)任教,次年至河南师范学院本部(今河南大学)任教授,为学生讲授古代文学课程。与此同时,他还承担着建设和发展宋代文学研究室的重任。华锺彦擅长中国古典文学,谙熟文字学、音韵学、经传诸子之学,在先秦文学研究方面成就斐然。他对《诗经》的研究贡献卓著,曾参与编纂了《诗经会通》《诗经会通新解》等多部《诗经》研究著作。在《诗经》的音韵训诂、义理辞章、《诗》学基本问题研究等方面,他都有创造性发展。除《诗经》研究外,20世纪70年代末,华锺彦还为其师高亨先生校勘了《老子注译》。此外,他在唐宋诗词、近现代之旧体诗词及中国传统戏曲方面也有所研究,其代表性学术成果有《花间集注》《五四以来诗词选》《戏曲丛谭》等著作。《花间集注》是《花间集》最早的注本,注释精详,考证翔实,在《花间集》的传播和接受方面作出了突出贡献。他主编的《五四以来诗词选》被誉为我国当代第一部断代诗词选,在海内外产生了巨大的影响。20世纪80年代初,华锺彦还在河南大学中文系开设了"古典诗词欣赏与创作"专题选修课,并亲自编写教材进行授课。《戏曲丛谭》则是继王国维《宋元戏曲史》、吴梅《中国戏曲概论》之后,有关中国戏剧史研究的一部里程碑式著作。时至今日,该书在中国戏剧史研究中仍有重要的指导意义。

除从事学术研究外,华锺彦也是一位诗人。他所作的诗词数量蔚为可观,据统计有两千余首,已结集为《华锺彦诗词选》及《华锺彦诗词选补编》。其诗词内容涉及领域极广,歌颂英雄气,论述古今事,流露出真情实感。华锺彦晚年还致力于中国古诗词吟咏的理论研究与推广普及。他组织成立了中国第一个唐诗吟咏研究小组并担任组长,开始了古典诗文吟咏的研究,奠定了吟咏研究的基本理论。他对弘扬吟咏文化、普及传统国学作出了巨大的贡献。其重要学术成果现已结集为《华锺彦文集》三卷。

作为一名杰出学者与优秀教育家,华锺彦对于学术研究的热情和对于教育工作的热爱始终贯穿于他的一生。他在河南大学执教的三十余年间,始终投身于教学一线,备受历届学子的爱戴。他坚持学术研究应当扎根于教学本身的理念,教学方式灵活多变,注重学生实践能力,从而培养了一大批在古典诗词研究领域有所建树的人才。

全石琳

全石琳,河南淅川人,无党派人士。他是我国著名的自然地理学家、国务院政府特殊津贴获得者、河南省优秀专家。自1954年2月至1997年7月,他在河南大学地理系任教,历任助教、讲师、副教授、教授,并担任硕士研究生导师、河南自然地理研究室主任、河南省地理学会第三、四、五届理事会理事暨自然地理专业委员会主任、中国地理学会自然地理专业委员会第五、六届委员、全国高校综合自然地理教学研究会理事等学术职务,并兼任政协开封市第六、七届委员会委员等社会职务。

全石琳一生致力于教书育人工作。他于1954年毕业于河南大学地理系,并留校任教。从1954年到1997年,他始终坚守在三尺讲台上。他学识渊博、治学严谨,对工作兢兢业业,从不计较个人得失,在教学和科研等方面都取得了显著成就,为河南省乃至我国的地理教育与研究事业的发展作出了积极贡献。全石琳是我国改革开放后高校综合自然地理学的开拓者之一,在国内高等地理教育和学术界享有较高声誉。1983年,他曾应邀到西南师范大学地理系讲授综合自然地理学课程。其间,他因过度劳累引发胃出血,但仍坚守在教学岗位上,赢得了西南师范大学地理系师生的高度赞扬。

自1984年起,全石琳教授一直担任综合自然地理学硕士生导师,并负责1985级和1986级自然资源硕士研究生班。他认真负责教学工作,注重理论联系实际,强调学生综合能力培养。他结合教学内容,对学生进行唯物主义、爱国主义和职业道德的思想教育,并力求以身作则。在多年的教学实践中,他取得了优秀的教学效果和显著的成绩。他于1985年和1987年两次获得河南省优秀人民教师称号,1988年被评为河南大学研究生教育优秀导师,1989年4月被评为河南省劳动模范,1990年被评为开封市先进教育工作者,并荣获河南省高校优秀教学成果一等奖和曾宪梓教育基金会优秀教师奖。

全石琳教授学术思想活跃,科学研究建树良多,尤其在综合自然地理研究工作方面取得了很高的成就。他曾主持完成3项省级重大科研项目和1项国家自然科学基金项目"淮河上游洪涝规律和水利建设决策研究"。他参加了《中华人民共和国地图集》的编绘工作,并主持编印了《自然地理》《中国地理》《世界地理》等教学参考资料。他在专业期刊中公开发表论文数十篇,主要著作有《河南省综合自然区划》《综合自然地理学导论》和《土地资源学》等。其中,《河南省综合自然区划》荣获"河南省农业资源调查和农业区划研究重大成果"二等奖。他参编的《世界地理知识》《中国省区地理》《豫西中部山地自然条件与自然资源》在学术界也具有很大的影响。此外,全石琳的外语功底十分扎实,他曾主持或参加《西南非洲及其人文问题》《马拉维地图集》等5部英文、俄文专著的翻译工作,学术成果丰富,在国内地理学界享有盛誉。

在全石琳教授的研究著述中,《综合自然地理学导论》的影响范围广泛,是我国同期地理著作中的佼佼者。该书是当时国内唯一的综合自然地理学著作,一经刊印后就被13所高等院校的地理系、生物系选作本科生、研究生教材。著名科学家钱学森院士看到该书后,对全教授关于地理科学的思考给予了充分肯定,并多次与全教授书信往来讨论有关地理科学体系问题。他殷切希望河南大学地理系能成为我国地理科学的教学和研究基地。1990年,以全石琳同志为主,组织我校地理系中青年教师对"地理科学体系"问题进行了深入探讨。相关成果发表在《河南大学学报》1990年第4期"地理科学讨论专辑"上。钱学森教授对该期学报给予了高度评价,他在1991年的中国地理学会会议上特别强调:"看到了河南大学各位专家的意见,学了不少东西,很受启发。"

刘积学

刘积学(1880~1960),号群士,河南新蔡县人,民革党员。曾任河南省各界人民代表会议副主席、人民政府委员,中南军政委员会委员,河南省人民委员会委员、省政协副主席、省文史研究馆副馆长等职。他幼年时期从祖父习旧学,16岁中秀才,20岁补廪膳生,24岁中举人,25岁考入河南武备学堂,学习军事。1906年2月,在清末派遣留学生的浪潮中,刘积学被送往日本留学。1911年6月,他从东京政法大学专门部政治科毕业归国。

在留学日本的第一年,刘积学便加入中国同盟会,旋即与留日的河南同志组织了同盟会河南支部,并先后担任支部书记、支部长。1907年12月,在旅日革命志士刘青霞女士的资助下,河南留日革命学生创办《河南》杂志,刘积学任总编辑。该刊以宣传民主革命思想,批判改良主义,推翻清朝专制政府,建立民主共和制度为宗旨,每期发行近万份,在当时影响颇大。后因为清政府查禁,《河南》杂志被迫停办。刘积学为此慷慨陈词,写下了著名的《河南留日学生讨满清政府檄》。

1911年10月,武昌起义爆发,革命军传檄河南,回到开封的刘积学投身到联络起义的工作中,并赴上海组织河南北伐队,后因南北议和,北伐队宣告解散。1912年,刘积学当选民国临时参议院参议员,翌年正式当选为国会议员。1917年,因张勋复辟解散国会,刘积学又南下广州参加孙中山领导的护法运动。1923年,刘积学出任河南省自治筹备处处长,制订河南县市自治条例,后被军阀吴佩孚以"冀图颠覆当局"的罪名扣押月余。

1925年,刘积学任河南省政务厅厅长,中州大学(河南大学的前身)哲学教授。此后先后出任国民党特别委员会候补委员、河南宣抚使、南京国民政府立法院委员、河南省临时参议会议长等职务。在担任议长的 10 年间,刘积学对国民党党政军要员的种种暴行,尤其是对蒋介石消极抗日、积极反共的行径非常不满,开始向中国共产党靠拢,营救和保护了不少进步人士和共产党员。1945 年,《中国时报》在开封创刊,刘积学兼任董事长。

1948 年初,他收到国际新闻社寄来的英文版《目前的形势和我们的任务》一文,决意转向共产党。随后,在策动华中剿匪总司令部副总司令张轸起义的过程中,刘积学多次联络规劝,对张轸所部在武昌的起义发挥了重要作用。同年 12 月,白崇禧召集五省议长在汉口开会,联名致电蒋介石,请其暂回奉化,由李宗仁代行总统职务与中共和谈,企图与共产党划江而治,伺机再请蒋复总统职。刘积学窥破国民党的谋划,表示蒋介石为内战罪魁、和平障碍,必须迫其下野以谢国人,并拒绝在白电上签字,决意单独电蒋。12 月 31 日,刘积学毅然在信阳单独电蒋,迫其下台。电文历数蒋介石的种种罪恶,陈词慷慨,轰动一时。

1949 年 4 月,中国人民解放军开赴信阳,时在信阳的国民党部队闻讯溃逃,刘积学率参议会独留城内,并张贴标语,迎接解放军入城,信阳解放。1949 年 9 月,刘积学作为民革代表,出席了中国人民政治协商会议第一届全体会议,参与制定《中国人民政治协商会议共同纲领》,并参加了开国大典。新中国成立后,刘积学积极拥护党和国家的大政方针,在统战工作方面作出了积极贡献。他曾担任河南省政协副主席、民革河南省筹备委员会召集人、省民革副主委等职务,并多次写信、撰稿,向身在台湾的亲朋故旧宣传中国共产党的政策,晓以民族大义。1960 年病逝于开封。

据刘积学所作《自传》,他年幼便对《春秋》《论语》《孟子》《荀子》《韩非子》《老子》《庄子》等古典深感兴趣,其著述有《广韵诠纽》《荀子教学方法》《老子要义诠释》《程伊川实践哲学论》等数种,另在《豫报》《河南》《国是报》《自由报》等刊物撰文多篇,后多因战乱而散失。(冯鹏)

刘葆庆

刘葆庆(1904～1978),字祝宜,河南修武人。他是当代河南最早从事小麦优良品种育种的开拓者。1927年毕业于开封中山大学(今河南大学)农科,获学士学位,并留校任助教。1935年升任讲师,1941年晋升副教授,1946年被聘为国立河南大学农学系教授。

刘葆庆教授在河南大学执教25年,主讲农业概论、耕作学、作物栽培学等课程。他最早从事小麦优良品种育种的科学研究,并取得了引人注目的成就。在担任助教时,他就开始进行小麦品种育种研究。经过两年多的时间查阅资料,他搜集了世界各国小麦品种达1000余例。在河南大学农场经过7年的观察比较和反复试验后,他于1936年撰写了《河南大学农场小麦育种成绩报告》和《秋旱后春季种麦方法之探讨》两篇论文。当时的刘季洪校长和郝象吾院长对他写出的论文给予了高度评价,认为"不仅有很高的学术价值,而且直接服务于农业生产,有很高的社会价值"。他的这两篇论文被印成专册,发送至河南各县农业改进站。此后两年,他积极参与创建河南大学麦作实验室工作,系统地积累和整理了大量宝贵的研究资料。在精心试验和大胆实践的基础上,他相继撰写了15篇具有独到见解和实用价值的科学论文,在国内外有影响的报纸杂志上发表。其中,《黑麦自然杂交试验》《麦类品种及品系的分类》《开封124小麦与美国红石小麦之杂交育种》《小麦优良品种比较试验》等论文具有很高的良种培育科研价值,标志着河南省小麦优良品种育种科学研究的良好开端。

在抗日战争期间,河南大学辗转迁豫西南,刘葆庆克服重重困难,孜孜不倦地进行小麦优良品种育种试验。学校每迁到一处,他都结合当地实际,分析小麦的特性和病害防治方法。他从不摆大学教授的架子,虚心向豫西南各地有经验的老农请教,重视民间总结的实践经验。这种谦虚好学的科学精神为他的优良品种育种试验带来了很大的成功。在八年中，他亲手培育出了"河南大学 H-1、H-2、H-3、H-4"及"河南大学 4-11"等 5 个小麦优良品种，其中"河南大学 H-4"具有产量高、口紧、不易倒伏以及对常见的黑粉病、条锈病、吸浆虫病有较强抵抗力等优点。这 5 个优良品种试验成功后，在豫西南 68 县推广种植，普遍增产 10%，有力地支援了中原人民的抗日战争。

刘葆庆不仅在育种学方面成就卓著，而且积极从事小麦栽培学的试验研究，并取得了较有影响的成果。1944~1945 年，在国立河南大学流亡陕西宝鸡期间，尽管教学、科研条件简陋，他仍大力进行麦作栽培试验，科学分析并总结试验结果，撰写了《麦类分蘖之研究》《小麦肥料种类及施肥期试验》《小麦综合性栽培试验》等学术论文。

新中国成立后，他坚持教学、科研、生产相结合的原则，投入大量精力主持小麦品种比较试验。他培育的"河南大学 H-4"小麦优良品种经过 1949~1955 年的试验对比，在开封地区 11 县平均亩产达 521 斤，比同期的"徐州 438 良种"平均增产 14.1%；在洛阳地区试种比"出山豹"良种增产 11.3%；在驻马店汝南等地试种比"岫子头"良种增产 23.4%；在南阳地区试种比"红和尚头"良种增产 17.6%。这使河南全省小麦大面积增产，为中原人民创造了大量财富，也为河南大学及河南农学院赢得了崇高的荣誉。1964 年，他当选为全国人大代表，1978 年 6 月病逝。他的著作有《农业概论》《小麦育种学》《河南小麦栽培学》等。

关梦觉

关梦觉(1912~1990),满族,吉林怀德人,民盟成员。他17岁考入东北大学经济系,1933年大学毕业后开始涉足文化、学术界,任北平《外交月报》社编辑。"七七"事变后到内蒙古参加抗战,1938年辗转到武汉,参与创办东北的进步团体"东北救亡总会"的机关刊物《反攻》半月刊,宣传抗战救亡。同年四月,他参加了由郭沫若主持的军委政治部第三厅工作并任中校科员,与曹荻秋等在同一科室工作,撰写抗战宣传文章。武汉沦陷后,他与曹荻秋、胡绳、臧克家、姚雪垠一同到位于鄂北的第五战区文化工作委员会工作。1939年他前往重庆,担任关于国际问题的翻译杂志《时与潮》的编辑,在中国共产党的领导下开展工作:选登进步文章,撰写关于国际问题特别是国际经济问题的论文,宣传坚持抗战。他先后发表了《东北对日本侵略者的牵制力》《日寇榨取东北经济的新阶段》《日趋严重的日本财经危机》《欧战对日经济的影响》《当前德国经济危机》等文章,并翻译了苏联经济学家瓦尔加的《两个制度》一书。然而,这引起了国民党顽固派的嫉恨,他被开除并列入拟逮捕人员黑名单。八路军办事处安排他尽快撤离重庆。临行前,叶剑英在曾家岩50号接见了他,对他的工作给予了肯定和鼓励。关梦觉机智地摆脱了国民党特务的跟踪,到达洛阳,任"中国工合"晋豫区经济研究所所长。

关梦觉曾前往巩县(今巩义市)回郭镇进行农村经济调查。当时,回郭镇是豫西土布业的中心,西候村一带几乎家家都用木机纺纱织布。镇上的商行发放棉花给四乡农户纺纱织布,农民只能得到微薄的一点加工费,而商行则低价回收后高价出售,这是典型的包买商对农民的剥削。经过调研,关梦觉撰写了万余言的调研报告《洛河下游的手工纺织业》,并在《工合》上发表。1942年春,他对鲁山丝绸业进行了调查,调查报告在《战地工合》上发表。同年秋,他的豫西灾区调查报告刊登在桂林出版的《中国工业》杂志上。

之后,他应河南大学(当时已从开封迁到嵩县潭头)的邀请,前往任教。在潭头,关梦觉凭借其深厚的经济学研究功底、朝气蓬勃的精神和坚定的爱国主义激情,很快受到了青年学生的爱戴。他讲授的政治经济学和中国经济问题课程深受学生欢迎。在一次学术报告中,他以"欧战与远东"为题,分析了第二次世界大战的国际形势以及参战各国的不同状况。他指出,貌似强大的希特勒虽然气势汹汹,但其实是在火山上跳舞,不久将被火焰所吞没,葬身于人民战争的汪洋大海之中。这次报告开阔了学生们的视野,增强了他们战胜日本法西斯的信心。年仅30岁的关梦觉此时已被学生们尊称为"老教师"。1943年1月,关梦觉离开河南前往西安。他先在国民参政会经济建设策进会西北区办事处担任总干事,对当时国民党统治区极其严重的经济问题,特别是通货膨胀、物价飞涨等问题进行了一些调查。半年后,他离开了"经策会",同时被国立河南大学和陕西商业专科学校聘为教授,讲授政治经济学、国际贸易和经济地理三门课程。

1946年10月,关梦觉进入东北解放区。他先后担任东北行政委员会社会调查所副所长、嫩江省(后改为黑龙江省)教育厅厅长,直到1950年3月。在此期间,除了撰写教育方面的论文和调查报告外,他还翻译了一本揭露美英垄断资本在战争期间与德、日法西斯勾结的《第二次世界大战秘录》,该书于1948年出版。1950年3月,他调任沈阳任民盟东北总支部秘书长,兼任东北人民政府监察委员,直至1954年9月。

新中国成立后,他历任东北人民政府监察委员、东北大学经济系教授、系主任;吉林大学经济管理学院名誉院长、一级教授、博士生导师并成为第一批国务院学科评议组成员。同时,他还担任中国资本论研究会、世界经济学会副会长、吉林省经济学会理事长。几十年来,他勤奋耕耘,著作等身,曾发表各类论文、文章千篇以上,专著十多种,译作五六种。他是东北民盟组织的奠基人之一,曾任民盟吉林省委主任委员、吉林省政协副主席、全国政协常委、民盟中央副主席。多年来,他为党的统一战线工作以及中国民主同盟的发展壮大作出了突出贡献。

许 钧

许钧(1878~1954),字平石,号子猷、蓬庐山人、散一居士,河南省开封人,河南大学文学院教授。曾任河南省临时议会议员、河南优级师范学堂监学、通志馆协修(1934年河南通志馆移交河南大学管理)、河南省文史馆研究员、开封志馆长。他年少时曾在家乡学堂读书,曾拜河南名儒李星若为师,学习经书义理,并培养了扎实的古文功底。1897年,17岁的许钧参加科举考试,以开封府第一名的成绩考中秀才,被选为"贡生"。1900年,许钧再补廪生,前往陈州府中学堂任国文教员。1907~1909年,许钧担任河南优级师范学堂监学,负责管理该学堂学生的学习、日常行为和生活起居。中华民国成立后,他受到河南省临时议会议长杨勉斋的赏识,成为杨勉斋的贴身秘书,从此步入政界。但三四个月后,他厌倦了尔虞我诈的政治斗争,于是调任河南省博物馆书法部主任。1934年12月20日,许钧来到河南大学任教,兼任通志馆协修,并被评定为教授。1939年秋,他续聘为河南大学文学院教授。抗日战争期间,许钧跟随河南大学西迁,途中因病腹泻不止,无法继续从事教育教学工作,于是按章办理退休手续,滞留西安养病。新中国成立后,许钧被聘兼任河南省文史馆研究员。

许钧在书法方面有深厚造诣。他擅长行书,以北碑为体,南帖为用,书风博大雄强,素有"河南一支笔""魏碑圣手"的美誉。他的书法作品以楹联、扇面为主,被收录在《行书百联》《扇面书法百品》等书籍中。此外,他还有一幅题为《河南农林试验总场纪念碑》的书法作品,嵌存于禹王殿西壁。许钧也擅长山水画创作,作品意境深远,韵味悠长,有王摩诘之风。在学术研究上,许钧以古文献学研究为主,精于考据之学。在修撰《河南金石志》时,他查阅了大量先贤金石文献,对文献中涉及的碑碣石刻,凡有疑惑的都要实地核查,确认无误后才动笔;在重修《祥符县志》的两年时间里,许钧全力以赴开展资料收集工作,采访资料、手稿、各类图片等装满了八大麻袋。这两件事充分体现了许钧严谨的学术作风。

孙心一

孙心一(1935~2014),笔名辛夷、徐雨、不二,辽宁省瓦房店市人,教授。曾任九三学社河南省委副主委兼秘书长、九三学社开封市委主委、九三学社中央委员、开封市政协副主席、河南省人大常委会委员。1956年就读于河南大学历史系。1960年后在河南省淮阳师范、淮阳中学执教。1978年春,他回到河南大学历史系工作,先后任讲师、副教授、教授、硕士研究生导师,并曾任历史系副主任、《史学月刊》编辑部副主任、副主编,学校校务委员会委员和学位委员会委员,校期刊社副社长。

孙心一出身于书香门第,其父孙作云是民主人士闻一多先生的得意门生,生前主要从事神话传说、民俗和《楚辞》《诗经》的研究工作,在文学、历史学及民俗学研究等方面成就斐然。在这样的家庭中,孙心一养成了爱读书的品格,并培养了广泛的兴趣。孙心一自幼喜爱文学,但当他准备考大学时,当时在河南师范学院(今河南大学)任历史系教授的父亲告诫他:"文艺要为工农兵服务,你是工农兵生活的门外汉,还是实实在在地学点历史吧,也可以继承我的衣钵。"于是,听话的孙心一就成了兄弟三人中唯一学习历史的孩子。

1956年8月,孙心一考入河南师范学院。大学毕业后,孙心一到豫东偏远地区执教,一去就是十八年。1978年,孙作云不幸病逝。孙心一被调到河南大学历史系授课,站在了父亲曾经站过的讲台上。孙心一把这里当作展现才华的舞台、修身治学的场所。他在国内刊物发表论文80余篇,著有《岁时风韵》,主编《孙作云文集》,主持参与编审专著4部。

入职河南大学后不久,孙心一的敬业表现深得校方器重,被委以《史学月刊》副主编兼历史系副主任的重任。《史学月刊》创刊于1951年1月31日,1984年复刊。孙心一以副主编的身份主持工作,从校对到发行,孙心一事必躬亲。在孙心一和编辑部同事的共同努力下,1991年《史学月刊》获"全国中文核心期刊"称号,在160多种社会科学类期刊中排历史类第3名。著名史学家白寿彝写了"探索历史规律,彰往而知未来"的贺词,并对刊物作了高度评价。

在孙心一任历史系副主任之前,历史系处于混乱状态,问题积重难返。孙心一犹豫再三,最终还是担起了这个"苦差事",对历史系进行了大刀阔斧的改革,主要负责教学和科研。他不仅公正无畏,还以德服人,不搞特殊化,不争名夺利。很快,历史系的教学改革与科研就有了很大的起色,整个历史系也逐步步入了正轨。

1986年,孙心一加入了九三学社。在学校党委统战部和前辈社员的引领下,他积极参加支社活动,主动承担责任。他敢于直言,坦率地表达自己的观点,撰写了《论高校中的民主党派》一文。他在文中指出,经历十年内乱,统战工作出现了"上通下淤"的症状,基层民主党派习惯于一言堂,听不进不同的声音。他建议校党委在各系总支设立"统战委员"席位,为民主党派的发展敞开通道。这篇文章被选为参加社中央在秦皇岛召开的统战理论研讨会的论文,并受到了会领导的首肯。

1996年,孙心一已过花甲之年,又被推选为九三学社河南省委副主委兼秘书长。当时的九三学社省委会机关内部矛盾重重,孙心一"临危受命",立即开展调查。他本着"一碗水端平"的原则,客观及时地处理各种矛盾,树立了"公生明"的形象。在做好省委会机关工作的基础上,孙心一在全省社员中逐步加强思想政治工作。1998年,他组织社员在郑州、开封、洛阳等12个城市进行党外知识分子的基本状况问卷调查和分析研究。同时,他还抓住有利时机,利用生动的载体和实例开展思想政治工作。澳门回归祖国时,他写下了《喜颂澳门回归》七首律诗;中华人民共和国成立50周年时,他在《人民政协报》发表了《雨中思水情》一文;电影《生死抉择》上映后,他立即组织机关干部观看,引导大家进行讨论,带头写观后感,增强社员对反腐败斗争的信心。这些措施寓教于乐、寓理于情,收到了良好的效果。

孙心一始终把提案、议案工作放在各项工作的首位。早在担任开封市政协委员时,他就主动在提案中向有关部门反映问题。1989年,开封古城墙被一些"城墙户"抢占。作为史学家出身的他深知文物保护的重要性,因此积极呼吁并督促开封市建设局对这些"城墙户"进行拆迁。面对一些人的报复威胁,他一身正气、不为所动地说:"公道自在人心,只要他们有这个胆量,我随时奉陪!"这个议案获得了1991年开封市政协优秀提案奖,开封古城墙也被列入国家级文物保护遗产。1998年为了从源头上遏制腐败,他从法治建设着手,牵头提出了《申报(工程)项目必须立法》的议案。《人民政协报》报道该议案后在全国产生了较大反响,九三学社广东省委会甚至来函索要议案内容。1999年针对农民收入过低和农村乱摊派乱收费现象,他牵头提出的《关于建立制定〈河南省减轻农民负担监督条例〉的议案》成为大会的"一号议案"。从1998年到2002年他共提出13项议案,占河南省人大议案总数的8.8%,其中有2个被列为"一号议案"。(武波)

孙作云

孙作云(1912~1978),字龙举,号雨庵,辽宁省复县(今瓦房店市)人。他是著名历史学家、诗经学家、楚辞学家、神话学家、民俗学家,也是我国美术考古学的奠基人之一。

孙作云

孙作云很早就对中国古代文化产生了浓厚的兴趣。中学时代,他受教于梁启超之弟梁启雄先生,从而得到了良好的国学启蒙。1931年,他考入复旦大学文学系。然而,因上海"8.13"抗战事起,他怀着一腔爱国热忱,积极参与请愿、游行等爱国活动,并亲自参加支援抗战将士作战的学生军。上海抗战失败后,他返回家乡。翌年,他复考入清华大学中国文学系,师从闻一多,并参加了朱自清、俞平伯等人组织的中国文学学会,担任委员,同时出任《清华周刊》杂志编委。1936年,他考入清华大学研究院文科研究所。1938年,他参与了续修四库全书总目提要的工作。1941年,他受聘于北京大学文学院。1946年,他在东北大学等校任教,并担任沈阳博物院研究员。1948年,他随博物院迁到北平,兼任中国大学教授。1950年,他调入北京历史博物馆,同年发起创办了新中国成立后最早的史学刊物之一《历史教学》。自1956年起,他开始在河南大学历史系执教,直至去世。在河南大学,他曾任古代史教研室副主任、《史学月刊》编委、校学术委员会委员、河南省政协常委等职务。

孙作云生前发表各类论文近百篇,著有《诗经与周代社会研究》和《天问研究》两部著作。2003年,河南大学整理了孙作云的论著及未刊手稿,出版了四卷六册的《孙作云文集》,包括《〈楚辞〉研究》(上、下),以及《〈诗经〉研究》《中国古代神话传说研究》《美术考古与民俗研究》等。

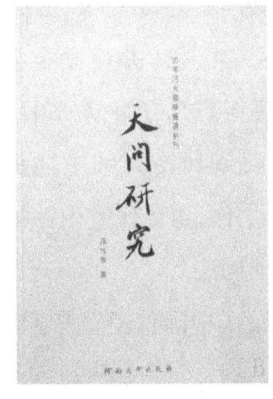
孙作云教授《楚辞》研究代表作《天问研究》新版书影

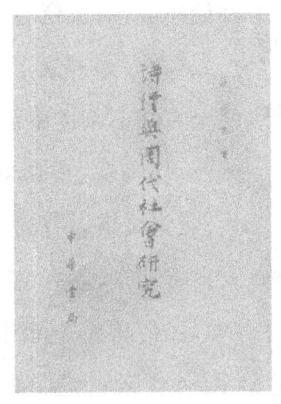
孙作云教授《诗经》研究代表作《诗经与周代社会研究》初版书影

《孙作云文集》(《〈楚辞〉研究》《〈诗经〉研究》《中国古代神话传说研究》《美术考古与民俗研究》)

孙作云对我国早期历史的诸多方面均有深入研究,堪称多领域的学术大师。

在《楚辞》研究中,孙作云结合传统文献、出土文献、民俗、民歌和考古发现综合考察,在对《九歌》所载神祇的探索以及对其祀典乐歌属性的判定;对《离骚》的错简、文本校勘、写作原因、时间、与其他篇章的关系,以及政治价值与艺术价值等进行了探讨;《天问研究》对今本章次、错简进行了校正,并进行了全新的注释和意译,用画像石、壁画墓等考古材料证明其内容表现的春秋末年楚国宗庙壁画内容,从而确定了《天问》的写作年代和地点,以及屈原的哲学思想,结合民俗学材料用产翁制解释"伯禹腹鲧"具有开拓性成果。孙作云的《天问》研究构成了一个完善的学术体系,从

20 世纪 30 年代于清华园

中可以看出他良好的学术功底和崭新的治学方法,在某种意义上对于《楚辞》研究具有奠基和垂范的作用。

在《诗经》研究中,通过《诗经》论证西周社会性质,从文献学的角度整理《诗经》错简,用民俗学和文化人类学方法去分析《诗经》中的恋歌,讨论诗歌内容与上巳节关系

20世纪70年代于书斋楚风堂

等方面的研究,文史结合,影响深远。

神话研究中,最早将图腾崇拜的理论引入神话研究,对黄帝、蚩尤、后羿、盘瓠、夸父飞廉、丹朱、羽人等神话形象逐一考述。并建立全新的上古神话阐述系统。民俗研究方面,对节日、傩戏、傀儡戏、皮影戏等民间风俗风物论述深入,成为民俗研究的经典之作,历史研究中并加入古俗证据,创立"三重证据法"。

民俗研究中,孙作云的《中国傀儡戏考》梳理了中国傀儡戏的发展;在节日研究方面,孙作云讨论了春节、二月二、三月三、上巳节、端午节等一系列节日的来源。以翔实的文献资料和独特的眼光阐释了这些民间节日的文化背景和真实来源,创立一个崭新的民俗文化研究体系。

1963年宿白先生(右2)陪同孙作云先生(中)到龙门和温玉成先生(左2)的合影

美术考古研究中,孙作云梳理饕餮纹的发展源流,综合运用神话传说、古俗信仰、地方文化传统等文化因素建构铜器纹饰、画像石、帛画等纹饰图案的解释体系。这些研究在当时无不具有深刻的理论价值和巨大的创新意义,在今天的学术研究中仍有极高的参考价值。为学界开拓了一条重新认识考古发现所见的美术表现真实底蕴的可靠途径,在美术考古领域是一位卓有成就的奠基者。

　　孙作云先生的学术贡献,正如南京大学范毓周教授评价的:纵观孙作云先生的一生,他从新文学研究出发,受到闻一多先生的影响后,转向《楚辞》《诗经》和以图腾理论与民俗学方法深入研究中国古代文化艺术的各个领域,卓有建树,成果累累,著作等身,为中国学术的发展与进步作出了不朽的贡献,值得我们永久怀念。

孙应康

孙应康(1921~2001)，河南省南阳县(今南阳市)人，民盟盟员，心理学家，河南省心理学会发起人之一。他曾任河南大学教育系副主任、心理学教研室主任，并担任中国心理学会理事、河南省心理学会理事长和名誉理事长、开封市儿童少年家庭教育研究会理事长以及《心理学探新》杂志副主编等职务。此外，他还曾在民盟开封市委常委和民盟河南大学支部副主委等职位上任职。

1948年，孙应康从国立河南大学教育学系毕业，1953年在北京师范大学高校教师进修班完成学业，之后一直在河南大学任教。1979年，他与赵天岗、程合印、张遇若等人共同努力，为恢复教育系建制积极奔走。在他们的不懈努力下，教育系于1980年恢复建制，孙应康被任命为教育系副主任，负责日常行政工作。他在教师队伍建设、教学计划制定和教学管理等方面实施了一系列改革，并承担普通心理学、儿童心理学和公共心理学等多门课程的教学任务。在他的带领下，老师们也意气风发、忘我工作，确保了各项工作的顺利进行，使教育系迈上了健康发展的轨道。

为解决河南省各专科学校心理学师资短缺的问题，自1978年以来，他先后主持举办了两期心理学培训班。同年，他加入了全国超常儿童追踪研究协作组，并出版了第一本超常儿童专辑《智蕾初绽》。同时，他还积极开展心理学的科学普及工作，重点关注儿童、青少年的心理特点与教育。他在各地开展心理学报告和讲座，受众范围广泛。特别是1980年，他与王丕、凌培炎教授共同创办了大型心理学理论刊物《心理学探新》，并担任副主编，使其成为心理学界独具特色的理论研究阵地。

孙应康还积极投身于学术研究，著述丰富。1957年，在心理学研究室主任杨震华教授的领导下，他参与了新中国成立以来第一本公共课《心理学讲义》的编写工作，该书由湖北人民出版社出版发行。1956-1957年,他撰写的《和小学教师谈谈心理学的知识》在《河南教育半月刊》上连载十数期。1980年,他与凌培炎、王丕合作,主编了由河南人民出版社出版的《中小学生心理特点与教育》一书。同时,他还与心理学教师共同编写了内部发行的《心理学讲义》和《心理学自学辅导丛书》等著作。退休后,他又与他人组织中小幼学校教师主编了《儿童心理的特点与教育》一书。

由于在心理科学的研究和普及以及社会活动等方面的显著成绩,孙应康获得了多种奖励和荣誉。1981年和1982年,他两次被中国心理学会科普委员会评为"科学工作积极分子"。1987年和1989年,他又两次被河南省科协授予"工作积极分子"称号。1988年,他被河南省心理卫生协会授予"优秀科技工作者"称号。1986年,开封市儿童少年家庭教育研究会为他颁发了"工作积极分子"证书。此外,他在1982年、1988年和1992年三次获得由河南省科协、省心理学会和开封市关心下一代协会等单位颁发的关于创建、发展和普及儿童心理教育的荣誉证书。

孙应康曾在1982年和1986年分别患上膀胱癌和胃癌,但他并没有被癌症打倒。在积极配合治疗的同时,他利用自己的专业知识勇敢地向癌魔发起挑战,接连打破了癌症无法治愈的神话。由于养生得当,他的白发逐渐变黑。基于强烈的社会责任感,他将自己总结的有效抗癌方法通过专题报告、文章以及面对面谈心等方式分享给那些在癌魔折磨下找不到求生之路的患者。他帮助这些患者卸下心理包袱、摆脱癌魔的纠缠,并坚定他们与癌魔抗争的决心和信心。一些媒体以"心理学教授抗癌传奇"等为题对他进行了专访报道,因此他也赢得了"癌症患者的导师"的美誉。开封市抗癌康复俱乐部还授予他"抗癌明星"的荣誉称号。(赵国权 陈云)

孙海波

孙海波(1909~1972),字涵博,曾用名孙铭思,河南省潢川县人。1928年毕业于潢川省立第七中学,1929年考入北京燕京大学国文专修科。1931年8月考入北平师范大学研究院,师从著名古文字学家容庚先生学习研究甲骨文和金文。1934年毕业后被聘为中央研究院历史语言研究所助理,1935年任北平师范大学国文系讲师兼东北大学中文系教授和北平研究院历史学会编辑,1937年任北平中国大学中文系教授,1946年任长白师范学院中文系教授兼主任,1949年任云南大学中文系教授。1951年11月被分配至西南师范学院图书博物馆专修科,任教授兼主任,讲授古器物学、考古学、古文字学等。1954年调往河南师范大学二院历史系任教授。1955年,河南师范学院进行院系调整,将二院的中文系、历史系等从新乡调到开封,孙海波调入开封师范学院(今河南大学)历史系任教授、中国古代史教研室主任,兼《开封师范学院学报》和《史学月刊》编委。1957年被错划为"右派",1961年摘掉"右派"帽子后调至河南省历史研究所工作。1972年2月,孙海波先生逝世。

孙先生一生收藏了不少书籍、文物、字画。在他去世后,其家属根据他的遗愿将其毕生珍藏的各种书籍1700多册、字画20余幅、文物拓片100多件全部捐赠给河南省历史研究所。

孙海波先生"自少喜治文字",到北平后专门研习甲骨、金文之学。经过他的刻苦钻研和不懈努力,在甲骨文、金文、古器物以及历史研究等方面均取得了较大成就。

在甲骨文研究方面,他曾编著有《甲骨文编》《续殷文存》《甲骨文录》《诚斋殷墟文字》等书。其中,于1934年由哈佛燕京学社石印出版的《甲骨文编》对后世影响特别大。此书共收录二千余字,将当时诸家著录的甲骨文汇集起来,历时五年而成。唐兰先生为其书作序时称赞道:"海波此作,谨严而具条理,则骎骎乎几与其师齐矣!"摹写精审,"尽出影摹,不差毫发",每字注明出处,便于检索查寻。孙先生后来曾说:"做学问者,应当写出'藏之名山,传之其人'之作。而只有不甘寂寞,专心致志,锲而不舍,方能有所成。"《甲骨文编》正是他这句话的写照。

在编著甲骨卜辞书籍的同时,他还写出了多篇研究甲骨文的文章,如《释采》《释眉》《释㠯》《卜辞文字小记》《卜辞文字小记续》等。他不但考释甲骨文,还利用甲骨文研究殷商历史,写下了诸如《说弇》《说十三月》《卜辞历法小记》《由甲骨卜辞推论殷周之关系》《甲骨文中"周侯"辨论》《从卜辞试论商代社会性质》等文。

金文与古器物方面,他编著有《新郑彝器》《浚县彝器》《河南吉金图志剩稿》等书,还写有《周金地名小记》《齐弓镈考释》《记周公东征》等文章。

其他与古文字相关的著作还有《古文声系》《魏三字石经集录》《中国文字学》等。

他在研究古文字的同时,还撰写多篇在当时很有影响的书评,如《评〈天壤阁甲骨文存〉》《评〈铁云藏龟〉零拾》《评〈甲骨缀存〉》《评〈甲骨地名通检〉》《评〈金璋所藏甲骨卜辞〉》《评〈殷契遗珠〉》等,这些书评不仅活跃了当时的学术气氛,还在一定程度上推动百家争鸣。

孙海波先生之所以能在古文字学、古器物学方面取得如此大的成就,这与他学术功底深厚有着密切关系。这从他所写的《〈国语〉真伪考》《〈国语〉真伪续考》《〈世本〉宋衷注考》《屈子疑年》《〈说文〉籀文古文考》等考辨文章可见一斑。(杨小召)

杜 俊

杜俊，1885年生于河南省汲县（今卫辉市），号岫僧，字秀生。1895至1898年，他在本村上私塾；1898年至1902年，在汲县西乡山彪镇读书。1903年，杜俊考入李敏修、王筱汀创建的经正书舍。1905年，他进入汲县小学学习。1906年，考入卫辉中学。受革命风潮的影响，杜俊曾为同学剪去发辫，并与同学潜入城隍庙砸毁泥像，宣传放足思想。1907年，他被保送入河南高等学堂。

1911年毕业后，杜俊到卫辉中学担任英文教员，并与同校国文教员、同盟会员刘萃轩、刘积勋交往，认识到推翻清朝统治的必要性。1912年，他被河南省政府考选送往美国留学，专攻政治经济学，并对西方经济学说产生了深厚的信任。1918年夏，杜俊归国后，通过李敏修的介绍，担任省财政厅顾问。1919年，受张鸿烈校长的聘请，成为河南留学欧美预备学校的英文教员。

1922年，冯玉祥主政河南时，杜俊担任京汉铁路火车货捐局局长半年。1923年初，在预备学校的基础上创建了综合大学——中州大学，杜俊被首任校长张鸿烈聘为理科教授。1927年起，他历任省禁烟局坐办、省银行行长，同年回到河南大学任教。1930年，杜俊被选为河南教育款产处处长，并兼任河南大学校务主任。1932年，他辞去款产处处长职务，专任河南大学校务主任。1935年，代理河南大学校长，半年后卸任并离开河南大学。从1919年至1935年，杜俊在河南大学任职长达16年。

1935年，杜俊担任省财政厅秘书。1937年，再次被选任河南教育款产处处长。1943年，教育款产处被取消后，他改任河南省银行副总经理，并兼任河南参议会议员。1946年，杜俊被选任为第一次国民大会代表。在此期间，他与河南省银行总经理杨宪生、职员武剑西（中共党员）建立了良好的关系，并从武剑西那里了解了苏联和中国共产党的情况。1949年,杜俊从河南省银行离职,经桂林、重庆,于1951年回到开封。1953年,河南省成立文史研究馆,杜俊通过嵇文甫的介绍加入文史馆,担任委员,并任第一、二、三届河南省政协委员。1969年3月,杜俊在开封逝世,享年84岁。

在文史馆任职期间,杜俊拥护党的领导,热爱社会主义祖国。尽管年老体弱,他仍然积极参加政治学习,努力改造自己的思想。

杜俊是一位全面发展、学问渊博的优秀人才。他既精于教育行政,又擅长政治经济学和高等数学。他精通英、日、德、俄四国外语,其中英语水平较高。他为学生讲授世界地理时采用英文原版教材,讲授世界历史时也采用英语原版《迈尔通史》。英文科的学生可以直接听他的史地课,这大大激发了学生学习英语史地的积极性和主动性。由于他讲授得当,河南留学欧美预备学校(以下简称"预校")学生的史地成绩普遍优良。杜俊教授为河南教育事业的发展作出了卓越的贡献,河南省教育界将他与预校校长李静斋相提并论,并称"李杜"。他在教学和科研上孜孜不倦,赢得了中州大学师生的一致好评,与另一位著名数学家黄际遇教授齐名。

杜俊认为,振兴河南教育事业,首先要保证全省教育经费独立,实现专款专用。他主持教育款产管理处后,发现河南契税虽已被划定为教育专款五年多,但契税金额每年一直在50万元左右,远远不能满足河南教育经费的实际需求。为摆脱这种困难局面,杜俊采取了一系列果断措施,扩大契税税源。首先,他亲自举办河南省契税人员训练班,以三个月为学期,教授契税税收常识、税法知识等,明显提高了工作人员的税收能力。其次,他亲自率领款产管理处各职员和税收人员分赴各县,彻底查清契税存在的问题,并一一加以改进。例如,过去典主对典当契税多采取拖延抵制态度,常与当地勘丈员勾结,隐匿不报。杜俊针对这一弊端,起草了一份行之有效的《通告》下发各县,将典契正税降低一分,附加税金额也按比例适当降低。典主们认为税率降低,既省钱又可以保障产权,因此乐于纳税,反而使税收金额大增。第三,他提议创办了《契税旬刊》,按时公布河南教育款产管理处评议部的决议案和各县契税征收情况,增加了教育款产契税征收工作的透明度,使外界随时了解处务真相,并促进各地税收人员取长补短、互相交流税收经验。上述重要举措表现出杜俊尽力筹集教育经费的出色才能。仅实行一年时间,1929年全省契税税收金额就猛增到200万元,比上年净增140万元。该年度河南各级各类学校经费除全额拨发外,还分期补足了历年欠款。1930至1936年,契税税收金额逐年上升,基本上保证了全省各级各类学校教育经费的支出。从历史观点看,杜俊教授精心筹划,千方百计扩大契税来源,解决全省教育经费问题,对稳步发展抗战前夕的河南教育起到了十分重要的保障作用。1930至1936年是民国年间河南教育事业发展较快的时期,这些都凝结着杜俊的心血。

河南自1923年到1942年试行教育经费独立,实行时间之长、效果之好,在全国各省中比较突出。20年间,河南教育款产管理处处长更迭六次,杜俊先后两次任处长达7年余,任职时间最长,贡献最大。他在担任河南教育款产管理处处长期间,十分关心河南大学教育事业的发展,优先拨给教育经费,使河南大学教授的聘金略高于全国高校教授的平均数,这对稳定教师队伍起到了重要作用。(刘建民)

杜孟模

杜孟模(1904~1974),字宏远,河南杞县人,是著名的数学教育家和革命家,也是中国共产党早期的党员之一。

他幼年时读私塾,老师孟照朴是当时河南省较有名气的进步塾师,向学生们精讲《天演论》等书,并传授《四书》《五经》中的古代爱国主义思想。受老师的影响和改革图强思想的启迪,杜孟模在少年时代便立下了宏伟的志向。1921年,他以优异成绩考入省立开封二中,与进步学生吴芝圃、张海峰(中州大学学生)等人交往甚密。他们如饥似渴地学习《共产党宣言》《新青年》等书刊,很快成为马克思主义的忠实信仰者。1924年,他们在开封共同组织了河南省最早的研究马克思列宁主义学术团体——河南社会科学研究会,团结中州大学和开封二中的进步学生,宣传共产主义和反帝反封建的爱国主义思想,迎接北伐军进兵中原,打倒军阀政府。

1925年,杜孟模考入北京大学数学系,继续参加北大的马克思主义研究会,宣传孙中山"联俄、联共、扶助农工"三大革命政策,并担任北京大学共青团支部书记。1926年初,他转为中共正式党员。1927年上半年,他担任北京大学党支部第九届书记。1927年9月至12月,他出任中共北平市东城区委书记。1928年夏至1929年春,他再次担任中共北京大学党支部书记。在北大学习期间,1930年他参与了将法国人古尔萨所著的《解析数学讲义》引进中国的工作,担任该书中译本的"译校",对我国早年引进现代数学基础理论作出了贡献。1931年毕业获得学士学位后,他先后在北京、济南、开封等地任教,并开展和领导民主革命和抗日救亡活动,长期以教育工作者的身份从事党的地下工作。

1946年夏,国立河南大学成立工学院,杜孟模被聘为教授,讲授高等数学。除了认真授课和从事科学研究外,他还积极参加师生反内战、反独裁、反饥饿、反迫害的民主运动,按照党的指示开展地下革命工作。他指导工学院学生创办《钢铁》杂志,并发表化名文章介绍解放区的情况,这在师生中产生了深远影响。在生活中,他严于律己,生活俭朴,每月坚持缴纳月薪的一半作为党费。他对待教工、学生温和谦恭、虚怀若谷,从不轻易贬抑别人,更不埋没别人的发现和创见。他谦恭的学风、坦荡的胸怀、渊博的学识赢得了广大教工、学生的敬重。

1947年3月,他参与河南省民盟的筹建工作。1948年6月开封第一次解放后,中共中央中原局派他到豫皖苏建国学院任教授。新中国成立后,河南省人民政府于1951年任命他为河南师范专科学校副校长。1952年,他调任河南大学数学系教授,兼任河南省首届数学学会理事长,并当选为开封市人民政府副市长。1955年,他调任新乡师范学院副院长兼教务长,1956年被评为二级教授。1958年他调任郑州大学数学系教授,并当选为第二届全国人民代表大会代表;次年当选为民盟河南省委员会主任委员、民盟中央委员和河南省政协副主席。1964年,他当选河南省政府副省长,并连续当选为第二、三届全国人大代表和第三届全国政协委员。杜孟模先后两次在河南大学任教授共7年,为河南大学教育事业的发展作出了重要贡献,为母校增添了光彩。

"文革"期间,因受"四人帮"的迫害,杜孟模先生于1974年9月16日含冤辞世。1979年,他得以彻底平反。

杜瑞玺

杜瑞玺(1934~2019),蒙古族,出生于山西太原市,籍贯河南省开封市。1984年6月加入中国民主同盟,后任民盟河南大学委员会秘书长兼组织委员。

杜瑞玺在开封完成了小学至中学的教育,后在北京市工业学院第二机械系学习。因专业志趣不合,主动申请退学。1956~1958年,杜瑞玺在开封师专地理专业学习,系统学习了自然地理、测量学等专业地理课程,积极实践地理教学方法,并自修了英语和经济地理。毕业后,他先在开封师专留校工作,后在开封师院印刷厂任英文打字员。1962—1979年到开封师院外语系工作,当时校内英文打印工作人才较少,杜瑞玺需要负责全系以及校内的英文打印,工作十分繁忙。尽管后来想要调往教学岗位,但校内翻译工作却无人替代。杜瑞玺深刻认识到自己作为一个教育领域的革命干部,需要以革命利益为重,服从工作需要,便坚持在英语打印岗位上。他工作认真负责,勤勤恳恳,不为名利,尽心尽力满足校内师生的英语打印需求。此外,他还意识到校内外语打印人才稀缺,于是着手为学校培养人才,同时自己也不断提升自我能力,自学了日语速成,以更好地服务校内的外语打印工作。

杜瑞玺在资料工作上认真负责,无私奉献。1979~1981年,杜瑞玺任河南大学地理系资料室馆员;1981~1994年任河南大学地理系资料室副主任,主要负责现刊杂志、会议资料、交流资料的编目工作。为了更好地完成图书管理工作,杜瑞玺系统学习了《图书馆学》《图书分类学》等,还参加了由西安交通大学图书馆主办的《全国高校理工科科技情报检索讲习班》,学习了科技情报检索的基础理论、检索方法、检索技能训练等内容。在杂志工作方面,他提出了科学管理图书、杂志编号上架、按号存放、方便读者阅览等建议。资料方面,他建立通论资料和世界地理资料两大类,又将通论资料按照专业分类，世界地理按大洲、大洋分类。又整理若干早期专业会议资料，供读者使用。此外，杜瑞玺还肩负起了选购外文图书的重要任务。在当时，获得国际最新的科研成果论文和著作不像现在这么便捷，需要购买新发表的纸质外文期刊。所以，及时合理地选购欧美最新地理著作供师生查阅是一项十分重要的任务。图书资料的管理工作烦琐而艰巨，杜瑞玺能够进行创新，敢于提出修改意见，对地理系早期的图书资料管理工作进行了科学的改进，具有奠基意义。

杜瑞玺对图书资料工作、科技情报检索业务烂熟于心。他意识到科技情报检索应该普及到全校师生中去，只有这样，他和图书管理的同事们辛苦建立起来的图书管理系统才能发挥最大的作用。1983年8月，杜瑞玺应校图书馆之邀为物理系理科学生做科技文献检索讲座，讲解《科学文摘》的检索与利用，后续反馈效果十分好。图书检索系统被学生们使用起来，图书情报检索比以往方便了很多。1984年，杜瑞玺在河南省首届高校理工科"科技文献检索与利用"讲习班授课，还担任了《科学文摘》《国外会议文献》等部分的教学工作。1986年授课《科技文献检索与利用》。杜瑞玺在校内外讲授的"科技文献检索"教学效果显著，向校内外师生普及了图书情报检索的知识，使其能应用到日常的教学和学习中，图书管理系统被充分利用起来。

1984年6月，杜瑞玺加入中国民主同盟，后任民盟河南大学委员会秘书长兼组织委员，是民盟河南大学委员会的首批民盟成员之一。他为我校民盟发展和统一战线事业辛苦奋斗，对河南大学民盟早期的组织建立有奠基作用。杜瑞玺先生工作积极热忱，兢兢业业，呕心沥血，从不计较个人得失，在教学、管理等方面成绩显著，对河南大学地理系图书资料的科学管理具有奠基意义。杜瑞玺先生一生虽经历坎坷，但他心胸开阔、淡泊名利、平易近人。他坚持真理、顾全大局，他教书育人、为人师表，为党和人民的教育事业奉献终身。

李　靖

李靖(1923~2006)，河南开封人，曾为台联成员，开封市政协委员。1935年至1937年，他在河南省开封市第一初级学校学习，后进入开封师范学校学习。1942年，他前往日本东京农业大学学习日语。次年，在该校学习农学。上学期间，他学习态度端正，各科成绩良好。1945年回国，他曾先后在河南邮政管理局、中国航空公司台北站办事处、中国航空公司日本东京站办事处工作。

1949年11月9日，两航起义于香港爆发。在中国航空公司日本东京站办事处工作的李靖，怀着极大的爱国热情，毅然参加了这次起义，遵循党的指引，积极投入祖国的怀抱。他于1950年4月从日本东京回国，曾先后在民航总局北京事务处、民航总局南京航空站、广西交通厅工作。

1973年，他前往广西大学外语系任教，主讲日语基础课、语音课、精读、泛读、会话以及教师日语速成班和研究生班日语课程。期间他参与编写了《基础日语》《港口绘画》《旅游绘画》《外贸会话》等教材与教学参考资料，与人合著有《日语灵格风汉语注释》一书，该书被天津科技进修学院采用作为教材，反响良好。1981年9月，北京民航总局为其颁发"两航起义证明书"。

1982年9月，他被调到河南大学公共外语教研室任教。当年他即被派出为开封农业局的农业技术人员进行日语培训，顺利完成任务，为河南大学教师赢得了一定的社会好评。他日语基础知识扎实，具有良好的口语表达能力和笔译能力，到校后一直从事日语教学工作。在日语教学方面，李靖开设有教师业余日语培训班、翻译实践课、中级日语课等课程。在教学活动中，他工作细致，备课认真，课堂讲授深入浅出，突出重点和难点，讲授内容条理分明，逻辑清晰。他教授的学生日语发音标准，会话能力较强。对于学生,他耐心辅导,帮助学生解决专业和生活上遇到的问题。端正的教学态度,良好的教学效果,使他受到众多学生的欢迎。1978年李靖晋升为讲师,1985年晋升为副教授。

在日常生活中,他十分注重政治学习,关心时事,自觉学习马列主义和毛泽东思想,拥护党的方针与政策。在长期的政治学习中,他的思想境界有了较大的提高。他积极参加各类政治学习活动和社会活动,热心公共服务。见证了中华民族由战乱频仍、民不聊生到根本扭转命运、持续走向繁荣富强的过程,李靖清楚只有中国共产党才能救中国,只有社会主义才能发展中国。他对中国共产党充满信心,对祖国未来的繁荣昌盛充满信心。

在实现四个现代化的时代洪流中,他认识到作为一名人民教师,自己应该忠诚于人民的教育事业,珍惜时间,从自身做起。他以自律的态度严格要求自己。虽然从教多年,积累了较为丰富的教学经验,但他认为语言是在不断发展的,需要不断进行学习与实践,才能适应教学需要。于是在课余时间,他潜心阅读各类专业资料,不断提高专业素养、拓展专业视域,尽力提升自己的教学水平与教学质量,改进教学方法。同时他关爱集体,乐于向同事分享自己的教学经验,帮助年轻的老师梳理知识,实现知识的融会贯通,在教师队伍中享有良好的评价。

1989年,李靖任政协开封市第六届委员会委员。1990年2月退休,2006年5月于家中病逝。

李丙寅

李丙寅(1925-2019),河北定兴人,九三学社社员。1948 年,他自国立河南大学化学系毕业,获理学学士学位,后留校任教。1960 年代,他被评定为高教六级教师;1984 年,晋升为教授,担任分析化学专业硕士生导师。他还兼任英国皇家学会终身会员。1992 年,李丙寅先生从河南大学化学系光荣退休。

李丙寅先生一生秉持俭朴生活的理念。在开封铁塔三街的一隅,他的居所低调而朴素,一间平房之内,家居摆设尽显简约之风:老式家具承载着岁月的痕迹,门上的油漆斑驳;墙面斑驳,部分墙皮脱落,露出质朴的水泥本色,而在某些角落,白纸被用作墙裙。然而,在这简朴的环境中,有两样物品格外引人注目——门楣上方悬挂的"河南优秀教育世家"奖牌与"英国皇家化学学会终身会员"证书,它们照亮了李丙寅先生一生的荣耀与骄傲。

李丙寅的父亲留美归来,在河南大学工作了 31 年。李丙寅生在河大长在河大,自小就熟悉这里的一草一木,深受河南大学深厚底蕴的熏陶。抗战时期,他随学校离开开封,颠沛流离。抗战胜利后,他又随河南大学回到开封。经历过潭头血案的沉痛打击,见证了河南大学辗转办学的艰辛历程,他与师生同甘共苦,也与河南大学血肉相连。1944 年,李丙寅报考了国立河南大学化学系。

孟子认为君子有三种乐趣,其一就是"得天下英才而教育之",这也是李丙寅最大的乐趣。自 1981 年起,他连续十年设立学生课外活动小组,不辞劳苦将自己的所学倾囊相授,并且分文不取。他为课外小组的学生制定了培养三部曲——首先教他们掌握专业英语,然后教他们查阅外文文献,最后跟着老师做课题。言传身教,耳濡目染,同学们逐渐具备了钻研精神、掌握了科学方法。有人毕业前就有论文公开发表,实现了

"出成果、出人才"的目的。退休后,李丙寅还自费给学生补习英语知识来拓宽学生的视野。他培养出了刘佑全、张治军等在化学界及其相关领域具有影响力的优秀人才。

1987年4月,李丙寅应邀到英国参加第六届电分析与传感器国际学术会议。通晓英、俄、德、日四国语言的他,不带翻译只身参会,并作精彩报告,尽展河南大学学者的风采。"我是代表我的祖国去参加国际学术会议的,我为祖国的腾飞感到骄傲和自豪。"30多年后提起此事,他仍难掩激动。那个年代的生活条件、科研条件相当艰苦,为国争光的背后,他的辛苦和付出可想而知。可他从不嫌苦,从不言苦,殚精竭虑搞科研,唯愿祖国更强大。倾尽丹心育桃李,甘为祖国培栋梁。

为了河南大学化学学科的发展,他多年勤勉,不辞劳苦。1979年至1998年20年间,他筹建了环境化学研究室,新开设了《化学分析》《环境化学》等课程。新开的全校公选课《环境科学选论》出版后被列为考研参考书。他在药物电极的研究方面作出了突出成绩,很多科研成果达到国际领先水平,多篇论文在世界化学权威期刊上发表,使河南大学在这方面的研究得到国际同行的认可。由于科研成绩突出,他于1989年成为英国皇家化学学会终身会员。

他视教育如生命、爱学生如己出。看到家境贫寒的学子节衣缩食、寒窗苦读,他心疼!一辈子省吃俭用攒下钱来,他有大用场。2012年,在河南大学百年校庆之际,他为化学化工学院捐款10万元,用于资助学院的学科建设、帮助家境困难的学生,并一再强调不让宣传。化学化工学院感念老先生的善举,专门设立"丙寅奖助学金",让他的精神和爱心传承下去。

1988年12月,李丙寅获"环境保护热心人"称号,1989年获省优秀科技工作者奖章。1987年至1990年连续三年被评为市先进教育工作者。1994年9月被评为省优秀教师、优秀教育世家,并获得省五一劳动奖章等荣誉。

李式金

李式金(1914~1984),广东东莞人。1914年生于东莞莞城县后坊。1938年毕业于清华大学地理系。毕业后,李式金先后于甘肃科学教育馆、西北大学、台湾大学、厦门大学和南京大学工作任教。1956年起任河南大学地理系教授,20世纪60年代评为高教3级。1978年任研究生导师。

在日军侵华时期,身在清华大学的李式金,本着强烈的爱国主义情怀积极带头参与1935年在北京爆发的"一二·九抗日救亡运动"。作为学生会干事、两广同乡会的会长、地理研究会和求知学会的负责人,李式金在投身救亡运动的同时,不忘在地理学科上努力学习。毕业之际,李式金本着对地理学的浓厚兴趣以及执着较真的治学态度,为撰写毕业论文"步行七省",完成了从北京到青海省的徒步考察。

在甘肃科学教育馆工作期间,李式金主持撰写《拉卜楞地理志》。他与李安宅一道,遍访拉卜楞、甘南草原以及兰州等地,收集了不少当地的资料,并写下了诸多学术论文与见闻。

在六年的西北大学任教期间,李式金多次前往甘、青、康、滇四省以及青海玉树、拉卜楞等藏区考察。对于西北、西南等地的实地考察,李式金带来了大量的学术成果,其间发表了《青海湖区之初步探讨》(1942年)、《云南阿墩子——一个汉藏贸易要地》(1944年)、《河曲——中国一极有希望之牧区》(1945年)、《拉卜楞在西北地位的重要性》(1946年)等在内的十余篇研究论文,以及《澜怒之间》《兰拉风光》《玉树民风》《塔尔寺游记》等多篇考察见闻。其中,关于藏区的考察,为藏学的形成和发展作出了重要贡献,他称得上现代藏学的开拓者之一。

在台湾大学任教期间,李式金担任地理学教授,调研台湾的地理气候,写下了《台湾之气候》《台湾地理及其建设展望》等研究论文。随后，李式金回到大陆，任教于厦门大学。1945年抗战胜利后，李式金曾短暂地回过家乡东莞。东莞中学邀请李式金教授为中学生作学术报告，誉满莞城。当时在东莞中学就读的毛赞猷（遥感专家）回忆道："（李式金）他所讲述的地学见解、西北风光和风土人情，年轻人闻所未闻，对我们高中学生影响深远。"毛赞猷之后走上地理学的道路，离不开李式金的影响。1947年10月，中国地理教育研究会成立，东南分会由李式金主持。

新中国成立初期，李式金曾在蒋南翔（清华大学校长）的介绍下前往南京大学教书，之后又应许逸超（地理学家）之邀前往河南大学，期待在河南大学能够实践建地理系的想法。

在1953年至1956年，李式金担任河南大学地理系代系主任，全面负责建系的相关工作，包括师资、教材、图书、仪器设备与管理制度等。后来担任河南大学校长的李润田先生，也是因李式金的介绍，从东北大学来到河南大学地理系。可以说，李式金为河南大学的地理系学科建设打下了坚实基础。此后，李式金一直担任河南大学地理系副主任一职。

改革开放初期，百废待兴，怀着对新时期社会主义事业建设的极大热情，年近70岁的李式金顶着癌症、高血压、白内障等诸多疾病，依旧坚守在教学和研究的岗位上。仅1982这一年，他不仅要参与河南省、河南大学的会议，专题讲授"海陆起源与板状构造"课程，还在全国高校走访，致力于学校研究生教育和国际交流等工作。直至生命最后一刻，他依旧认真做好每件工作。

李光一

李光一(1920~2004),河南夏邑人,教授,无党派,曾任河南大学历史系中国现代史教研室主任、中国现代史学会中南分会副会长。

李光一1944年7月毕业于河南大学,1944年9月至1950年4月先后在内乡至诚中学、陕西蓝田国立二十一中、省立信阳中学、开封高级工业学校等校任教。1950年5月至1986年5月在河南大学历史系任教,1954年8月至1955年8月到中国科学院中国近代史研究所进修,1985年晋升为教授。

李光一学识渊博、治学严谨,具有扎实的理论基础和丰富的教学经验,尤其是在中国近代史的教学和研究方面有较深的造诣。在教学上,他认真负责,一丝不苟,敢于改革,敢于探索,不断提高自己的教学艺术和教学水平,先后为研究生、本科生、函授生讲授了《中国近代史》《中国现代史》《中国现代史史料概论》等课程。他备课认真,注意吸收国内外最新科研成果,努力提高教学质量。讲课重点突出,条理清晰,旁征博引,深入浅出。

李光一注重教学研究,理论联系实际,因材施教,有的放矢,努力培养学生认识、分析、解决问题的能力,以宽厚仁爱、循循善诱的教学风格启迪学生的创新思维;以无私奉献、甘为人梯的精神培育优秀人才,深受学生欢迎。他潜心科学研究,几十年来搜集整理了数百万字的历史资料,先后主编、参编了《中国现代史》《中国现代史参考资料》《中国现代史教学大纲》《五卅运动在河南》等多部著作。其中编写的《中国现代史讲义》被山东、吉林等五所高等院校作为大学教材使用。

1956年受教育部委托,李光一编写了《中国现代史教学大纲》,在全国推广使用,反响很大,为我国高等教育历史学科教材建设作出了突出贡献。他在国家级、省级学术刊物以及《光明日报》等报纸上发表了《五四运动前夕的河南社会》《无政府主义在中国的传播及其覆灭》《关于五四时期的社会主义论战》《1922—1925年的金佛朗案》《关于五卅运动的四提案》《史学危机吗》等四十多篇具有较高学术价值的论文。其中《论国民政府的改订新约运动》等文章多次被《高等学校学报文摘》及人大复印资料全文转载,在史学界有较大影响。

1986年5月离休后,李光一还经常为学校的发展出谋划策,奉献余热。他经常给青年学生做报告,长期义务为历史系研究生班上课,并多次参与博士、硕士论文的评审和指导工作,为党的教育事业殚精竭虑,无怨无悔。(赵金康)

李明恒

李明恒(1926~2007),河南洛阳人,河南大学艺术学院教授,中国民主同盟盟员,中国音乐家协会会员。曾任中国大提琴教师学会理事、河南大提琴协会会长、河南大学艺术学院器乐教研室主任。他一生刚正不阿,忠于党的教育事业,兢兢业业、善于钻研,先后培养了一大批音乐专业人才和优秀的音乐教师。他学识渊博,能胜任多门课程,在音乐理论和大提琴演奏方面有着独到的见解和造诣,并取得了突出的成就。

他1949年参加工作,时任洛阳第二十七完全小学教导主任。1950年考入华中师范学院,1953年毕业后任教于河南师专音乐科(位于开封)。在当时大学生稀缺的情况下,他独立开设多门音乐课程,如《合唱》《乐理》《指挥》《视唱练耳》《音乐欣赏》《歌曲作法》《和声学》《大提琴技巧课》等。他一个人教授了所有的音乐理论课,并编写以上所有课程的教材。同时还组织学生演出、排练,撰写了大量宣传共产党政治主张、歌颂新中国的歌曲和戏剧,起到了很好的政治宣传作用,也大大提高了学生们艺术实践的能力,为新中国培养合格的音乐教师作出了不可磨灭的贡献。1959年调入郑州艺术学院任教,教授大提琴技巧课和多门音乐理论课程。1962年,学校合并到河南大学艺术系,他在那里工作直到离休。

多年来,除了教学外,李明恒教授潜心研究,先后发表了多篇专业论文。他从理论与实践相结合的角度出发,透彻系统地论证了大提琴的发音、运弓、力度与速度变化,以及琴弓与琴弦接触点的变化而形成的音色变化,使言传身教的演奏技能传授有了理论依据,这在大提琴教学上是一个前所未有的突破。他的主要论文有:1982年发表于《广州音乐学院学报》(《星海音乐学院》前身)的《大提琴的发音与运弓》和《大提琴音色训练》;1978年,《欧洲大提琴音乐语言的特点》被收录于《大提琴演奏艺术》一书;

1983年发表于《广州音乐学院学报》的《大提琴音乐中的节奏处理问题》等。

为了更好地把握著名大提琴作品的演奏风格,李明恒教授先后翻译了多篇国外关于作品背景介绍和音乐风格特点的文章,如《洛可可主题变奏曲》(柴可夫斯基)、《b小调大提琴协奏曲》(德沃夏克)、《d小调大提琴奏鸣曲》(肖斯塔科维奇)、《大提琴协奏曲》(哈恰图良)、《g小调大提琴协奏曲》(卡巴列夫斯基)、《c小调大提琴协奏曲》(米亚斯科夫斯基)。以上六篇译文于1987年发表于中央音乐学院大提琴教育家宗柏先生编著的《大提琴演奏艺术》(上海文艺出版社出版)一书中。他还编写了一套《大提琴教材》(共五册),并被中国美术学院出版社出版的《大提琴演奏与教学文集》一书中的文献索引收录。另外,他还编写了《大提琴参考资料》一册,1973年由河南大学艺术系印制。这些都弥补了当时河南大学大提琴教材方面的空缺。

除了精研自己的专业大提琴之外,李明恒教授对中国民族音乐的造诣也很深,涉猎广泛。他能娴熟地演奏二胡、京胡、板胡、坠胡,并对河南地方戏曲研究颇深。他曾经把湖南花鼓戏《刘海砍樵》成功改编为开封独有的剧种——二夹弦,并指导学生们成功地完成了演出。他除了演奏、教授大提琴以外,还对大提琴这门乐器有着极深的了解。他曾开设《大提琴制作》课程,并能够独立制作大提琴。他制作的大提琴音色纯净明亮、浑厚丰满,得到业内人士的广泛认可。(刘宏)

李秉德

李秉德(1912~2005),字至纯,河南省洛阳市人,民盟盟员,著名教育学家,国务院学位委员会授予的第一批博士生导师。

李秉德6岁就读私塾,7岁改上高小,13岁高小毕业后进入私立明德中学。不久,因家庭经济困难,被迫转入洛阳县初级师范学校(短期师范)学习。一年后毕业,他又到省立洛阳第八中学插班学习。

1928年,李秉德考入国立第五中山大学(即现在的河南大学)预科,攻读文学。两年后顺利升入本科,就读于教育学系。1934年春,从教育学系毕业后,他追随著名教育家李廉方,积极参与开封教育实验区的"廉方教学法"实验。在两年半的时间内,使参加实验的数百名学生完成了初级小学四学年部定国语、算术、常识、体音美等课程的教学任务。开封教育试验区工作的初步成功,激发了李秉德对小学语文教学的热情,他的整个学术生涯也就从这里开始起步。1937年,李秉德到位于河南辉县的百泉师范学校暂时任教,半年后又回到开封教育实验区工作。然而,此时的实验区已今非昔比,日寇的大举进攻迫使实验区南迁至镇平。在形势紧迫、经费短缺的情况下,1938年夏开封实验区终于在步履艰难中结束了颇有影响的实验历程。离开实验区后,李秉德被聘为省立淮阳师范学校教导主任兼教育科教师。1941年夏,他又应李廉方之邀,赴湖北任省教育厅督学。这期间,他每到一处,都尽力推广开封教育实验区的改革成果。

1941年冬,李秉德受聘重返母校河南大学,任教育系副教授。这时正值抗日战争相持阶段,国立河南大学辗转搬迁、颠沛流离,教学、生活处于十分困难的境况。但他不计条件的简陋和生活的艰苦,先后为学生开设普通教学法、教育行政、初等教育、中等教育、西洋教育史等必修课,还开设了教育科学研究方法、民众教育、教育英文选读等选修课。1945年夏,河南大学辗转迁到宝鸡时,办学经费非常紧张。学校图书运到西安火车站,校方想派人去看守,却拿不出食宿费、路费。为了保护学校图书不受损失,李秉德主动提出由自己掏钱雇人去看守,足见他对母校的热爱之心。同年秋,他在继续担任教育学系副主任的同时,被聘兼任校图书馆馆长,并受命率先回到开封,重建河南大学图书馆,为抗日战争胜利后河南大学在开封的恢复作出了宝贵贡献。

1947年夏,李秉德以优异的成绩前往瑞士公费留学,先后在瑞士洛桑大学、日内瓦大学、卢梭学院、法国巴黎大学等高校学习教育学。1949年8月,新中国将要成立的喜讯传到法国,李秉德毅然踏上回国的旅途。他被分配到华北人民革命大学(今中国人民大学)政治研究院学习了八个月。结业后被分配到兰州西北师院任教育学系教授,兼副教务长。

1954年,李秉德加入中国民主同盟,担任过民盟西北师范学院支部副主任委员、民盟甘肃省第六、七届常务委员会委员、第八、九届委员会顾问委员。1956年被评为二级教授,但不久被错划为"右派"分子,下放到小学教书。直到1959年才摘掉"右派"的帽子。1962年,被派往北京社会主义学院学习一年。学习结束后,李秉德一面教书,一面受甘肃省教育厅委托主编《农民识字课本》。课本难易适度,很受广大干部和群众的欢迎。然而没多久,李秉德又被打成"资产阶级的反动学术权威",受到严重冲击,1978年才得以平反,恢复名誉,并光荣加入中国共产党。1980年,国务院正式任命他为西北师范学院院长。1981年经国务院学位委员会批准,李秉德成为我国第一个教育学教学论博士生导师。自招收研究生以来,他严格要求,认真把关,坚持研究生的入学标准,显示了一个学者应有的品质与气节,受到了国内外学者的共同赞扬。

20世纪80年代以来,李秉德潜心研究,笔耕不辍,先后在国家级刊物上发表科研论文60余篇。语文教学是李秉德教育思想研究的一个重要方面。他认为,语文教学在我国虽有很久的历史,但一直缺乏系统的总结。要提高语文教学的质量,必须达成共识。为此,他不仅出版了专著《小学语文教学方法》(1980年),还发表了《关于小学生作文中错别字情况的一个小型调查》(1959年)、《小学识字教学改革途径的探索》(1960年)、《关于"小学语文教学法"这门课程在高师的开设问题》(1962年)、《在小学语文阅读教学中培养学生的创造性》(1985年)及《从语文教学法、语文教学论到语文教育学》(1995年)等十多篇文章来阐述自己的主张。在教育科学研究方面,1986年人民出版社出版了他主编的高等学校文科教材《教育科学研究方法》,此书荣获1989年全国优秀论著奖。与此同时,他还发表了《学术研究与科学态度》(1946年)、《要充分认识教育、教育科学、教育科学研究的重要性》(1981年)、《如何开创教育科学研究新局面》(1982年)、《对于教育实验要保持科学的态度》(1988年)等多篇文章。在教学论研究方面,1991年人民教育出版社出版了他主编的《教学论》,提出了一种新的教学论体系,标志着以李秉德为代表的西北流派的诞生,在国内外教学论界产生了较大影响。1993年该书获甘肃哲学社会科学优秀成果一等奖,1994年获中国教育学会优秀专著奖。

此外,他还和钱伟长、费孝通、季羡林等9人合编了《我国社会经济和科技发展战略问题》,该书1987年由上海知识出版社出版,曾作为中央电视台教育节目在全国播出。1997年10月,教育科学出版社在"中国当代教育家文选系列"中正式出版了《李秉德教育文选》。(赵国权　张亚美)

李性让

李性让(1941~1997),河南永城人。1961—1965年就读于河南大学外语系。1965年7月~1981年10月,任禹州市新峰矿务局中学校长。1981年10月—1986年1月,在漯河职工大学任教。1986年1月调入河南大学任教,曾任外语学院教授、第二外语教研室主任、日语教研室主任、九三学社河南大学支社主委等职。1992年7月,李性让晋升为外语学院副教授。1996年5月,李性让的《日汉篇章法比较》获批为1996年度国家社会科学基金项目。同年12月20日,九三学社河南大学支社第四届社员大会召开,李性让当选为第四届支委会主委。

李性让支持中国共产党,热爱社会主义祖国,拥护党的各项路线、方针和政策,总是认真学习中国特色社会主义理论,关心国内外大事。他团结和带领九三学社支社全体同志认真学习、贯彻党的路线、方针和政策,积极参政议政,为河南大学外语教学工作的发展作出了巨大贡献。

李性让忠诚于教育事业,致力于教书育人。在担任日语教研室主任的七年中,他工作积极主动,任劳任怨,尽职尽责。为促进外语学院的日语专业发展,李性让通过各种渠道与日本的有关单位取得联系,以求通过合作为外语学院的日语专业发展获得优质资源。在李性让的努力下,外语学院日语系于1995年收到日方个人及团体无偿赠书六百余册、杂志二百余本、录影带十余盘,总价值人民币五万多元,为外语学院日语专业的建设作出了巨大贡献。

李性让工作认真勤勉,严于律己,宽以待人。对于日语系的年轻教师,他总是言传身教,事无巨细地给予指导,从备课写教案到帮助他们修改论文,李性让在培育日语专业师资力量方面倾注了大量心血。

作为人民教师，李性让尽职尽责。在外语学院工作期间，曾为学生讲授基本日语、日语概况、日语语法和日汉翻译四门课程，每周上课不低于 10 学时。李性让备课认真，课堂讲授内容丰富，并经常征求学生对教学的意见，不断改进教学方法，提高教学质量，受到学生们的广泛好评。

在认真完成教学工作的同时，李性让不断提高自身知识水平，积极开展学术研究。他著有《日语句子的连接》《现代日语句法》《日语篇章法》等学术专著，撰写了"谈谈日语句子的连接""浅谈日语文章的段落""经贸日语应用文写作"等 30 篇论文，并翻译了《怪盗鲁邦大冒险》《怪盗鲁邦与福尔摩斯》等日语著作。他还曾在八种报纸和杂志上发表科技、文艺方面的译文 20 余篇，共 18 万字。

在李性让的带领下，外语学院日语系得到了较快的发展，尤其是在科研方面取得了极大进步，为日语系的发展奠定了坚实的基础。

李性让同志一生兢兢业业，为河南大学外语教学奉献出毕生的精力，直至生命的最后一刻，仍在为学生答疑解惑。李性让无疑是一位优秀的人民教师。他爱岗敬业，致力于教学、投身科研，为外语学院的建设和发展以及河南大学的对外交流工作作出了卓越贡献。

李俊甫

李俊甫（1903~1981），字相杰，河南省洛宁县人，二级教授，是我国著名的化学家、教育家，同时也是民盟盟员和中共党员。1908年开始读私塾，1911年进入洛宁县官立高等小学堂学习。1916年，他成功考入河南留学欧美预备学校的英文科。在校期间，他学习非常刻苦，始终保持着锐意进取的态度。1921年，预备学校毕业后，他选择回到洛宁执教，持续了一年多的时间。1924年，他凭借优异的成绩获得了公费留学美国的机会，在加州伊利诺伊大学攻读化学硕士学位。经过4年的努力，他顺利获得硕士学位，并考入康奈尔大学研究院继续深造。在那里，他在世界著名化学家班克拉长特教授的指导下，专注于溶液理论的研究。1931年，他获得了理论化学博士学位。

1933年秋，李俊甫应张仲鲁校长邀请回到母校河南大学任教授。在教学中，他一贯注重实践，强调化学实验课的重要性，修改学生作业一丝不苟，并注意培养学生的实际工作能力。1934年初，他被聘任为河南大学化学系主任，随即在全系进行教学改革，捐资购置化学实验仪器，要求各任课教师每年开学都要制订教学计划，明确具体的教学内容和目标。在他的主持下，化学系的教师教学有章可循，学生学习积极性高涨，使该系很快成为河南大学理学院教学最出色的系科。与此同时，李俊甫积极参加抗日救亡运动，掩护中共地下党员，保释被捕学生，资助受害人员家属。当宋庆龄提出"民族武装自卫委员会对日作战6条纲领"后，李俊甫率先在全校教授中发起签名运动，表示声援并呼吁对日作战。他还参加反帝大同盟工作，宣传抗日救亡主张。他秘密捐资1000元钢洋，给他的同学曲乃生（时任中共洛宁县委书记）支援地下党购买枪支，建立抗日武装。1934年8月，张仲鲁被免去校长职务后，李俊甫在化学系的改革受阻，只得于次年辞去河南大学化学系主任职务。

1935年,李俊甫被聘为浙江大学化学系教授。次年,又受聘于四川大学化学系。

1937年,他回到河南洛宁参加中共领导的抗日救亡活动。1937年底,河南大学开始8年的流亡生活,先后在鸡公山、镇平、潭头、荆紫关、宝鸡等地办学。1938年,李俊甫重回母校河南大学,再次担任化学系主任,与河南大学共命运。此后,他和中共河南大学地下党支部的联系更加密切,常年坚持把月薪的一半按时交给党组织,供党支部开展活动。1944年,河南大学"五·一一"惨案发生后,在日寇随时都可能再度扫荡潭头的情况下,李俊甫不顾个人生死,只身跑到潭头河南大学实验室,从尸骨瓦砾堆中拣回20多个贵重的白金锅,并如数交给学校。在他大无畏精神的鼓舞下,化学系青年教师卢锦梭、陈西河等6人在他的带领下,再次连夜返回潭头,掩埋好被害师生的尸体,将学校的一些设备、仪器、图书打包装箱,并雇人运送到安全地带。他们这种视死如归的崇高品质,受到全校师生的一致赞扬。

1945年秋,英国杰出的科学家李约瑟博士访问河南大学,由李俊甫教授负责接待。两位科学家相见恨晚,彻夜长谈。李俊甫向李约瑟详细介绍了中国古代化学史的研究方法和必须参考的文献资料。直到李约瑟博士离华回国后写出那本引起世界科技界轰动的《中国科学技术史》时,仍对流亡中的河南大学深表同情,对与李俊甫教授的那次长谈念念不忘,并深表谢意。在《中国科学技术史·序言》里,李约瑟以较长的篇幅这样写道:"有一些巧遇简直是传奇式的。在陕西宝鸡时,有一天我乘坐铁路工人的手摇车沿着陇海路去五证寺,这是当时河南大学最后的疏散校址。河南大学利用一个很精美的旧道观作为校舍,道观坐落在一个黄土岗上,大致在汉水从北流入渭河的地方,隔着渭河(中国文明的摇篮)向南可以看到秦岭山脉。我花了一个下午和李俊甫教授一起查看了图书馆。这个图书馆原有很多藏书,可是连续几次疏散使图书受到很大的损失。图书目录已经找不到了,书籍堆放在那里,许多还成捆地放在古老的神像脚下,就像刚刚由汗流浃背的搬运工们从扁担上卸下来似的。在这样的环境中,李俊甫向我这个剑桥大学的生化学家介绍说,在《道藏》(历代道家的经典)中包含有大量从公元4世纪以来的炼金术著作,它们饶有兴味,且是其他国家的化学史家所完全不知道的。李俊甫对我所作的这番介绍,我终生不能忘记。"

在解放战争初期,李俊甫教授以中共党员的秘密身份加入民盟。他团结了一批高级知识分子入盟,迅速壮大了当时河南大学以民盟为代表的教师民主进步力量。1948年6月,开封首次解放后,他偕同进步教授嵇文甫、王毅斋、赵俪生、罗绳武等,摆脱国民党统治，率先投奔中原解放区，并联名发表了告国统区知识分子的公开信，在全国文化教育界产生了巨大的革命影响。1949年2月，李俊甫任北平军管会科学文化接收委员会科技处处长，负责接管高等学校，后留任北京师范大学教务委员、教授。同年9月，他第三次回到母校执教，任河南大学理工学院院长、化学系主任、教授，同时继续兼任河南大学民盟领导工作。由于他坦率正直、平易近人，教学、科研和各项工作都搞得有声有色。1950年5月27日，党在河南大学公开活动，李俊甫作为一名老一辈革命知识分子的杰出代表，受到全校教职工生的由衷爱戴。1956年，李俊甫调到新乡。此后，他历任新乡师范学院院长、河南省科学院副院长、省科协副主席、省民盟副主任委员、中国化学学会理事等职，还曾当选第三届全国人民代表大会代表，河南省第五届人大常务委员。1981年，李俊甫逝世，享年78岁。

李俊甫既是河南留学欧美预备学校毕业的高才生，又三次执教河南大学，在母校任教授达18年，培育了化学专业方面的高级人才千余名。他为河南大学的发展作出了巨大贡献。他在理论化学特别是溶液理论的研究方面造诣精深，代表论著有《三元系液—液平衡临界点的一个简便估计法》《碘化钠对苯与甲醇混溶性的影响》《高氯酸钠、硫氰酸钠和碘化胺对苯与甲醇混溶性的影响》《液—液体系混合过程体积变化的研究》《膨胀量热计测量碘化钾在甲醇中的溶解热》《盐类对双液系混溶性的影响》《硫酸钠对丙酮—水体系混溶性的影响》等。

李赋都

李赋都(1903~1984),陕西蒲城县人。原河南省人大常委会副主任、政协副主席,著名的黄河问题专家、水利工程学教授。20世纪30年代初,他担任河南省立水利专科学校(河南大学工学院前身)讲师。

1922年,他毕业于上海吴淞同济工艺专门学校德文科。1923年4月赴德国,就读于汉诺威工业高等学校水利专业。1927年,他在柏林西门子土木工程公司实习。1928年回国,先后在重庆、哈尔滨等水利工程部门工作。1932年再次赴德,在阿朋那黑水工试验所参与由世界首创河工试验的恩格思教授主持的黄河试验,这是治理黄河史上首次进行的模型试验。1933年,李赋都考取德国汉诺威工业高等学校博士研究生,后获得水利工程学博士学位。1933年8月回国后,他承担了中国第一个水工试验所的筹划、设计和施工任务,并出任水工试验所所长,先后进行了官厅水库大坝和卢沟桥滚水坝的消力以及透水丁坝等多项试验。1937年,李赋都主持了陕西灞河决口堵复工程,并取得了成功。

1939年回国后,他先后担任陕西省水利局工程师、河南大学工学院水利系教授等职。1942至1948年,在西安、开封任国民政府黄河水利委员会设计组主任、工务处处长。1948年10月至1949年12月,在陕西武功任西北农学院水利系主任、院务委员会主任委员。1950至1954年,他先后担任西北军政委员会水利部部长、西北行政委员会水利局局长、西北黄河工程局局长、陕西省人民政府委员等职。

自1955年起,他担任黄河水利委员会副主任兼黄委会水利科学研究所所长,1978年任黄委会顾问。他主张黄河的治理与开发应当始终把泥沙问题放到首位,特别重视和大力开展黄河中游水土保持工作,并提出治理沟壑的"万库化"设想。他主张黄河下游要进行河道整治,固定中水河槽。在长期的实践过程中,李赋都逐渐形成了自己的一套治河思想。

　　李赋都先后当选为第一、二、三、五、六届全国人大代表,河南省第二、三、五、六届人大代表,第五、六届河南省人大常委会副主任,河南省人民委员会委员,第三届全国政协委员,政协河南省第二、三、四届委员会副主席。他还是中国国民党革命委员会第三至六届中央委员会委员和民革河南省第五、六届委员会主任委员,中华全国自然科学专门学会联合会组织委员会委员,中国科学技术协会常务委员,河南省自然科学联合会主席,中国水利学会常务理事等职。他的主要著述包括《黄河问题》《河流总论》《黄河治理问题》《泥坝的拦泥作用》《黄河下游河床演变和河道治理问题》《黄河中游水土流失地区的沟壑治理》《治河与泥沙》等。

李湍波

李湍波(1930~2010),男,汉族,河南省镇平县贾宋镇师淫村人,原名李益宗,曾用名李睿哲。

李湍波1936年9月至1942年1月在镇平县贾宋镇读小学,1942年2月至1944年7月在镇平县立初中读书,1944年9月至1946年9月在镇平润生中学读高中。1946年9月进入河南省立镇平高级农业职业专科学校学习,1948年10月参加县农运干训班学习,1949年1月参加革命,进入豫西行政干部学校学习。

1949年6月毕业后,恰逢豫西行政干校迁入河南大学,被分配到河南大学秘书科工作,任秘书科干事。1950年加入中国民主同盟。历任民盟河南大学委员会第五届委员会委员、第六届委员会副秘书长、第七届委员会副主委。1952年12月调校工会办公室任秘书,专职干部等。1958年3月被错划为"右派",1966年4月摘帽,1979年7月恢复名誉和工作待遇。

1961年到河南大学图书馆工作后,他积极钻研业务,积累了丰富的工作经验。他熟悉馆藏,掌握了图书馆工作的理论、方法和技能,并能对中初级人员进行培养和指导。他具有较强的古籍分类、版本鉴定能力,能解答文史和地方文献方面的难度较大的问题,同时也具备目录学、版本学、工具书等方面的授课能力。他对图书馆工作有较强的组织能力和解决问题能力。先后负责过报刊书库的管理及整理,分编新中国成立前后的中文报刊合订本,文科、理科和现刊阅览室的出纳,新闻图片的保管和陈展,以及珍藏书库的管理等工作。

李湍波具有较丰富的古籍版本鉴定知识和实践经验。1974年开始从事线装古籍的管理、借阅、采购与采编工作,并取得了一定成绩。他整理、分编了积压多年的线装古籍，先后为图书馆无偿补充了兰阳、仪封、阳武、考城等数种地方志。经过多年查访，他从上海古旧书店补配了馆内所缺的《清实录》德宗朝第一函。同时，他还与开封市图书馆交换，使馆藏的《河南赋役全书》失而复得。他改进了馆藏古籍著录格式，增加了书名签的著者时代、著作方式和版本项，为类书增加了所存卷册及所缺卷册的标识，并统一了子目签的印制格式等。1978年5月，他前往湖南长沙参加全国古籍善本书目整理中南地区学习班，回馆后参与了馆藏古籍善本的普查、版本鉴定、分编工作。在全国修志之时，他利用馆藏文献积极有效地配合了我省的修志工作。他曾在开封相国寺主持举办了"巴黎公社一百周年图片展览"，在开封市及省内外均产生了一定的影响，受到有关专家、观众的好评。在河南大学图书馆内举办的"中国革命史展览"中，从版面设计到文字资料的提供等工作均由李湍波负责。

他是河南大学图书馆参考咨询部的开创者之一。他与相关同志一起筹建了文献检索教研室，为大学生开设文献检索课，使河南大学成为省内早期开设"社科文献检索课"的高校之一。他还设立了文献信息咨询台，负责文献信息咨询和文献管理咨询等工作。在负责对外咨询工作的过程中，他解决了很多读者的疑难问题，特别是为当时的修志工作提供了服务，赢得了很多好评。他还被省内几家县志办公室聘为修志顾问。他注重业务工作的传帮带，多次为省内高校图书馆业务骨干和单位职工开设《社科工具书使用》《目录学概论》等课程，指导员工熟悉业务。在管理古籍时，他提议建立了"特藏书库"，并拟定了"特藏书库管理条例"。他与国内相关藏书单位和书店等建立联系，了解文献线索，补充了大量珍贵而本馆缺藏的古籍文献和河南地方文献，逐步形成馆藏特色。他利用馆藏资源积极参与《全国地方志联合目录》的撰写工作，并参与到《中国古籍善本书目》的编制工作中去，认真撰写并上报馆藏善本书条目等。在管理报刊时，他积极参加《全国中文旧期刊联合目录》的编制工作。在编制馆藏旧期刊条目的过程中，他逐步理清了馆藏旧期刊文献的情况。

李湍波具有较强的学术能力，在《史学月刊》《河南图书馆季刊》等杂志上发表了多篇论文，如《清代开封学者宋继郊》和《周口地区方志巡礼》等。其中，《〈汴梁水灾记略〉著者辨》一文在1986年荣获河南省图书馆学会优秀论文二等奖，而《明代开封周藩朱睦㮮》则在1985年获得河南大学生优秀论文三等奖。另外，《周口地区方志巡礼》一文被收录于吉林省地方志编委会和吉林省图书馆学会编辑出版的《河南地方志论丛》一书中。他于1979年加入河南省图书馆学会，1980年加入中国图书馆学会。1982年

4月,他被评定为馆员职称,而在1987年,他被评为副研究馆员职称。在图书馆工作期间,他先后担任过图书馆参考咨询部副主任、期刊部主任、采访部主任等职务。同时,他还兼任河南省图书馆学会地方文献专题学术组副组长、目录学研究组副组长等职位。他是中国图书馆学会会员、河南省图书馆学会会员以及开封古都学会会员。此外,他还是民盟河南大学总支委员会委员和民盟河南大学总支副秘书长等。1990年5月离休,享受县处级待遇。(邱建章)

李廉方

李廉方(1879~1959),名步青,字思诚,号莲舫,后改字、改号均为廉方,湖北省京山县(今京山市)人。他是无党派人士、教育改革家,"廉方教学法"的创立者。

李廉方9岁时被父亲送到一位塾师门下求学。1902年5月,因学习成绩优异,与黄兴、李书城等以湖北三书院高才生的资格被保送到日本东京弘文书院速成师范科学习。在日期间,李廉方广泛学习教育学科方面的知识,不满清朝统治,积极参加反清爱国运动。1906年春,李廉方回到武昌,在张之洞创办的两湖师范学堂任历史教习。1912年5月,在北京召开的全国临时教育会议上讨论政府关于拟定中华民国国庆日提案时,他首先提出以首义日即10月10日为国庆日,得到与会3/4代表附议,经临时参议院决定通过。

1920年8月,李廉方来到河南,任教育厅厅长。他在深入考察和广泛征求意见的基础上,提出了改革河南教育的《义务教育实施程序》(1920年)、《整理河南教育计划书》(1921年)、《新式国民学校计划书》(1921年)三个计划。这些计划不仅清查和梳理了当时河南义务教育的问题,还明确规定了义务教育的实施程序。1923年春天,李廉方又回到武昌,到武昌高等师范学校任教授兼事务主任,协助校长进行了一系列的教育教学改革,如增添女生宿舍,实施男女同校;修整学制,废除年级制,采用学科设计教学等。同时,他又应中华书局的邀请,编写了《国语文学读本》《国语文学读本说明书》《国语文学读本教授书》等教材及教辅读物,向全国发行。

1929年,李廉方再次回到曾经工作过的地方——河南第五中山大学。他的教育改革和实验活动主要是在开封和河南大学进行的,这期间是李廉方学术创新和学术研究的黄金时代。在河南大学,李廉方是当时教育学系唯一的教授。他一上任就全身心地投入到了大学改革的洪流之中,一边从事教学,一边着手教育实验。针对"教师讲,学生听记"的填鸭式教学模式,李廉方在其《大学研究室计划》中,大胆地提出了用研究室代替教室的改革思路。在教育学系实验成功后,李廉方又将此种方法推广到文科各院系,如历史系、社会系、国文系和哲学系等。实验很快得到了文科各系同学的好评,也引起了校方的关注。不久,学校在调查、讨论的基础上,将这一实验推广到更多的系科。1930年8月,河南中山大学改名河南大学,李廉方也改任文学院院长兼教育系主任。这期间,河南大学文学院师资力量雄厚,学术氛围浓郁,开设的课程也较多。鉴于教育学系学生所学偏理论而与实际有所脱节等弊病,本着节约自助的原则,他确定了毕业生教育参观和访学制度。例如,1933届学生先后赴定县(今河北省定州市)、邹平及北京、上海、南京及杭州等地,历时近两个月,着重参观了各地乡村教育实验及小学、幼稚园,并敦请教育专家座谈,如廖世承、萧孝嵘、黄建中、吴南轩等,也请其他学术名家谈话,如罗家伦、何廉等,学生回来后均写有调查报告,获益匪浅。

1933年秋,李廉方辞去河南大学文学院院长及教育学系主任职务,专任开封教育实验区委员会的委员长。李廉方教育实验的目的是通过实验,在两年半的时间内完成初小的国语和算术教学任务,使学生掌握基本的读、写、算技能。这一实验切合学生的实际,照顾学生的特点,是在顺应儿童生活成长规律的基础上进行的。1936年10月,河南召开教育行政会议,李廉方的教育实验正式更名为"廉方教学法"。开封教育实验区的实验取得了良好的成果,引起了社会各界人士的注意。当时,省内外很多教育界人士以及新闻界、政界人士纷纷前来参观,如黄炎培、俞子夷、江问渔等,对于李廉方所领导的教育实验都大加赞赏。

抗日战争全面爆发后,开封市教育试验区也受到了影响,被迫搬迁到河南西南部的镇平县继续进行试验。为了推广"廉方教学法",李廉方先前往家乡武汉,随后又到四川,专门负责筹办各种培训实验班,借此宣传他的教育思想和教学理念。此外,他还发表并编写了《卡片教学与三个研究问题》《最经济的合科教学法》等十余种教育材料。然而,由于战事紧张,教育试验区无法持续运营,也未能及时将成果推广至全国。尽管如此,李廉方的教育试验对中国教育的贡献依然巨大,其中最重要的是它推动了教育的中国化进程。在20世纪的二三十年代,中国广泛采用的教学方法多源自西方,如道尔顿制、设计教学法等,都是从西方国家借鉴而来。然而,由于这些方法并不完全符合中国的实际情况,因此试验效果并不理想。李廉方则从中国教育的实际情况出发,成功探索出了具有中国特色的教学法,从而在中国教育实验史上留下了浓墨重彩的一笔。

教育试验区的工作被迫中断后,李廉方随教育部迁移到四川,负责指导长江流域的小学流亡教师教学,同时担任教育部教材编审委员会委员和国民参政会参政员。他与教育界的老友,包括中共代表董必武、林伯渠等人交往密切。在参政会上,他因不提案、不发言、不举手而被称为"三不"参政员。1945 年,他应聘回到湖北,出任湖北通志馆副馆长兼总纂。在业余时间,他撰写了《辛亥武昌首义记》和《京山新志·舆地志》。在武汉解放前夕,他与张难先、李书城等人共同发起成立了湖北人民和平促进会,呼吁国内和平,并带头签名支持中共的八项和平条件。之后,他又积极投身于反搬迁、反破坏的斗争。1949 年 9 月,他应中共中央的邀请,参加了各界人民政治协商会议。中华人民共和国成立后,李廉方历任湖北省人民政府委员、中央文化教育委员会委员、中南军政委员会委员兼教育部副部长、第一届全国政协特邀代表等职务。(赵国权 张亚美)

李嘉言

李嘉言(1911~1967),字泽民,又字慎予,笔名包括高芒、景仰、家雁、贾彦、李常山、李慎予等,河南武陟人,教授,曾任河南省文联委员、省政协委员。1923年夏,李嘉言毕业于武陟县高等小学堂,同年8月考入沁阳县(今沁阳市)省立十三中。1926年秋考入开封省立二中。早在中学时期,李嘉言就已接受进步思想,阅读共产主义进步书刊,并多次参加中国共产党领导的革命活动。1927年4月北伐军进入豫南,李嘉言回到家乡武陟,加入共青团,并参与武陟学生总会活动,同时参与农民夜校工作,深入基层宣传革命精神并建立农会。1928年2月,李嘉言进入河南第五中山大学(今河南大学)国文预科学习。在河南大学求学期间,他继续从事革命活动。同年4月,他被任命为共青团开封市委书记,负责宣传和学运工作。然而不久后,因叛徒出卖,李嘉言被捕入狱,但因查无实证被释放。1928年12月初,由于省委会通知他隐蔽转移的文件被截获,他再次被捕。后来因蒋冯中原大战,经组织营救,最终被无罪释放。1930年,李嘉言考入清华大学中国文学系,师从闻一多、朱自清等著名教授。在这一时期,他不仅学业成绩优异,同时关心时政,坚持参加进步活动。解放战争时期,他主动参加和支持学生的民主斗争活动。新中国成立后,李嘉言努力学习马列主义、毛泽东思想,并在政治思想上严格要求自己。1951年加入中国民主同盟,1956年被批准加入中国共产党。

李嘉言一生致力于教育事业和古代文学研究。在大学期间,他积极参加文学组织活动,曾任《清华周刊》文艺栏目和《文学月刊》的主编,中国文学会委员。但他的主要精力并非文学创作,而是跟随陈寅恪、闻一多学习"考证",为其学术研究奠定了深厚基础。他先后在清华大学、西南联大、西北师范大学、河南大学等多所高校任教,发表学术论文100余篇,涉及中国文史从先秦到近现代的诸多问题,在各个学术领域均取得突出成就。

新中国成立以后,受嵇文甫的盛情邀请,李嘉言返回河南任职。此后他长期在河南大学任教,并担任中文系主任和校科委副主任,致力于新中国河南大学中文系的建系工作,为河南大学中文系培养出一批优秀的青年学者。

李嘉言一生著作丰富,在唐诗研究领域取得突出成绩。除了20世纪40年代出版的《贾岛年谱》和50年代出版的《岑诗系年》两部力作外,他对孟浩然、韩愈、李贺等均有研究,并著有《孟浩然游踪考略》《孟浩然年谱略稿》《昌黎先生诗文系年辩证》《韩愈复古新论》《李贺诗校释》《昌谷诗集王注补正》《评王礼锡李长吉评传》《李贺与晚唐》等。在对唐代上述各家研究的同时,他还对堪称有唐一代诗歌总集的清朝官修《全唐诗》进行了全面深入的考订和研究。1960年10月,李嘉言教授接受中华书局的委托,与本校高文教授等组织"全唐诗校订组",制定了《整理全唐诗工作规则(草案)》,开始了对《全唐诗》的全面整理工作。在三年多的工作中,他们先后编出《全唐诗首句索引》,后又编出《全唐诗重出作品综合索引》,使《全唐诗》的考订工作取得了重大突破。李嘉言去世后,上海古籍出版社分别于1983年出版了李嘉言的《长江集新校》,1986年出版了《李嘉言古典文学论文集》。

李嘉言深厚的学术积累、严谨的治学态度、独立的学术品格以及实事求是的学术方法,使得其学术著作至今依然具有强大的生命力。

李燕亭

李燕亭(1893~1964),河北定兴县人,民革成员。1920年毕业于北京大学化学系,同年赴美国留学。1923年获南加利福尼亚州立大学生物学硕士学位,同时又在罗省公立图书馆学校毕业。回国后,他担任国立北京农业大学教授。1924年,他成为中州大学图书馆主任兼化学教授。1955年,他转任新乡师范学院化学系教授兼院图书馆主任,为河南的图书馆事业及化学事业作出了积极贡献。

1924年元月中州大学图书馆正式成立,馆址设在六号楼。2月,在冯友兰的力邀下,李燕亭辞去了北京农业大学农业化学系教授的职务,来到中州大学被聘为图书馆主任。在留美期间,李燕亭便开始重视西方的图书馆科学,逐渐认识到科学地管理图书是一门学问。为了使国内从事图书馆工作的人员能够借鉴国外的先进经验,他与杨昭合译了美国人弗得尔的《图书馆员的训练》(*Training for Librarianship*)。到中州大学任职以后,他积极宣传近代图书馆的理念,多方筹措购书资金,接受各界捐赠的图书等,使图书馆的工作按照科学方法正规起来。到1930年中山大学更名为河南大学时,李燕亭在图书馆学方面的科研也达到一个高潮。他先后有数篇论文,如《美国图书馆的社会化》和《河南中山大学图书馆建筑及其计划》,在《心声》《河南中大周刊》等刊物上公开发表。李燕亭还曾独著《图书馆学》一书,详细地陈述了一个图书馆人的思想,论述了建设近代图书馆的经营组织原理、图书馆的分类编目及典藏管理等问题,内容广泛且结合实际紧密。

李燕亭不仅在理论上为我国高校图书馆构建体系作出了贡献,而且在实际工作中也取得了不少成就。他利用自身在校内的声望以及经常出席校务会议的时机,不时把购书经费的议案提交到校务会上,带头向图书馆捐赠图书资料。他还与河南大学校刊联系，在校刊上为图书馆开辟两个小栏目：一是图书馆购书一览，使全校师生及时了解馆藏新书，加快文献供需见面；二是设受赠启事，公布热心捐赠者，以此吸引冯玉祥等有识之士关心校图书馆的建设。1935年，河南大学成立了校图书委员会，李燕亭担任主席。在他的努力下，学校接受了图书委员会的决议，每年拨给校图书馆经费两万元大洋，其中25%为图书馆本部支配，其余均分到各院图书分馆以选购专业资料。抗战开始后，他带领图书馆人员随学校四处搬迁，但无论到任何地方，他都能妥善安置图书馆，确保正常开馆。英国学者李约瑟在其专著《中国科学技术史》序言中，专门对河南大学图书馆的帮助表示了感谢。河南大学位于省会开封，近代图书馆学方面人才匮乏。

李燕亭在做好大学图书馆工作的同时，也时时关心省图书馆的工作。他经常到访设在鼓楼的省图书馆，传播现代意识、传授工作经验。李燕亭对河南大学图书馆的建设立下了汗马功劳，同时也为河南省的图书馆事业作出了一定的贡献。新中国成立后，他又接受李俊甫院长的邀请，出任新乡师院图书馆主任。他不仅在河南图书馆界享有较高声誉，即使在国内也被誉为中国图书馆事业的开创者及奠基人。

李燕亭先生在中州大学兼任理科化学教授，每周讲授无机化学课七个学时。1936年，他加入中国化学会，积极参加化学会年会等各项活动，关心河南的化学研究事业。

1936年8月11日，中国化学会与中国科学社、中国工程师学会等六个学术团体举行联合年会。李燕亭以河南省化学界代表及中国化学会会员的身份参加了此次联合年会，加强了河南化学界与国内化学界的交流和联系。抗战期间，河南化学界的活动也没有完全停止。1940年，中国化学会同意河南化学会成立。在河南大学所在地潭头镇，以化学系教师为基础成立了中国化学会河南分会。大家一致推举李俊甫为会长，李燕亭为副会长。新中国成立后，李燕亭任河南大学文教学院化学系教授、无机化学教研室主任，主讲普通化学、农业化学以及化学史等课程。1955年初，河南大学召开第二次科学讨论会。李燕亭宣读了《从化学史上看到的资产阶级思想》的论文，受到好评。该论文被认为是以马列主义、毛泽东思想为指针，从事自然科学研究的尝试。（文洁）

杨震华

杨震华(1893~1969),原名杨宝三,河南省安阳县人,心理学家,民盟盟员,曾当选为省人大代表、省政协常委。

1893年,杨震华出生于一个闻名遐迩的书画之家。刚满8岁就被送进杨氏家塾接受教育。13岁时父亲去世,家道开始中衰。17岁时,辛亥革命爆发,当时他正在开封中州公学读书,与休学在家的外甥朝夕相处,他们一起谈论新知识,研究新学说,这对他的思想产生了很大影响。尤其是在读了谭嗣同的《仁学》后,他决定放弃私塾,考入了彰德中学。1916年中学毕业后,他报考了卫辉法文学校,1918年法文学校毕业后,他考取了北京大学法文系。在北京大学的第二年,适逢五四运动到来,他积极参加五四运动,到天安门集会、游行,痛斥卖国贼的罪行。之后,他积极参与学生会活动,热衷于《新生活》周刊,并在《新青年》杂志上发表过短篇小说、诗歌和短剧。

1922年4月,杨震华远赴法国巴黎大学深造。在这所世界著名学府,他初习文学,后改学教育。毕业后又考入该大学的心理研究院,在著名心理学家德拉克华等人的指导下,他专心攻读心理学,为后来的教学和研究工作奠定了坚实基础。巴黎大学毕业后,他于1931年2月立即回国,先后受聘为北平女子师范大学、北平师范大学教授,从此开始了教学生涯。之后他又在中华文化教育基金委员会担任特约编译员。1933年,他应聘成为私立北平郁文大学教授兼教育学系主任。自1934年9月起,他长期在河南大学任职,与李廉方、沈子善、肖承慎、罗廷光等一同执教于教育学系。不久,"七七事变"爆发,日寇逼近,杨震华随学校辗转搬迁,在极其艰苦的环境中坚持教学。他在田间地头调查农村教育情况,在山乡僻壤与学生交流意见,在煤油灯下编写讲稿。这一切促使他更加埋头苦干,努力教书,在师生中享有较高声誉。

新中国成立后,杨震华欢欣鼓舞,重焕青春。他积极参加各项政治运动和政治学习,拥护中国共产党的领导,热爱社会主义祖国。他努力学习马列主义、毛泽东思想和先进的科学理论,思想觉悟、学术水平和治学方法都得到了显著提高。1950年,他参加了政治研究班学习。1951年,他加入了中国民主同盟。1953年,花甲之年的他还在北京师范大学教师进修班学习新知识,并经常将新材料和苏联专家的讲义寄回开封,供教育学系师生学习使用。学习结业回到开封后,他积极筹办并参加了河南省教育工会、科普协会、心理卫生协会等联合举办的巴甫洛夫讲座。他运用自己学到的先进科学理论,多次到会作辅导讲演,其教学态度非常认真,表现出他对先进科学理论的极大热情。

1954年院系调整后,教育学系停办,杨震华任开封师院教育教研室副主任、主任。他还是河南省第一、二、三届人民代表大会代表,政协河南省第三届常委,开封市政协委员,中国心理学会理事,河南省心理学会理事长等职务。

杨震华是一位学而不厌、治学严谨、硕果累累的学者。早在五四运动时期,他就关注现实,开始在《新青年》杂志上发表小说、诗歌和短剧,从事文学创作。20世纪20年代,在巴黎留学时,他曾将清代蒲松龄的《聊斋》译成法文发表。20世纪30年代,他先后用法文发表过《精神眩罔论专题研究》《干玩主义》等文章,并翻译出版了法国毕也龙所著的《实验心理学》一书的中文版。在河南大学任职期间,他编写了《心理学讲义》《变态心理学》和《儿童学》等学术著作。(赵国权　陈云)

吴绍骙

吴绍骙(1905~1998),号又骙,安徽省嘉山县三界镇(今三界乡)人,是一位农业教育家和玉米遗传育种学家。

吴绍骙于 1905 年 2 月 12 日出生于一个书香世家,自幼便受到良好的教育。4 岁时,父亲即开始教他识字,6 岁入私塾学习,11 岁进入镇小学读书。两年后,他随父亲到安庆市就读于安徽省第一模范小学。毕业后,他进入安徽省立第一中学学习。这一年,他的父母相继去世,从此家道中落。然而,吴绍骙勤奋读书,17 岁时便读完旧制中学,并考入金陵大学预科。一年后,他转入该校政治系,但不久又转入农学院农艺系,主攻植物遗传育种学,师从著名小麦育种家沈宗瀚,开始了他漫长的科学生涯。

1929 年夏,尽管身体多病,吴绍骙仍坚持完成了大学学业,并获得学士学位。1930 年 3 月,经沈宗瀚介绍,他前往浙江省棉业改良场担任萧山育种场技术员兼主任。两年后,他转任安徽省建设厅技士,并被派遣到省棉业改良场担任技术室主任。1934 年 4 月,他考取安徽省留学欧美公费生,同年 9 月抵达美国明尼苏达大学研究院,师从著名抗病育种学家 H. K. 海斯(Hayes)进行玉米育种研究。在强烈的求知欲望和远大抱负驱使下,吴绍骙克服了种种困难,在海斯教授的指导下刻苦学习、潜心研究。在四年的时间里,他没有休过一次暑假,而是钻进闷热的玉米地里进行观察记载。1936 年,他获得硕士学位,1938 年冬,他完成了题为《玉米自交系血缘与其杂交组合之间的关系》的博士论文。尽管未及参加授予学位的典礼,他在 1938 年 11 月初便返回祖国。之后才得知,海斯教授已推荐他为国际荣誉学会 Sigma Xi 的会员。他的论文被刊登在 1939 年 3 月份的美国农艺学会杂志上。在论文中,他以有说服力的数据论证了亲本的亲缘远近与杂种优势高低之间的密切相关关系,该论文对于玉米杂交种的亲本选配,尤其是选二环系具有很大的参考价值,因此多次被国内外育种学书籍和论文作者所引用。

怀着对祖国的深深热爱,吴绍骙离美返国。当时,祖国的半壁河山已被日军占领,有家归不得,他只好绕道香港、海防、河内,经滇越路抵达昆明。经业师沈宗瀚推荐,他前往贵州省农业改进所工作,担任技术专员,继续从事玉米遗传育种研究。1939年9月,他又应金大校友周明牂之邀,前往广西大学农学院从事水稻育种研究,并兼任广西省建设厅水稻督导专员、技正。1942年8月,吴绍骙受聘到迁至成都的母校金陵大学农学院担任教授,后又兼任该院农事试验场副场长及农艺研究部主任。

抗战胜利后,1946年他随金陵大学回到南京,继续开展玉米育种工作。然而,他以前从国外带回来的自交系因战乱和频繁迁移而全部丢失,一切必须从头开始。为了筹措经费,他四处寻求帮助,幸运的是,他得到了时任农业部农业推广委员会粮食生产组主任兼金陵大学农学院农艺系主任王绶教授的支持。王教授以推广玉米杂交种为名拨出经费,支持他开展品种间杂交种的选育研究。

1949年3月,应国立河南大学农学院院长王鸣岐的邀请,吴绍骙来到南迁苏州的该院任教。后来学校迁回开封,他因故未随同前往。不久,他的好友、浙江大学农学院农艺系主任萧辅邀请他到该院任教,随后他又改任浙江省农业改进所农艺系主任,但他并不愿意担任行政职务。出于对未来事业发展的考虑,他毅然决定从富饶的江南来到风沙漫天的古城开封,期望在盛产玉米的中原大地实现他的抱负——为发展祖国的玉米育种事业而奋斗。

新中国成立后,吴绍骙一直从事玉米遗传育种研究和农业教育工作。作为农业教育界和育种界的老前辈,他辛勤耕耘数十载,桃李满天下。1949年,他在全国农业工作会议上做了题为"利用杂交优势增进玉米产量"的学术报告,其观点被政务院颁布的"五年良种普及方案"和农业部制订的"全国玉米改良计划"所采纳。1952年,他与洛阳农业试验站合作,育成了中国第一个大面积推广的玉米综合品种"洛阳混选1号"。在1957年中国农业科学院成立大会上,他宣读了题为"从一个综合品种——洛阳混选1号的推广谈玉米杂种优势的利用和保持"的论文,为杂种优势的利用开辟了新的途径。此后,他又发表了"杂种优势在新中国玉米生产上的利用及其前瞻""对当前玉米杂交育种工作的三点建议""异地培育对玉米自交系的影响及其在生产上利用可能性的研究"等论文。他在1956年倡导的异地培育方法,一直被全国各育种单位所采用。他领导的河南农业大学玉米研究室,先后育成并大面积推广了豫农704、豫单5号、豫双 5 号等优良玉米杂交种,分别荣获全国和河南省科学大会颁发的重大科技成果奖。

吴绍骙以严谨求实的治学态度、理论联系实际的作风、严于律己宽以待人的胸怀、永不居功的美德,言传身教,为祖国培养了大批高级农业建设人才,使他毕生从事的玉米育种事业后继有人。新中国成立后,他历任河南农学院副院长、中国农学会、中国作物学会、中国遗传学会理事、中国农业科学院学术委员会委员、农牧渔业部科学技术委员会委员、第三至第六届全国人大代表、河南农业大学名誉校长、一级教授、民盟河南省委会第一至四届副主委、第五、六届主委、第七至九届名誉主委、河南省人大常委会副主任、河南省政协副主席。

宋泽生

宋泽生（1915~1971），河南淅川县人，教授，曾任民盟河南大学支部副主任委员、开封市主任委员、河南省政协委员。

他自幼学习刻苦，成绩优秀。1940年毕业于西南联合大学历史系，获学士学位，后留校任助教、讲师。1946年任山东大学副教授，后在国立河南大学考取河南省公费留学资格。1947年赴美国马里兰大学攻读博士，成为当时国内为数不多的留美世界史学者之一。

他具有强烈的爱国情怀。1949年8月，他提前结束留学，归国后在河南大学执教，就任历史系副主任、教授，兼任世界史教研室主任。他在河南大学历史系长期讲授世界古代史、世界现代史等课程。除从事教学工作外，他潜心学术研究，成为河南大学世界史教研室在新中国成立后的重要奠基者之一。

他的主要研究方向为世界现代史，也涉及世界古代史等领域。他自觉把马克思主义理论运用于世界史教学和研究实践中，对原始社会史分期、罗马奴隶制度、世界现代史等问题开展了深入研究，并对资产阶级学者的观点进行了批评。他先后发表学术论文40余篇，包括《我教世界现代史的几点体会》（《新史学通讯》1951年第6期）、《罗马的奴隶制度》（《新史学通讯》1952年第13期）、《关于原始社会的分期问题》（《新史学通讯》1953年第12期）、《罗马平民与贵族的起源及其在罗马早期历史上的斗争》（《新史学通讯》1954年第8期）等。

宋泽生高度重视教材的编写工作，积极将教学心得转化为教材。1952年，他与李敬亭合作编著的《世界现代史》出版后，曾被日本学者三下龙山译成日文，在国外发行，受到日本、韩国史学界很高的评价。20世纪60年代，他被评为高教4级。

他长期参与新中国成立后创办的第一份专业史学杂志《新史学通讯》（后改名为《史学月刊》）的编辑工作，曾兼任中国世界史学会常务理事、河南省世界史学会副会长。在社会兼职方面，他积极向中国共产党靠拢，成为河南大学知识分子中的重要民主进步人士。他是河南省政协第二、第三届委员，民盟河南省委第三、第四届委员会委员，民盟河南大学支部副主任委员和民盟开封市委主任委员。他曾当选为河南大学工会副主席。

他为人谨慎灵活，言辞潇洒。中苏关系友好之际，他号召教研室青年教师发奋学习俄语，提高理论水平和专业素养，争取留苏深造，"向副博士进军"。"文化大革命"期间，他受到迫害。1971年，他在乘坐拖拉机去农场劳动的途中遭遇车祸去世，终年56岁。

宋鸿藻

宋鸿藻(1944~2019),江苏省姜堰市(今泰州市姜堰区)人,教授。1995年11月,经荣铁生介绍加入中国民主促进会,曾任民进河南大学支部主委、开封市政协第七、八届委员。

宋鸿藻于1962年考入南京大学数学专业,毕业后曾在广州军区潼湖农场劳动锻炼。1970年分配至洛阳矿山机器厂职工子弟中学任教。在任教的同时,他仍努力加强自身业务学习,并于1978年考取郑州大学硕士研究生。1982年毕业后,他到河南大学数学系任教,其研究专长为微分几何,专攻子流形理论,历任几何教研室副主任、主任。为提高研究能力,1989年他受世界银行贷款项目资助,赴美国密执安州立大学数学系作高级访问学者一年。回国后,他荣获河南省出国留学人员教学科研优异奖和河南省自然科学、社会科学与科技成果三等奖。他主编的《微分几何及其应用》先后获省出版津贴、校教学成果一等奖和省教学成果二等奖。同时,他积极参与中小学生科普工作,参编了《数学小丛书》《20世纪的伟大几何学家》等书籍。

宋鸿藻在其研究领域深耕不辍,早年即在国内外学术期刊发表论文,并有多篇获得省级奖励和国内外专家学者好评。他始终默默为河南大学数学学科的发展贡献着自己的力量。他长期坚持为研究生、本科生和函授生主讲多门主干课程,指导和引领了众多学生的学术发展方向。

宋鸿藻及其夫人均是河南大学数学系教授。他们在生活中历经磨难,但依然保持了善良的天性和乐于助人的品格。他们的爱女出生不久就因重病而失聪,成了智障儿童。夫妻二人既要忙于工作、教学、科研,又要长期照顾老人和有病的孩子。其苦难让人无法想象,但他们却从没向苦难的生活低过头。他们还在不时地关心他人,关心青年人,常常热心帮助别人,积极为单位建设做贡献。

河南大学原党委书记卢克平曾在《怀念宋鸿藻教授》一文中写道:"他热爱生活,热爱数学且异常勤奋努力做科研。社会的风尘似乎与他绝缘,他既无尘世俗事烦扰,又不为名利所累,更不为金钱所诱惑,诚可谓'纯真如赤子,不染一点尘'!与他交流只有学术,没有任何闲话和俗事。他既无俗世的是是非非、恩恩怨怨,又无学术江湖的派系纷争、争名夺利。他更没有被苦难生活所压倒,没有因不幸和苦难而抱怨,而期期艾艾、满腹怨气和一身暮气,却永远都开心乐观、充满了朝气和希望。""他像水般纯粹无杂质,平常而重要;他像冰雪般聪明,干净透明而内心热情。"

宋景昌

宋景昌(1916~2007),字绍文,河南汝阳县人,教授,民盟盟员,曾任民盟河南大学总支委员会副主委。

1940年考入河南大学文史系,一年后休学在家自修。1941年复学。1944年从河南大学毕业,在陕西、重庆等地中学以及云南石屏师范学校任教,后去昆明西南联大文学研究所进修。1946年9月,经著名学者嵇文甫、段凌辰两位教授推荐,入河南大学先修班任教。1947年秋至1949年夏,任河南大学文史学院助教。1949年在开封女中任教。1954年调入河南大学中文系,任讲师,讲授现代文学和古代文学两门课程。1957年至1979年,曾先后在开封师院附中、开封市文化干校、开封师专等处任教。1979年秋,重回母校任教。1980年晋升为副教授,1986年晋升为教授,任河南大学古代文学教研室副主任,开设高年级选修课,指导硕士研究生。1986年12月任民盟河南大学总支委员会副主委。1987年离休。曾任河南省政协委员、民盟开封市委常委、河南省古代文学研究会顾问、河南省诗词学会顾问、开封市梁苑诗社社长、名誉社长等职务。

宋景昌一生追求进步,热爱祖国,衷心拥护中国共产党的领导。抗战期间,他正在河南大学求学,就奋笔写下了《全民皆兵论》一文,为全民族抗战呐喊助威,并在全国大学生论文大赛中获得甲等第一名奖。在西南联大求学期间,参加了著名的"一二·一"学生爱国运动。新中国成立后,还以文艺为武器,为推动抗美援朝运动奔走呼号。特别是改革开放以来,对党在各项工作中取得的巨大成就,由衷地感到高兴,赞美之情溢于言表。他将一生奉献给了党的教育事业,是一位德高望重的教育家。早在1938年休学期间,就在伊阳简师任国文教员,不久又担任了校长。此后他把教育的种子撒向陕西、重庆、云南等省份。1947年进入河南大学,任教高等学府,为民族为国家培育英才,直至年迈离休,历时整整半个世纪。从 1977 级起,他不仅坚持上本科生基础课,还先后开设了《苏轼研究》《苏辛词研究》《李清照研究》《李白研究》《西蜀南唐词歌研究》等五门极富学术底蕴的专业选修课,为加快培养急需的专门人才殚精竭虑,贡献出全部的心血才智。他凭借着扎实的功底,围绕重点,旁征博引,深入浅出,深受学生欢迎。他连续 4 次获得"河南大学教学优秀奖",2 次被评为开封市"为人师表先进工作者",1989 年又获得"河南省优秀教育工作者"称号。

他学识渊博,一生坚持文学创作和学术研究。平生创作、发表诗词 400 余首。解放初期由他创作的剧本《大观灯》唱段有"《观灯》一曲元宵夜,唱遍中州大地时"之誉。发表有《阮籍、嵇康的比较》《论孔融》《说杜诗秋兴八首》《论苏词内容的复杂性和风格的多样性》《论李清照诗歌的思想意义》等十几篇学术论文,20 余万字;50 余篇古代文学作品欣赏,颇得专家同行的好评。出版了《点校〈甫里先生文集〉》《宋景昌诗文集》;参编《宋代文化史》;主编《中国古代文学名作提要》《大学语文》等;晚年仍从事专业著述,应上海古籍出版社之邀,标点整理出《陆龟蒙全集》的文稿,显示出老而弥坚的学术活力。2006 年,他的文集《宋景昌诗文选》由河南大学出版社编辑出版,为后世留下了一笔宝贵的精神财富。宋景昌淡泊名利,谦和坦荡。他以教书育人为终身职业,视学术事业为第一生命,显示出崇高的精神境界和伟大的人格魅力。2007 年,宋景昌逝世于开封。

张友铭

张友铭(1929~1992)，曾用名张鼎，河南商城人，讲师，民盟盟员，曾任民盟河南大学支部主委。

张友铭自幼在商城多所学校求学，1948年从商城云楼高中毕业。解放前夕，他曾流亡于汉口、南京、苏州、芜湖等地，一边教书一边求学。1949年2月，他回到商城县中任教。之后，他曾在河南省委会南下工作团担任团员、在息县担任乡长、在潢川专区治淮指挥部担任组织干事。然而，1951年因家庭问题，他选择回家务农。1953年，他考入新乡师范学院数学系学习，1957年毕业后被分配至开封师范专科学校数学科任教员。1959年，开封师范专科学校并入开封师范学院后，他继续担任数学系教师。曾因历史问题，他分别于1958年和1969年受到开封师专党委组织部和开封师院数学系党总支的审查，但后来都得到了平反。

张友铭任教期间，为学生讲授了《数学分析》《微分几何》《高等几何》《解析几何》等课程。1963年至1964年，他曾在南开大学进修。

宋清芳在《人生的转折——我的大学生活》一书中这样回忆张友铭老师：

教我们"点集拓扑"的是张友铭老师。张老师曾教过我们"微分几何"，是唯一一位教过我们两门课的老师。他讲课不慌不忙，讲解清晰，语言精练，字体工整，态度和蔼，平易近人，受到同学们的欢迎。

张文甫

张文甫(1902~1970),男,1902年出生于河南省汜水县白水峪村(今荥阳市高山镇许村)。出身于六代世医家庭。曾担任开封医药专科学校附属医院中医主治医师、中医科副主任、开封市中医学会常务理事、开封市政协委员。

张文甫少年时期在原籍攻读私塾。1921—1923年先后在巩县仓西、龙尾村教私塾小学。1931—1954年在巩县东站街宏裕堂药店行医。1955年参加工作,在巩县城关医院从事中医临床工作。1956—1958年在开封地区中医进修班任教。1958—1970年在开封医药专科学校任教。1962年提升为开封医药专科学校中医科副主任,1964年晋升为中医主治医师。1970年2月1日病故,享年68岁。

张文甫从事临床、医学教育数十年,有丰富的临床经验及理论知识。十五年医学教育生涯,门墙桃李遍及河南内外,对继承和发扬中医药事业作出了贡献。在临床实践中,常妙手回春,救病人于危难之中。他在巩县、汜水、荥阳等地早就颇有盛名,后来更是誉满古城汴梁及中州大地。他不仅擅长内、妇科,对伤寒、时疫也有独到见解,对若干疑难重症更有其独到之处。求治者多获良效,声誉日隆。在数十年的医疗生涯中,病人络绎不绝,门庭若市,终其一生,盛况无衰。

张文甫的一生是对党的卫生教育事业兢兢业业的一生。他拥护党的领导,拥护社会主义制度。他积极参加政治学习,工作踏实认真。虽年逾花甲,但病人随请随到,随到随看,细心诊断,认真遣方用药。他态度诚直谦逊,对待徒弟要求严格,身教重于言教。他不以龄高资老为势,自觉遵守校规校纪,团结同志,群众关系极好。在教学上,他备课努力,讲课认真,系统性、连贯性强,能理论联系实际,辅导及时。他不辞劳苦,每学期常任课二百多个学时,课余时间还不断应诊来自四面八方的求医者。

"老骥伏枥,志在千里"。张文甫五十年中医临床及医学教育生涯,为发展中医事业不遗余力。他常说:"精研潭思,老而弥笃"。他颇能以惜寸阴如寸金之喻自警。十年动乱期间,虽身遭迫害,家被毁,身处逆境,仍潜心业医,只要有可能仍然为患者治疗,在实践中继续学习。他每天鸡鸣早起,晚休多在午夜。虽已年老体衰,仍孜孜不倦,致力于撰写此承五世之传及数十载教学与临床经验,著成《内经知要一见解》《妇科辑要》《新编火疫论》《肠伤寒论治四略》《伤寒析义》《医学津梁》《医学易记略》《五运六气》《针灸治验录》《肝硬变论治》等手稿遗册,并校勘《湖岳村叟医案》(翟竹亭遗著)。

张仲鲁

张仲鲁(1895~1968),字广舆,河南巩义人,教授。他曾三度出任河南大学校长,两度担任焦作工学院院长,是我国著名的教育家和矿业工程学家,为我国高等教育事业的发展以及我国煤炭工业和地方工业建设作出了重要贡献。

张仲鲁9岁入私塾读书,12岁上巩县高等小学堂,13岁进入中州公学班。15岁考入清华留美预备学校。预备学校毕业后,1917年他回到河南开封参加招收公费留学生考试,以99分的成绩名列榜首。1918年,他抱着"实业救国"的愿望远渡重洋赴美国留学,相继在金城科罗拉多矿务大学、密苏里矿务大学攻读采矿工程专业,1921年获得密苏里矿务大学工学学士学位。1922年考入哥伦比亚大学商学院研究生部。在哥伦比亚大学学习期间,张仲鲁一方面刻苦攻读硕士学位,努力掌握建设祖国的本领;一方面组织留美中国学生关注祖国的矿业工程,在留学生中发起组织了"河南矿学会",主要工作是研究矿业学术,代办矿务工程,发展河南矿业。该学会于1922年12月迁回祖国,设在焦作福中矿务大学。

1923年11月,在美留学五年的张仲鲁在获得美国工学硕士学位后,谢绝导师的再三挽留,毅然回国,随即被聘为焦作福中矿务大学校长、教授。他在矿务大学任职3年,采取多项进步措施,锐意改革校政,并积极支持师生的反帝爱国运动,赢得了河南人民的尊敬。1927年3月,张仲鲁受聘担任河南中山大学(今河南大学)教务长。1928年秋,任清华大学秘书长。

1930年6月,在张嘉谋、冯友兰、李子和等河南著名学者的竭力劝说下,张仲鲁自清华大学辞职返回河南,就任河南中山大学校长。这是他首次担任河南大学校长。上任后,他积极筹措经费增添设备,制定规划,力图发展。这一年8月,他亲自主持校务会议，决议将河南中山大学改称河南大学，同时将文、理、法、农、医五科改建为五个学院，并递呈河南省政府、教育部核示获准。自此，河南大学正式命名。9月即宣布自己任校长期间的"河南大学五年发展计划"，深受教职工生的欢迎。但不久中原大战爆发，他被免去校长职务改任省政府参议。此后，他又相继复任焦作福中矿务大学校长，出任南京中央大学总务长、教授等职。

1933年8月，张仲鲁再次出任河南大学校长，并主持制定了《河南大学组织规程》，精简行政机构，紧缩行政开支，不惜重金聘请许逢熙、傅铜、郭绍虞、饶孟侃、高亨、刘节、涂治、李先闻、嵇文甫、姜亮夫、蒙文通、杨鸿烈、李俊甫、闻惕、张静吾等一批著名的专家学者和教授到河南大学执教。他立志将河南大学打造成全国知名高等学府，以实现他第一次执掌河南大学时的夙愿，完成他1930年制订的河南大学发展规划。但由于遭到国民党军统分子的坚决抵制和反对等原因，在苦撑一年之后，张仲鲁于1934年8月被迫辞职，改任河南省政府委员。1935年冬，他被聘为广州中山大学总务长、教授。1939年至1943年任河南省建设厅厅长。1943年6月他被推选为中原煤矿公司董事长。其间，他组织开办龙门煤矿，创设纺织厂、化工厂、机械厂等，为河南地方工业建设作出了重要贡献。

1944年10月，张仲鲁第三次出任河南大学校长。这时，河南大学处于极其困难的流亡时期。当时河南大学所在地嵩县、潭头相继沦陷，河南大学师生办学和生活条件十分艰苦。张仲鲁临危受命，第三次主校后随即亲自到重庆申请和各处募款400万元及大批医药用品，解决学校及教职工的燃眉之急，使河南大学的教学、科研在短期内恢复到比较正常的状态。特别可贵的是，他对校内中共地下党的进步力量及活动都尽量给予方便和掩护，对蒋介石的反共卖国行径强烈不满，陪河南大学师生一起度过了那段最艰难的岁月。由于张仲鲁三次主校期间均遇到了不同程度的外力阻挠，使其工作备受艰辛，发展未能如其所愿。1945年7月张仲鲁担任国家经济部参事，后到天津筹措工商辅导处。1948年初改任国家善后事业委员会参事、中国农业机械公司顾问。同年6月，张仲鲁毅然投奔中原解放区参加革命，受中共中央中原局委派赴武汉城市工作站，促成国民党河南省政府主席张轸将军率部起义，加速了武汉的解放。新中国成立后，张仲鲁历任燃料工业部计划司副司长、国家煤矿管理局副局长等职。1953年张仲鲁加入中国民主同盟，同年调任河南省交通厅厅长，还担任第二届全国政协委员、政协河南省第一届委员会副主席、民盟河南省委常委、河南省人民政府委员等职。"文化大革命"中遭受迫害,于 1968 年 10 月 13 日在开封含冤去世,终年 73 岁。

1979 年 7 月 5 日,中共河南省委、省政府、省政协联合为张仲鲁举行了隆重追悼大会,为其冤案平反昭雪,恢复名誉。晚年著有《张仲鲁自传》《回忆我在河南大学时期的派系斗争》《焦作工学院始末》等,他一生笔耕,还写下了许多矿业工程方面的学术论文,论文存目于《张仲鲁先生工程论文奖金简章》一书。(黄雅君)

张明旭

张明旭(1902~1994),号熙天,河南邓州人。他是中国近代的学者、教育家,也是民盟的盟员。张明旭年轻时在北京大学攻读英语,毕业后获得文学学士学位。他曾担任河南省立水利专科学校讲师、副教授,以及黄河流域水利专科学校教授。

1948年12月,张明旭被聘为国立河南大学文学院教授。1950年2月,河南大学进行院系调整,成立了文教学院,下设中文、历史、地理、数理、化学、教育六个系,并增设了俄语专修科。同时,外语教研组也成立,由英语系的张明旭担任组长。1956年9月,河南师范学院(今河南大学)的俄语专修科改为外文系,设立英语和俄语两个专业,招收本科和专科学生。同时,公共外语教研室也成立,张明旭教授担任外文系副主任。1959年7月,开封师范专科学校外语系并入开封师范学院外语系,徐诚河同志任外语系党总支书记兼系主任,全面负责外语系工作,而张明旭教授则任外语系副主任。当时,针对"教育为无产阶级政治服务,教育与生产相结合"的教育方针,师生们就如何贯彻、如何分配上课时间和生产劳动时间的比例、如何将外语教学与生产劳动相结合等问题进行了激烈讨论。在一次全校师生辩论赛上,张明旭作为外语系教师代表发言,他表示教师不能盲目到田间地头组织教学活动,对于"英国文学史""英语语法""英语词汇学"等课程应当在课堂上完成。他的发言胸有成竹,从容不迫,给"老师和学生一起到田间地头,见啥就教学生用英语说啥,这就叫结合"的说法带来了很大的冲击。

1962年5月,张明旭教授担任外语系主任,徐诚河同志不再兼任系主任职务,而秦建宾同志任外语系副主任。1978年4月,校党委再次任命张明旭教授为外语系主任,秦英骏同志和秦建宾同志分别兼任外语系副主任。张明旭担任河南大学外语系主任三十余年,是河南大学外语系主任任职时间最长的一位教授。1979年,民盟开封师范学院支部委员会换届,张明旭担任主委。

在教学期间,张明旭从不吝啬传授知识。对于学生提出的问题,他总是能侃侃而谈,解释得头头是道。他对学生充满耐心,不歧视、不放弃任何学生。对于语言能力较差的学生,他也会一字一句地耐心教导。他的课堂总是幽默风趣,知识氛围浓厚。即使从教学岗位退休后,他依然孜孜不倦地致力于帮助年轻老师提升业务水平,经常到各个教学班听课。同时,他也致力于外语系的人才梯队建设,为外语系的学科发展作出了突出贡献。他的敬业精神和无私奉献实为后辈楷模,令人肃然起敬。

在科学研究方面,张明旭的成就也十分突出。他曾出版专著《现代汉语语法》和《三人同舟》,并发表学术论文10余篇,为河南大学外语科研水平的提高作出了杰出贡献。在晚年,张明旭还兼任民盟河南大学支部主任委员、民盟开封市委员会副主任委员、民盟河南省委员会常务委员等职务,为河南省、开封市和河南大学的统一战线工作作出了巨大的努力。1994年,张明旭病逝,享年92岁。

张绍良

张绍良（1907~1993年），河南省内黄县人，河南大学历史系教授，曾担任民革河南省委会顾问。

他自幼刻苦学习，成绩优秀。1932年毕业于北京大学历史系。抗战前，他曾在开封高中和开封师范学校任教。抗战胜利后，他前往美国科罗拉多大学研究院攻读硕士学位。

张绍良教授体格健壮，性格开朗豁达。抗战时期，他怀着满腔热情回国教书，积极宣传民族救亡，鼓励青年学子投笔从戎，前往红区延安。他讲课声情并茂，深受师生好评。1950年，应嵇文甫、张柏园之邀，他成为河南大学历史系教授，被定为高教四级。然而，1957年他被打为右派，被开除公职，交由街道居委会监管。直到1978年，他才得以平反，并重新登上讲台。从1979年开始，他担任世界近代史研究生的主要指导教师，培养了20余名硕士生。

他的主要研究方向是世界现代史和美国史等。他著有《世界近代史》和《美国政治史》等专著。同时，他高度重视教材的编写工作，积极将教学心得转化为教材，主编和参编了多部教材，并发表了20多篇学术论文。

张绍良教授为人豁达，不以物喜，不以己悲。1957年被打为右派后，他在家以糊火柴盒为生。幸运的是，他的家庭和睦，有贤妻的眷顾。1978年平反后，他重新登上讲台，虽然已是老态龙钟、发枯齿落，但他依然坚持教书育人。1993年8月15日，他病逝了，享年86岁。

张恒渤

张恒渤(1920~1996),字近坡(原字静波),河南林州人,1920年5月28日出生。1933年林县一小毕业,1937年林县初中毕业。1941年7月在卢氏河南省立洛阳师范学校毕业后,他参与了卢氏涧北力行中学的筹备工作。1942年10月,他考入了国立西北师范学院史地系。1946年7月毕业后,他到河南省立开封中学(即现在的开封高中)任教。1954年7月,他被调入河南大学地理系任教,先后担任讲师、副教授、教授,讲授《地理教学法》《地理教具制作》《世界经济地理》等课程,并曾任地理系原地理教学法教研室主任。离休后,他享受厅局级政治、生活退休待遇。

张恒渤曾于1940年起参加三青团和国民党等组织,但在1948年开封解放前夕,他认清了形势,毅然退出了国民党,拒绝随校南迁,也谢绝了好友邀请去台湾,决然选择留在开封。新中国成立后,他认真学习政治,改造思想,并于1951年1月加入了中国民主同盟。他曾任民盟开封市委第六届委员会委员、民盟河南大学总支部委员会组织委员。在某些政治运动中,虽受到不公正的对待,但他仍坚定不移地拥护党的领导。党的十一届三中全会以后,张恒渤坚决拥护党的改革开放政策,为党重视教育而欢欣鼓舞。他振奋精神,以饱满的激情参加教学和教学改革工作。

在将近半个世纪的中学和高校地理教育工作中,张恒渤重视理论联系实际,积极参加科研,身体力行,不畏艰难,始终坚持在教学第一线,从未间断。他为河南省的中学地理教育事业和高校地理教学法的教学与科研作出了突出的贡献。在地理教学领域,他有独到的见解,并及时总结新的理论,如地理教学法原理和国外新型教学法,使得河南大学地理教育学科的发展更加完善,效果更加显著。20世纪80年代以来,虽年逾花甲,张恒渤仍活跃在教学前线,不仅继续讲授课程,而且每年都负责学生的教育实习，为社会培养了许多优秀的一线地理教师。教学之余，他仍积极参加地理教育科研活动，在《地理教学》和《地理教学研究》等国内地理教育领域里影响力很大的刊物上发表了多篇论文。他对提升学生综合能力、地理教学方法与地理教具制作作出了切合实际、颇有价值的论述。他曾主编小学地理教学法丛书、《地理教学法》教师培训用书，并与其他院校同行合编全国高校地理系科教学用书《地理教学法》教材，该教材获得了国内各师范院校的广泛认可。在与他人合作的著作《世界地理知识》中，他主要负责撰写亚洲地理部分。他还编写了由中国旅游出版社出版的《古都开封》一书，呈现了一个独一无二的开封。张恒渤在国内地理教学法研究领域建树良多，影响较大，曾担任《地理教学研究》刊物编委、中国教育学会地理教学研究会理事、河南省教育学会地理教学研究会副理事长。

张恒渤为人和善，生活俭朴，严于律己，宽以待人，扶植后学，恪守晚节，一生献身于地理教育事业。1986年离休之后，虽病魔缠身，行动不便，但他仍关心河南大学和地理系的建设与发展，关心祖国的社会主义建设事业和祖国统一大业。他展现了一位爱祖国、爱社会主义、爱中国共产党的老知识分子的高风亮节。

张振犁

张振犁(1924~2020),原名张振离,1924年生于河南省密县(今河南省新密市)。他是我国著名的民俗学家、神话学家,"中国民间文艺山花奖终身成就奖"获得者。曾任中国民俗学会副会长、河南省民间文艺家协会名誉主席、河南大学教授等职。

1949年,25岁的张振犁考入北京师范大学中文系。1953年,他来到河南师范学院,第二年再度北上,考入北京师范大学中文系民间文学专业攻读硕士学位,师从著名民俗学家钟敬文先生。在学习过程中,他逐渐对民间神话研究产生了浓厚的兴趣。

1957年,张振犁从北京师范大学研究生毕业。作为新中国第一代民间文学研究生,张振犁带着导师钟敬文先生的嘱托,任教于河南师范学院中文系(今河南大学文学院),历任助教、讲师、教授。1978年,在钟敬文、顾颉刚、白寿彝、容肇祖等著名学者的倡议下,中国民俗学学科得以重建。在这样的时代背景下,张振犁首先在河南大学开设了《民间文学概论》的课程。直至今日,民间文学依然是河南大学文学院备受学生欢迎与喜爱的必修课程。20世纪80年代,张振犁在讲授民间文学课时,从学生收集的民间故事中发现大量依然流传在民众口头的古典神话故事。鉴于此,张振犁带领学生在1982年至2000年近20年的时间里,先后十多次到全省神话蕴藏的重点地区的23个县、市进行了科学考察,从而发现了活态的"中原神话群"。他的发现推翻了过去中国神话贫乏、仅有断简残章的片面结论,大大丰富了中国和世界神话学,纠正了史学家们关于中国神话中仅有圣贤英雄人物的史迹材料的传统观点。这对于重新构建古神话以及了解神话在封建时代演变的规律,都提供了重要的参考资料。也因此,他获得了河南省民间文艺最高奖"金鼎奖"的第一个终身成就奖,被誉为"中原神话的拓荒者"。

张振犁的中原神话研究可谓成果丰硕,其主要代表作有《中原神话专题资料》《中原古典神话流变论考》《东方文明的曙光——中原神话论》《中原神话研究》《中原神话通鉴》等。与此同时,他还主编了《中原文化大典·民俗典》等一些神话研究丛书。1983年,在北京召开的中国民间文艺研究会第二次学术年会上,其所著的《中原古典神话流变论考》引起了强烈反响,并且获得中共中央宣传部、中国文联和中国民间文艺家协会联合颁发的"首届民间文艺山花奖学术著作奖"一等奖。

  张振犁数十年的民间神话调研工作在学术史上具有重要的意义。他一生致力于民俗研究和教学,终身笔耕不辍,治学严谨。他在研究中原神话的起源和流传方面成就尤其突出,在国内外神话学界有广泛影响,同时培养了一批知名学者。其研究成果在今天河南乃至全国各地的非遗保护、传统文化资源开发过程中发挥了关键作用。2007年,张振犁荣获中国民协颁发的中国民间文艺最高奖——山花奖·终身成就奖,成为全国山花奖·终身成就奖四个获奖者之一。作为河南大学民俗学科的开创者,张振犁使民俗学成为河南大学一门独具特色并且影响深远的学科。而以他为首所形成的中原神话学派,对于推动中国民俗学学科建设和民俗学理论与方法的提升都具有积极意义。除了学术成就,张振犁更以其高尚的品格魅力影响着他教授过的每一位学子,良好的师风学风薪火相传。

张增坤

张增坤(1941~2000),河南荥阳人,民盟成员,曾任开封师专中文系教授,河南省第八届政协委员。

20世纪80年代开始,张增坤在河南大学文学院任教,职称为讲师,研究领域为外国文学,主攻欧洲文学方向。1997年,由张增坤与韩洪举主编的《俄国文学史略》出版。该书作为河南地区文学专业教材用书,一经使用,便收获了师生们的诸多好评。1998年,他被评为教授,并于同年当选全国政协委员、河南省政协开封教育界委员。同样是在这一年,张增坤与金朝霞副教授共同申报的国家社科基金项目"欧洲中世纪文学史"获得立项。

张邃青

张邃青(1893~1976),原名森祯,字邃青,后以字行,河南太康人。1927年,张邃青应聘到河南大学的前身中山大学任教授,直至1976年5月逝世。他在河南大学工作50年,历任文史系主任、文学院院长、图书馆馆长,并曾任河南省历史学会会长、开封市副市长、河南省政协文史资料工作委员会副主任、民革开封市委副主委,以及全国第三届人民代表大会代表。

作为历史学家,张邃青治学严谨,潜心于历史教学与研究,桃李满天下。在史学领域,他对《史通》、宋辽金元史以及河南地方史的研究,成就尤为突出。20世纪30年代初,他先后开设了中州文化史、河南史地研究等课程,开创了中原地方政治、经济、文化、社会、民族、宗教、民俗等研究的先河。他在教学和研究地方史志时,从不拘泥于课堂和讲义。1931年,他亲自带领学生赴安阳参观殷墟发掘,并在文学院史地学会上就学术研究如何开阔视野、实地考察发表演讲说:"研究学问,固然需要专门化,只有专门才能精深。但所谓的专门并非只是坐在屋里,抱住一本书咬文嚼字。"

张邃青全身心投入学校的各项事务。1941年10月,他的挚友、深受学生爱戴的进步教授嵇文甫被国民党反动派逮捕。他心急如焚,亲赴洛阳营救,所带衣物全部丢失,直至嵇文甫获释返校。1945年8月,日本投降,颠沛流离8年的河南大学师生归心似箭。学校行政会议决定派张邃青带领4名职工,先回开封考察,再确定迁返事宜。他返回后,发现校内驻有国民党军队三个营,房屋也多有损坏。他多方交涉,组织人力修缮,保证河南大学于年底顺利回到开封。

1949年8月,年逾半百的张邃青参加河南大学研究班,学习马列主义理论。他严于剖析自己。在学习班结束时,他总结个人思想说,因幼年受到家庭及旧式学校教育的影响，自己存在着儒家思想。在中学时，课外看了《新民丛报》一类改良主义的书籍，有改良主义的倾向。在北京高师读书时，正值五四运动时代，参加了开会、游行、演讲，思想上改变较大，比较朝气蓬勃。但回到开封后，忙于教学，产生了超党派思想。直到通过学习，才认识到要想全心全意为人民服务，必须建立革命的人生观。

他热爱新中国，关心国家大事。1950年11月，他在《光明日报》上看到著名史学家陈垣教授的文章，文章提出反对美帝国主义侵略、支援朝鲜人民是历史工作者的历史使命，他深受鼓舞。他感慨陈垣年近七十尚能如此，于是便将所卖住宅所得的5000万元(旧币)中，拿出2000万元支援抗美援朝。1963年中秋节，他参加了开封市政协举办的赏月晚会，并当场赋诗："昨日国庆节，今晚月团圆。又值我生日，漫移古稀年。古稀今不稀，志壮体还健。应须学到老，胎骨全脱换。"

张邃青思想觉悟不断提高，这使他在致力于教学研究的同时，还积极参加社会活动。加入民革并担任民革开封市委副主委后，他竭诚团结原国民党党政军各界人士，学习中国共产党的各项方针政策，积极参加社会主义建设事业。1956年12月，他在开封市第二届人民代表大会上当选副市长，先后分管文化教育及体育卫生工作。作为民主人士，他参加市长办公会议，积极发表意见，建言献策，尽职尽责。他谙熟河南地方史料，对于博物馆、外事、统战等部门来访，总是热情接待，提供资料。他十分关切古城文物的修缮与保护。河南大学内珍贵的河南贡院碑，作为河南贡院旧址，长期散落在院中。1963年12月，张邃青提交市长办公会议研究，拨出专款在校内修建四角凉亭，将贡院碑竖立于内，并列为重点文物予以保护。

张邃青为人忠厚，严于律己，对子女要求也很严格。他的7个儿女大多受到高等教育，其中有4人毕业于河南大学。新中国成立后，儿女们都参加了革命工作，有的在部队，有的在新闻单位或高等院校，有的在党政机关，大多不在他身边。他平时除了写信希望子女听党的话、努力工作外，就是子女因公或休假到开封探亲时，他总是催促他们要按时返回工作岗位，不要影响工作。(文洁。参考张邃青先生之子张绛《张邃青教授与河南大学的50年情缘》一文)

陈仲凡

陈仲凡(1907~1977),又名陈嘉昆,字瑶庭,河南省汝南县人,民盟盟员,教授,德国柏林大学留学研究生,著名教育学家,曾当选河南省政协委员。他一生追求进步,积极参加并支持学生运动,公开宣讲马克思主义学说。

陈仲凡幼时读私塾,后考入河南省立汝南第六中学。1928—1930 年在河南大学预科学习,1930 年以优异的成绩考入北京大学哲学系。在北大哲学系学习时,他就对马克思主义产生了浓厚的兴趣。在胡适的指导下,他研读了普列汉诺夫的史学论著以及列宁的《国家与革命》,认为马克思主义是世界上最科学、最进步的学说。他多次参加抗日救亡宣传活动,积极宣传反蒋抗日。1932 年因为参加学生运动,与另外 8 名学生一起被学校开除。1933—1937 年留学德国柏林大学学习哲学,主修哲学史、康德哲学、黑格尔哲学,1937 年获哲学硕士学位。

学成归国后,陈仲凡历任西北联合大学、山西大学教授。1940 年—1947 年被聘担任河南大学文学院教授、教育学系主任,主要教授哲学概论、伦理学、教育哲学、逻辑学等课程。在河南大学,除正常进行教学外,他还参加了由郭海长等进步学生组织的各种读书会、办墙报、油印刊物等革命活动。由于他公开讲授马克思主义,同进步师生过从甚密,1942 年 9 月被国民党特务逮捕,受尽种种迫害,但仍大义凛然地坚持个人的立场。被营救出狱后,他立即赶赴当时河南大学南迁所在地潭头,在第二天为学生授课时,再次对学生表明自己的马克思主义立场。解放战争时期,他积极参加反对内战的爱国民主运动,被国民党当局非法解聘。1947 年到上海同济大学任教授。1949 年 6 月被任命为河南省人民政府教育厅督学兼编研组长。1950 年 2 月,受张静吾邀请,重新回到河南大学担任教育系教授,后任教育系主任、教育教研室主任。1956—1958 年当选为开封市第二届人大代表。"文革"中,受到错误的审查和批斗。1977年11月病逝,终年70岁。1979年5月,党和政府为其彻底平反昭雪。

作为中国民主同盟中的一员,陈仲凡在政治上信仰马克思主义,且身体力行,让人感动。在河南大学任教期间,他积极向学生讲授马克思主义的相关学说。诚如其自传中所言:"1940年起到1947年止,我所教的各科,都是把我所理解的马克思主义的学说,作为每章每节每题目的结论。"同时,陈仲凡还参与或支持进步学生运动。在被拘禁期间,面对国民党特务"你为什么对学生讲马克思主义"的审讯,陈仲凡巧妙应对:"因为它是世界上的一种哲学。"面对"你为什么不批判它"的质疑,陈仲凡的回答是:"我没有批判的能力。"1947年,河南大学教师为要求提高待遇而罢教,学生罢课,陈仲凡为进步学生作了《人权主义和民权主义》的讲演。部分学生被捕后,陈仲凡等人去慰问被捕学生,并因此被解聘。由此可见,陈仲凡一直以各种形式参与、支持学生运动,宣传马克思主义,以各种形式参与民族救亡运动。除此之外,在任教期间,他还广泛开展学术研究,在教育学、哲学、唯物论与经验批判论、人权主义和民权主义等方面有较高的造诣,先后编撰出版《西欧哲学概论》《教育问题》等论著,发表多篇学术论文。其编写的《中外教育史》等教材,受到师生一致好评,在国内高等学校相关教育系也产生了良好的影响。

陈仲凡一生虽历经坎坷,但矢志不移,始终坚持马克思主义的立场,将马克思主义学说融入教学及社会活动之中。在国家危亡之际,他以一个知识分子的担当,积极参加并支持学生运动,坚持学术自由的立场,广泛开展教学研究活动,为我国教育事业的发展贡献了自己的力量,实不愧于"进步教授"之称。(赵国权 陈云)

陈际轩

陈际轩(1906~1995),男,汉族,河南省浚县人,民革成员。

1918年9月至1923年7月,他在河南省浚县淇门完小读书。1923年9月至1926年7月,在开封省立二中学习。1926年9月至1929年7月,就读于开封第一高中。1929年9月至1931年4月,在北平私立中国大学学习但未毕业;1931年8月至1935年7月,在河南大学学习并顺利毕业。之后,从1935年8月至1939年1月,他先后在武陟乡村师范、浚县师范、南阳潦河乡村师范任教。1939年3月起,他开始在河南大学教务处工作。

新中国成立后,他历任河南大学行政学院、教务处注册科、中文系、政治教育系、图书馆的干事、科员、资料员、图书馆员等职务。1984年,他被评为馆员。1985年离职休养。他积极参与民革活动,在思想和政治上与中国共产党始终保持一致。(邱建章)

陈梓北

陈梓北(1905~2001),原名陈梓潼,山东黄县人(今山东龙口市)。他是民盟盟员,著名教学论专家,音乐教育家,珠算教育家。

陈梓北5岁就进了私塾,在学习"四书五经"的同时,也学习珠算。在崇实中学就读期间,他又与音乐结下了不解之缘。1926年,他考入北京师范大学教育系,一边学习教育统计等专业课,一边思考运算的简便方法。1930年从北京师范大学毕业,在开封一师等校任教5年。1935年又自费到日本东京帝国大学留学,专攻教育统计。1937年"七·七事变"爆发后,他愤然回国,在陕西凤翔师范、成都师范学校任教员,并编辑出版《战时教育周刊》,宣传抗日救亡,呼吁人民团结抗战。1940年1月起相继担任河南大学教育系副教授、国立河南大学教授。他随学校辗转豫西南、陕西宝鸡等地,期间积极宣传抗战思想,创作抗战歌曲,用音乐进行战斗,编写了《抗战歌曲选》《战教周刊》《纪念鲁迅歌》,为《七·七中学校歌》《河南大学校歌》谱曲。他还精心研究作曲工具,经过987次实验和改进,终于在1940年发明了"987型陈式乐尺",当年被教育部认定为全国首创。他还长期深入小学、中学进行珠算、笔算、心算研究,为后期"三算"研究成果打下基础。因在抗日战争期间积极宣传抗日救亡运动,反对蒋介石打内战,他于1942年被国民党伏牛山工作团以"赤化"罪名逮捕入狱,后被进步人士营救出狱,仍回河南大学执教。

新中国成立后,陈梓北开始深入系统地研究珠算教法。他写成《速成珠算教学法的新研究》一文,中科院认为推广价值极大,即转教育部,请求向全国小学试行推广。1956年,陈梓北在此基础上整理而成的《珠算速成简明教程》一书正式出版。这是我国首次采用唯物辩证法研究珠算所取得的丰硕成果,而陈梓北正是开创"辩证算法"的第一人,是珠算研究的拓荒者。经过十几年的潜心研究和实践,到 20 世纪 60 年代,陈梓北已经得出:"若在小学数学教学中采用'三算'教学,可使小学数学教育缩短两年时间"的惊人结论,并与余介石教授等两次联名上书教育部,建议有关领导对珠算及"三算"教学予以重视。由于"文革"开始,其建议石沉大海。"文革"期间,陈梓北被关入"牛棚",身处逆境,但仍致力于科学研究,他用硬纸做框,用女孩子扎头用的空心塑料丝剪成算珠,做成可以放在手掌心中的"小算盘","小算盘"帮助陈梓北试创了指算、点算方法,写出了《新指算法简介》《点算》《发展中的新珠算开平方法》《珠算乘除新定位法》等论文。"文革"结束后,陈梓北迅速引入速算教学,在全国引发了一场速算热潮。1979 年,中国珠算协会在秦皇岛召开成立大会,陈梓北被选为中国珠协副会长。

陈梓北的一生是追求真理、热爱祖国、辛勤耕耘、努力创新、艰苦朴素、甘于奉献的一生。早在新中国成立后,他积极要求进步,多次向党组织提出入党申请,终于在年近 80 岁时如愿以偿,光荣加入了中国共产党。入党后的他更是焕发了青春活力,与大学生谈心得体会,与青年教师沟通思想,鼓励青年大学生和年轻教师积极向党组织靠拢。80 多岁的他还先后给本科生、研究生主讲统计学、小学数学教材教法、教育学等课程。由于他的突出贡献,省政府曾授予他"河南省五一劳动奖章"。离休后,陈梓北在身患重病的情况下,仍坚持从事教育和科研工作,他特别关心少年儿童的教育,先后创作儿童歌曲百余首,并于年近 90 岁时还创新性地提出要对学前儿童、学龄儿童进行超前教育的研究。1994 年,他和儿子陈文光,孙女陈学新一起,获得"河南省优秀教育世家"的光荣称号。

这便是一位挚爱祖国、热爱人民的人;一位热爱科学,终身求是的人;一位真正的国算大师;一位不断创新的教育家——陈梓北教授一生的真实写照。(赵国权　张亚美)

陈慰儒

陈慰儒(1895~1968),河南信阳人,原名陈汝珍,字慰儒,后以字行。他聪颖好学,熟读"四书五经"。自幼随亲人来到开封。

1912 年考入河南留学欧美预备学校。

1918 年从河南留学欧美预备学校毕业后,作为河南省第一批公派留学生赴美国留学。

1922 年从美国伊利诺伊大学土木系毕业后,他在美国纽约州公路局担任工程师。

1924 年回国,同年至 1927 年任中国华洋义赈总会河南省分会工程师。

1927 年至 1930 年任河南省建设厅技正(工程师)、科长,并兼任中州大学教授(1927 年—1933 年)和河南省公路局长(1929 年—1930 年)。冯玉祥第二次在河南主持工作的时候,提出要破除迷信,砸庙毁寺。1929 年春,陈慰儒时任河南省政府建设厅四科科长。据曾任河南省图书馆馆长的井俊起先生回忆,一日井俊起正在办公,忽闻省政府决定废除寺庙,驱逐僧众。他想起大相国寺乃千年古刹,内有许多古物,藏经楼下有天然树根两株,形似鸟兽、花木,十分奇特。八角亭中五百罗汉体态各异,为宋初曹彬自江南运来。中间千手千眼佛为一大银杏树雕成,鬼斧神工,均富有历史艺术价值,不宜毁弃。他本想去找河南省代主席薛子良进言,但又怕自己分量不够。正在发愁的时候,陈慰儒恰好过来,井俊起便与陈慰儒谈及保护古物的事宜,希望他能"将欧美保护古物并非迷信的意旨向薛子良说明",陈慰儒当即答应,并立即面见薛子良代主席。不久陈慰儒返回,沉痛地说:"完了,完了。昨天已经动手,五百罗汉大部分已经融化铸造铜圆了,两株形状奇异的树根也毁了。"当时大相国寺计划改为中山市场,很多佛像被毁,仅剩千手千眼佛因外饰黄金,他们正在想办法熔取,还未来得及毁掉。经陈慰儒向薛子良讲述欧美各国重视古物的做法后,建议予以保护。"薛采纳其意见,下令勿毁。"后来,薛子良又转请冯玉祥将军允许,千手千眼佛才得以保留下来。

1930年至1935年任河南省河务总局局长,负责黄河、沁河的修防工程。1931年11月,陈慰儒所著《整理豫河方案》出版,书中拟定了治理豫省黄河的方案。1931年冬与他人一起编纂《豫河三志》,于1932年出版。

1935年至1937年任全国经济委员会水利处工程科长。1935年1月,国际联盟派荷、英、意、法四国水利专家聂霍夫(G. P. Nijhoff)、柯德(A. T. Goode)、吉士(C. C. Geeitsema)、奥摩度(Omodeo)来华,到开封视察黄河水性及埽垛工程。陈慰儒先生以黄委会河南省修防处主任身份参与其事并合影留念。1935年2月,他受黄委会秘书长张含英之命,参与编制"黄土河流预备试验和黄土沉淀试验"的试验计划大纲,以备在中国第一个水工试验所正式成立之后率先进行试验工作。

1937年至1939年任黄河水利委员会西安河防处处长兼河南省修防处主任。

1940年至1942年任经济部水利设计测量队总队长。

1942年至1944年任黄委会西安河防处处长兼河南省修防处主任。

1945年至1949年任黄委会黄河工程总局顾问,1947年至1952年在河南大学土木系兼任教授。

1952年全国高等院校调整,陈慰儒接受组织安排,调到黄河水利学校任教,教授水利工程施工、施工组织与计划等课程。1965年退休。

1968年12月,陈慰儒在开封病逝。

武慕姚

武慕姚(1900~1982),名福鼎,字慕姚,自号拙叟、瓶翁,斋号贞默,河北永年人,久居河南省开封市。通晓文字学、版本学、金石学及诗词,是河南省当代著名的书法家、鉴赏家、诗人,曾任河南省书法家协会理事,擅长多种书体,在国内外颇有影响。

武慕姚世代书香。祖父武延绪,字次澎,光绪壬辰年进士,任翰林院庶吉士,有政绩,谥号奉政公。父武毓莘,字湘村,太学生,光绪年间首批留日学生。武慕姚毕业于中国大学国学系,出自吴检斋、邹次公、茨季刚、陆墨庵诸先生之门。1928年,在中国大学国学系曾受教于梁启超、

武慕姚

陈寅恪、范文澜、黄侃、邵瑞彭等先生。毕业后,先后在开封一高、开封一师、河南大学、河南省图书馆、河南省文物管理委员会、河南省历史研究馆等单位供职。武慕姚一生从事金石、考古、版本目录学、文字学、音韵学、训诂学及诗词的研究,造诣精深,尤其精于碑帖、书画鉴赏。

武慕姚的书法成就尤为突出,隶书融篆隶于一炉,自成家数,古拙而清新。早年学习何绍基,又继承了清代碑学的传统,新中国成立后,得汉熹平石经拓本,爱其方正拙朴,大雅多姿,从学者甚众,而后遍临诸汉碑,兼有清代名家之长,形成了独特的风格。书如其人,由于性情率真豪放,广闻博识,加之书法功力深厚,"离纸一寸,入木三分","随心所欲,不逾矩",结体、用笔以"不住于相"为主,而且"雄中不外秀,苍中不脱润为连笔之则",故能入古出新,蔚成隶书新格,他那挺拔刚劲的线条、错落玲珑的结体和崭

新的时代气息,可谓独树一帜、雅韵清标、卓立不群,这也是世人推崇他的隶书的原因。20世纪70年代,郭沫若多次来河南,对武慕姚评价甚高,曾说:"河南有武慕姚先生,我怎敢写字题词。"

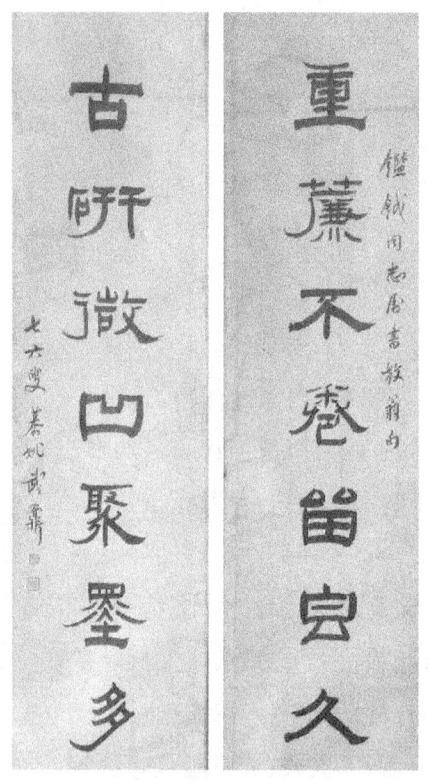

隶书对联　武慕姚书

武慕姚擅长多种书体,除隶书之外,于楷于行也极精妙,行书出自褚颜,俏丽典雅,遒健浑厚。楷书、行书诸体皆妙笔善变,飞动潇洒,风流自然,卓然以气韵胜,富书卷气,可谓羚羊挂角,无迹可求,前学率更(欧阳询)、鲁公(颜真卿)、河南(褚遂良)并及魏、齐,行书亦入晋人堂奥。其清奇雅健之风于书林独树一帜,把传统推向了新的高度。这是武慕姚先生对时代的卓越奉献。他在供职河南省文史研究馆期间,整订过大量的河南志书,每部书的函套都经他一手题签,一体楷书,其书法似唐、似魏,并具隶意,如不知先生习书经历,即使书家寓目,亦能使人迷惘,莫测其源。

武慕姚终生酷爱碑帖书画,善碑版、精辞章、喜绘画、富收藏,是公认的碑帖鉴赏名家。先生平生著述丰硕,有论书诗稿传世,诗词集有《枣香梦影》《安陵游草》《春草轩小稿》;碑帖鉴赏著作有《洧水觚谭》《毡椎闲话》《适斋题跋》;纂有《河南省金石目》;

楷书作诗两首　武慕姚书

论书则有《书法韵语三十六首》等等。

　　他的一生，工作之余，绝大部分时间都消遣在藏品之中，可谓坐拥书城。新中国成立后，其收藏的宋元明清书画无偿捐献给国家，受到河南省政府登报表扬，除此之外，手头尚有少量碑帖和典籍，终日吟哦、临池，徜徉其间，能作得一手好诗，写得一手好字，实皆其勤奋所致。1973年应河南省博物馆聘请，筹备"河南省画像石和碑刻拓片展"，展品均由先生鉴定，写出说明文字，此展在日本成功举办。1982年3月20日，武慕姚病逝于开封，享年83岁。有自撰挽词："斯翁实熙代幸民，漫放浪形骸，沈酣诗酒。此圹依萱堂寄宅，有几湾流水，一树冬青。"（陈琛）

周守正

周守正(1914~2006),江西省清江县(今樟树市)人,早年就读于南昌中学,1934年考入复旦大学经济系,翌年留学日本东京帝国大学经济学部。在那里,他学习了马克思主义和西方经济学,研读了《资本论》和《共产党宣言》等著作。

1937年全面抗战爆发后,他毅然回国,参加抗日民族解放运动。他先后在《救国日报》和《生活》杂志(邹韬奋主办)撰写抗日救亡文章,抨击国民党顽固派的不抵抗政策,唤起民众,勇赴国难。1945—1948年,周守正在广东中华文化学院任教授兼工商管理系主任,发表了《立地问题研究》《中国实行银本位制失败的历史教训》等论文。所发表的关于"立地"问题的文章,成为我国最早研究"区域经济"问题的代表性著作。1946年,他在广州参加《每日论坛报》的编辑工作,积极配合中国共产党地下组织反内战、反饥饿、反独裁的斗争,编发了一批优秀文章,表现出一个爱国忧民的民主知识分子的赤子之心。后因抨击国民党的反动政策,报纸被查封,他被迫转移至香港。在那里,他受中共地下党组织委派撰写《官僚资本》等著作,配合了中国人民的解放战争和民主革命斗争。

1949年2月,周守正由香港辗转来到中原解放区首府开封,在中原大学参加革命工作,为解放军南下培养了大批革命干部。8月12日,中原大学南迁武汉,周守正、侯恒等部分中原大学的同志留下来,参加新河南大学的创建。

1949年10月1日新中国成立后,河南大学"文教学院"调整为级别与医学院、农学院、行政学院平行的三个直属教研室:政治经济学教研室、文史教研室、理工教研室。周守正任财经系主任,同时在新成立的河南大学行政学院从事干部培训工作,为河南省各条战线培训了1800余名干部。与此同时,周守正出版和发表了《封建剥削》《官僚资本》《货币金融学》和《资本论逻辑开端研究》等专著和论文。

20世纪50年代初期,周守正加入民建。1952年7月,财经系调入湖北财经学院,周守正等部分经济学者留在了河南大学,学校性质转为高等师范院校。1960年在政治理论教研室的基础上建立政治教育系,周守正长期担任政治教育系主任兼政治经济学教研室主任。随后在此基础上成立了马列主义教研室,周守正负责政治思想教育、德育公修课教学工作。

在20世纪五六十年代,作为河南省高校政治理论课和政治经济学专业中唯一一名经济学教授和学术带头人,周守正不仅领导组织实施了河南大学政治理论课特别是政治经济学课程的教学工作,而且兼任郑州大学的教学任务,多次组织编写全省高校和中学政治理论课教材。70年代后,周守正深入工厂、农村,帮助工人和中学教师学习政治经济学和《资本论》。1979年成立了以周守正为主任的全国首家《资本论》研究室。1980年,他光荣加入中国共产党,实现了他多年追求的夙愿。1981年我国正式开始实施学位制度,以周守正为第一学术带头人的河南师大(现河南大学)政治经济学专业成为全国首批硕士学位授予点。1985年5月,国务院学位委员会组织检查组对河南大学政治经济学硕士学位点进行检查,对学位点给予了高度评价。到90年代末,周守正培养了百余名研究生,多数成为各条战线的骨干力量及知名的专家学者。

离休后,周守正依然关心学校和学科的发展,并继续为研究生授课。改革开放以来,他的代表性论文和著作颇丰,主要包括《调整的方针是马克思主义的方针》《马克思对以往经济学家评价的历史态度》《马克思的〈资本论〉的论及开端研究》《资本论和社会主义经济(之一、之二)》《基本论教学与研究纲要(1—3卷)》《资本论词典》《科学社会主义大辞典》《市场经济大辞典》等。其文集分为《周守正文集》上下两卷。周守正为河南大学以及河南省高等教育事业和经济学理论事业作出了杰出贡献,先后当选为河南省第二、三届人大常委,全国第五、六届人大代表,并担任河南省社科联副主席、中国《资本论》研究会常务理事、全国综合大学《资本论》研究会理事和顾问等职务。同时,他在河南大学担任校务委员会、学术委员会、学位委员会副主任。他曾荣获全国教育系统劳动模范、河南省优秀专家等称号,并享受政府特殊津贴。

周焕章

周焕章(1897~1973),字学文,是中国著名的化学家,湖北黄陂人,同时也是中国民主建国会的创始人之一和中共党员。1918年,他考入北京工业专门学校学习。在五四运动时,他被进步学生推选为代表,参与了火烧赵家楼、惩治卖国贼的革命活动,因此被北洋军阀政府逮捕。后来在教育界人士的保释下,他得以出狱。1922年至1924年,他在北京工业大学就读,毕业后被中州大学聘为讲师。

1927年,他受邀担任湖北省立汉阳高级工业学校的校长。1930年,他自费前往美国留学,1932年在密歇根大学获得化学硕士学位,并被聘为伊利诺伊大学的研究员。1934年,他选择回国,投身于高等教育事业,历任河北唐山交通大学副教授、唐山工程学院教授。1936年,他再次来到开封,担任河南大学理学院教授。1938年,他成为重庆大学化工系的主任和教授。在河南大学任教期间,他还兼任全国度量衡技术室主任和度量检测人员养成所高级班教授。在此期间,他主持翻译了来自苏、德、法、日、美、意、英、波兰、挪威、瑞典、捷克、匈牙利等18个国家的工业标准,总数达到2万余种,并制定了本国工业标准900余种。国民政府立法院院长孙科对他的贡献表示高度赞赏,并通过新闻媒体向公众宣布。从1939年开始,周焕章担任重庆大学化工系的一级教授和系主任。他撰写了《制革学》《植物油提炼法》《油脂工业无烟火药学》等著作,并经过艰苦研究,发明了铁盐鞣革术。在此期间,他与友人共同投资成立了中美化学工业公司,担任经理和总工程师,专门生产各种皮革和机器润滑油。周焕章怀有强烈的民族情感,他坚决反对孔祥熙向古巴订购百万双皮鞋的建议,并在报纸上公开发表文章,支持马寅初对孔祥熙扼杀中国民族工业的批评。

1945年11月,周焕章与胡厥文(20世纪80年代任全国人大常委会副委员长)、马寅初等15人共同发起成立了"中国民主建国会",并作为13位筹备干事之一积极参与活动。1946年,国民党重庆党部指示周焕章等制革学会成员组成一个三人小组,负责监视并汇报中共在制革学会的地下活动。然而,周焕章却将此事告知了正被怀疑和监控的中共地下党员徐崇林,使他能够防范并转移,从而避免了遭受迫害。同年,他还利用自己的公开身份掩护了中共地下党员。1948年,周焕章回到湖北,担任武昌中华大学理学院院长和湖北师范学院化学系一级教授。他怀有强烈的正义感,对国民党的腐败和无能深恶痛绝。他认为国民党已经衰败,因此积极鼓励知识分子不要前往台湾、香港或欧美国家,而是留下来迎接人民解放军。解放初期,周焕章主动团结科学技术界人士,积极协助政府筹组中国科学工作者武汉分会,被公推为理事长。

新中国成立后,他被评为一级教授。1950年,他担任了中南军政委员会文化部科普处处长、中南科协理事长,并当选为全国科协常委。1953年,他出任武汉市科协主席。1955年,他接任武汉市公用事业管理局局长一职。到了1958年,他被任命为武汉工学院筹备组组长,同年,国务院任命他为武汉工学院首任院长。在担任院长的15年间,他亲自主持并实施了学校的第一个十年发展规划,认真贯彻"高教六十条",为武汉工学院社会主义办学体系的建立作出了巨大贡献。

1958年,是周焕章受命筹备武汉工学院并出任首任院长的一年,也是在这一年,他加入了中国共产党(后任院党委常委)。在学校创办初期,他组织师生共同制定长远发展计划,使学校规模逐步扩大;教学设施从无到有,日益完善;管理制度逐渐规范化;教学质量也逐年提升。他秉持民主作风,行事光明磊落,关心同志,爱护学生。他常常深入基层,甚至排队在食堂与学生们一起打饭菜,深受学生们的敬仰。

新中国成立后,周焕章曾当选为武汉市人大代表、武汉市人民政府委员,以及第三、四届全国政协委员,还是第一、二届"民主建国会""中央委员"。在"文化大革命"期间,他虽受到冲击,甚至身患重病,但仍坚持工作。

周焕章曾有幸三次受到毛主席的接见:第一次是在解放初期,他出席民建中央会议时受到了毛主席的集体接见;第二次是在1958年,他参加全国政协会议时再次受到毛主席的集体接见;第三次是在1961年,中央工作会议在武昌东湖宾馆召开期间,毛主席接见了一批社会各界著名人士,周校长也在其中,并留下了握手的特写镜头。然而,"文革"开始后,他受到了严重冲击,被打成"资产阶级反动学术权威"和"走资本主义道路的当权派"。1973年,他因病逝世,享年76岁。幸运的是,"文革"结束后,学校根据政策与上级指示精神,为周焕章同志平反昭雪,并举行了追悼会。

郑子祯

郑子祯(1908~1990),曾用名郑增祥,河南淮滨人,副教授。1951年10月,经杜孟模、王季敏介绍,在开封高中加入民主同盟。他曾参加河南省民主同盟第五次代表大会,并担任开封市民盟市委常委、副主委。1986年3月离休,享受厅局级政治、生活待遇。

在北京大学求学期间,郑子祯曾多次聆听蔡元培先生、蒋梦麟先生以及客座教授鲁迅先生等大师的演讲和授课,由此产生了以学强国的思想。他参加了"一二·九"抗日救国示威游行,与其他北平学生一同反对国民党南京政府的不抗日行为。1936年从北京大学数学系本科毕业后,他放弃了老家让其从政并许以高官厚禄的诱惑,毅然回到当时的河南省城开封,在北仓女中担任数学教员。抗日战争全面爆发后,他同北仓女中的师生一起,每星期日都到乡下宣传抗战。即使北仓女中迁至南阳后,他仍继续向民众宣传抗战。1938年9月,他转到南阳中学任教,1942年9月又转至开封高中任教。1948年10月开封解放后,他随开封高中回到开封,继续担任数学教员。1949年4月至8月,他曾在河南省教育厅编辑室短期任职,从事中小学数学教材编辑修订工作。1951年9月,他调任河南省师范专科学校数学科任科主任。1958年1月,他响应党的号召,积极下乡参加劳动锻炼,并受到市政府的表彰。1959年河南师范专科学校并入开封师范学院后,因工作需要,他调任函授部副主任。1962年5月,他任开封师范学院数学系第一副主任,主抓教学工作,是河南大学数学系的主要创建人之一。在1969年的"文化大革命"清理阶级队伍运动中,他被停职审查。"文化大革命"结束后,他于1978年4月恢复原任系副主任职务,1979年任硕士研究生导师。

郑子祯自大学毕业后,长期为学生讲授立体几何、初等几何、几何与三角、中学数学教材教法等课程。由于其前期多年从事中学数学教学工作,他在数学教学法方面有较深入的研究。

郑子祯曾任开封市第一届人大代表,并一直连任至第七届,这在市人大历史上也是不多见的。他还一直担任中国民主同盟开封市的领导职务,直到离休后才退下来。在事业上,他为河南省的数学教育事业奉献了毕生精力;在生活中,他总想着别人,从不为自己谋取利益。当年河南大学第一批教授楼落成后,按级别他应分得一套房子。但当校领导将钥匙交给他时,他认为自己已经离开工作岗位,因此把房子让给了一线工作的同志居住,自己则仍然住在亲手盖起的昏暗平房里,直到去世。

单毓华

单毓华(1903~1984)，名粹民，字毓华，通常使用字来称呼。1952年被定为二级教授，是著名的数学教育家。他来自河南新蔡，自幼在父亲的指导下专心刻苦地学习。1911年，他考入新蔡县高等小学堂，开始学习外国语言文学和自然科学知识。1917年，他考入河南留学欧美预备学校的法文科，1922年从保定留法预备班毕业。之后，他相继在安徽、上海、河南三地的师范学校担任外语讲师。1925年，他在中州大学考取公费赴法留学的机会，进入里昂大学攻读数理学专业。在那里，他成功研制了液体表面张力测定仪，并获得理科硕士学位。之后，他前往英国巴黎大学深造，在学业上受到著名科学家居里夫人的指导和好评，最终获得理学博士学位。

1930年8月，单毓华学成归国，先在中法大学担任讲师和副教授。1931年8月，他回到母校河南大学，被聘为理学院数理系教授。从1935年至1949年，他相继被聘为安徽大学、中华大学、重庆大学、复旦大学的教授。新中国成立后，他成为安徽大学理学院的院长和教授。1952年院系调整后，他调至安徽师范大学，历任数学系主任、校教务长等职务。他在社会上的兼职包括安徽省政协1949—1984年历届常务委员、安徽省数学学会理事长、中国数学学会理事。他于1953年加入民盟，1960年加入中国共产党。1984年8月，他因病去世，享年81岁。

作为河南留学欧美预备学校法文科的杰出毕业生和河南大学的著名校友，单毓华在高校任教了54年。其中，他在河南大学数理系担任教授4年，致力于培育英才且著述丰富。他的代表论著包括《方程式论》《微分方程》《微积分学》《理论力学》《微分几何》《数学史》等。

孟宪德

孟宪德于1913年5月出生在山东省单县的一个农村家庭。他早年就立志献身教育事业。1934年,他从河南大学附属中学毕业后,以优异的成绩考入了北京大学教育系。在北大求学期间,由于抗日战争的爆发,北京大学等一批学校被迫搬迁到云南昆明。在那里,北京大学与搬迁至此的清华大学、南开大学合并组成了西南联合大学。孟宪德于1939年从西南联合大学毕业。之后的七八年时间,他在西南联合大学和山东政治学院担任助教、教员和副教授。1947年,他考取了国家公费留学资格,前往西欧,先后在瑞典乌普萨拉大学和法国巴黎大学深造,专攻外国教育史和比较教育。1950年回国后,他一直执教于河南大学,历任河南大学教育系教授、教育史教研室主任、教育科学研究所所长、名誉所长、顾问,同时也是外国教育史专业硕士生导师。他还兼任河南省教育学会理事、河南省比较教育学会理事长、全国比较教育学会和全国教育史研究会理事,以及《教育史研究》的顾问。此外,他还担任九三学社开封市主委、开封市政协副主席、九三学社河南省副主委、河南省政协常委,以及九三学社中央执行委员和顾问等职务。

孟宪德深爱着祖国、党和社会主义,他忠诚于人民的教育事业,从青年到老年始终如一。1950年,新中国刚刚成立,正是百废待兴的艰难时期,他义无反顾地放弃了海外的优越条件和舒适的生活环境,冲破阻力,从西欧回国参与国家建设。在河南大学,他任劳任怨、踏踏实实地工作了近半个世纪,无怨无悔地奉献了自己的青春和终身。这种无条件的奉献精神,值得我们永远学习和发扬。粉碎"四人帮"后,他更是精神焕发,干劲倍增,坚决拥护党的十一届三中全会以来的路线、方针和政策,支持改革开放。他以极大的热情参政议政,为国家的各项改革和发展出谋划策,用实际行动展现了党外人士与中国共产党荣辱与共、肝胆相照的人格魅力和资深专家的博大胸襟。在本职工作中,为了教育系的恢复和重建,他多次出谋划策,积极搭桥铺路,并热情鼓励和指导中青年教师。他利用各种会议和场合,多次对青年教师寄予厚望,希望他们打好基础,学好外语,尽快成长起来,早日承担起教学、科研和对外交流的任务。为了给国家培养急需的教育人才,1982年,他不顾自己已年过七旬,坚持给复系后的本科生讲授外国教育史课程。从1986年开始,他又积极创造条件,在教育系率先招收外国教育史硕士研究生,为国家培养高层次的教育人才。为了繁荣和发展教育科学,他在古稀之年仍积极筹建河南大学教育科学研究所,并拟定了以北欧教育为研究方向。他亲自挑选研究人员,派人到外地选购图书资料,制定管理条例,使学校教科所初具规模。他一贯爱惜和尊重人才,奖励和提携后辈。在参加省里的职称评定和科研会议时,他总是仗义执言,优先考虑中青年人,尽量给他们分配任务和责任,把他们推到第一线。这处处体现出一位老学者、老专家的正直和关爱。

孟宪德教授精通英、法、俄、德、瑞典五种语言,这为他从事外国教育的教学和研究打下了坚实的基础。20世纪50年代初期,他主持编写了融合中外教育史的《教育史讲义》,该书经铅印后供全校各系学生学习使用。60年代初,他在译著《新形势下的苏联师范教育》中指出,建立与生活、生产以及工农业相联系的实习体制是改善师资培训的首要任务。80年代初,孟先生曾被北京师范大学外国教育研究所借用,期间他接触了大量外国教育的资料,并发表了一系列译著。在《印度的卫星教学电视试验》一文中,他提到1975年印度进行的卫星电视试验,该试验旨在通过科学、技术、农业、卫生保健、计划生育等方面的教育来提升印度民众的知识水平,这一创新举措引起了第三世界国家的广泛关注。在《菲律宾的教育》中,他详细介绍了菲律宾的教育体系,包括公私两类学校以及初等、中等、第三级和高等教育机构等四个层级。他强调菲律宾的教育注重劳动、科学和技术,采用双语教学和二部制,同时利用广播学校为青年、农民和家庭主妇提供教育机会,这些举措对菲律宾的经济发展起到了积极的推动作用。在《各国中学结构的发展动向》一文中,他指出各国中学都面临着升学和就业的双重任务,其中就业问题尤为重要。为了解决这一矛盾,一些国家大力发展中学后的技术教育,而另一些国家则采用了工读交替的新形式,即回归式教育。这些发展趋势可为我国中学结构的改革提供参考。在《瑞典高等学校的考试制度》一文中,他介绍了瑞典高校独特的入学考试制度,即学生凭中学毕业证书即可升入大学,同时允许有实际经验的工人进入大学深造。

1985年,孟宪德教授在《论杜威教育哲学体系在教育上的地位》一文中肯定了杜威在教育史上的重要地位,并指出其教育思想体系包含了一个完整的哲学体系,由经验论的运动宇宙观、适应环境的心灵论、知行合一的认识论、民主生活的社会观以及相对价值论等组成。他的教育思想具有生长、发展、进化、改善等观点,这既体现了他的进步教育思想,也显示了他比传统教育思想的高明之处。

1988年,75岁的孟宪德教授应湖南教育出版社之邀,为《世界著名学府》丛书撰写了《乌普萨拉大学》一书。他对此任务感到非常高兴,因为他不仅是该大学的老留学生,而且出版这套丛书也是为了开阔视野、扩大交流,促进我国教育的"三个面向",为建设有中国特色的社会主义现代化教育提供借鉴。为了圆满完成任务,他通过中国驻瑞典大使馆的同志以及乌普萨拉大学负责公共关系的副校长获取了相关资料,最终编写了近十万字的《乌普萨拉大学》一书。该书指出,乌普萨拉大学创建于1477年,是北欧第一所中世纪大学,同时也是一所不断革新的现代化大学。书中对该大学的历史和现状进行了详细叙述,并特别称赞了该校曾培养出的众多杰出科学家和社会科学家,尤其是对世界著名博物学家林纳、天文学家摄尔絮斯以及8位诺贝尔奖获得者等大师名士表达了崇高的敬意。该书图文并茂、内容简明扼要、语言通俗易懂,是我国至今为止第一部系统介绍瑞典著名学府的专著。

由于孟宪德教授在外国教育研究方面的深厚造诣,1987年7月他曾应邀赴巴西参加世界比较教育大会。

孟宪德教授为人谦逊宽厚、团结同志、任劳任怨、作风平易近人、生活节俭朴素、淡泊名利、默默奉献。尽管已经退休,但他的思想并未退休。多年来,他仍然一如既往地关心他为之奋斗一生的人民教育事业和国内外大事,并积极参加社会公益活动。他在各种座谈会和团拜会上的即席发言多次表达了对改革开放以来政治稳定、经济繁荣、教育发达以及各项事业蒸蒸日上的欢欣鼓舞之情,这展现了一位老一代知识分子、爱国者和民主党派负责人的坚强信念和对光明与进步的追求。(杨捷)

赵子佩

赵子佩(1900~1990),原籍河南省淅川县。1917 年,他到开封省立河南第一师范学校学习。毕业后,他考入上海美术专科学校(以下简称"上海美专")音乐系,这使他能够在音乐艺术方面得以深造,较全面系统地掌握了音乐理论知识和钢琴演奏技巧。1928 年,他从上海美专毕业,回到开封,在开封"大一中"(原河南省立第一中学,后分为河南省立第一高级中学和河南省立第一初级中学)当音乐教员,从此走上了音乐教育的道路。

20 世纪 30 年代,赵子佩先生目睹了中国音乐的落后状况,深感忧虑。他除了在公立学校教书外,还不懈地为开办艺术学校而努力。他看到河南省第一所艺术学校——东岳艺术学校惨遭奉系军阀破坏,就毅然搬到学校住,义务任教一年,帮助该校恢复。他先后与人合办河南艺术学校、体音艺术学校。最后,他和爱人李静轩(上海美专的同学)用自己教书攒下的钱购地建房,添置钢琴等教具,开办了北华高级艺术职业学校。赵子佩亲自任教,还聘请了河南艺术界的教师来任教。不久,抗日战争爆发,学校被迫停办。

抗日战争胜利后,他决心重新恢复学校。1946 年,他克服物价飞涨和生活的艰难,省吃俭用,积蓄钱款,在北华高级艺术职业学校原址上修整房子,又购置了两架钢琴和教学用具,毅然决定复学。他一家老少亲自动手布置校舍,沿街张贴招生广告,学校终于又重新开办了。赵子佩全身心投入到了教学上。1948 年 6 月,解放开封的战役打响了。国民党反动派的飞机狂轰滥炸,复课不久的学校惨遭摧毁。一颗炸弹将三间校舍炸成了废墟,办公室倒塌,钢琴被砸坏,赵先生 17 岁的儿子不幸被活活压死。赵先生为发展民族音乐事业,矢志办学,奋斗不止,甚至献出了亲人的生命,历史记下了这悲壮难忘的一页。

历史的悲剧及其带来的惨痛教训,使赵子佩如梦初醒。他开始领悟到,在国民党反动派统治下的半殖民地半封建的旧中国,一切有志于人民事业的个人奋斗,都是注定要失败的。

1949年以前,赵子佩先后在开封师范学校、开封女子中学等十余所学校任教。他对学生热情耐心,对教学认真负责。他大力提倡"正规音乐教学",即对学生从基础乐理知识由浅入深地进行系统教学。他曾和音乐教育界同人创立"震中乐社",交流教学经验,探讨音乐问题。他曾编写过两本《普通乐理教本》,当时由开封商务印刷所出版发行。他发现学生王震亚具有音乐天赋,就多加指导。王震亚好学上进,立志深造,想要报考音乐学院,却受到家庭阻挠。赵子佩知道后不仅鼓励他,还帮忙说服了他的家人,并亲笔给在南京工业大学任教的李剑晨教授写信,推荐王震亚赴中央音乐学院求学,终于使王震亚走上了音乐道路。

赵先生重视课堂音乐教学,也很注意帮助学生在课外时间开展音乐活动。有学生喜欢唱京戏,他就开办"京戏班";有学生喜欢吹拉弹唱,他就组织了"国乐合奏队"。

1949年以后,当看到我国的音乐教育事业走上了迅速发展的社会主义光明道路,赵先生舒心地笑了。在党的关怀下,他先后在开封艺术专科学校、郑州艺术学院、河南师范大学(今河南大学)等学校任教。他兢兢业业,埋头工作,不为名利,不计报酬,把自己的全部心血倾注于音乐教学实践和音乐教学研究活动中。同学们在一起,每当谈起敬爱的赵先生,总是深情地说,他像春蚕,无声无息地工作;他像蜡烛,默默地燃烧自己,却为别人留下光明和希望。(根据陈家海、李法桢主编的《河南省近现代音乐教育发展研究》中收录的文章摘编,原文为《辛勤培育音乐之花的园丁——记河南省老音乐家赵子佩先生》,作者为翟永义、赵兰。)

赵天吏

赵天吏(1912~1987),字理之,是我国著名的语言文学家。1912年生于河南省武陟县东安村的一个贫苦家庭,自幼酷爱学习,凭借亲友资助和借贷攻读大学。1935年考入河南大学文史系,因其学习刻苦用功,颇得著名文字学、训诂学家高亨先生的喜爱,这为其以后的文字学研究奠定了基础。1939年从河南大学文史系毕业后留校任教。20世纪40年代起,历任国立河南大学、河南师范学院、开封师范学院、河南师范大学、河南大学助教、讲师、副教授、硕士生导师。1951年,赵天吏任河南大学国文系资料室主任,1968年任中文系汉语教研室主任,1979年任中文系古代汉语教研室主任,1980年兼任中文系古代汉语研究室主任,1982年5月任河南大学中文系教授,兼任古汉语研究室主任、校系学术委员会委员、校图书馆顾问、河南省《辞源》修订组顾问、中国语言学会理事、河南省语言学会副会长、中国训诂学研究会理事。

赵天吏为人淳朴正气,在河南大学执教的四十多年间,生活朴素,衣着简单,不慕荣利,淡泊名利。他虽在学术界享有盛誉,但不谋私利,几十年来始终潜心从事中国语言学文字、音韵、训诂学的教学和研究。发表的主要学术著作有《说文声类谱叙例》(1946年)、《诗经的韵例、韵部和韵字》(1962年)、《古音通假的条例以及通假字的读音问题》(1979年)、《释"悳(德)"》(1982年)、《说龙》(1983年)等。《诗经的韵例、韵部和韵字》一文有助于当代学者进一步了解先秦时期古韵的分部。《古音通假的条例以及通假字的读音问题》将古音通假的原则概括为四条,并逐条举例说明,从而帮助今人能够正确地理解古书的词义。《说龙》一文则运用《左传·昭公二十九年》中魏献子问龙于蔡墨的故事后一段关于周易乾卦卦象变化的内容,进而推断龙形来自"闪电",认为雷电龙三位一体,为中国"龙崇拜起源"研究提供了一个全新的思路。他与学生共同编写的《古今诗韵说略》1989年由江苏教育出版社出版,1990年荣获河南省教委科研二等奖、河南大学科研优秀奖。

　　赵天吏治学严谨,刻苦钻研,在语言学方面有极高的学术造诣。留校后,在随河南大学四处迁徙的过程中依然一心治学。他于1978年开始招收研究生,为研究生讲授音韵学及训诂学课程。由于赵天吏学识渊博,学养深厚,上课时常旁征博引,妙语连珠,仅带一本教材便可以讲授整整一上午。因此,其所开设的《说文解字》等课程备受广大师生欢迎,甚至历史系及中文系古代文学专业的青年教师们也都争相旁听。除给汉语史专业研究生讲授文学、音韵、训诂等课程外,他在学术研究方面主要从事汉语古声纽及古声调的探讨,曾被聘为河南省《辞源》修订组顾问,参加由国家统一规划的《辞源》审定工作。1981年,学校又成立了古籍整理研究所,由著名语言学家于安澜先生任所长,有专兼职研究人员32人,以整理、校勘、标点、注释、研究历史古籍、培养古籍整理人才为目标。赵天吏为业余古籍整理培训班的学员们进行了音韵学、训诂学、文字学、古典文献学等各方面知识的培训。赵天吏曾担任开封市政协委员,于1987年逝世。

赵希鼎

赵希鼎(1912~1994),辽宁省锦西县(今葫芦岛市)人。他是中共党员和民盟盟员,曾任河南大学历史系教授,并担任过河南大学中国现代史教研室主任、《史学月刊》主编和编辑部主任等职务。

赵希鼎在1920年至1931年期间,在家乡的小学和初中接受教育。1934年,他考入东北大学政法学院政治系。他积极参与了一二·九抗日救亡运动,并加入了山西牺盟会进行下乡宣传,展现出他作为一名热血爱国青年的本色。1939年毕业后,他留校担任助教。赵希鼎先后在东北师范大学、河南大学等高校执教,1955年起在河南大学任职。在他的教育生涯中,他历任助教、讲师、副教授、教授等职位,并讲授了中国政治史、中国政治思想、中国外交史、中国地方政府等课程。此外,他还担任过历史系教授、硕士生导师、中国现代史教研室主任、《史学月刊》主编、编辑部主任、名誉主任等职务。

赵希鼎在从教的几十年里,在中国现代史教学与科研方面作出了卓越的贡献。他全心全意地教书育人,踏实做学问,深受后辈的敬仰。他于1954年9月加入中国民主同盟,1956年11月加入中国共产党。20世纪60年代,他被评为高教4级。1978年7月,他担任开封师范学院(今河南大学)学术委员会委员。1986年5月,他离休。然而,令人惋惜的是,赵希鼎于1994年3月21日病逝,享年82岁。

赵希鼎的成就主要体现在以下两方面。

第一,在中国政治史、监察制度史、近代史研究及马克思主义研究等方面建树深厚。

赵希鼎公开发表的关于清代政治制度的研究成果主要有《清代总督与巡抚》《清代各省的政治制度》《清代内阁制的变迁》《清代内阁与军机处》《清代边疆少数民族地区

的政治制度》等。其中,《清代各省政治制度》和《清代边疆及少数民族地区政治制度》,在分析了清代西南、东北、蒙古、新疆、青海、西藏、台湾诸省政权建置和统治措施后,指出清朝在统治前期,制定了就当时封建社会条件来说比较成功的民族政策。他认为清朝政府在此期间采取的移民、屯田、修路、设儒学等措施,对地方经济文化的进步发展有所裨益,对巩固边疆、促进民族团结也起到积极作用。他的论文为我国边疆政策提供了理论支持。

赵希鼎公开发表的关于中国监察制度的研究成果主要有《中国历代监察制度的变迁》《对〈中国监察制度的变迁〉一文的答复》等,这些论文被后辈学者们广为引用。

赵希鼎发表的关于张学良的研究成果主要有《张学良先生与东北大学》《西安事变的片段回忆》《张学良办教育》《我们一定要解放台湾》等。由于他在东北读书的经历,他于耄耋之年,仍关心社会主义建设事业,关心祖国统一大业,怀念在台湾的东北大学老校长张学良将军。在河南省东北大学校友会即将成立之时,他慨允出任会长,但不幸溘然长逝。他的文章具有历史原创性特色,他关于张学良的文章更具可信度。

赵希鼎关于历史研究及马克思主义研究等其他方面的研究成果还有《夏代是中国国家的起源》《海瑞的一生》《第二次国内革命战争时期反动派对地方政府的变更及其作用》《批判梁漱溟反动的乡村建设理论与实践》《五四运动时期的思想解放》《肃清右派分子黄元起在教学中散布的毒素》《有关中国半殖民地半封建社会的发展问题》《琐谈〈三字经〉》《中苏友谊发展回顾》《继往开来,任重而道远》《搞臭历史教学中的资产阶级个人主义》等。

从赵希鼎的研究成果可以看出,他思维敏捷,学术眼光独到。他的论文至今还被相关领域的研究引用,是一名成果卓著而影响深远的学者。

第二,在关键时期主持了《史学月刊》的复刊工作。

《史学月刊》创刊于1951年1月,原名《新史学通讯》。1952年期间,因主办者下乡参加土地改革运动而短暂停刊,这是第一次经历短暂的停刊。同年7月,复刊。1957年1月,改名为《史学月刊》。1960年10月起,《史学月刊》第二次停刊。1964年8月,赵希鼎主持《史学月刊》的复刊工作,出任主编,成为《史学月刊》的第三任主编。在"文革"开始时,由于该刊是国内唯一没有转载《评新编历史剧〈海瑞罢官〉》这篇文章的杂志而遭批判,被勒令停刊。1978年12月,中共十一届三中全会的召开,使得停刊长达14年之久的《史学月刊》终于获得了新生之机。1980年7月,《史学月刊》第三次复刊。赵希鼎再次被委任为主编和编辑部主任,后来还聘请了著名历史学家白寿彝为该刊顾问。

赵希鼎不仅是一位严谨的历史学者、史学专家,更是一位称职的老编辑。在担任《史学月刊》编辑的生涯中,他发现、培养了不少优秀的作者,许多后来都成为著名的史学家。他亲自为《史学月刊》撰写了大量的稿件,进行历史研究以及马克思主义史学研究。此外,他还编写了一部英文教材《英国地方政府》。他在相关领域都取得了开创性成果,他具备老一代知识分子的风骨与信仰,具有名师风范。(李暖)

郝士英

郝士英（1909~1968），河北省涉县人。他是民盟盟员、副教授，曾任河南大学教育教研室副主任。

郝士英在1931~1935年期间，于北平师范大学教育系就读，1935年毕业并获得文学学士学位。毕业后，他曾在洛阳师范学校、安阳高中等学校执教。1943年1月，他加入河南大学教育学系，历任讲师、副教授以及教育教研室副主任，主要负责教育学、教育史等课程的教学工作。在抗日战争和解放战争的动荡时期，郝士英始终坚守在教育学系，为本科生授课。1946年12月，《河南大学学术丛刊》复刊，刊登了24篇具有较高学术水平的论文，其中郝士英发表了《一个新中学的实验设计》，阐述了他的新教学观。同年，郝士英还参加了任访秋、陈梓北、王般若等人组织的"师友社"，并参与发行《师友》月刊。1950年春，他在河南大学加入中国民主同盟，并曾担任河南大学支委。1951年10月，民盟河南大学区分部正式成立，李俊甫教授担任主任委员，杜孟模教授任组织委员，郝士英则出任宣传委员。他积极参政议政，为学校和社会发展提出建议。然而，在1957年5月15日学校召开的党外人士座谈会上，郝士英因直言学校管理中存在的问题，如党对教学人员信任不足，领导过于看重青年和学生，而被错误地划为"右派"，随后被开除盟籍，并受到迫害致死。直到1978年，他才得以平反，恢复了政治名誉和盟籍。

在任教期间，郝士英不仅致力于教学工作，还积极开展学术研究。他发表了40余篇学术论文和文艺作品，主要学术论著有《初级民众学校国语教材之研究》《悼陶行知先生》和《道德学新稿》等。

郝士英对教育事业充满热情，他具有强烈的事业心和革命责任感。即使在战火纷飞的年代,他也始终坚守在讲台上,赢得了师生的尊敬。加入民盟后,他更加积极地参政议政,参与社会活动,利用一切机会为党和政府以及学校的建设与发展出谋划策,充分展现了一名党外知识分子的使命与担当。(赵国权　陈云)

荣铁生

荣铁生(1924~2002),山东宁津人。他是民进会员、河南大学历史系教授以及研究生导师。他一生致力于中国近代史和妇女史的教学与研究。1988年3月,他离休并享受厅局级待遇。1994年,他当选为民进河南省第一届委员会委员。在1996年至1999年期间,他担任民进开封市委主委,并当选为河南省第八届人大代表。他承担了大量社会工作,积极参政议政和民主监督,为河南省和开封市的建设与发展作出了积极贡献。

荣铁生是一位资深的中国近代史专家,这与他的家学有着深厚的联系。他的叔父荣孟源先生是中国现代著名的史学家。早在1938年,荣孟源先生就曾在延安行政学院任教。新中国成立初期,他在中国近代史研究所工作时,积极协助所长范文澜先生宣传马克思主义的史学观,推动中国近代史研究的开展,并对近代史资料的编辑、整理与出版付出了大量心血,作出了巨大贡献。或许受叔父影响,荣铁生也一生致力于中国近代史的教学与研究,并成为中国近代妇女运动史研究的著名学者。

1948年8月,荣铁生在青岛参加革命工作。同年9月至1949年10月,他就读于山东大学中文系。之后,他在丹东第一中学任教至1950年7月。1950年11月至1951年10月,他在中国人民大学进修中国革命史。随后,他在新乡师范学院(今河南师范大学)任教至1956年8月,之后调入河南大学历史系任教。

荣铁生是大陆高校中最早关注中国近代妇女史教学与研究的学者之一,也是全国第一个为本科生开设中国近代妇女史课程的人。1983年,他在河南大学率先开设了国内第一门《中国近代妇女运动史》课程,这一举措被多家媒体专门报道,如《中国妇女报》和《中国教育报》等,使他成为全国妇女运动史研究的先驱。河南大学历史系还开办了全国性的"中国妇女运动史"讲习班,并在全国首次招收"中国近代妇女史"研究生。由于荣铁生教授的引领，河南大学形成了研究中国近现代妇女史的传统，这一传统至今仍在延续。

1986年7月，河南省妇女理论研究会成立，该研究会挂靠在河南省妇联，拥有121名会员，荣铁生担任第一届副会长。1987年12月15日，开封市妇女理论研究会成立，会员有50人，荣铁生任会长。

荣铁生先后担任民进河南省第一届委员会委员、民进开封市委主委、河南省第八届人民代表大会代表等职务。1988年11月，他参加了在北京召开的民进第六次全国代表大会。次年夏天，他又出席了在广州召开的民进中南六省工作会议。1994年，他当选为民进河南省第一届委员会委员。在1996年至1999年期间，他再次担任民进开封市委主委，并当选为河南省第八届人大代表。然而，他于2002年4月8日因病去世，享年78岁。

荣铁生在河南大学任教期间，长期从事中国近现代史专业的教学与研究工作。他具备扎实的理论基础和丰富的教学经验，先后为本科生、研究生讲授了《中国近代史》《辛亥革命史》等课程。他备课认真，教学用心，分析问题时条理清晰，层次分明。讲课时，他思路清晰，旁征博引，深入浅出，因此深受学生欢迎。由于他博学多识，勤奋执教，在师生中享有较高声誉，并经常受邀到其他高校做关于辛亥革命史的学术报告。

荣铁生负责编写的《中国近代史纲》（上册）被全国许多师范院校作为历史系本科学生学习中国近代史的通用教材，这充分展现了他在全国近代史领域的影响力。

荣铁生在中国近代史领域潜心研究，取得了丰硕的成果。他在辛亥革命和中国妇女运动史研究方面造诣深厚，出版了《中国近代史》、《中国近代妇女运动》、《中国农民起义小传》（合著）、《中外历史新编》等多部著作。此外，他还主编了《河南大学学报丛书》《中国近代史论文集》《辛亥革命时期的妇女问题》《中外历史新编（第二卷）》等书籍。

荣铁生孜孜不倦地工作，笔耕不辍，发表了三十多篇专业论文。具体篇目主要包括《中国资产阶级和妇女解放》《孙中山的早期反帝思想》《辛亥革命前后的中国妇女运动》《漫谈孙中山与中国近代妇女解放》《孙中山的妇女解放思想》《近代历史上西藏人民的抗英斗争》《评毛健予先生"抗法名将冯子材在睦南关前的英勇战绩"和"睦南关大捷后的冯子材"两文》《辛亥革命时期资产阶级民主革命思想的传播》《从思想战线斗争看十年来历史科学的发展》等。荣铁生文学专业出身，曾在报馆工作，文笔潇洒流畅，书法自成一体，是一位多才多艺的学者。（李暖）

胡石青

胡石青(1880~1941),名汝磷,字石青,河南大学文学院教授。他曾任河南高等学堂教务长、河南省谘议局书记长、北洋政府教育次长、东北大学教授、河南通志馆总纂以及河南大学社会科学讲座教授。胡石青幼年孤苦,十多岁才开始学习诗文。1902年,他考入河南大学堂,两年后因成绩优异被选拔进入京师大学堂研究院学习,主攻心理学、伦理学、教育学等。在北京求学期间,胡石青一面系统地接受新学,以此改造社会;一面广泛阅读西方人文主义著作,深受巴枯宁、蒲鲁东主义的启发。新学和西方学术的交替影响,奠定了他探求救国理念的思想基础。1906年,胡石青从京师大学堂研究院毕业,被授予进士。回到家乡后,他出任河南高等学堂教务长,并兼任河南省谘议局书记长。他锐意改革,处事有方,在河南省教育界颇有名望。1912年底,他当选为国民众议院议员,步入政坛。胡石青具有鲜明的资产阶级改良思想,与梁启超交往密切。梁启超组织的民主党于1913年3月在开封建立河南支部后,他出任常务干事。

从政期间,胡石青为民谋利,积极探索救亡之路,在河南省保矿运动中贡献巨大。1912年,具有英国背景的福公司强制道清铁路局停运中州公司煤炭,引发民众强烈不满。时任河南总督的张镇芳立即派遣胡石青、王敬芳前往焦作与福公司交涉。谈判中胡石青多方斡旋,促成了次年北京外交部召开的"中英四方会议",捍卫了国人权益。1914年8月,为振兴民族实业,他与王敬芳成立"中原煤矿股份有限公司",胡石青出任总理。该公司的成立一定程度上改变了福公司利用技术优势垄断河南省煤矿的局面,推动了近代河南地区民族煤炭工业的发展。同时,胡石青还因地制宜,在开封兴办福中矿务学校,该校后迁至焦作,新中国成立后改名为焦作矿业学院。

1916年,胡石青担任全国烟酒专卖局总办。1917年,他联合他人共同创办了《新中州报》。该报以报道河南地区重大事件为主,由胡石青等人独立出版达十年之久。直到 1927 年南京政府成立后,才被收归国有,改名《河南民报》。这份报纸旨在维护中原煤矿事业,代表了民族资产阶级的利益。1919 年 1 月,因政治角逐,河南督军赵倜在胡石青前往开封时以"莫须有"的罪名将其逮捕入狱。后经王抟沙等人多方营救,他才获释。1926 年 7 月,胡石青出任北洋政府教育次长;北伐成功后,他出任东北大学教授。1933 年,应河南大学校长许心武之邀,他担任河南大学社会科学讲座教授,为社会学系开设课程。1934 年 11 月,他出任设在河南大学的河南通志馆总纂,兼任文学院教授。

抗战开始后,胡石青以无党派人士身份参加庐山会议,并就外交、开放党禁、抗日救国等问题提出意见。1938 年国民政府成立参政会,胡石青出席了在武汉召开的第一次会议。会上他提出《请政府批准将宪法草案提交本会研究案》,并呼吁救济河南灾民。1939 年,他兼任华北水灾赈济委员会副委员长,主持救灾。同年九月,胡石青在国民参政会第四次大会上提出《请拨巨款彻底救济案》,对救济河南灾民起到巨大作用。

胡石青一生勤奋好学,工作之余阅读大量书籍。他结合实践形成"人类主义"理念。1921 年他出国考察,游历 38 个国家,据此写成《人类主义初稿》一书。此外,他还与好友赵质宸共同整理外国游历经历,以《国外游历日记》为名在《新中州报》上陆续发表。1933 年,他出版《三十八国游记》。这两部作品对学界了解研究各国历史文化具有极大帮助。他还于 20 世纪 30 年代出版《胡石青先生狱中杂记》《胡石青民族复兴讲演集》等著作。在担任河南通志馆总纂期间,他孜孜不倦,花费三年时间修成《河南通志》一书,该书现存河南省图书馆。

胡石青一生为国为民,为民族矿业、中原地区教育业的发展付出心血。1941 年,他在重庆因病逝世,享年 62 岁。他去世后,曾有数百人参加公祭仪式。

胡思庸

胡思庸(1926~1993),河南信阳人,著名历史学家。他曾担任河南省社会科学院院长,兼任河南省社会科学界联合会副主席、河南省历史学会会长、《中州学刊》主编等职务。他的研究领域包括中国古代史、中国近现代史和思想文化史。

胡思庸幼年时就读于甘肃省清水国立第十中学。1946年考入河南大学农学院园艺系,1948年在河南大学南迁苏州期间转到文学院历史系学习。1951年2月,他留在河南大学任教。留校后的工作主要分为两部分:一是在《新史学通讯》(由河南省历史学会主办的新中国第一个史学刊物)编辑部工作;二是担任河南大学校长嵇文甫(著名历史学家、教育家)的学术助手,研究领域集中在古代思想史和近代思想史。后来他进入历史系担任助教,1956年晋升为讲师。由于科研成果显著,1979年2月他被破格提升为教授,并成为河南大学中国近代史专业硕士研究生的主要导师。

1983年,胡思庸创建了河南大学历史系中国近代思想史研究室,并担任研究室主任。同年8月,他出任河南省社会科学院院长,同时仍兼任河南大学历史系教授和中国近代思想史研究室主任,直至去世。在工作期间,他还曾兼任郑州大学历史系名誉教授、省历史学会会长、《中州学刊》主编、省哲学社会科学规划领导小组副组长、省哲学社会科学界联合会副主席、中共河南省委咨询小组特约研究员、中共河南省社会科学院委员会委员、省社会科学职称高评委主任、河南省炎黄文化研究会副会长、河南省政协第六届委员会委员、中国史学会第二、三届理事会理事、辛亥革命史研究会常务理事以及太平天国史研究会常务理事。

1983年10月,胡思庸加入了中国共产党。他工作期间勤勉努力,不遗余力。1983年调任河南省社会科学院院长后,他仍继续兼任河南大学教授,并坚持为中国近代史研究生授课，直至因病去世。他为中国历史学的发展和河南省文化教育事业的繁荣付出了巨大努力，作出了卓越贡献。

胡思庸怀有共产主义理想，在学术领域取得了显著成就。他是一位思想先进、学术造诣高深的前辈。他在研究中既展现了深厚的传统学术基础，又运用了先进的思想方法。加之其严谨的治学态度，使得他在学术界享有崇高声誉。胡思庸的文章内涵丰富、观点新颖，文采飞扬且平实中蕴含深意，非常引人入胜。鉴于其卓越的学术贡献，近代史学者赞其为"中州大儒"。胡思庸主编的《中国近代史》被教育部指定为全国文科通用教材，广受史学界好评。他还与他人合著了《中国近代史新编》，作为该书的定稿人和主要撰稿人，其作品在学术界反响热烈。1982年2月9日的《人民日报》书评指出："作者勇于探索，不拘泥于旧说，提出了独到的学术见解和启发性观点"；"加强了对中国近代史研究中薄弱环节的探讨"；"注重发掘和引用新材料"。

胡思庸在中国近代思想史、鸦片战争史、太平天国史以及河南地方史等领域建树斐然。其杰作汇集于河南大学出版社的《胡思庸学术文集》，收录了从20世纪50年代至90年代有关中国近代史的代表作品20余篇，全面展示了他的学术实力。2013年10月，《胡思庸学术文集》由河南大学出版社再版，汇集了他的主要论文，这部文集是他学术生涯的瑰宝。

胡思庸的研究成果在香港和澳门回归问题上发挥了重要作用。他的《〈川鼻草约〉考略》一文在学术界获得高度评价，并引起社会广泛关注，为香港和澳门的回归提供了关键历史资料。该文通过考证断定《川鼻草约》并未签订，驳斥了琦善私自签约的说法，证明1841年英军占领香港并无条约依据。著名中国近代史学家林增平先生曾赞誉此文为新中国近代史实考证的重大创获之一。在鸦片战争初期，英国侵略军于1841年1月强占香港时声称义律与琦善已签订协定（即后来的《川鼻草约》），将香港岛割让给英国。此后百余年，中外史籍均沿袭此说法。但胡思庸通过查阅大量文献和资料，经过严密考证，推翻了这一持续百余年的结论。他指出："琦善始终没有向义律答应割让香港，只许寄居；而且始终也未答应英方占香港全岛，只同意香港一隅。""所谓《川鼻草约》，是在英军强占香港以后，才单方面制定的条文，而琦善始终未在该约上签字或加盖官防。故《川鼻草约》不仅事后未经中、英两国政府批准，即便当时也并没有签订。'订立签订''签字'等说法，是缺乏事实根据的。""英国殖民主义者先是在没有任何条约根据的情况下，武力强行霸占了我国领土香港，以后又经过一年多的持续侵略战争,用武力胁迫清政府签订《南京条约》,将抢夺来的权益用条文的形式固定下来,充分暴露了殖民主义的强盗本性。"

这篇论文发表后不久,人民教育出版社的一位编辑便发表文章指出:此后中国历史教科书涉及《川鼻草约》的内容都要做郑重修订,其根据就是这篇论文。果然,1984年后出版的严肃的学术著作和教材中,都断然纠正了过去的错误论述。因此,《〈川鼻草约〉考略》不仅是一篇高质量的学术著作,其影响也远远超出了学术范畴。

胡思庸在弘扬祖国传统文化、进行爱国主义教育、促进香港和澳门回归等方面发挥了积极作用,赢得了国内外史学界的广泛赞誉和重视。中英川鼻草约实际未签,英国占领香港时并无条约依据,这一发现有力地配合了我国的外交谈判。

胡思庸学术研究造诣深厚,每篇文章都富有创见,堪称后辈学者的楷模。他从事中国近代史研究近40年,对鸦片战争和太平天国史的研究多有突破性见解,主要体现在以下几点。

(1)在鸦片战争史方面的研究造诣深厚。

他最早发表的近代史方面论文是在1952年至1953年间的《平英团——近代中国人民反侵略运动第一幕》及《关天培与陈化成》,两篇文章均发表于《新史学通讯》。1954年,他在《新史学通讯》1月号、2月号上发表了长篇论文《伟大的爱国者林则徐》,以扎实的史料评判了林则徐一生的贡献,可谓胡思庸的成名之作。

后来他发表的《林文忠公家书考伪》一文,奠定了他在中国近代史研究,特别是鸦片战争史研究中的重要地位。该论文考证了45件林则徐家书(来源于学者经常引用的《清代四名人家书》),经过考辨,断定其全系伪造。推理过程科学而谨慎,所得结论不容置疑。这些家书仍被台湾文海出版社出版的《近代中国史料丛刊》正编收录(即第63辑第624种《清代四名人家书》)。这一考证可为近代史界同仁在以后的研究中省去不少精力和时间,避免在伪作材料的基础上搭建自己的观点。后来又发表的《林则徐手札十则辑注补证》进一步巩固了他在鸦片战争史方面的话语权。其后,他又发表了《清朝的闭关政策与蒙昧主义》《何玉成冤词——三元里抗英斗争领导问题之我见》《林则徐手札十则辑注补证》《鸦片战争前夕的"汉宋之争"》《龚自珍思想论略》等一系列重要论文,在鸦片战争史研究方面硕果累累。

其中,《清朝的闭关政策与蒙昧主义》一文,对清代对外贸易的管理和闭关政策的主要内容提出了真知灼见,从重农抑商政策的延续、封建统治者妄自尊大的心理,及隔绝人民与外界的联系以利于专制统治等三个方面,对闭关政策产生的社会历史根源进行了深入剖析。该文曾被收入到人民出版社 1984 年出版的《鸦片战争论文专集》(续编)一书中,成为该领域研究中极具代表性的著作之一。

《鸦片战争前夕的"汉宋之争"》一文,对乾隆、嘉庆以后至鸦片战争前,大约一百年间统治中国学术思想界的宋学和汉学进行了深入而系统的考察。该论文对于研究鸦片战争前的思想学术史具有重要价值。

胡思庸为研究生开设了一门课程——《中国经学发展史》。因他曾师从嵇文甫先生,擅长研究中国古代经学发展的历史,所以对此有独到的见解。由于忙于政务,直至胡思庸去世,他在此方面的专著未能完成出版。他的弟子根据课堂笔记整理成文章《古代经学的发展与清代今文经学的兴起》,可以窥见其敏锐的学术眼光与深厚的学术功底。

《龚自珍思想论略》一文,通过大量史料辨析指出,龚氏深受今文经学影响。其中,该文最大的闪光点是对"农宗"——龚自珍的理想国的剖析。文章还指出,龚自珍把传统的重本抑末思想发挥到了极致。他要求社会上货币要少得不能再少,基本上等于取消,恢复到以物易物的时代,这只能是历史的倒退。胡思庸指出:"如实地指出龚自珍的阴暗面并不是要抹去他的光辉。他生当封建社会向半殖民地半封建社会转变的边缘,思想充满矛盾是不足为奇的。他对清朝的官僚政治作过深刻的批判,尤其在封建社会晚期,高度皇权专制统治下,许多可憎可耻的东西被他无情地揭发出来,予以鞭挞,确实起了振聋发聩的作用。"这充分体现出胡思庸的学术眼光。

胡思庸对于魏源思想的研究也不同于常人,体现出他的睿智。他认为:"在哲学上,魏源的历史进化观点和朴素的辩证法思想,超过了同时代的任何一个学者。"他对魏源思想中丰富的辩证法因素及其朴素的唯物论的反映论予以肯定,又揭示了其最终走上有神论的不足之处。

(2)关于太平天国史的研究。

胡思庸先生也是研究太平天国史的杰出专家。他发表的《太平天国与儒家思想》《太平天国与佛教》《汪士铎思想剖析》《太平天国革命时期贵州苗教大起义》《太平天国的知识分子问题》等文章,均体现了胡思庸的深厚学术思想。

在《太平天国革命时期贵州苗教大起义》一文中,胡思庸的研究被专家视为苗教起义研究的重要参考。1963 年,他发表了长篇论文《太平天国的知识分子问题》,这被视为探讨太平天国与知识分子关系的首篇专门文章。而《太平天国与儒家思想》一文,更奠定了胡思庸在太平天国史研究领域的学术地位,该文对太平天国与儒家思想的关系进行了系统阐述,见解独到而深刻。

《太平天国与佛教》是首篇论证太平天国与佛教关系的文章,具有开创性意义。通过详尽的史料梳理与严密考证,胡思庸得出结论:太平天国反对儒、佛、道三教的斗争,体现了受压迫农民对封建精神枷锁的勇敢挑战。该文在太平天国思想史研究方面取得了重要突破。

1978年,胡思庸发表了代表作《汪士铎思想剖析》。通过对汪士铎的个案深入研究,进一步揭示了当时整个思想界的一般趋势和斗争实质。文章深入剖析了汪士铎对社会各阶级的态度、历史观、人口论及其"王霸之辨"与"藩镇论"。论文发表后,立即引起学界高度关注,国内权威报纸纷纷摘要介绍。

(3)其他方面的研究。

作为河南学者,胡思庸先生对河南地方史也倾注了极大关注。他参与了关于民国初年最大规模的农民起义——白朗起义的调查工作,并撰写了《白朗起义调查报告》。随后又发表了《五十年前的白朗起义》。此外,他还与王天奖先生合作撰写了《义和团运动时期河南人民的反帝斗争》。

胡思庸先生的论文《"五四"的反传统与当代的文化热》是提交给在北京召开的五四运动七十周年学术讨论会的作品,后被收入中国社科文献出版社出版的论文集中,并发表在《中州学刊》1989年第4期上。该论文探讨了中国传统文化研究的态度与方法,强调应尊重历史、实事求是,并树立健全的开放心态。

在《近代开封人民的苦难史篇》一文中,胡思庸介绍了记载1841年开封特大河患的《汴梁水灾纪略》。他历时三年整理此书,并根据《清史稿》《河南通志》《新修祥符县志》等资料,编制了《清代黄河决口次数与河南河患纪要》一表,该表格被学界广泛引用。

胡思庸先生学术造诣深厚,治史严谨,一丝不苟,且态度谦虚,深受后人尊敬。他对学生循循善诱,严格要求并悉心指导。他常说两句话:一是"文不虚发",要求学生脚踏实地学习,研究要有真知灼见;二是"有所不为",即要摒弃对名利地位的追逐,才能在学术上有所成就。胡思庸先生一生身体力行,为学生树立了楷模。他高风亮节,光明磊落,治学严谨求真,为官清正廉洁,为师言传身教,其品格与作风展现了一代大师的风范,值得后人敬仰与学习。(李暖)

胡雄定

胡雄定(1904~2001),浙江鄞县(今鄞州区)人。他1927年毕业于国立东南大学,1957年调入河南开封师范学院外语系(今河南大学外语学院),曾任英语语言文学教授,长期从事英语专业的教学、翻译和科研工作。2001年12月6日逝世,享年97岁。

胡雄定学识渊博。他不仅精通汉语、英语、俄语,还通晓法语。《联共(布)党史》一书的后记中写有"感谢胡雄定先生指误",由此可见胡雄定在俄语方面的造诣之深。当时外语系为学生开设第二外语课程时,胡雄定还曾讲授过法语课程。胡雄定先生讲课认真,旁征博引,深入浅出,说服力强,且对学生关爱有加,深受学生们的欢迎。

据胡雄定的学生王宝童(现外语学院教授)回忆,他刚刚参加工作时,外语系正在开展"带徒弟"活动,他有幸成为胡雄定先生的"单传弟子"。王宝童教授这样描述当时那段从师经历:"走出校门,迈过小石桥沿惠济河南行,河水清浅,两岸垂柳依依。不一二里地,左行上第二座桥,入东一道街,路北一处安静小院,一间大平房,胡先生就住在这里。屋当间摆一书桌,先生与我面对面坐定,开始授课。兴趣是最好的老师,先生将英国经典作品《爱丽丝漫游奇境记》作为第一课来讲,激发了学生对童话的好奇心,特别是其中内容荒诞、想象奇特但又充满童真的诗歌,更是引人入胜。学生在不知不觉中受到英文诗歌的熏陶,知道什么是美。很像我们小时候被老师带着学习《三字经》《千字文》《唐诗三百首》,潜移默化中就知道什么是诗,甚至还会写诗了。"也正因为这段跟从胡雄定教授学习的经历,王宝童对英文诗歌产生了浓厚的兴趣,并在日后潜心研究,终成大器。

20世纪80年代,外语系开始为培养研究生储备师资力量,要求青年教师确定科研方向,并为学生开设相关课程。深受胡雄定教授教诲影响的王宝童当时选择了英文诗歌。从1983年起,王宝童要为硕士研究生开设英诗课程,但因找不到适合中国学生的英语原版教材,便决定自编新的教材。胡雄定教授听说后,当即从书架上取下多本英诗专著送给他,让他作为编写新教材的参考。据王宝童回忆,胡雄定先生敬书如敬业,他总是将书籍分门别类细心收藏,并为每本书有序编号,贴上标签。他的书架总是整整齐齐、干干净净。胡先生把自己珍藏的原版专著慷慨馈赠,这让王宝童十分感动。1983年5月,王宝童西出潼关,前往西安看望已经退休的恩师胡雄定,胡先生又赠予他一本《鲁迅诗歌选译》。此书原为上海译者吴钧陶先生所赠,胡先生将其转赠王宝童,鼓励他向吴钧陶先生学习。缘于此,王宝童又与吴钧陶交往并向他学习了三十余年,并通过他结识了许多学问大家。每每念及此,王宝童对恩师胡雄定先生的感激总是溢于言表。

　　诗不仅是文学的精华,更是人生的升华。所谓诗意人生,就是生命升华的体现,那才是真正的美。胡雄定的一生,就是诗意人生的具体体现。

　　他的教诲充满诗意。有学生曾向胡雄定请教,为何自己的读书心得写得不如别人长,他说:"不要羡慕人家写得长,要看有无真知灼见。一本书再厚,无新意一文不值;一篇文再短,有创见价值连城。"

　　他的生活充满诗意。他不慕奢华,生活俭朴,唯一现代化的物品不过是桌上一块亮晶晶的手表。他潜心学海,成果迭出。胡雄定25岁时即在上海国立交通大学当训导,在工作之余写成《英语习惯用语的日常应用》,出版后备受好评。即使在退休后他也没有放弃学术研究,87岁高龄还出版了专著《英语一千常用单词用法详解》,93岁时出版了《英语相关词语辨异词典》,此后又连续完成两部巨著:《英语短语动词用法词典》和《莎士比亚诗作鉴赏辞典》。这样生命不息、奋斗不止的精神实为后辈典范、学人楷模!

　　他的作品充满诗意。1998年6月22日,胡雄定将晚年巨著《英语相关词语辨异词典》——这部将近1000页的作品寄赠给了学生王宝童,这本词典是他20年心血的结晶。他笔耕不辍,字斟句酌,虽然惜书如命,但对学生却慷慨相赠,从不吝惜。20世纪30年代,他已经是北京国立中法大学外语系教授,但来到开封师范学院(今河南大学)后一直只担任讲师,直到退休后才被定为教授,对此他坦然接受。他编著的《英语一千常用单词用法详解》出版后,曾获得12000元的稿费,这在当时是一笔巨款,但他决定分文不取,将稿费全部捐赠给"希望工程",自己依然保持着朴实无华的生活方式。退休后,他还把自己珍藏几十年的书籍全部捐献给了河南大学外语系,供师生们学习参考。人生的最高理想就是能将自己的一切奉献给热爱的事业,这是生命的升华,这也正契合了王宝童后来对胡先生的评价:"其恕乎,德也"。

　　胡雄定选择了一条诗意盎然的道路,他用诗歌引领广大学子走入文学的殿堂,同样,也以诗意盎然的方式度过了他挥鞭执教的一生。

钟 瑛

钟瑛(1930~1989),女,汉族,民盟盟员,河南大学附属中学地理高级教师,祖籍江西泰和。

她于1930年11月出生在湖南长沙市,曾在湘潭中学、长沙行素中学就读。1949年11月开始参加工作,1949年11月至1953年10月,分别在湖南湘潭市吉安小学、湘潭八小、湘潭十小任教。1953年11月至1955年10月,在开封师范学院地理系学习。1955年11月至1979年7月,在开封市九中任教,1979年8月至1988年7月,在23中(现河南大学附属中学)任教。1988年7月退休。

钟瑛老师是家中长女,1955年大学毕业后与河南大学的丁兰璋同志结婚,育有两个儿子和一个女儿。在生活中,她安贫乐道,家庭和睦,孝敬公婆,善待弟妹,生活美满,持家有方,得到同事和邻居的赞誉。1981年加入中国民主同盟,曾任民盟开封市委常委,开封市人大代表。1989年5月,任中国人民政治协商会议河南省开封市第六届委员会委员。她于2019年11月14日去世,享年89岁,此处原文有误,根据生卒年份,钟瑛老师应享年59岁,而非89岁。

钟瑛老师一生热爱教育事业。她对待学生既严格又充满爱心,一视同仁;对待工作勤勤恳恳、兢兢业业,任劳任怨。在业务上,她努力钻研,不断提升自己,在开封市中学地理教学中发挥了示范带头作用。她的一生立足基础教育,为党的教育事业奉献了毕生精力,在平凡的岗位上创造了不平凡的业绩,受到历届师生和家长的称赞与爱戴。退休后她仍然关心学校发展,把炽热的心和满腔的爱全部倾注到教育事业上。(王宏建 牛杰)

段再丕

段再丕(1894~1982),原名段绍斌,是民盟河南省委委员,河南省民盟组织创始人之一。他于1942年担任河南大学地理系教授。

段再丕在1915年毕业于河南陆军测量学校,然后在河南陆军测量局担任测量员,直到1918年。之后,他在北京陆军测量学校高等科学习,并于毕业后参加了县长考试。由于深感官场险恶,他在1928年任宜阳县县长次年便卸职,回家埋头读书。1930年初春,中原大地因冯蒋之间的激烈纷争而战火连天,段再丕先生在这场浩劫中流离失所,足迹遍布各地,历经了无尽的苦难与折磨。

1942年,段再丕先生任河南大学农学院教授。然而,和平的日子并未持续太久,1944年5月16日,战火蔓延至潭头,农学院院长王直青教授与段再丕教授在内的20余名师生不幸落入敌手,被日本士兵以武力强制驱使,从事繁重的体力劳动。段再丕教授与助教吴鹏各自背负着一架经纬仪,为保护学校教学仪器,吴鹏与一名日本士兵发生了激烈的冲突,英勇地献出了自己的生命;而石如璨同学也遭受了残酷的毒打,倒在地上。段再丕教授与王直青教授同样未能幸免于难,多次遭受日军的毒打,最终段教授被迫承担起沉重的担子。挑着担子的段再丕教授起初尚能勉强前行,但后来鞋子磨烂了,他不得不赤脚踏着满是血污与泥泞的道路继续前行。直到行至一村庄附近,他利用请求方便的时机,终于逃脱了出来。重获自由的段再丕教授勇敢地站了出来,大胆地揭露了国民党反动派贪污腐败、残害百姓的罪行,对其丧权辱国、出卖民族利益的丑恶行径进行了无情的揭露与谴责。

1947年3月中旬,河南大学文学院经济系的王毅斋教授发起并召集了一次重要会议,地点选在了开封市中山路段再丕教授的家中。与会者包括河南大学水利系的段再丕教授、化学系的李俊甫教授、开封高中的优秀教师杜孟模、河南大学经济系的助教陈方坤、知名报人《中国时报》的编辑刘世明、同样是河南大学经济系助教的李定中,以及满怀激情的经济系学生卢治国,共计八人。会议由王毅斋先生主持,卢治国传达了南京民盟总部的要求——建立河南省民盟组织。会议决定,由王毅斋先生负责领导工作,刘世明和陈方坤分别担任组织委员和宣传委员,卢治国承担起了在河南大学学生中发展民盟成员的任务,段再丕教授及其他与会同志则负责在社会各界开展建盟工作。此次会议标志着河南民盟地下支部的正式诞生。

段再丕始终站在反对国民党反动派、争取解放的最前线,积极组织领导了多次罢课示威游行。在 1947 年的学生运动中,吴芝圃曾慷慨解囊,送来四百万法币,意在改善河南大学进步教授的生活条件。然而,段再丕认为教授们尚能自给自足,且解放区的生活更为艰苦。经过学校教授的集体商议,最终决定将该款项用于资助我校的进步同学以及他们往返解放区的路费。同年 6 月 2 日,河南大学教授会再次挺身而出,领导学生们进行罢课游行,以反饥饿为旗帜,高呼"打倒蒋介石"的口号。然而,这场行动却遭到了军阀的镇压,导致 83 名学生被捕。段再丕与王毅斋等四位为首的教授因此被解除了职务。

在 1948 年 10 月 24 日开封即将迎来第二次解放的前夜,河南大学的校园不幸被国民党城防司令部所占据,迫使学校不得不做出向苏州迁移的艰难决定。段再丕的命运,如同风雨飘摇中的河南大学一般,在战火的洗礼中起伏不定,但他始终心系母校,未曾忘却。1949 年初,段再丕携手嵇文甫、王毅斋、杨子固等志同道合之士,在开封成立了河南大学复校委员会,旨在重建被战火摧毁的学术殿堂。与此同时,苏州与开封的复校委员会紧密合作,苏州的师生们更是积极响应,共同努力下,河南大学这所历经沧桑的学府逐渐从战火的废墟中重获新生。1952 年 9 月,段再丕终于得以重返河南大学,并被调任至地理系担任教授之职。

河南大学不仅是河南省民盟的摇篮之地,更是孕育了无数民主斗士的沃土。段再丕先生作为河南省民盟的奠基人之一,倾尽心血于建盟事业,不辞辛劳地推动着河南大学的进步与发展。与此同时,他携手王毅斋先生等杰出的党外代表人士,共同为河南大学乃至河南省的统一战线事业贡献了自己的智慧和力量。

姚瀛艇

姚瀛艇（1923~2012），中国民主同盟盟员。1923 年，姚瀛艇出生于河南省襄城县的一个书香之家。1943 年 8 月，他在临汝县（今汝州市）参加国立河南大学的入学考试，9 月进入位于洛阳市嵩县潭头镇的国立河南大学文学院文史系学习。1947 年 6 月，他以全系第一名的优异成绩毕业并留校任教。同年暑假，文史系分为中文、历史两系，姚瀛艇先生任历史系助教，从事中国古代史的教学与科研工作。1986 年被评为教授，1996 年离休。2012 年 5 月 8 日在开封去世，享年 90 岁。

在学术研究方面，姚瀛艇先生的主要研究方向是宋代思想文化史。他先后主编（撰写）了 4 部学术论著，1 部论文集，并发表了 30 余篇学术论文。他曾组织撰写了新中国成立以来国内第一部有关宋代文化的专著——《宋代文化史》，该书于 1992 年由河南大学出版社出版。此外，他还参与了《北宋哲学史》和《中国宋代哲学》的编撰工作，这两本书分别由河南人民出版社于 1987 年和 1992 年出版。2015 年，河南大学出版社出版了他的学术论文集《宋代思想文化研究》。他的学术成就主要体现在以下三个方面：第一，填补了唐宋之际二百年间思想史研究的空白，这在《论唐宋之际的天命与反天命思想》《论邢昺在儒家思想演变过程中的地位》《范仲淹的"易"论》等论文中多有体现。第二，对程朱理学的义蕴提出了新的阐述，这在《试论理学的形成》《论二程的务实精神》《论二程思想》《论朱熹——宋代杰出的学问家和教育家》等系列论文中有清晰体现。第三，对宋儒关于儒家经典文献和儒学先贤的评价有独特见解，这在《宋儒关于〈孟子〉的争议》《宋儒关于〈周礼〉的争议》《宋儒论颜子》以及《论孔颜乐处》等文中有较为系统的展示。这些学术成果在当时国内外宋史学界产生了广泛的影响。

在人才培养方面，姚瀛艇先生培养了一批宋史专业的硕士研究生，为宋史研究领域的学术队伍注入了新的力量。自1985年起,姚瀛艇先生和王云海先生一起开始培养硕士研究生,到离休为止,共培养了苗书梅、陈广胜、胡建华、钟剑麟、安国楼、季怀银、孔学、周宝荣、赵永良、顾丽文、郭文佳、张志中、常志刚、张云筝、郭万平、张帅锋和徐晓颖等17名硕士研究生。其中多位学生长期活跃在宋史学界,在宋代政治制度史、历史文献学、宋代社会保障以及宋代外交和民族关系等领域取得了突出成果。

  在学科建设方面,姚瀛艇先生以身作则,积极推动河南大学宋史研究的发展。1980年,河南大学历史系成立了宋史研究室,姚瀛艇先生是主要学术骨干之一。1987年,学校基于立足开封的区位优势,着力发展宋史研究,在原有历史系宋史研究室的基础上整合资源,组建了河南大学宋代研究中心。姚瀛艇先生与王云海先生共同成为该中心的创始人。在此基础上,河南大学的宋史研究者与国内外同行建立了广泛而密切的联系,提高了河南大学宋史研究在国内外的地位,使其成为国内为数不多的宋代研究基地之一。(全相卿)

秦佩珩

秦佩珩(1914~1989),男,山东昌乐人,民进会员,共产党员,中国著名的经济史学家。1934 年进入北京育英中学,1941 年毕业于燕京大学,历任西北大学、河南大学、中南财经学院教授。1956 年,河南筹备郑州大学,他作为历史系主要骨干,帮助创设了经济史专业。20 世纪 80 年代,他当选为河南省政协常委,是河南民进的创始人,曾任民进中央直属河南省支部主任、民进中央参议委员会委员。

秦佩珩先生一生致力于中国经济史的研究,尤其精通明清经济史,并在该领域取得了丰硕的研究成果。他的学术贡献主要集中在以下三个方面。

秦佩珩教授

(一)他是国内学术界较早对中国古代经济史进行开拓性研究并收获颇丰的学者之一。

他撰写了近百万字的《明代经济史》,得到了众多史学家的赞誉。此外,他还出版了《明代经济史述论丛初稿》《明清社会经济史论稿》等多部专著,并发表了 70 多篇关于明清经济史的学术论文。其中,对于史学界长期争议的中国资本主义萌芽问题,他早在 1962 年就在《论十六、十七世纪中国社会经济的性质》一文中,独树一帜地提出了"在十六、十七世纪之初,我国农业部门中已经出现了资本主义萌芽"的论点。这是他人所未发的重大观点。

(二)他是国内经济史学界最早研究经济史学科发展历史的学者之一。

他最早对中国经济史学的萌芽和形成进行研究,并提出了自己的学术观点。主要成果包括《中国经济史坛的昨日、今日和明日》《从蓬勃到沉寂的中国经济史》《目前中国经济史研究存在的几个问题》《中国经济史研究应走的新途径》《史海夜航》等论文。

(三) 他是国内经济史学界最早研究边疆经济的学者之一。

边疆经济是近年来国内史学家日益重视的研究领域,而秦佩珩先生在这方面早已深入探索。比如,对东北经济史,他认为无论从生产、边防、文化遗产、国际技术交流以及现实性等方面来看,都具有重大意义。他"读万卷书,行万里路",曾多次赴东北等地进行实地调查,并在此基础上撰写了《〈黑龙江外纪〉所反映的清代黑龙江社会经济》《清初黑龙江社会经济的初步考察》等多篇论文。他对云南边疆的经济研究也造诣颇深,在《明代云南人口、土地问题及封建经济的发展》一文中,对明代向云南移民和军民屯田问题作了深刻的剖析。《明代滇肥小录》一文则填补了关于云南货币的研究空白。此外,他还十分重视对民族史的研究,《试论南诏史的研究》《有关南诏史研究的若干问题》《南诏史中语言和宗教问题的探索》《契丹货币问题及探源》《明代蒙汉两族贸易关系考略》等,都是这方面的力作。

《明代经济史述论丛初稿》书影

秦佩珩先生"嗜经济史近五十年",对经济史学科建设和人才培养提出了颇多具有建设性的指导意见。他认为:"经济史和历史学一样,是一种最重要的社会科学。"如何使中国经济史研究适应社会主义客观形势发展的需要,走上新途径,早日结出丰硕成果,是他一直思考的重要问题。就此问题,他先后发表了《我对于经济史研究的一些看法》等多篇文章,在经济史学界引起了较大的反响。在研究方法上,他认为研究中国经济史,必须首先了解中国社会的经济、政治、法律、文化等制度,但对经济制度的研究并不能代替对经济发展规律的探索。经济史工作者的最终目的和任务就是找出经济运动的固有规律,利用它为自己的一定目的服务。他指出要治好经济史必须精通历史学和经济学二者缺一不可。研究经济史不能从理论或概念出发而要从具体史实出发。他的这些看法今天我们读起来仍然感到十分受益。

秦佩珩先生治学严谨诲人不倦为后辈为人治学树立了标杆。他在治学上对自己要求严格,异常勤奋,搜集资料的范围广泛。为了搜集到更多的实地资料,他曾只身奔赴云南边疆调查当地少数民族的经济生活;新中国成立后又数次前往西北、东北进行实地考察。他一生非常注重栽培后辈、关怀学生,经常将自己的治学体会和心得以及应走的途径介绍给大家,在他身上充分体现了"化作春泥更护花"的精神。(贾坤鹏)

聂连增

聂连增(1918~2010),曾用名清空,山东省禹城市人。1935年毕业于青岛市胶济铁路中学,后入北京大学农学院农业经济学系学习。1943年从日本东京帝国大学农学部研究生院毕业,后获得高级农艺师职称。1944年任河南开封真光学院教授,次年,在此地基督教青年会任总干事一职。1946年,任沈阳《东北导报》主笔。1947年春担任沈阳东北大学农学院农业经济系授课教师,同年,任长春大学农学院副教授。

聂连增于1979年5月调入河南师范大学(今河南大学)外语系任日语教师,在学院教授日语精读课程,并曾任日语教研室主任。他授课经验丰富,效果显著,在教导学生、推进课业改革等方面取得重大成就,推动外语学院日语专业取得了长足发展。他认为,外语是一种实践性很强的学科,外语教学成绩应当经过实践来检验;在缺少实践检验时,应以"时效"来评估。"时效"即每个学时教课的内容和学生所能达到的熟练程度。他曾对自己授课的课业成绩作出以下总结:"课程教材是日本东外附属日语学校的《日本语学》一册,内容较深,包括1500个词汇、192条句型、131项语法。该书要求讲授350学时,而实际上课安排只有310学时。除了讲授发音20学时和补充教材30学时外,实际授课只用了260学时(不超过规定学时的3/4)。学生目前已能基本掌握日语的语音语调,并能背诵全部课文,能顺畅地完成课本上的所有练习。其熟练程度,超过了以往任何一届学生。但是他们在六十多次测验的平均成绩和以前几届学生基本相同,14名学生平均为86.1分,90分以上的2名,86—90分的9名,不足80分的3名,看来并非高分低能。从以往几届参加全国硕士研究生二外统考平均成绩为78分来看,他们参加全国统考,成绩也不可能在70分以下。"这是聂连增对自身教学成绩的肯定与自信,也是他对学生能力的认可与期许。他写道:"我在古稀之年教过一些不足

20岁的学生,把他们当作身边的子女一样,殷切盼望他们能树立为振兴中华而学习的目标,成为对祖国建设发展有用的人才,并以自己学习外语的经验教训开导他们如何才能学得好、学得快。为督促他们努力学习,常以测验作为平时成绩,并替他们解答问题,关心他们的生活与身体健康。自己负有多种疾病,但从未请假。"

聂连增的学生曾回忆道:"聂教授给我们授课时已经68岁,现在回想起来,老先生目光炯炯,精神矍铄,他认真细致、孜孜不倦地授课、辅导、答疑,真是一点儿都不像一位年近七旬的老人。"此等风采,担当得起"大师"之称。

1988年,聂连增被推举为教学优秀工作代表。时为教研室主任的韦龙年认为:"该同志不顾年迈体弱,积极要求承担最繁重的教学任务,教学认真负责,深入学生中,积极进行教学改革,亦能无私地帮助青年教师提高业务水平,改进教学。他各项工作都积极热情,教学成绩突出。"系主任也对聂连增作出如此评价:"聂连增同志热爱教育事业,教学一贯认真负责。年过七十,还主动要求每周担任十小时的教学任务,严格要求学生,处处关心体贴学生,深受学生欢迎。"并同意聂连增获得二等优秀奖。

聂连增在工作上极其认真,对学生负责,即使在身体不适的情况下也依然坚持授业解惑,从不懈怠。因年迈体弱,他开始学习太极拳以强身健体,以便能够精力充沛地完成教学任务和相关工作。除此之外,聂连增还利用业余时间教学生练习太极拳,无论天气如何,他都会按照跟学生约定的时间、地点,耐心带领学生练习。他在专业上钻研深造,精益求精。虽然他起初所学并不是日语,但后来通过自学从事日语教学时,他悉心钻研,严格要求自己,力求做好一名日语教师,为学生的学习生活尽职尽责。

夏一图

夏一图(1906~?),河南息县人,中国近代资产阶级民主革命先烈夏述唐将军长子,著名医学家。

夏一图的从医生涯深受他父亲的影响。因为父亲是当地的中医,从小夏一图就对《黄帝内经》《伤寒杂病论》《本草纲目》等中国传统医学理论抱有浓厚的兴趣。稍大一些后,父亲又教他辨认各种中草药,使他对中药学、药理学知识有了初步的了解,为今后的医学道路打下了基础。

1917年,12岁的夏一图从息县乙种实业学校考入河南留学欧美预备学校德文班。作为班里最小的学生,他勤奋刻苦,两年后修满学分升入同济大学学习医科,开始了医者生涯。1920年冬,父亲夏述唐在革命中因敌人奸计不幸身亡,失去家中顶梁柱的他在贫困中依然坚持刻苦求学,同时也对旧中国的黑暗感到愤懑。1924年夏一图以优异成绩毕业,获得医学学士学位,并留校担任药理学助教。1925年,他受聘成为同济大学医学院讲师。在同济大学求学和任教期间,他积极投身革命事业,经历了上海声援五四爱国运动、五卅反帝斗争的战斗洗礼,经常参加中共同济大学党支部组织的爱国民主活动。在为学生讲授专业课的同时,他也为学生讲解"劳工神圣""抗战救国"的革命道理,影响了一批学生走上革命的道路。

1931年,夏一图在河南大学医学院附属产科学校担任德文和内科教师。1937年2月,夏一图以全省第一名的成绩考入德国柏林大学研究生院,专修药理学。留学期间,他研制了"Mesalin"致幻药,该药具有激发心、血及中枢神经系统、缓解疲劳的功能。他发表了论文,对 Mesalin 在动物试验中对犬的血压、血糖及中枢神经的药理作用进行了精确的分析和论证,并获得柏林大学博士学位。1939年,夏一图前往慕尼黑大学进行第一内科临床药理研究,从事维生素 C1B1 研究工作,之后又转入柏林大学内科深造。学有所成后,夏一图迫切地想回国为祖国建设贡献自己的力量。然而,由于第二次世界大战爆发,他被迫滞留他乡,先后在哥廷根大学和柏林大学担任教授。1941 年冬,在友人的帮助下,夏一图终于踏上回归祖国的征途。

再回到祖国时,早已时过境迁。这时的祖国正饱受日本帝国主义侵略者的欺凌,人民生活在水深火热之中。流亡中的河南大学急需扩充师资,出于对母校的热爱,他毅然应聘来到豫西深山区——嵩县,就任河南大学医学院教授。本可以在国外舒适的环境下安然做实验、做研究的他,放弃了优渥的生活,开始了流亡之旅。无论是嵩县潭头,还是在西峡荆紫关、陕西石羊庙,他与母校师生一起共患难、克难关,为学生讲授药理学、动物学、兽医学、畜牧学等课程,鞠躬尽瘁,奉献自己的才智。

抗战胜利后,河南大学迁回开封。1947 年 3 月中旬,河南民主同盟在河南大学成立后,他便成为早期的盟员之一。1948 年 6 月 21 日,中原野战军首次攻克河南省省会开封,国家解放在即。夏一图怀着满腔热血奔赴华北解放区参加革命工作。1949 年初,在中原大学医学院任教授兼主任。1956 年被评为二级教授,1963 年调豫北医专任教。1979 年冬调河北省医学科学院任教授,并撰写了多篇药理学方面的学术论著。

钱　衡

钱衡(1917~2009),曾用名匡时、亚楫、企华,江苏省苏州市人,河南大学外语系高级讲师,曾任河南省外国语言学会理事、民革河南大学支部委员。1939年毕业于上海维新学院,随后赴日本京都帝国大学留学,并获得法学学士学位。1983年荣获"河南大学为人师表五好四美奖",1985年荣获"河南大学优秀教师"三等奖。

从上海维新学院毕业后,钱衡于1940年投考为教育部公费留日学生。初到日本,他先进入日本学会补习日语。经过刻苦的学习和实践应用,他的日语水平得到了很大的提高,这为他日后的日语教学与学术研究打下了坚实的基础。留学期间,1943年7月库拉湾海战爆发,日本在太平洋战场上节节败退,日本国内实行严格配给制度,食米每人每日配给仅十两。钱衡时常饥肠辘辘,但他仍然保持着饱满的学习激情,积极进取,不断奋进,最后成功取得日本京都帝国大学法学学士学位。

归国后,钱衡曾有很长一段时间在地税局工作。1945年,钱衡晋升为江苏货物税务局甲级税务人员,后调任江苏货物税务局南京分局,历任办公处主任税务员、人事管理员等职。1948年,钱衡任南京国税稽征局(原货物税局)总务课长、总务课顾问。在税务局任职期间,钱衡工作认真负责,从不马虎,工作效率和工作水平得到了同事们的一致认可。在工作之余,钱衡也未中断过对日语的学习和研究,依旧保持着对日语研学的激情,坚持阅读日语读物,探讨日语学术问题。这种积极进取的精神在之后的工作中也从未改变。钱衡在西华五二农场参加工作时,曾参与三门峡铁路双轨建设工程,因表现突出立过三次大功。

钱衡将一生的大部分时间都奉献给了教育教学工作。自1934年任苏州市湘城小学教员时起,到1951年任陈留师范教员,钱衡曾在多地学校从事教育工作。1953年他到河南师范学院（今河南大学）任教员，1979年又担任日语专业教员。退休后，他还一直在为河南大学的日语教学工作奉献自己的力量。

在教育教学工作中，钱衡深知责任重大，对待学生严格要求、认真负责，对待学术一丝不苟。他总是以身作则，从不迟到、早退，坚持学生作业亲自认真批改，积极辅导学生功课，并且高度重视学生的思想道德建设，在教育教学工作中，不断引导学生形成良好的思想道德修养，培育出了一大批品学兼优的日语人才。在学术研究方面，钱衡孜孜以求，学术成果丰硕，其学术论文"では的词性及其用法""日语的状语从句""日语中用于表示原因的一些词类和用法""のに的多样性""从しょうかな说到よう和ようだ"曾在河南省外语学会及河南大学科研讨论会上发表，其中论文"では的词性及其用法"被校内外专家高度赞赏，被认为"条理清晰，论点明确"，"具有创建性的发挥"，"有匠心独到之处"。钱衡的学术论文不仅是他自身极高造诣的展现，也是他为河南大学乃至中国日语教学建设、学术研讨作出的突出贡献。

曾和钱衡一同工作过的人，每当谈起他，眼前总会立刻浮现出一位风趣幽默而又认真严苛的小老头的形象。钱衡个子不高，平日里总是满面笑容，他会微笑着耐心地给学生们讲解日语语法和学习技巧，一丝不苟，不厌其烦。遇到学生一时听不明白的情况，他也不会就此放弃，而是主动与学生相约，带上相关的资料和书籍，与学生一起探讨前因后果，直至学生完全掌握了他所讲授的知识。在学生心中，钱衡既是学识渊博的老师，又是无私助人的朋友。

钱衡一生积极追求进步，不论是在求学过程中，还是在教育教学工作中，他都具有极强的责任心。在这种精神的驱使下，钱衡不仅培养出了一大批优秀的青年学子，而且凭借在日语学术方面的极高造诣，发表了数篇优秀论文，为我国的教育事业和日语人才培养作出了自己的贡献。

钱天起

钱天起(1906~1968),又名式芬、易寒,浙江瑞安人,语言学、文字学专家,二级教授,民盟成员。曾任民盟河南大学支部主任委员、民盟开封市委主任委员,省、市人大代表,省政协常委,市政协副主席。

钱天起于1923年从浙江温州省立第十四中学毕业后,考入北京陆军兽医学校。1924年春又进入北京中俄大学,后转入武昌中山大学国文系学习,1927年毕业,获文学学士学位。1928年3月赴日本留学,1929年春回国。先后担任山东曲阜省立第二师范、上海国光中学教员,北京铁道管理学院副教授,上海商务印书馆编辑等职。他早在1926年2月在北京上学时,曾加入共产主义青年团;1947年在上海加入中国民主同盟,任民盟上海市支部委员、文教副主任委员;1949年初加入中共地下党组织领导的教育协进会。他一贯思想进步,积极支持和参加革命活动,曾掩护中国共产党地下工作同志,为党为人民的解放事业作出了积极的贡献。新中国成立后,他历任平原师范学院(即今河南师范大学)中文系主任、副教务长、教授。他在创办平原师范学院的过程中,兢兢业业,以校为家,艰苦创业。当他看到学校图书奇缺,严重影响教学质量时,毅然将自己收藏多年的几千册珍贵图书无偿捐献给学校图书馆,供学生借阅。1956年调开封师范学院(今河南大学)任院长助理、副院长兼中文系主任等职。1959年9月,民盟开封师院改选,任主委。1962年2月,担任河南省哲学社会科学学会联合会(1996年12月经中共河南省委会批准易名为"河南省社会科学界联合会")副主席。他生前曾担任河南省第三、第四届人民代表大会代表,开封市第三、第四届人民代表大会代表,同时担任河南省政协第二、三届委员会委员。钱天起积极学习马列主义和毛泽东思想,在工作中践行党的路线、方针、政策,与中国共产党肝胆相照,一生都在追求光明与进步。

钱天起一生忠诚于文化教育事业,工作认真勤恳,为河南大学的建设与发展作出了积极的贡献,为国家教育事业奉献了毕生心血。他学识渊博,治学严谨,早年留学于日本,善于语文教学,尤工于语法修辞学,出版有《学生国文学类书》。在语言学、文字学等领域发表了多篇具有深远影响力的文章,具有相当高的学术造诣。同时他还是一个优秀的书法家,擅长行草。在开封师院的12年间,他生活俭朴,作风民主,平易近人,治学严谨。在教学中注重从实际出发,按客观规律办事。教学中非常重视加强"三基"(基础知识、基本训练、基本理论)教学和强调教书育人,培养德才兼备的建设人才。经常深入基层了解学生对教学工作的意见,及时解决学生在学习中存在的问题,并教导和勉励学生为社会主义祖国勤奋学习。对青年教师的成长更是关怀备至,既严格要求,又循循善诱。经常找青年教师谈话,及时帮助解决他们在教学和生活上的具体困难。在其主持校务期间,河南大学的教学和科研取得了跨越性的发展,使得河南大学的科研工作在一个坚实的基础上起步,逐渐获得全国学术界的高度认可。

高 文

高文(1908~2000),字石斋,江苏南京人。他是我国著名学者、教育家、书法家,曾任河南大学中文系副主任、河南省高校学术委员会顾问、九三学社河南大学支社主任委员。1908年,高文出生于江宁(今南京)。其父为私塾教师。受到家庭环境熏陶,他自幼便熟读四书五经,对文学的兴趣也从这一时期开始逐渐培养起来。1922年,高文考入江宁第二高等小学。1923年进入东南大学附中学习。

1927年,高文以优异成绩考入金陵大学中文系,师从著名国学大师黄侃、词曲大师吴梅等诸位名家。1931年本科毕业,获文学学士学位。1934年金陵大学中文系开设国学研究班,高文进入该班并师从著名文史家、书法家胡小石先生学习,毕业后继续留校任教。1935年起,他先后任金陵大学中文系助教、讲师。抗日战争全面爆发后,随校迁往成都。1940年,与程千帆、孙望等创办社会科学综合性刊物《斯文》半月刊,至1943年停刊。他曾在该刊发表一批古体诗词和数十篇汉碑注释文章。1941年晋升副教授。1942年任金陵大学教授兼中文系主任,讲授中国文学史及唐宋诗词。1947年起先后任国立西北大学中文系教授、国立边疆学院教授。1949年南京解放后,转任上海清心女中语文教师。

1951年,高文调入河南大学,1954年任中文系教授兼古代文学教研室主任,主要讲授文艺理论、历代散文选、中国文学史等课程。1977年任中文系副主任兼唐诗研究室主任。1978年任硕士研究生导师,讲授李白研究、杜甫研究等专题。其任教的五十余年里,所指导与培养的学生大多数都成为全国各大高校与研究机构从事古代文学研究的专家学者。

作为一位涵今茹古的知名学者,高文学术造诣精深。1979年,高文带领唐诗研究室先后发表了一批高水平的论文和专著。他主编的《全唐诗简编》《唐文选》《高岑诗选》《柳宗元选集》,分别在上海古籍出版社、人民文学出版社出版发行。其中,《全唐诗简编》荣获全国第二届古籍整理优秀图书三等奖,《唐文选》荣获河南省教委科研成果一等奖。高文凭借其在唐诗研究方面杰出的学术成就,使得河南大学在这一研究领域确立了领先地位。1985年,高文的专著《汉碑集释》出版,这是中国第一部对汉碑进行全面注释的专著,历来受到秦汉文学史研究者及书法学界的重视和好评。此书获1986年河南大学科技成果一等奖与1987年河南省社会科学优秀成果一等奖。除此之外,高文对中国历史地理学也有所研究,早在成都期间他就著有《汉王入汉中及出定三秦路线考》,1980年又撰写了《通济渠—汴河方位考略》。高文的书法得胡小石真传,他善行书、隶书,其书法作品甚至流行日本,为收藏者所珍视。他曾历任河南大学书法研究会名誉会长、开封市书法研究会副会长、中国书画函授大学开封分校顾问、开封市老年书画研究会顾问。

1982年,高文加入九三学社。1983年7月,九三学社河南大学支社成立,任副主任委员。1987年3月,九三学社河南大学支社换届,任支社主委。1983年起,任开封市第四届政协常委、第五届政协委员,河南省文学学会理事,河南省古籍整理研究领导小组顾问,全国苏轼研究会理事,山西刊授大学顾问,巩县杜甫研究会顾问及湖南岳麓诗社顾问等职。2000年于开封逝世。

郭人民

郭人民(1924~1986),又名安贞,河南柘城人。幼入私塾,及长,先后就读于伯岗小学、商丘中学、涡北中学。1946年考入河南大学历史系,1950年留系任教。先后担任中国古代史教研室秘书、中国古代史教研室主任、河南大学古籍整理研究所副所长、河南省高等院校古籍整理小组副组长、中国历史文献学会理事等职。

郭人民教授1986年元旦去世,追悼会上所挂"一代师表"的大型横幅,是对先生一生教学科研的赞誉和总结,恰如其分、实至名归。先生殚精授业、甘为人梯,他为教书育人付出了整个生命。

先生一生坎坷,对教学科研投入了无限的热情和精力。他为多少学生、青年教师、求教者设立课堂之外的课堂,进行额外的教学,倾尽思虑指导学生论文,使学生的文章得以发表。先生的学问道德,浩然正气,高风亮节,赢得学生们永远的敬仰和爱戴。先生对工作无限热情,对学生高度负责,高尚的师德和师风,使有幸曾是他学生的我们永远不能忘怀。

先生教授我们77级学生历史文献学。无论怎样艰涩拗口难懂的古文献,如《庄子》中的许多篇,先生都能随口背出,令同学们大为惊讶。河南大学的古代史研究生们说,郭先生讲十三经,不仅能背诵经文,连经文下的小注都能大段背出;还说先生是问不倒的老师。先生的课深入浅出,旁征博引,深得同学们的佩服和崇敬。

记得先生的课安排在第三、四节,他每次讲课总是讲到十二点半或者更晚一点。即使下课了,有同学总是围着先生问问题,而先生对学生提出的每一个问题都耐心解答。当先生家人到学校找他回家吃饭时,先生还常被学生围着解答问题。

先生为人谦和,学问渊博。同学们认为在先生那里才能学到真正的学问。桃李不言,下自成蹊。学生、青年教师川流不息地到先生家里请教。先生对于求教者,有求必应,从来不推辞、不抱怨,也从未收过任何报酬。先生说:"我希望把河南大学的教学传统传下去。"先生的话,言犹在耳,我们铭记在心。

先生的学术研究是从《新史学通讯》开始的。《新史学通讯》是新中国成立后创办的最早史学刊物,自1951年1月1日创刊,至1956年止,共创办6年。先生1950年大学毕业,在《新史学通讯》上发表了近30篇文章。先生的文章涉及先秦至明清中国古代历史的方方面面。先生对历史的研究,宣传新史学思想的观点,对新中国的史学工作者和历史教师具有导向性影响。

《新史学通讯》1957年1月改刊为《史学月刊》。先生又在《史学月刊》发表了《金朝兴亡与农业生产的关系》《关于春秋与战国断代问题的讨论》两篇文章。之后,先生被错划为右派。先生撰写的《〈战国策〉校注系年》用毛笔小楷写成,骨骼坚硬,刚劲有力,是先生的呕心沥血之作。

1977年春风化雨,先生的右派问题得到平反。他心情愉快,辛勤治史,连续发表了多篇学术论文,如《文王化行南国与周人经营江汉》《诗经言情诗的性质》《秦汉制度渊源初论》《陈涉起义与六国复国斗争》《名田解》《中国古代书籍制度的演变》《荀悦与〈汉纪〉》《东西周王朝与〈战国策〉东西周的区别》等。先生以他深厚的学术功底发前人所未发,并在很多地方纠正了时人和历史上的错误认识。

1985年11月27日,先生逝世的前一个月,应南阳教育学院的邀请,在三九严寒季节到南阳讲课。先生在南阳教育学院讲课十多天,一天也没有休息过。课余,先生耐心地解答来访者和求教者的各种问题,直至深夜。南阳教育学院给他送来讲课费,先生说他不是为钱而来的。南阳教育学院工作人员说:把讲课费寄到河南大学去。他生气地说,如果寄去,他就再寄回来。学校只好作罢。

先生一生热爱教学,他对学生从来都怀着"传道、授业、解惑"的己任,具有中国知识分子的高风亮节、君子固穷的高贵品格;把教学当成自己的义务,当作他毕生所从事的事业。

先生为了学生、为了教学,牺牲自己大量宝贵的时间。先生的博学、无私奉献、文章道德,是同学们在学术路上的引路人,使学生永远钦佩感怀。他对教育事业的无限忠诚和热爱,树立起一代师表。(李玉洁)

郭庆棻

郭庆棻(1903~1988),山西孝义县(今孝义市)人,著名化学家,一级教授,中国民主同盟盟员。1918年9月考入清华学校,1926年7月毕业,赴美国俄亥俄大学化学系留学,次年转至美国伊利诺伊大学化学系攻读硕士学位。1930年获硕士学位后回国,在天津海关任职。1931年至1939年任河南大学理学院化学系教授、系主任。1945年9月任南京药学专科学校教授。1947年11月任中正大学教务长、化学系教授、系主任。新中国成立后,中正大学更名为南昌大学,郭庆棻任南昌大学校务委员会副主任、南昌大学理学院院长。1952年,全国高等学校院系调整时,任中南区高等学校院系调整委员会南昌分会委员。1953年,南昌大学调整组建为江西师范学院,郭庆棻任筹备委员会第一副主任委员。1955年任江西师范学院副院长。1979年11月,任江西师范学院院长。1984年1月任江西师范大学名誉校长。

郭庆棻毕生从事教育工作,长期担任教育行政领导职务。他认真贯彻执行党的教育方针,致力于探索教育、教学规律,提高教育质量和教育水平,为祖国培养了一批又一批建设人才,其中不少人卓有建树。

郭庆棻在担任繁重的教育行政领导职务的同时,坚持在教学和科研第一线孜孜不倦地工作。他既重视基本理论、基本知识、基本技能的教学,又善于引导和启发学生在德、智、体、美诸方面的全面发展。他不断革新教学内容,改进教学方法,不断吸收科技新知识、新成果来充实教学。他精心编写教材,编著的有《有机汞合成物制备》《有机化学实验》《有机化学讲义》等书,深得师生好评。1978年,他已是75岁高龄,仍担任化学系研究生导师,为硕士研究生讲授有机化学课程。他治学严谨,学识渊博,在有机化学领域造诣尤为精深,研究成果丰硕。抗战期间,他编写的《化学毒剂及其防御》一书,曾受到当时社会各界的高度评价。20世纪50年代，他研制了"敌稗除草剂"，完成了"橡胶硫化催速剂"等课题的研究任务。1975年，他同青年教师合作研制的农药"百菌清"，获得1978年江西省科学大会的奖励。

郭庆棻是位国内外知名的学者。时任江西省科协主席、中国化学会理事、国家二级教授的他，自20世纪30年代毕业于美国知名大学后，就一直从事化学教育和科研工作。他的科研成果和发表的学术论文，多次获得国家级奖励和同行的高度赞誉，在全国化学界享有非常高的声望。

"文革"结束后，国家为了使这批造诣精深的专家学者的专业得到传承，要求他们招收研究生。郭庆棻是第一批被国务院批准为具有指导研究生资格的导师。他知识渊博、为人谦和、生活俭朴、治学严谨，性格非常随和、大度正派，对上不趋炎附势，对下不盛气凌人，是个道德品质高尚的人。当时他的工作非常繁忙，教学、科研和管理使他几乎没有喘息的时间。培养研究生需要教材，当时正值粉碎"四人帮"不久，国家百废待兴，高等教育尤其是研究生教育在十年浩劫之后几乎是个空白，没有任何可供选择的教材。为了指导研究生，他挤出宝贵的时间专门编写了一本教材。这本教材是一本如今已极少见到的刻印件。教材虽然不厚，但凝聚了郭老毕生的科研及教学精华。为了使学生能早日成才，在郭老的要求下，化学系成立了研究生指导小组。小组成员都是学术水平一流的专家教授，其中包括当时的化学系主任郭仲熙，还有王牲、李希成、王元纪、金经良等知名教授。

郭庆棻积极参加国家政治生活，是江西知名爱国民主人士。他先后担任第二、三届全国人大代表，江西省第二、三届人大代表，第五届人大常委，政协江西省第四届委员会常委、第五届委员会副主席，民盟江西省第六、七届委员会副主委。他还担任过中国科学院江西分院副院长、中国化学学会理事、江西省化工学会副理事长、江西省第二届科学技术协会主席等职务。在任职期间，他提出过很多建设性意见和建议，为江西省的社会主义革命和建设事业，为巩固和发展江西省的爱国统一战线，作出了显著贡献。

郭庆棻衷心拥护中国共产党的领导、热爱祖国、热爱人民、热爱社会主义。在十年动乱中，他虽被强加种种"莫须有"的罪名，遭受种种不公平的待遇，但始终保持对党对社会主义的坚定信念。他在晚年仍关心江西师范大学及江西省教育事业的发展，关注河南大学的建设和发展。1985年在他82岁高龄时，欣然接受在赣校友的推举，担任河南大学江西校友会会长职务。1985年母校73周年校庆前,他还亲自对校史修改稿提出宝贵意见。

1988年4月5日,郭庆棻因病医治无效,在南昌逝世,享年85岁。

郭者宜

郭者宜，原名郭存义，1897年出生，河南省温县北皋村人，九三学社社员。曾任开封市第二、五届政协委员，开封医药专科学院附属医院五官科主任、副教授。郭者宜1925年毕业于国立北京医科大学。1926年在河南省立十四、十三中学任教员。1927年任河南省开封戒烟所所长。1937年在中州医院任院长。1938年在洛阳白马寺七十二兵站医院任医务主任。1939年在河南大学医学院任讲师兼校医。1943年在蚌埠医院任五官科主任。1944年在郑州卫生院任院长。1947年在新乡公立医院任医务主任。新中国成立前，他一直从事医务工作。

1948年河南解放后，他再次到河南大学医学院工作，初任五官科主任、副教授，以后改任眼科主任。1959年河南医学院由开封迁至郑州，郭者宜则留在开封，在开封医药专科学校附属医院任五官科主任、副教授。

在河南医学院附属医院时，他曾对角膜移植术进行研究，并得到了医院领导的重视和表扬。

郭者宜在新中国成立前于北京医科大学就读时，就向往进步，信仰马列主义，提倡共产主义，甚至偷偷购买共产党的宣传杂志。

新中国成立后，他拥护党的政策，服从党的领导，工作积极努力，勤勤恳恳，对同志满腔热情。他曾任开封市第二、五届政协委员，眼科学会主任委员，为眼科教学和医疗工作作出了很大贡献。1966年因冠心病发作在开封逝世，享年69岁。

郭豫才

郭豫才(1909~1993),原名郭筱竹,1909年10月生于河南省滑县,1934年7月毕业于河南大学国文系本科。之后,他到设在河南大学的河南省通志馆工作。1935年5月、1935年7月、1937年7月,他分别在《禹贡》发表了《覃怀考》《明代河南诸王府之建置及其袭封统系表》《洪洞移民传说的考实》等文章。在通志馆期间,他搜集各地方言,潜心考证其源流,研究其演变,撰写了《说文方言移录后记》三编,展现出卓越的才华。

完成在河南省通志馆的工作后,郭豫才于1936年被河南省博物馆聘为研究员。他撰写了《论古代侧景与地中》《殷周民族与井水文化》《道光二十一年黄河围城档案》《仰韶文化小记》《广武残瑗记》等文章,这些文章在1936—1937年间发表于《河南博物馆馆刊》。

1936年10月,郭豫才主持了琉璃阁遗址的第二期发掘工作。琉璃阁甲乙二墓规模宏大,出土了大量青铜乐器、礼器、车马器、玉器、陶器等文物,这些器物雄伟壮观,纹饰精美。当时共发表了11篇文章,其中有6篇出自郭豫才之手,主要是:《说贝》《说兵器》《说毕》《说甑》《说车器》《说豆》。由于当时考古发掘报告尚未有规范形式,这些文章便成了早期的考古发掘报告,是记述琉璃阁墓地最早的研究成果和依据,为我国早期文物的研究作出了重要贡献。

1936年冬天,他与关白益先生一同前往洛阳监督整修龙门石窟,对龙门各洞的石窟进行了重新登记、整理和摄影,并发现了东山上未曾记载的石窟、佛像、唐碑等文物。他们编写了《伊阙古迹图》一书,为龙门石窟的研究增添了新的材料。

1937年"七七事变"后,日寇侵入中国。当时,河南省博物馆是全国第二大博物馆,藏有郑公大墓、琉璃阁遗址、殷墟遗址、龙门等大量珍贵文物,其中包括像莲鹤方壶这样的顶级国宝。这些藏品数量众多、质量上乘、价值连城。1938年2月,郭豫才与其他同事冒着战火,护送河南文物和河南通志的志稿南迁。他们主要乘坐汽车,途经开封、陈留、鄢城,最终抵达武汉。在武汉稍作停留后,他们继续护送文物前往重庆。经历了千辛万苦,他们终于抵达重庆,并将河南文物安放在金陵大学的临时校舍中。

在重庆,先生与胡石青先生合作申请了一个庚子赔款项目,并共同撰写了《中国民族史稿》。该书坚决反对中国人种和文化西来说,充满了爱国精神。

1946年,先生在重庆国立女子师范学院史地系担任教授,讲授先秦史、魏晋南北朝史、中国古代民族史等课程。

1949年12月,重庆解放。国立女子师院和原四川教育学院合并,建立了西南师范学院。先生担任西南师范学院筹备组委会主任兼秘书长,是西南师范学院的重要创办人之一。西南师范学院建立后,先生任教务长,并随后担任历史系主任长达30余年。西南师范学院的建立与历史系的发展与先生有着密不可分的关系。

1979年,先生回到了他阔别了40余年的母校——河南大学,负责培养先秦史研究生,为社会培养高层次人才作出了重要贡献。先生晚年致力于中国早期社会形态、生产关系的研究。尽管已70多岁且身体多病,他仍然笔耕不辍,撰写了《试论西周的公社的问题》《论西周时期的社会结构》《论战国时期的封建土地国有制》《南朝封建土地所有制研究》等论文,分别发表在《河南大学学报》1981年第2期、1983年第1期、1985年第4期,以及《史学月刊》1987年第1期。

先生一生始终奋斗在考古发掘、学术研究和高等教育第一线,是保护我国文物的功臣。先生的一生成绩卓著,是中国新史学和早期考古学的先驱,也是新中国高等教育的奠基者之一。(李玉洁)

唐嘉弘

唐嘉弘(1927~2000),曾用名唐秀成、唐家弘、唐嘉鸿,四川蓬安人,教授。他曾任河南省第六、第七届政协常委,是九三学社社员,并享受国务院政府特殊津贴。

早年,他在家中私塾接受教育,1940年至1942年就读于南充成达初中,1943年至1945年就读于成都成公高中。1945年,他进入四川大学文学院历史系深造。1949年,由著名历史学家徐中舒、胡鉴民先生推荐,他在四川大学文科研究所担任助理员和研究生,专注于先秦史及西南民族史的研究。在攻读研究生期间,他师从先秦史研究名家徐中舒,深受其影响,培养了科学治学的基础和潜心求索、实事求是的学风,以及朴实的人生观。他后来被誉为"徐中舒先生诸多弟子中唯一得徐中舒学术思想之真传并不断发扬光大的名师大家"。1953年毕业后,他留校任教,历任讲师、副教授。1984年,他加入河南大学任教,1986年晋升为教授,并先后担任河南大学先秦文化研究中心主任、历史系主任、历史研究所名誉所长、中国先秦史学会常务副会长兼秘书长、中国民族学研究会理事等职务。

唐嘉弘先生长期从事先秦史、中国古代民族史、中国学术文化史的教学和研究工作。在科学研究方面,他强调博专结合、兼收并蓄的治学原则,注重历史学、文献学、考古学、古文字学、民族学等多学科材料的相互验证,形成了贯通古今、言必有据、追求创新的学术风格,为学界贡献了丰硕的研究成果。先秦史是他的主要研究领域,也是成就最大的领域。他的力作《先秦史新探》是四十多年先秦史研究的结晶,共收录先秦史论文25篇,35万多字,涉及古史分期、古代社会分工等先秦时期的重要理论和政治、经济、文化等各方面的内容,具有深刻的义理与考据,深受学界重视。在中国古代民族史研究方向,他出版了《中国古代民族研究》,在广泛搜集文献记载、民族调查和考古实物资料的基础上,对我国周边古代民族从先秦到明清作了深入的综合研究和精深的论述,在理论和史实考证上都有新的突破。此外,他对黄河文明研究也作出了突出贡献,先后发表了《论黄河文明》《黄河流域是中华民族的摇篮》《黄河文明与中国传统文化导论》《河姆渡文化的历史地位》等系列论文,系统地论述了黄河文明的源流,并与周边文明进行了比较研究。他指出新石器时代的文化是多元的,青铜时代之后,逐渐形成以黄河中下游地区为核心的黄河文明,具有相当的开放性,通过广泛吸收周边乃至中亚、西亚的文化而展现出坚韧的生命力。他的相关论著为河南大学黄河文明研究奠定了坚实基础。他先后承担并完成了《黄河文明与中国传统文化》《中华大典·政治典》等国家与省级重点研究项目,相关成果荣获四川省史学会优秀科研成果二等奖和河南省第三次社会科学优秀成果二等奖等。

他教学认真负责,一丝不苟,勤于探索,注重教材教法革新,因材施教,充分调动学生的积极性。他先后培养了10余名硕士研究生和3名博士研究生。在长期担任行政事务的过程中,他认真负责,积极行使参政议政和监督权力。1998年退休后,他仍然经常为学校的发展提供宝贵建议。(惠冬)

陶述曾

陶述曾，原名翼圣，1896年3月9日出生于湖北省黄冈县（今划入武汉市新洲区）。少年时期，他随在河南做知县的父亲读书。受父亲修沟洫、兴农田的政务工作影响，他从小就对《山海经》《水经注》《地理志》等读物产生了兴趣。1906年，他进入开封旅汴中学（五年制）读书，直至毕业。1911年11月，他加入武昌革命军政府将校补充团受训，随后考入武昌军官学校工兵科学习。在军校学习期间，一位教地形的教官对学生们说："为生民立命，为万世立功的禹稷才是真正的英雄。"这句话对家乡频受洪水灾害的陶述曾影响很大，决定了他终生的事业方向。1913年，他因病离开军校，决心弃戎从工。

1915年春，他与胞弟陶希圣同时考取北京大学预科。1918年，预科毕业后他升入北洋大学土木系。1919年，五四运动爆发，陶述曾成为北洋大学学潮的策动者与领导人之一。1920年春，校长冯熙运迫于军阀曹锐的军警压力，开除了180多名参与学潮的学生。北大校长蔡元培顶住压力，接纳了被北洋大学开除的学生。陶述曾因此进入北京大学土木系，并于1921年毕业。

大学毕业后，他先是应聘在水利工程测绘养成所执教，后被委派为华洋堤督工专员。1924年，他满怀实业救国的热情，回到湖北筹办蕲春寅山煤矿。他将公司命名为振业，并全身心地投入了矿山建设。

1927年，他以优异成绩考入革命军政府交通部韶赣国道工程局，担任技佐。此后5年，他先后在韶赣国道第四测量队、广东韶坪公路工程处担任技士，之后到粤汉铁路星韶段测量队任帮工程师，再到粤汉铁路株韶段工程局任工程师兼分段长。

1933至1936年，他应聘到河南大学土木系担任教授、系主任，并兼职为河南水利专科学校授课。同时,他还应聘兼任河南河务总局技正,参与黄河防汛工作。

1935年夏,湖北发生特大洪水,汉江钟祥遥堤溃决,造成严重水灾,人民生命财产损失惨重。翌年6月,他带领河南大学与河南水专的十几名毕业学生,奔赴湖北钟祥参加遥堤堵口工程,担任遥堤善后工程委员会工务主任。他运用黄河传统的堵口方法,结合汉江的水情、泥沙、地质条件,终于成功堵住了决口。

1937年,他应邀前往海南,担任琼崖铁路工程局第一测量队队长,为修建海南第一条铁路开展测量工作。抗日战争爆发后,海南铁路停建,他又带领部分职工和设备转到湘桂铁路衡桂段工程局,担任灵川桥工处主任,并按期完成了建桥任务。

1938至1945年,陶述曾参与了滇缅铁路、中印公路等交通建设的几乎全部工程。他在滇缅铁路担任总段长、副处长,在中印公路担任工程处副处长、总队长,在昆明飞机场工程处担任处长,最后出任军事委员会工程委员会处长、副总工程师。他为这些工程的修建作出了出色的成绩。

1946年春,他处理完军事委员会工程委员会的善后事宜后,又欣然领命出任黄河花园口堵口复堤工程局总工程师。他创造性地在黄河上采用双仔笩立堵的方法,终于在1947年3月胜利完成了这个黄河史上最后的堵口工程,使黄河安然流回了故道。

花园口工程竣工以后,陶述曾就任交通部广州港工程局局长。经过数月的筹备,他开始了对广州港的勘测和规划设计,并制作了建港模型报送交通部。然而,1948年下半年,解放战争进展神速,国民党政权摇摇欲坠,眼看南方大港计划已不可能实施。于是,他在年底返回了家乡武汉。

1949年2月,他受聘任湖北省政府建设厅厅长。中共地下党支持他就任,并利用这一职务保护好新中国成立前夕武汉市的建设设施。他就在这个岗位上,在我党的领导下迎来了中华人民共和国的诞生。

解放初期,武汉百废待兴,他主动接过大冶源华煤矿公司董事长的重任,四处奔走借贷筹款,积极开掘新井。三个月后,煤产量回升,缓解了武汉市的供煤紧张状况。

1949年8月,他应聘为武汉大学土木系教授。为了把丰富的工程实践经验传授给学生,他经常工作到深夜,亲自撰写教材。在武汉大学,他是学生们最热爱的教授之一,他有不少学生成为知名学者。

1950年6月,他出任湖北省防汛总指挥部副总指挥长。通过调查研究,他指出了江汉平原堤基青沙层的普遍存在是影响堤防安全的严重隐患。

1951年,他分别担任了中华全国自然科学专门学会联合会武汉分会和湖北省科学技术普及协会筹委会两会的副主任委员,并且连续被选为两会第一、二届的副主任委员、副主席和主席。1958年两会合并成立湖北省科协,他当选为副主席。1978年湖北省科协恢复时,他又担任副主席职务。在1987年的省科协三大上,他被一致推举为名誉主席。在学术团体中,他还担任过中国土木工程学会副理事长、湖北省土木工程学会理事长、中国水利工程学会武汉分会理事长等职务。在担任这些科学技术团体领导职务时,他积极组织科技专家解决国家建设中的疑难课题和攻关项目,普及科学技术知识,成为湖北科坛上很有影响的活动家。

1952年,他加入了中国国民党革命委员会,担任了民革湖北省委第二、三、四、五届主任委员、民革中央常委、民革湖北省委名誉主任委员。还曾任第四届全国人大代表,第二、三、四、五、六届全国政协委员,湖北省第一、二、四届政协副主席,第五、六届人大常委会副主任。

1954年,长江发生百年未遇的特大洪水,武汉关水位远远超过1931年和1935年的洪水水位。此时,陶述曾受邀任市防汛总指挥部总工程师。他首先派出总工程师室的全体工程师去现场摸清堤防情况,对全体防汛人员进行技术培训,协助总指挥长健全防汛抢险的组织机构和物料供应。同时,他还夜以继日地赶写《防汛与抢险》小册子,印发到基层指挥员与技术人员手中,指导他们正确判断险情,运用恰当方法抢救。随着江水位不断猛涨,根据水情预报,他参与总指挥部制定了五次大的加堤方案,始终把大堤的加高加固抢在洪水上涨之前。每一次重大险情,他必到现场亲自指挥。在防汛抢险中,他批判了过去习用的一些错误经验,提倡科学方法,如采用导渗的办法处理漫浸,用倒滤井的办法处理管漏,用木排防浪减轻对大堤的冲刷,取得了很好的效果;对打桩、沉船、抛石、压浸等方法更是制订出技术规定,不准滥用,不仅节约了大量工料,也提高了排险的保证率。他根据水情的变化和武汉市堤防的具体情况,预先指出可能发生的险情种类、预防措施和抢险方法,写成文章发表在《长江日报》上,对全面指导防汛抢险斗争起了很大的作用。他在防汛抢险中合理运用科学技术,为抗洪斗争的胜利作出了贡献。

1955年4月,他出任湖北省水利厅厅长,上任后首先抓防洪体系的建设。对江汉平原如何提高防御长江洪水的能力问题,他一开始就积极主张兴建三峡枢纽工程,并且主张三峡工程应把防洪目标放在首位。其次是平原湖区的治理,陶述曾一上任便狠抓勘测设计力量的扩充和基础技术工作建设。他亲率各行业专家多次到湖区考察,研究治理方案,积极组织技术力量开展湖区治理规划。从1956年组织府河流域规划起,连续进行了多条小流域开发规划和大中型山谷水库选点,并对效益好、开发条件优越的工程开展了前期勘测设计工作,使漳河水库、白莲河水库、富水水库等一大批大中型骨干枢纽工程得以顺利建成。在指挥工程建设中,他既是厅长,又是总工程师。在他的指导和支持下,明山水库采用了先进的连锁管柱法处理基础防渗;白莲河大坝建成了代料心墙坝,为湖北大坝建设利用当地材料开创了新经验;对渠系建筑物推广了新型的结构设计和先进的施工工艺;全省的水利工程建设队伍也迅速成长。在这期间,他为湖北水利建设解决了不少技术难题。1962年,任湖北省副省长,仍兼任省水利厅厅长,直至1966年。在这期间,湖北省的水利建设取得了巨大成绩。

1976年,陶述曾被选为湖北省人大常委会副主任。虽已80高龄,他仍然孜孜不倦地工作。他参加了三峡选坝现场会议,参加了国务院召开的三峡可行性报告论证会和黄河流域规划会议,并且为这些会议撰写了论文。他还多次到鄂东大别山区考察水土保持情况,写出了多篇调研报告。

陶述曾毕生从事交通工程和水利工程建设,在工作中一向以严谨、严格、不墨守成规著称,是一位勤奋的工程师,为国家建设作出了突出贡献。

1993年1月19日陶述曾在武昌逝世,享年97岁。

黄平权

黄平权(1924~2017),福建泉州人。1947年到台湾省立师范学院国文系学习,1950年转到北京师范大学中文系学习。1952年毕业后,他被分配到平原师范学院中国语文系任教。1955年,河南师范学院院系调整,他来到河南师范学院一院中国语文系任助教,此后长期在中文系现代文学教研室工作,主要从事现代文学的教学与科研工作。1978年,他任中文系硕士生导师。1986年12月,民盟河南大学总支委员会换届,他任副主任委员兼秘书长。1988年5月,他被评为教授。当年12月,民盟河南大学委员会成立,黄平权任主任委员。1992年4月,黄平权连任民盟河南大学委员会主任委员。

黄平权多年来一直从事中国现当代小说的研究,对丁玲、鲁迅、巴金、茅盾等作家均有较为深入的研究。1977年,他在《河南大学学报》发表论文《闻韶是一个世界,口渴是一个世界——对鲁迅杂文〈不知肉味和不知水味〉的一点分析》,并在其他刊物发表学术论文20多篇。

黄敦慈

黄敦慈(1891~1989),字屺瞻,河南信阳人,是著名的数学家和教育家。1915年毕业于北洋大学土木工程科。他历任直隶永定河测量队测量师、河南省水利局技士、河南省立农业专门学校测量教员、河南留学欧美预备学校教师。1923年被聘为中州大学(现河南大学)数学教授。1941年5月,因在河南大学连续服务20年以上,按照教员服务奖励规定,由当时的国民政府教育部部长陈立夫签发一等服务奖状。直至1956年调任新乡师院(今河南师范大学)。他历任河南大学、河南师范学院、新乡师范学院、河南师范大学数学系教授、系主任、教研室主任等职。前后共在河南大学执教37年,在河南师大执教35年。曾任河南省第一、二、三、四届政协委员,1964年当选为全国第三届人民代表大会代表。受他教育的学生遍布海内外,其中不少人已成为蜚声中外的专家学者,如张伯声、徐墨耕、郝象吾、孙祥正、卢锦梭等,均曾在他门下就读。在长期的高校工作中,他积累了丰富的教学经验,为我国教育事业作出了很大贡献。

严谨、认真是黄敦慈先生治学、处世、执教的信条。他教学态度严谨认真,备课仔细负责,修改作业一丝不苟,从不放过任何一个疑点和难点。学生都敬重他,乐意听他的课。在高校教授数学六七十年,对教材运用早就轻车熟路了,但他每次讲课都当作"新课"来对待,弃旧谋新,绝不草率。课堂讲授条理清晰,深入浅出,引人入胜。他主张老师应该诱导学生发现问题、提出问题,再给予必要的指点和启发,鼓励学生独立思考。他说:"作为一个教师,没有对教材的透彻了解,没有熟练的技能和技巧,是教不好课的;照本宣科,人人都会,但要想教好,不下大功夫是不行的。"他的严谨认真也体现在科学研究上,几十年间孜孜以求,积累了数十万字的数学资料,写出了多篇重要论文,其中《函数级数的一致收敛性》《蜂窝建造的极值问题》等在学术界颇有影响。

黄敦慈先生德高望重，却始终戒骄戒躁，永远保持着谦虚进取的可贵精神。1962年，为了解中学实际，他与新乡师范学院附中一位老师签订了一学期的听课合同，坚持按时到附中听课。他不顾自己已年逾古稀，无论大雨倾盆还是风雪交加，从不缺席。他认为只有根据中学教学实际组织师范大学教学，才能培养出合格的中学教师；而要了解中学教学实际，就必须有当小学生的精神。

黄敦慈先生教学严谨认真，为人谦虚诚恳，并始终持之以恒，表现出一位正直的知识分子光明磊落、献身教育的崇高精神。新中国成立前后，他积极参加1949年9月至1950年3月在河南大学举办的研究班，努力学习马列主义基本理论，树立全心全意为人民服务的共产主义思想，把加入中国共产党作为自己的志愿。1958年，"大跃进"中违反教学规律、扰乱教学秩序的浮夸风盛行，他不盲从谬误，始终坚持用科学家的严谨态度从事教学工作。1962年，他代表新乡师范学院参加中央在广州召开的全国科学工作会议，聆听了周总理"关于知识分子问题"的报告和陈毅副总理为知识分子脱帽加冕的讲话。会后，他及时向全院师生员工传达了中央领导同志的讲话精神，并向党组织郑重申请："我生于清末，经历漫长，清政府丧权辱国，辛亥后的军阀混战，国民党横征暴敛，日寇的烧杀奸淫，我均历历在目。但在旧社会，我只能积愤于心，一筹莫展。积数十年之经验，我深知只有社会主义才能救中国，建设社会主义必须靠共产党的领导，争取入党是我的终生夙愿。""文化大革命"中，他屡遭批斗，备受摧残，但始终对党坚信不疑，以一个共产党员的标准严格要求自己。1983年，他终于如愿以偿，在92岁高龄时成为一名光荣的中国共产党党员。

黄敦慈先生在改革开放的10余年中，老当益壮，衷心拥护十一届三中全会确定的路线、方针、政策，坚持四项基本原则，继续参与教学科研工作，奋勉自励，竭尽所能，正如他自己所说："苍龙日暮犹行雨，老树春深更着花。"

1989年，这位百岁老人逝世，他的优良品质和作风值得后人永远学习。

黄魁吾

黄魁吾(1926~2019),河南孟津人,教授,中共党员,民盟盟员。1947年考入河南大学,就读于中文系,1949年7月参加革命。1952年在中国人民大学马克思列宁主义研究班哲学分班学习。1954年毕业后,分配至河南师范学院执教,历任政教系讲师、副教授、教授,政治系哲学教研室主任、政治系副主任、主任,党总支委员,校学术委员会委员。他还曾担任政协河南省第四、五、六届委员会委员,河南省哲学学会副会长、顾问,开封市哲学社会科学界联合会副主席、顾问,开封市哲学学会会长、顾问,开封市周易研究会顾问等职。

黄魁吾是新中国成立后河南省第一代马克思主义理论研究工作者,长期从事河南大学本科生、研究生的马克思主义哲学课程的教学工作。从1954年留校任教至1989年离休,尤其自1979年开始指导哲学专业硕士研究生,培养了张广智、郑永扣、吴潜涛、张曙光等一大批在全国有较大学术影响的知名学者、党政军领导人才。

在精心为政治系本科生和硕士研究生讲授马克思主义哲学原理、马克思主义经典著作和毛泽东哲学思想研究等课程的同时,黄魁吾时刻不忘学术研究,撰写了诸多学术论文、学术专著,并参编了哲学专业教辅材料。他曾参加撰写的专著有《马克思主义与当代中国》《毛泽东哲学思想研究》,主编的教材有《马克思主义哲学发展简史》《马克思主义哲学史略》《新编马克思主义哲学原著教程》等,并发表学术论文多篇。他曾获河南省社科联优秀论著二等奖,河南省新闻出版局优秀图书编辑二等奖。从1955年到1997年间,他共撰写学术论文15篇,学术专著5部,参编教材7部。这些学术成果是他整个学术历程的真实写照,一方面反映了他雄厚的理论功底和深厚的学术造诣,另一方面也反映了他朴实严谨的学风和细致缜密的学术规范。

黄魁吾是河南大学哲学学科的奠基人之一,曾同张浩、刘象彬等教授一起积极筹备申报硕士点,使学校于1981年成功获批马克思主义哲学硕士学位授予权。他在河南大学工作近40年,为河南大学哲学学科的建设与人才培养付出了全部的心血,作出了重要的贡献。

黄魁吾多次在市民盟、校民盟召开的会议上作政治理论和哲学问题的报告,善于将深刻的理论问题化为精辟明了的观点,为大家所称道。在担任省政协委员期间,他拥护党的十一届三中全会以来的路线、方针、政策,坚持四项基本原则,积极参政议政,深入基层调查研究,提交了多项提案,为河南省的经济、文化建设与发展作出了积极贡献。

黄魁吾乐观豁达、勇于担当。在耄耋之年,他悉心照顾年迈的母亲、病患的妻子及女儿,在其晚年所居住的老年公寓,完美诠释着儿子、丈夫、父亲的三重角色。2014年11月,河南大学党委宣传部推出报道《黄魁吾:从容,与境遇无关》,引起全社会媒体对黄魁吾事迹的广泛关注,国内多家新闻媒体纷纷予以报道,从不同视角展现黄魁吾乐观豁达和勇于担当的精神。有关黄魁吾事迹的新闻报道,还得到人民网、新华网、光明网、凤凰网、中国文明网等数十家网站的转载。同年12月,黄魁吾入围中央文明办等举办的"中国好人榜"候选人。

黄魁吾一生追求进步与光明,忠诚于党的教育事业,爱岗敬业、教书育人、诲人不倦。黄魁吾的一生是革命的一生、奋斗的一生,他几十年如一日,乐观面对人生,从容淡定,敢于担当,以坚忍的毅力蹚过一道道人生的坎坷与波折。他毫无怨言、从不气馁,用自己的凡人善举体现了人间大爱的力量。2019年9月27日,黄魁吾在开封逝世,享年93岁。(孙少飞)

常剑峤

常剑峤(1930~1992),曾用名常春生,河南省栾川县人,民进会员。1930年,常剑峤出生于栾川县城关镇,自小学习优异。中学就读于开封大河高中,1949年进入重庆大学中文系学习,1950年至1954年就读于河南大学地理系,并取得学士学位。毕业后分配到广州华南师范学院任教。1973年任教于河南大学地理系,并先后担任讲师、副教授、教授,主要讲授《中国地理(自然地理部分)》《中学教育》《河流水文学》《中国地理教学法研究》等课程。此外,常剑峤先生还担任政协开封市第五届委员会委员及民进河南省工作委员会副主委、民进开封市支部主委等职务。

常剑峤先生一生致力于学术科研及教书育人的工作,坚持四项基本原则,拥护党的十一届三中全会以来的路线、方针、政策。他为人正直,作风正派,关心国家大事,忠诚于党的教育事业,多次获得教学成果奖和先进教师等荣誉称号,为现代地理学培养出不少青年才俊和中流砥柱。在科研方面,常剑峤先生的《论中国东部水体调整的趋势》一文,引入大量资料,论证了我国东部地区水资源的地域差异性,阐明调整我国东部地区水资源的必要性和可能性,具有宝贵的参考意义,对我国东部地区水资源和水利发展有一定的参考价值。此外,常剑峤先生在其《珠江三角洲》《海南诸岛》《华南水文特征》等文章中,都阐明了自己对于我国东部水资源的独特见解。常剑峤先生还参与了《华南自然地理区》等地图集的绘制工作,参与了《南非共和国经济地理概况》等外文著作的翻译工作,加深了我国对于世界自然地理的认知。他参加了《豫西地区资源综合利用开发的战略目标预测》的编委工作,为豫西地区资源开发发展献策献力。在其《河南省中学中国地理》《祖国山河之最》《豫西中部山区自然条件与自然资源》等多部著作中,对我国自然地理的开发发展都具有一定的参考和使用价值。这些都彰显了常剑峤先生的科研能力强、业务水平高,对于学术一丝不苟的严谨态度。

中国民主促进会在河南起步较晚,常剑峤先生对于河南省民进的发展有着不可磨灭的贡献。在民进中央楚庄副主席的亲自关怀下,经民进河南省直属支部的批准,成立了民进河南大学小组,常剑峤担任组长。1989年1月,民进开封市支部委员会成立,选举常剑峤为主委。

常剑峤先生的一生极其不平凡,他为人淳朴、和蔼可亲、坚持真理、高风亮节、严于律己、宽以待人,始终拥护祖国统一,始终拥护社会主义事业,始终为着实现中华民族伟大复兴而奋斗。退休后,常剑峤先生仍时刻关心河南大学地理系的建设与发展,多次提出重要建议。常剑峤先生于1992年因病在开封家中去世,享年62岁。

阎仲彝

阎仲彝(1895~1973),河南省淅川县人,幼年在原籍读私塾,1909—1911年于本县高等小学读书。1914年1月考入河南留学欧美预备学校学习德文科。1919年毕业后,阎仲彝被选送至上海同济大学医科专业继续学习,并于1924年毕业。翌年由河南官费派遣留学德国。1928年4月毕业于哥廷根大学外科,获博士学位。

1950年,他被省人民政府聘为河南省首届各界人民代表会议自由职业者民主人士代表,并任省政治协商会议委员。新中国成立后加入九三学社,还曾担任过中华医学会外科学会河南分会主任委员及中华外科杂志编辑委员、中国科普学会河南分会业务部副部长等。

自幼在书香门第长大的阎仲彝受到了良好的教育和熏陶。由于父亲从事教育事业,阎仲彝受其影响很深,勤奋读书,努力求学,从小成绩就名列前茅,深受老师的喜爱、同学的敬佩。1914年1月,阎仲彝以优异成绩考入河南留学欧美预备学校德文班,开启了在开封的求学道路。

1919年1月,华夏大地正处于水深火热之中,第一次世界大战的硝烟还未散尽,战胜国的代表们云集巴黎,商讨战后事宜。中国作为战胜国,派出代表出席在法国巴黎凡尔赛宫的会议。在全国人民的热切盼望下,为改变中国在国际上的不平等地位,中国代表在会上提出废除外国在中国的势力范围、撤出外国在中国的军队和取消"二十一条"等正义要求。然而,这些正当的要求均遭拒绝,帝国主义列强还决定将德国在山东的权益转让给日本。消息传回北京,国人沸腾!1919年5月4日,北京三千多名学生在天安门广场前举行示威游行,吹响了反帝爱国的战斗号角,"外争主权,内除国贼""废除二十一条""还我青岛"的吼声深深震撼着中国大地。五四爱国运动的战火烧到了古城开封,河南留学欧美预备学校的广大师生也纷纷奋起斗争。此时,已临毕业的阎仲彝被推选为学生代表,他慷慨激昂地表达力争主权、勇赴国难的决心,坚决要求"外争国权,内惩国贼""誓死争回青岛",保我主权,号召各界人民团结起来,积极投入战斗。面对"数千年未有之变局",阎仲彝带领河南留学欧美预备学校的学子和全国各地的爱国人士为中华民族之崛起共同写下了光辉的一页。

阎仲彝在河南留学欧美预备学校经过五年知识的浸润后,于1919年7月以优异的成绩从母校毕业。因德国战败,不能去德国留学,遂被选送到上海德国人开办的同济大学医科学习。是金子在哪里都会发光。阎仲彝从小就养成了良好的学习习惯,时刻端正学习态度,不畏艰险,勇攀医学高峰,在医学殿堂肆意遨游。后来在中州大学考取河南官费生,于1925年赴德国哥廷根大学攻读外科,与在该校政治系读书的朱德成为同学。在德国,阎仲彝有机会接触了进步思想,阅读了德文版《共产主义ABC》一书,并在那里参加了声援五卅运动的爱国活动。1928年春,阎仲彝在柏林办理回国手续时,国民党右派曾以海外代表为诱饵劝其加入国民党,接受了马克思主义进步思想的阎仲彝以"向来不投机"而严词谢绝国民党右派代表。

阎仲彝获得哥廷根大学外科学博士学位后,德国几家医院都重金聘请他,希望他能留在德国,为德国的医药卫生事业发展做贡献。但阎仲彝心系祖国,时时刻刻想回到祖国母亲的怀抱,拒绝了德国医院的聘请,于同年5月回国,就任徐州国民革命军后方重伤医院中校军医。

1928年,历经数年的沧桑,此时的河南欧美预备学校已发展成为河南中山大学。1902年创立的河南医学专务学校并入河南大学,医学院在河南大学正式设立,是当时河南大学的五大学院之一。但医学院尚还年轻,师资力量不足、经验不够丰富等是当时遇到的问题。次年8月,河南中山大学校长黄际遇电邀阎仲彝,希望他能回母校医科任教授兼负责人。阎仲彝知道刚成立的医科教育比较落后,医疗条件也比较差。但是他有着更高的奋斗目标,渴望回到母校,渴望为母校、为社会、为国家奉献青春。于是阎仲彝毅然回到河南开封,支援内地医学建设。

1930年夏天,河南中山大学校长主张裁撤医科,省政府也已批准。但阎仲彝、张静吾等人反对停办,据理力争,最终医科才得以保留。同年9月,医科改为医学院,阎仲彝出任第一任院长。他勤勤恳恳耕耘在教育教学第一线,为河南中山大学培养出一批又一批优秀人才,这些人才连绵不断地输入到祖国医药卫生事业的建设中。在阎仲彝的带领下，河南大学的医学教育如火如荼地进行。1938年6月，抗日战争的战火烧到了古城开封。开封沦陷前，河南大学撤离开封，1939年医学院迁至河南嵩县，积极扩招春季班，并创办附属医院。时值战乱时期，战火连连，老百姓苦不堪言，但医学院的老师们坚定信心，学生们也仍热心医学学习。由于医学院教育质量高，在全国医学院评比中名列第三。

阎仲彝作为生活在旧社会的一个知识分子，虽然在党派斗争中常常以超然的态度自居，但他具有中国人的正义感。特别是在河南大学执教期间，他从爱护学生与同仁的思想出发，对革命或进步的师生总是设法加以保护，使其免遭不测。1935年"一二·九"运动中，河南大学学生冒着严寒在开封火车站卧轨反对华北五省自治运动，斗争异常坚决。阎先生携带食物到车站慰问卧轨的学生。回来后，他流着热泪对夫人讲："政府不抗日，青年才要求抗日，孩子们在车站可真受罪了，罪过呀。"1938年在镇平，国民党当局对河南大学教授范文澜、嵇文甫十分怀疑，一次宴会上曾公开说他俩是共产党的书记和省委成员，在场的阎仲彝当即为他们辩解。

1941年，当时河南大学医学院所在地嵩县公安局局长亲自带领特务来校逮捕进步学生张淑景。阎院长一方面招待他们以延宕时间，另一方面暗中派其夫人尽快前往女生宿舍，通知女生指导员周静学转告张淑景立即躲开。中共地下党员和进步学生王玮、王敏、郭士恒、郭海长、张秀英、朱鸿秀、黄樱子等，都受到过阎仲彝的保护。1941年汤恩伯派工作组到嵩县抓捕共产党，医学院演戏时，工作组在场捣乱，刘立亭出面干涉，被工作组抓去痛打。阎仲彝与宋玉五一起出面保释并宣称："若不释放，立即通电全国。"终于迫使工作组释放了刘立亭。由于阎仲彝的保护，医学院的中共地下党人，一个也未被抓捕。

作为医学院院长的阎仲彝先生，办学态度甚是认真。1940年春医学院招生时，当地退伍伪军官的两名"干女儿"考场作弊被发现。校方考虑流亡期间与地方实力派的关系，主张录取。但阎仲彝坚持不同意，然而力争无果，气得在城墙坡上躺一整天不回家吃饭。

阎仲彝治学刻苦认真，主张以勤补拙，成绩颇佳。在外科尤其是骨科方面研究深邃，技艺精湛。阎先生鉴于"吾国向无骨折脱位学之专著"，于1946年编著出版《骨折及脱位学》一书，约15万字，自行设计绘制287幅明晰的示意图，在维护关节功能方面有独到见解，备受国内外同人赞许。另著有《性生活与民族改进》一书，提倡优生，卓有远见。在翻译学上,也有突出贡献。由阎先生主持翻译《外科学》上下两册,140万字,1957年由上海卫生出版社出版,是新中国最早翻译的一部外科学巨著。1958年1月后专事翻译和学报编辑工作,陆续发表多篇关于外科、骨科、五官科的论文,均是见地透彻。

1958年河南医学院迁往郑州,阎仲彝只身去郑。1966年患中风偏瘫,返回开封疗养,1973年8月17日在开封去世。

阎仲彝教授热爱祖国,忠于医学教育事业,素以救死扶伤为己任,是河南医学教育事业的重要先驱者、现代外科的开拓者。

梁冰潜

梁冰潜（1907~1988），原名受益，字秉谦，笔名梁冰。他是山东省乐陵县（今乐陵市）人，教授，民盟盟员，著名工艺美术家，国画家。1931年考入北平京华美术学院国画系，师从邱石冥、汪慎生，并曾受齐白石指导。自1962年起，他担任河南大学艺术系工艺美术教研室主任。他还是中国美术家协会会员、河南省美术家协会理事、中国科学技术协会自然科学专门学会会员、河南省工艺美术学会常务理事以及河南陶瓷协会顾问。

梁冰潜教授

梁冰潜教授画作《为建设社会主义而奋斗》

梁冰潜幼年在乐陵接受私塾和小学教育。1925年考入惠民县山东省立第四中学。1929年，他成为乐陵县第一小学的教务主任和美术教师。1935年，他在山东省济宁市省立第七中学任教，并兼任济南青年文化社的美术编辑。1936年，他与赵望云在济南共同举办了画展。自1938年起，他先后在河南省信阳师范学校、陕西国立第二十二中学师范部任教，并与王霞宙、王寄舟共同举办了画展。1946年，他与崔鉴光共同举办了庆祝抗战胜利的画展。1947年，他在郑州和开封分别举办了个人画展，并创办了"河南女子职工学校",亲自担任校长。

新中国成立后,梁冰潜于1949年在广西壮族自治区桂林市第二中学任教。1950年秋,他成为开封艺术学校的教师,并在同年加入了中国民主同盟。1952年,他当选为河南省第一届文代会代表,并成为河南省文联委员。1953年,他在开封市河南师范专科学校任教,并出席了河南省第一届文代会。1956年,他成为郑州艺术学院美术系的工艺美术讲师。1962年,郑州艺术学院并入开封师范学院(今河南大学)成立艺术系,梁冰潜担任工艺美术教研室主任、副教授、教授。在此期间,他于1979年出席了河南省工艺美术代表大会,1980年出席了第二届文代会。1982年和1983年,他被评为"为人师表先进工作者"。

湖黔路上记景　43 cm×33 cm　1978年

英雄时代英雄业绩　60 cm×43 cm　1959年

梁冰潜教授在学校系统讲授过中国画、美术、装饰、设计、壁画、工艺美术、图画教学法等多门课程。他编著的教材包括《图案》《实用美术》《装饰设计》《怎样画装饰画》《图案教学法》《陶瓷设计》等。他在理论研究和实践方面都取得了显著成就。从20世纪50年代到80年代,他曾三次主持北京人民大会堂河南厅(即外宾接待厅)的内部装饰设计工作。河南厅的总体设计和具体陈设品受到了中央领导和专家的高度评价。

在艺术创作方面,梁冰潜先生30年代主要从事花鸟、山水画的创作,40年代则侧重于山水画的创作。他的作品构图严谨,笔墨雄浑多变,富有壮美的意境和深沉的力度。他的作品曾多次在国内外展出,并在专业报刊上发表,被中国美术馆、北京人民大会堂、河南省博物馆等收藏。其代表作品有《龙潭飞瀑》《嵩山之秋》《山色空蒙雨亦奇》《和平鸽》《为建设社会主义而奋斗》《红卫星上天》《太行远眺》《春耕》《南湾水库》等。此外,他于 1979 年设计的钧瓷果盘参加了全国工艺美术展览,设计的钧瓷、唐三彩等 5 件作品也参加了在北京举办的河南"三瓷"展览。

梁冰潜先生被誉为 20 世纪最优秀的书画家、教育家之一。他将热血情怀与广博的胸襟奉献于艺术创作与艺术教育事业中,为河南培养了大批艺术人才,为河南的艺术教育事业奠定了坚实的基础,为河南书画艺术的振兴作出了开拓性的贡献。他一生淡泊名利,潜心艺术,在艺术世界中执着追求,在教育领域中勤恳耕耘,被誉为"人民教育家",其影响和传承了一代又一代人。

云中行　37 cm×27 cm　1975 年

彭芳草

彭芳草(1903~1987),曾用名彭山寿、彭叔美,汉族,湖北省武昌县(今武汉市江夏区)人。他1949年加入民盟,国立北京大学哲学系毕业。

彭芳草于1925年进入报社工作,由此结识了陈少甫、梅龚彬等诸多社会进步人士。她先后在北京心声晚报、汉口湖北民国日报、北平新报、太原民国日报、上海神州国光社担任编辑。因其思想的先进性与文笔的犀利,1933年,她担任了《福建民国日报》的总编辑。《福建民国日报》是当时少数敢于直言反蒋抗日的报纸之一。该报旗帜鲜明地发表了一系列抨击时弊的社论和短评,如《谈苏俄十月革命》《讨蒋救国》以及《参加人民大会》等,为当时的"福建事变"奠定了舆论基础。彭芳草不畏强权,勇于揭露并批判日本侵略者和国民党蒋介石的丑恶行径,正因为这样的坚持与勇气,彭芳草等人逐渐在公众视野中凸显出来,成为那个时代不可或缺的声音。

1933年11月,彭芳草携手胡秋原等志士,共同发布了《讨蒋救国人民大会今晨举行》的报道及《祝人民大会》的社论,这两篇力作在当时社会激起了强烈的反响。次年,彭芳草投身于反蒋抗日运动,不幸在北平被捕,随后被囚禁于南昌行营军法处,历经近一年的艰难岁月。在共产党及社会各界的共同努力下,她最终得以脱险。重获自由后,彭芳草更加积极地投身于抗日救亡与反对分裂的斗争之中。她先后在南京《兴华日报》担任主笔,于汉口《时代日报》出任总编辑,并在重庆战地党政委员会负责战地通讯编辑工作。1940年,彭芳草受聘于中山大学法学院,从讲师起步,逐步晋升为副教授、教授。

彭芳草在民国时期及新中国成立前积极投身和平事业,与梅龚彬、王礼锡等人多次发表反日、反分裂文章。她深受中国共产党先进思想的启迪,曾赴京与李大钊等革命先驱交流,这一经历更加坚定了她为国家民族奋斗终身的信念与方向。1946年,彭芳草在《每日论坛报》担任副编审一职,面对时局的动荡,她勇敢发声,因发表反内战、反独裁的文章而不幸被捕入狱,历经一年的囚禁。1947年5月底,彭芳草于广州发表反内战、支持民主运动的文章,被国民党保安司令部逮捕,入狱一年。幸得社会各界及中山大学的鼎力相助,她终得保释出狱。尽管屡遭反动政府的打压与拘禁,彭芳草始终坚守自己的信仰与理想,身处舆论的风口浪尖,她坚持发出正义的声音,坚决拥护祖国统一和中国共产党的领导。

从1948年至1949年,她辗转于南昌、上海、香港、北京等地,与民盟成员紧密合作,积极参与民盟的各项活动,并最终加入中国民主同盟。

1950年,经黄元起与周守正的引荐,河南大学诚挚邀请彭芳草教授加盟史地系,担任副系主任及教研室主任职务。在接下来的31载春秋里,彭教授深耕河南大学的教学园地,专注于世界经济地理的传授,尤其对非洲与拉丁美洲的历史、政治地理领域有着深厚的造诣与独到的见解,发表并出版了多篇(部)学术论著。鉴于其丰富的职业背景与个人兴趣,彭芳草教授在外语领域,尤其是英语方面,展现出了扎实的基础与卓越的才能。这一优势促使她多次参与英语地理书籍的翻译工作,其中包括《斯威士兰发展的区域分析》《莱索托、博茨瓦纳、斯威士兰》等著作的部分章节。此外,彭教授还以南非白人种族主义为主题,撰写了《南非白人种族主义的来龙去脉》一文。同时,她还为《辞源》等权威辞书编写了部分条目,为地理学科知识的普及与传播作出了重要贡献。

葛 洪

葛洪(1926~1990),河南开封人,是中国民主同盟的盟员,同时也是中共党员。1946年,他考取了河南大学的化学专业。1948年,他随学校南迁到苏州继续学习。1949年,他随学校从苏州返回开封。在学校开展的政治思想改造运动中,他被编入第十四队。政治学习结束后,他留校并由学校派往中山大学进行进修。1950年,他从中山大学返回后,开始在河南大学化学系任教。直到1954年院系进行调整,他转职到新乡师范学院(现为河南师范大学)化学系工作。20世纪60年代,他被评为高教6级。1977年,他再次调回河南大学。在此期间,葛洪老师曾任河南大学化学系系主任、教务处长、民盟开封市委员会副主委等职务。由于随学校从苏州迁回开封后,他并未继续学业而是直接参加了工作,因此组织部门认定他在1949年10月1日前就已经开始参加工作,并在之后办理了离休手续。80年代,他担任硕士生导师,并曾当选为省政协委员。然而,1990年7月9日,他因病去世。在他的一生中,他撰写并出版了多部专著,发表了20余篇论文。

董民声

董民声（1915~1999），教授，是我国知名的耳鼻喉科专家、医学教育家，被誉为河南省耳鼻咽喉科专业的主要奠基人和开拓者，同时也是多项科研成果的创造者和领头人。

董民声于1915年11月出生在浙江嘉兴，1940年从国防医学院毕业，获得学士学位，之后在贵阳中国红十字救护总队部及贵阳总医院担任医师。1946年，他前往美国留学，在波士顿哈佛大学附属医院进修耳鼻喉科。1947年9月，他回国并在国防医学院担任教授，1949年又转任南通医学院教授。新中国成立后，他相继在河南大学医学院、河南医学院担任教授。1978年，他成为河南医学院硕士生导师，1981年晋升为该院耳鼻喉科博士生导师，之后还担任过河南医科大学医疗系主任。1982年，他加入了中国共产党。

董民声曾当选为河南省五、六、七届政协副主席，以及全国三、五、六、七届人大代表。1992年，英国剑桥大学将他收录进世界名人录"再成就者"，并颁发给他名誉顾问证书。然而，1999年12月5日，他因病去世，享年84岁。

1949年2月，上海解放前夕，国防医学院计划迁往台湾，院方要求教师们做好出行准备。然而，董民声看清了国民党反动派欺压百姓、贪污腐化、派系林立的丑恶面目，预见到他们已丧失民心，兵败如山倒，难逃覆灭的命运，于是他毅然决定留下来迎接祖国的解放和新生。他先把自己的家属悄悄送回原籍嘉兴，然后自己乘小船离开上海，前往南通医学院担任教授。

1949年新中国成立后，河南大学医学院的师资严重匮乏，仅有教授9人，副教授1人，讲师10人，助教4人，教员2人，总计26人。为了增强师资队伍，1950年初，河南

董民声教授参加学术会议

大学医学院派芦长山、张静吾教授专程前往南通,聘请董民声教授来院任教。董民声知道河南当时还比较贫穷,医疗和教育都相对落后,条件较差。但他想,现在是新中国,教师应有更高的奋斗目标,要多为国家、为百姓着想,到河南支援内地建设正是他贡献才智的最佳选择。于是,他满怀激情和信心,与夫人——微生物学教授钱芳一起来到了河南。当时,医学院还没有专门的耳鼻喉科专业,仅在附属医院外科下设有耳鼻喉科门诊。于是,董民声创办了一个五官科班,开始培训医生。尽管当时条件艰苦,器械匮乏,但他并未退缩。他因陋就简,自制教具和手术器械,同时把自己随身所用的手术器械也拿出来供教学和实习使用;没有教材,他就亲自编写;缺乏师资,他就一身多任,既讲课,又带教学实习,还负责手术示范。仅经过一年半的时间,董民声教授就培养出了河南省第一批数十名耳鼻喉科医师。1953 年,董民声在河南创办了全国第一个五官科学系,与此同时,附属医院也先后建立了耳鼻喉科病房、门诊和教研室。从 1952 年到 1957 年,学院的科学研究逐渐从个别教师的分散研究转变为具有专业倾向性和群众性的科学研究活动。1954 年,耳鼻喉科教研室的董民声教授以严肃认真的态度,应用巴甫洛夫学说,进行了上额窦穿刺的条件反射麻醉法研究,并成功获得成果。该论文曾在 1954 年的《中华耳鼻喉杂志》上发表。

在"大跃进"时期(1958—1960 年),河南医学院结合科学研究,在医疗上先后开展了 109 项新手术和 129 项新诊断方法。其中较大的手术包括外科的"大脑肿瘤切除术""心脏直视手术""肝叶切除术",眼科的"前房角切除术",耳鼻喉科的"镫骨板钻孔术""全喉摘除术",检验科的"肠道菌快速培养试验",内科的"心导管插管"等,均达到国内先进水平。

然而,在20世纪六七十年代的"文化大革命"期间(1966—1976年),不仅对党的组织建设和政治层面造成了极大冲击,而且严重破坏了教学、医疗和科研工作。但广大干部、知识分子和科技人员凭着对人民教育事业的忠诚和强烈责任感,在极端困难的情况下坚守岗位,做了许多有益的工作,并在教学、科研和医疗上取得了一定成绩。尽管"文化大革命"的10年间,河南医学院的科学研究工作基本处于停顿状态,但许多教师和科研人员仍然在逆境中坚持科学研究。耳鼻喉专家董民声教授在"文革"期间坚持专业研究,于1976年成功研制出他10余年来一直设想的"发夹式人工镫骨"和"安全手钻"。其中,"发夹式人工镫骨"在耳硬化症的治疗中有效避免了国际上常见的镫骨缺血性坏死现象;而使用"安全手钻"进行镫骨足板钻孔,则既避免了内耳损伤,又有效防止了外淋巴漏的发生。

工作中的董民声教授

董民声教授医德高尚,医术精湛,对病人高度负责,因此深受广大病人的爱戴和崇敬。他严谨治学,教书育人,为国家培养出一批批高素质的医学人才。他学术造诣深厚,著作丰富,对疾病机理及治疗方法有着自己独特的见解,并研究出多种新的手术方法,革新了众多医疗器械。他先后在国内外重要期刊上发表了100多篇论文,并积极组织和参与国内外学术交流活动。

董民声曾说:"我是从旧社会过来的知识分子,是共产党指引我走上了一条光明大道。党的事业是为人民谋幸福,我们的点滴工作只是沧海一粟,但它是党的事业的一部分。我们思考一个问题,做一件事情,总要想一想,是为党为民还是为自己,是否符合党的需要、党的政策,不能让党的事业遭受损失。"在他入党时,他说道:"我就像获得了新的生命,我要把一切献给党,献给人民,献给祖国的医学事业。"他以实际行动实现了自己的诺言。

傅铜文

傅铜文（1886～1970），又名傅桐，哲学家、教育家，曾任河南大学文学院院长。1886年2月生于兰封（今开封兰考）。由于家学根底深厚，1901年即成为开封府学廪生，1902年考入河南大学堂。1905年考取河南官费留学生赴日留学，先后毕业于东京巢鸭宏文学院、早稻田大学及东京帝国大学哲学伦理学系。1907年毕业于河南省高等学堂，获得清政府授予的举人，并到河南法政学堂任教习。1909年他又考取公费赴英国留学资格，先在牛津大学读研究生，后到伯明翰大学攻读哲学专业，师从英国著名哲学家罗素研究数理哲学，1912年获硕士学位。1913年回国后就任河南留学欧美预备学校（今河南大学）讲师。1919年，傅铜文赴日本东洋大学攻读哲学博士学位。

1920年，罗素应邀来华讲学，傅铜文全程陪同并任翻译。罗素离华后，傅铜文应北京大学校长蔡元培之邀，前往北大任教。1922年，武汉佛学会在中华大学礼堂举行讲学会，傅铜文与印顺法师、梁启超等应邀作佛学演讲。1924年5月至1925年5月任国立西北大学校长，曾与陕西省教育厅合办过暑期学校，邀请鲁迅、李济、蒋廷黻等十多位大师举办讲座。1929年，傅铜文到北平大学任教授。其间，北京大学在傅铜文的倡导之下成立了罗素学说研究会，不定期地举行讨论会。1932年任安徽大学校长。

1933年，时任河南大学校长的张仲鲁邀请傅铜文回到开封就任河南大学文学院院长。在傅铜文担任河南大学文学院院长的四年中，他详尽筹划了文史系、英语系、教育系、哲学系等学科专业的建设方案，并亲自为学生讲授中国哲学、西洋哲学两门课程。在此期间，他发表了11篇学术论文。在其辛勤努力下，20世纪30年代中期河南大学文学院的教学科研水平达到了一个新的高度。1934年1月，由于安徽大学经费困难，校长辞职，学校处于极其困难的境地。傅铜文结束了第二次在河南大学的执教生活，再次担任安徽大学校长。

1937年7月抗战爆发,当时在北平的傅铜文应中山大学校长邹鲁及云南大学之邀,准备携眷南下。但由于为一名进步学生担保而滞留被捕。其家属经亲戚介绍找到保人几番担保,傅铜文才被保释,但因此取消了其南下计划。

抗日战争期间,傅铜文相继任教于河南大学、北平大学、私立中法大学、华北大学、私立中国学院,并担任哲学系教授及系主任等职。这是傅铜文第三次任教于河南大学。1948年他加入中国民主同盟。1949年参加革命工作,被分配到东北人民革命大学研究班学习。短期政治学习结束后,他担任了东北人民革命大学教授,讲授马克思主义哲学原理、中外哲学史和政治经济学三门课程。新中国成立后,被中国民主同盟调到北京工作,先后被聘为中国科学院哲学研究所特约研究员和中央文史馆馆员。1950年被评为一级教授,担任民盟中央委员,在民盟中央常设机构工作。同年8月,傅铜文再次回到河南大学访问,并对河南大学学科专业建设及民主党派工作提出了一些合理化的建议。1970年于北京去世。

傅铜文作为我国著名的哲学家,既是较早对西方哲学进行系统性学习的中国人,也是最早参加国际哲学学术会议的中国人。他将西方数理哲学首次引入中国,并成立了中国最早的以共同研究哲学为宗旨的学术团体——哲学社。1921年5月,傅铜文等人在北京创办的《哲学》杂志,是中国第一本哲学杂志。在河南大学三次任教期间,傅铜文为河南大学的学科建设及哲学学科理论体系的完善和发展作出了突出贡献。

傅桐生

傅桐生(1901~1985),字茂萱,教授,满族,河南开封人,中国民主同盟盟员。曾任河南省博物馆动物部主任,江西淡水生物实验所主任,河南大学教授、生物系主任,东北师范大学教授、生物学系主任。

傅桐生1917年以优异的成绩考入开封第一师范学校,1922年毕业后在开封市第一小学任教。受中国近代生物学的主要奠基人、著名动物学家秉志先生的帮助和影响,他对生物学尤其是对动物学表现出浓厚的兴趣。1925年,傅桐生到南京东南大学秉志先生创办的生物学系任助教,后来又在河南大学生物学系任教。1931—1933年,在河南大学生物学系获得学习机会,边学习、边工作,兼做河南省博物馆动物部主任,用得来的薪水支付学习费用。他刻苦钻研,踏遍了河南的山山水水,调查动物、收集标本。1935—1937年留学法国,师从法国著名的动物学家巴里仕教授(Prof. P. Paris)。1937年在法国帝雄大学(Université de Dijon)获得理学博士学位。回国后,傅桐生先在江西淡水生物实验所任主任,一年后到河南大学生物系任教授兼系主任。

傅桐生早期在河南开展脊椎动物的研究工作,发表有《开封鱼类志》《百泉鱼类志》《河南两栖类志》《河南爬虫类志》《伏牛山鸟类习性之研究》《嵩山松鼠类志》等著作十余部。1937年发表的《河南鸟类研究》,是我国最早的省级鸟类志之一。书中采用了当时国际上最新的鸟类分类系统和林奈双名法,记述河南鸟类13目58科270种,每种鸟类都兼顾雌雄特征、量度、生态习性、分布等描述,开创了我国近代鸟类学研究的先河。

新中国成立后,傅桐生响应党的号召,应征参加东北地区的建设事业,到东北师范大学从事教学和科研工作。1950—1966年任东北师范大学教授、生物学系主任,吉林省动物学会理事长、名誉理事长,中国动物学会理事,中国鸟类学会副理事长,吉林省民族事务委员会副主任委员,民主同盟会长春市副主任委员,第三届全国人大代表、第五届全国政协委员。从20世纪50年代开始,他对东北地区及长白山等地区的鸟类分布、区系和生态进行了广泛的调查研究,出版鸟类学多部著作,发表鸟类学论文40多篇,培养研究生、进修教师40多人。傅桐生是我国动物学界公认的近代鸟类学、现代动物科学教育事业开创者之一。

傅蔚霞

傅蔚霞(1921~2005),湖南华容县人,曾任河南大学生物系代理主任,享受厅局级离休干部待遇。1981年12月加入中国民主同盟,1986年1月加入中国共产党。

傅蔚霞的青少年时代正值抗日战争,她先后在郑州扶轮中学、漯河励行中学、开封北仓女中、淅川开封女中就读中学。1941年高中毕业后,她考入河南大学生物系学习。大学期间,学校历经颠沛流离,她于1945年11月毕业于国立河南大学生物系。大学毕业后,她先后在漯河文松中学、漯河市立中学担任生物、英语和国文等科教员。河南省解放后,因工作成绩优异、思想进步,1949年5月至10月,她被组织选送到中原大学(现河南大学)师训班学习,正式参加革命工作。1949年11月至1952年3月,她被分配到省立许昌师范学校任教;1952年3月至1959年8月,在开封师专任教,任生物科副主任;1959年8月至1962年7月,在开封师范学院(现河南大学)生物系任教,任教研室主任;1962年8月至1982年12月,在新乡师范学院(现河南师范大学)任教,任教研室主任;1982年12月至1985年5月,在河南大学体育系任教,任人体生理教研室主任。

1985年5月,根据学校学科发展的需要,河南大学整合生物师资力量,恢复生物学科办学。因工作需要,傅蔚霞被学校任命为生物学科筹备组组长,后担任生物学系代理主任。面对当时办学条件的一片空白,在极其困难的条件下,傅蔚霞忍受长期病痛折磨,和筹备组其他同志一道,广泛调研,确立办学方针和指导思想,组建教师队伍,招聘和培训年轻教师。1987年,生物系恢复重建并招收了第一届学生,并圆满完成教学计划,保证了培养质量。1989年,在69岁高龄时,傅蔚霞向学校提出辞去工作职务的请求,并被批准。

傅蔚霞追求进步,解放初期参加工作时就提交了入党申请书,始终保持坚定的政治信念。1986年,在66岁高龄时她加入了中国共产党,实现了她一生的夙愿。她从事教育工作40余年,对待工作一丝不苟,所讲授的《人体解剖学》课程,其教学艺术和效果得到了师生的赞扬。傅蔚霞为河南大学生物学科的重建和发展作出了奠基性的贡献。

2005年5月,傅蔚霞在开封病逝。

谢孟刚

谢孟刚(1906~1969),1906年9月生于河南省舞阳县八台乡水牛陈村(今属舞钢市)一个农民家庭。

1924年,他报考了当时影响力较大的上海美术专科学校(以下简称"上海美专"),并以优异成绩被该校艺术教育系录取。在专业学习上,谢孟刚主要偏重作曲理论和器乐演奏。他的钢琴、小提琴演奏,当时在上海美专就小有名气。后来成为他主课老师的李恩科先生也对他在钢琴演奏上所展露出来的非凡悟性十分赞赏。在艺术观念上,谢孟刚受刘质平主任的影响巨大。刘先生是弘一法师的弟子,学识渊博,平易近人,而且演讲水平一流,深受学生们的爱戴和崇拜。1928年,谢孟刚从上海美专毕业后当即回到了河南开封,并开始了自己的音乐教育生涯。

1931年,谢孟刚在开封无梁庵创办了河南艺术学校并任校长,这是谢孟刚教育救国实践的真正开始。为了筹集办学资金,谢孟刚几乎变卖了全部家产,甚至包括结婚戒指。当时他们席搭教室,砖砌桌凳,学生共有三个班100多人。后来学校几经搬迁,至1934年迁驻龙亭时,学生已达450人,一所多学科的中等艺术学校渐成规模。河南艺术学校当时的专业设置基本沿用上海美专模式,设有师范科、图画音乐专修科等。音乐类的课程有声乐、钢琴、小提琴、二胡、音乐基本理论、和声学等。学制、教学、管理上都比较正规,所以教学质量是比较有保障的。

河南艺术学校的教师大多又在省城开封的其他学校兼课,谢孟刚兼课的学校有建华艺术学校、省立开封艺术师范学校、开封女子师范学校等。他不仅是一位出色的音乐教师,还是一位功底扎实、才华横溢的器乐演奏家。他的钢琴演奏在当时的开封备受追捧,被誉为"河南省四大钢琴家"之首。

1938年,日寇进犯中原,河南艺术学校被迫西迁。国家存亡之秋,谢孟刚率全校师生积极投身于抗战洪流。他亲自组织了艺术义勇宣传团、美术工作队,深入农村、山区,呼吁民众团结抗日。他还亲自教唱抗战歌曲,以音乐当武器,激励青年誓死不当亡国奴。随着战事吃紧,谢孟刚又带领师生跋山涉水,辗转鲁山、内乡,历经千辛万苦,最后到达西安。在迁移中,他始终勉力坚持办学,培养音乐人才,终使学校得以保全。抗战胜利后,1946年谢孟刚回到开封,并被当时的省政府任命为接收委员,代表中国人民对日伪控制下的河南省博物馆等文化、教育机构进行接收。同年,河南艺术学校恢复办学,谢孟刚又干回了自己的老本行,继续从事音乐教育事业。由于原校址被毁,学校屡次搬迁,苦撑危局。1948年,开封解放前夕,谢孟刚不顾国民党当局的蛊惑宣传,断然拒绝南逃,选择留在开封。

新中国成立后,在党的关怀下,谢孟刚曾进入中原军政大学学习,并受省政府委派,于1949年冬创立了河南省立开封艺术学校。校长谢瑞阶,副校长谢孟刚。这是新中国成立后中原地区最早恢复办学的一所艺术专门学校,为解决中华人民共和国早期文化干部、音乐师资的紧缺问题作出了巨大贡献。1953年,漯河大华艺术师范学校并入开封艺术学校,成立开封艺术师范学校(原开封师范高等专科学校前身),校长刘诚甫,副校长贺敖远。同年冬,开封艺术师范学校一年制专修音乐、美术专业调整到河南师范专科学校,成立体育艺术科,谢孟刚任科主任。1956年全国高校院系大调整,河南师范专科学校实行文、理分科,文科部分由开封迁入郑州,成立郑州师范专科学校。原体育艺术科的音乐、美术专业扩建为音乐科、图画科,谢孟刚任音乐科主任。在新中国成立早期的大约十年间,谢孟刚实际主持了河南省高等音乐教育的大部分业务工作,为中原地区音乐人才培养体系快速走上正轨作出了突出贡献。他也因此被誉为新中国成立后河南省音乐教育的第一人,在师生中、社会上深孚众望。

1957年,谢孟刚被错误地打成了"右派""反动学术权威"。一开始,他还能在新成立的河南艺术学院(河南大学音乐学院和美术学院)任课,主要教授钢琴和音乐理论。著名军旅作曲家刘诗召、中国音乐家协会民族音乐委员会副主任刘采石、河南省音乐家协会副主席、豫剧《朝阳沟》音乐设计人之一姜宏轩等,都曾在此时受教于谢孟刚。后来,谢孟刚被下放到豫西灵宝山区接受劳动改造。长期的超负荷工作,加上政治上的受诬陷,他的身体每况愈下。1969年5月22日,谢孟刚因心脏病发作含冤去世。

谢孟刚一生忠于挚爱的音乐教育事业,不计名利,言传身教,刚正不阿,德高望重,深受时人及后辈的景仰。他是中国近现代音乐教育史上的一位大家,是河南省近代音乐教育事业的开创者,同时也是河南省高等音乐教育事业的奠基者。他一生从教近四十载,培养音乐人才无数,为我国近现代音乐教育事业作出了极大贡献。概括地说,其艺术成就有:创办艺术学校,潜心音乐教育;播撒艺术种子,培养艺术人才;编写《音乐基础理论》等教材专著,初步开展理论研究;创办《河南歌曲集》等音乐刊物。桃李不言,下自成蹊。他亲手栽下的株株幼苗,至今已经蔚然成林。他的弟子及再传弟子们,大多正活跃在全国各地艺术院校、专业院团的第一线,为我国音乐教育事业的辉煌而尽心尽力,为适逢盛世而纵情高歌。(根据陈家海、李法桢主编的《河南省近现代音乐教育发展研究》中收录的文章摘编,原文为《筚篥开山的音乐教育家——谢孟刚》,作者为何新。)

谢瑞阶

谢瑞阶(1902~2000),初名炳灼,曾用名谢宝树,号就简老人,笔名黄河老人,是20世纪河南文艺界的重要代表人物之一。1902年11月2日出生于河南省巩县(今巩义市)焦湾村一个耕读之家。他是中国现代著名国画家、书法家、教育家,从事书画创作和艺术教育近六十年。1956年加入中国共产党,曾任开封艺术学校校长、河南省文联副主席、河南省美术家协会主席、河南省书法家协会主席、中国文联委员、中国美术家协会理事、中国书法家协会理事、全国政协委员等职务。

1921年至1923年,在河南省开封图画音乐手工体操专科学校(后更名为东岳学校)学习。1923年至1924年在上海美术专科学校洋画系学习。1924年至1949年,在开封作美术教师,先后在东岳学校、北仓女子中学(今河南大学附属中学)、开封第一中学、开封女子师范(原开封师范高等专科学校前身)等学校任教。1949年新中国成立后,主持创办省立开封艺术学校,任校长。1955年,被调到河南师专任副校长,主管体育艺术科。1956年河南师专文、理分科,文科由开封迁往郑州,成立郑州师专,他继续任副校长兼图画科主任。1958年,音乐科、图画科从郑州师专分离出来,正式成立郑州艺术学院,他任院长兼教授。1960年,加入中国美术家协会,出席全国文教群英会,当选中国美术家协会理事,被授予全国先进工作者称号。1962年,郑州艺术学院并入开封师范学院(即今河南大学),谢瑞阶被调到省文联工作,任河南省文学艺术界联合会副主席兼中国美术家协会河南分会主席。1964年11月,当选政协全国第四届委员会委员。1966年,因爆发"文化大革命"而被迫停止工作,并横遭批判斗争,书画作品被毁坏殆尽。1969年,被强行下放至河南省西华县农村。1979年,平反复原职,并在全国第四次文学艺术界代表大会上当选为中国文学艺术界联合会委员。1980年,主持组建中国书法家协会河南分会,兼任主席。1991年,在河南省第三次文学艺术界代表大会上,被聘为河南省文学艺术界联合会顾问兼河南省书法家协会名誉主席。

谢瑞阶在20世纪20年代主要是画油画、水彩画和粉画,所画的静物、人物题材大多选自农村,他借鉴年画和庙画的画法,作品具有东方艺术美感。30年代开始创作中国画,在继承中国传统绘画的基础上,创造性地吸收了西洋画的表现手法,经过长期的探索实践,形成了自己独特的艺术风格。

1926年在开封首次举办个人画展,展出油画、水彩画、粉笔画等三十余件;1935年出版《人物画法简述》;1935年国画人物作品《朗吟飞过洞庭湖》入选在南京举办的全国美术作品展览;1946年在开封举办个人画展,展出国画山水、人物和花卉等作品五十余件。20世纪50年代开始以黄河为题材进行创作,1955年国画新人物《植树能手》(1954年作)与国画山水《一呼山岳动》(1948年作)入选全国美术展览;1956年,国画《黄河三门峡地质勘探图》(1955年作)入选第二届全国美术展览;1959年9月,出版画册《谢瑞阶三门峡写生集》;1960年《黄河三门峡》(中国画,146 cm×360 cm,1959年,原作藏北京人民大会堂)入选全国美术作品展览;1973年《黄河在前进》入选全国连环画中国画展览;1980年国画山水《黄河壶口春雷鸣》(1979年作)入选新中国成立30周年全国美术展览;1982年10月,中州书画出版社出版画册《谢瑞阶画选》;1996年9月河南美术出版社出版画册《谢瑞阶书画集》。

他创作出了《大河上下浩浩长春》(中国画,340 cm×620 cm,1981年,原作藏北京人民大会堂)、《中流砥柱》(中国画,150 cm×303 cm,1983年,原作藏河南省人民会堂)、《黄河春雷鸣》(中国画,132 cm×300 cm,1979年,原作藏北京人民大会堂)、《蒸蒸日上》(中国画,144 cm×287 cm,1964年,原作藏北京人民大会堂)、《黄河在前进》(陈列于北京钓鱼台国宾馆)等一大批富有新意的优秀作品。

1994年11月11日,《河南日报》头版头条刊发了长篇文章《大河赤子——知识分子的杰出典范谢瑞阶》,在社会上,特别是文艺界引起了强烈反响。1996年6月中共河南省委授予谢瑞阶"河南省优秀共产党员"称号。

谢瑞阶笔下的黄河,气势磅礴,笔力雄健,在我国山水画中独树一帜。他从1955年开始,多次到黄河沿岸深入生活,积累素材,上至甘肃刘家峡,下到山东入海口,大半条黄河都留有他的足迹。为弄清楚水利工程的情况,他反复请教专家和工人;为掌握黄河水的特点,他站在河边上,能一连几小时地仔细观察,并作了大量速写。这种严肃

大河上下浩浩长春（中国画　340 cm×620 cm　1981 年　原作藏于北京人民大会堂）

认真的创作精神，值得我们学习。

　　谢瑞阶的书法以章草见长，早期作品清雅洒脱，晚期则更显苍劲厚重。他参加过全国第一、二、三、四、五届书法展览，1984 年还曾随中国最高规格的书法家代表团出访日本。他常讲"立品"："这里所说的'品'，既指人品，又指书品。书法家应具备高尚的道德品质和正派的书写气质。所谓的书品气派，就是指书法作品应让人看后感受到良好、愉悦、纯洁的氛围，即作品气质庄重而不轻薄，高尚而不放荡，以功力制胜而不哗众取宠；所谓人品高尚，即做人不搞江湖那一套，而应体现出质朴端庄的思想情操。"

　　谢瑞阶坚持全心全意为人民服务，为中华振兴努力奋斗，展现出崇高的情操。在艺术上，他勤勉敬业，苦学不辍，博采众长，不断探索创新。他的山水、人物、花鸟、书法作品都达到了空前的水平。尤其是他的山水画，在运用中国画技巧反映现实题材方面作出了可贵的贡献，被评论界誉为社会主义时代山水画的里程碑。

　　谢瑞阶凭借高尚的人品、艺德以及高超的艺术造诣，赢得了人民的尊敬。他热爱教育事业，以教书育人为己任，并持之以恒地将此作为教育的根基。（姜春辉）

楚图南

楚图南(1899~1994),云南文山人,1920年加入社会主义青年团,1923年毕业于北京高等师范学校史地系。他曾在安徽、山东、河南等地的中学任教,后任暨南大学、上海师范大学教授,云南大学教授、系主任。1943年加入中国民主政团同盟(后改为中国民主同盟),是民盟云南省支部负责人之一。1945年当选为民盟中央执行委员。1946年任上海法学院教授。1949年出席中国人民政治协商会议第一届全体会议。新中国成立后,历任西南军政委员会文教委员会主任、文教部部长、中央人民政府扫除文盲工作委员会主任、中国人民对外文化协会、对外友好协会会长,对外文化联络委员会副主任,民盟第一、二届中央常委和第三、四届中央副主席,民盟第五届中央代主席、主席和名誉主席,第六届全国人大常委会副委员长。他还是第一至四届全国人大代表、第五届全国人大常委、第一届全国政协委员、第二至五届全国政协常委。

1899年8月,楚图南出生于文山县城上条街的一间老屋里。他6岁丧母,14岁离开文山,辗转到昆明。15岁时,考入昆明私立联合中学。1919年,以优异的成绩考入北京高等师范学校。五四运动时期,楚图南有机会读到李大钊、陈独秀、胡适的文章,并直接接触了李大钊。之后,在李大钊的指导下,他办起了《劳动文化》小报,开始接受马克思主义的思想熏陶。1926年春,在李大钊的指导下,楚图南从云南赴北京,随即转到哈尔滨,先后在哈尔滨三中、六中、省立女中、吉林六中等中学及长春二师等学校任教。这年春天,楚图南加入了中国共产党。

1930年,楚图南因震惊东北的"吉林五中共产党案"被反动当局逮捕入狱。1934年6月,伪满溥仪"执政"大赦,楚图南提前结束了原判为9年零11个月的监禁生涯,出狱后到开封,在北仓女中(河南大学附属中学前身)任教。出狱后,黑暗的社会压迫得他只能暂时避祸全身,但这并不是斗争的结束。"我就在这之中,忘记了我的悲喜,平息了我胸中的火焰,并重新学习和锻炼了自己的生命。"楚图南在《开封随笔·铁塔》中写道。

在这里,校风朴实而活泼,学生尊敬老师,老师爱护学生,师生关系融洽和睦。楚图南在《给北仓女中同学的一封信》中写道:"在开封我享受着最高的幸福和最舒适的休息,我好像一匹落荒的战马,偶然的机会,闯进了人间最美的花园……我在课堂上和你们——人间最新鲜也最真挚最有生气的生命,和你们说着好的故事,说着大而美的崇高理想,这不是梦境是什么呢!"

楚图南在开封只教了一个学期,在这短短的半年里,他对学生格外关心爱护,并且和其他进步教师一起,组织进步学生参加抗日救亡活动。革命的火种已播撒,十几年后,楚图南因革命需要,在中国民主同盟组建初期加入了民盟,而开封民盟地下支部也在河南大学建立了。

后来还为北仓女中同学写了一首赠诗:长夜漫漫忆昔年,新苗茁壮抗寒天,而今桃李灿如锦,祖国振兴有后贤。

1943年,楚图南、闻一多、吴晗、费孝通等先后加入了云南民盟。1945年12月,楚图南被选为云南民盟主委,闻一多任宣传部长兼青年委员会主任,吴晗任民主周刊社社长。

1949年10月1日,楚图南和全体参加新政协的代表一起,登上了庄严的天安门城楼,参加隆重的开国大典。

1949年岁末,遵照邓小平的指示,楚图南又南下重庆,负责大西南的文化教育工作。1953年,他调回北京,担任中央人民政府扫除文盲工作委员会主任委员。1954年5月,楚图南担任中国人民对外文化协会会长。

"文革"期间,楚图南被下放到河南明港"五七干校"改造。1978年4月,楚图南被选为全国人大常委会委员和五届全国政协常委。1986年1月,楚图南被推选为民盟中央代主席。4月,被补选为第六届全国人大常委会副委员长,在民盟五届三中全会上又当选为民盟中央主席。"忧患催人更坚强",楚图南终于在他坎坷的征途上,成了一位备受世人爱戴的国家领导人。

楚图南于1988年辞去领导职务。在退出领导岗位后,他仍关心国家的经济发展、政治民主和社会进步,尤其关心青年、教育和知识分子问题。他曾撰文并发表谈话,呼吁全社会重视教育,关心人才。他鼓励和支持青年对中国和世界前途的探索,并把希望寄托在青年身上。

楚图南是一位严谨治学并颇有成就的文学家、书法家、学者。他的书法,字如其人。书法成为他生活和工作的重要组成部分。海内外的机构或友人索求书作,几乎是有求必应。他认为这是他力所能及、为人民服务的一个方面,而且从不求回报。楚图南在旧体诗词和书法上造诣很深,他的书法具有庙堂气象,写正书,取势中正。

1994年4月11日,楚图南在北京逝世,享年95岁。(王宏建　牛杰)

蔡兴元

蔡兴元(1937~2014),男,朝鲜族,黑龙江省密山市人,教授,精通中、韩、日三种语言,九三学社社员,毕业于北京大学生物系,是河南大学生命科学学科的复建创始人之一。他历任生物系筹备组成员、生物系副主任(主持工作)、系主任。

蔡兴元主要从事生物化学方向的教学、科研工作,曾兼任河南省工程学会理事、河南省工业生化学会常务理事、河南省植物生理学会副理事长、开封市生物教学研究会理事长等职务,是当时河南省及河南大学生物学科的学科带头人。1993年5月至1996年12月,他担任九三学社河南大学委员会副主委。

蔡兴元是生物学系恢复重建的主要创始人。生物学系初创时期,成绩显著,声誉卓著。蔡先生早年求学于北大燕园,深受未名湖畔的阳光与博雅塔的高雅气息熏陶,全身洋溢着学者气质。他在年轻时南下中原大地,在黄河北岸开始了其教学生涯。20世纪60年代中期,他来到河南大学,成为忠实的"铁塔牌"教授。

1985年,经蔡兴元多次呼吁,出于长远发展战略考虑,河南大学决定重建生物系。蔡兴元和几位具有生物学专业背景的教师成为筹备组主要成员。当时,生命科学经过分子生物学时代的迅速发展,已经站在基因组学时代的门槛上。面对这一现状,按照学校要求,经过反复研讨,他们提出创办面向实际的应用生化专业。蔡兴元所倡导的"高起点、彰显特色"的办系理念,成为他心中的圣经。

在生物系恢复重建之初,作为筹备组主要成员的蔡兴元承担了大量工作。经过艰苦努力,新的生物学系终于被国家批准具有本科招生资格,并于1987年顺利招收第一届本科生。由于办学条件差、困难重重,蔡兴元在学校内外奔走呼吁,利用他在北京大学的老师和同学资源,特别是在北京大学和中国科学院上海分院生物化学和细胞研究所等学术机构争取一切可利用的资源,通过购买和捐赠获取了大量图书资料和仪器设备,充实了生物学系的教学和科研条件。他一直身体力行,带领师生自力更生,不断改善办学条件。

在师资队伍建设方面,他坚持吸纳了一批具有高学历、受过最先进生命科学学术训练的年轻人。他以开放的胸怀推荐、鼓励这些年轻教师到国内的北京大学、兰州大学等著名高校进修和攻读学位,继续深造,为生物学科的发展培养了一批学术精英。蔡兴元具有远见卓识,在当时许多高校仅以满足教学为目的的情况下,他就鼓励教师进行科学研究。在他的引领下,一批年轻教师教学与科研并进,迅速成长,先后获得了多项国家自然科学基金项目,为生物系在教学和科研方面的崛起和蓬勃发展奠定了坚实的基础。

他非常注重教学工作,定期开展听课评教等教研活动,鼓励老师们钻研业务、研究教法,崇尚敬业奉献和自强不息的艰苦奋斗精神,在生物系形成了争先创优、团结拼搏、乐于奉献的优良作风。

2014年3月27日,蔡兴元先生因病突然去世,享年77岁。斯人已逝,精神永存,我们将永远怀念他!(王洪涛)

管葆真

管葆真，女，1908年1月20日生，出身于职员家庭，大专文化程度，汉族，安徽省和县人。

1926年高中毕业，1930年毕业于北京协和医院护士专修科，任公共卫生护士。1931年赴英国伦敦进修助产。新中国成立前，她曾担任护士、助产学校教员、教导主任、校长、医院护理部主任等职务。1950年在汉口参加革命工作。1954年从中南卫生部调至河南，在省人民医院任医务部副主任。1956年调到郑州第一卫生学校任副校长。1961年调到开封医药专科学校附属医院任副院长。

自1955年起，她连续担任河南省政协第一、二、三、四届委员。1957年加入九三学社，任开封支社委员。1960年，她代表九三学社开封直属小组到北京参加民主党派成员学习班，受到毛主席及刘少奇副主席的接见并合影留念。

自1950年起，她当选为中华护理学会第十七、十八届理事。1979年当选为中华护理学会河南分会副理事长。自1980年以来，她先后当选为中华护理学会开封地区、开封市分会副理事长。

在医院工作期间，她重点负责护理工作，执行护理政策，制定规章制度，并宣传护理工作。她组织领导护理人员开展业务学习，大练基本功，定期召开护士长会议，改进病房工作，并定期检查总结工作。在护士新生入学时，她会介绍护士专业及计划，并辅导护士生在院内实习。

她积极参加各级护理学会活动，踊跃发言，出主意、提建议，并经常鼓励护理岗位上的同志们热爱护理专业，钻研业务技术。她曾参加在大连、武汉举行的全国性护理学术会议，并到北京参加总会的护理工作年会。1964年，她受到周恩来总理的接见并合影留念。她曾被邀请到商丘、新乡护理分会及上街铝厂医院为护理人员作报告。1981年当选为河南省科协第二次代表大会代表。

在1980至1981年间,她被邀请到武汉军区卫生部为院长学习班、武汉市院长学习班、平顶山武汉军区军医学校讲授护理工作。同时,她还为省医院院长学习班、护理主任、护士长以及开封地区、开封市护士长学习班授课。1981年,她出席省护理座谈会,受到省、市领导的接见。同年10月,她参加卫生部、世界卫生组织举办的护理教育讲习班并任辅导员。

自1979年起,她担任国外医学护理分册的编委,负责组稿、译校、收发、联络、通信等工作。当年已译三十多篇,刊登十七篇,为护理专业发展作出了重大贡献。

穆青田

穆青田(1912~2006)，山东东明人，1932年考入省立河南大学数理系。求学期间，他积极参加抗日宣传，1935年联系北大、清华的同学在开封创办《中天旬刊》并自任主编，报道爱国学生抗日运动讯息。1936年7月毕业后留校执教，历任数理系讲师、副教授。抗战期间，他随河南大学多次搬迁。1949年苏州解放后，他被师生推举为代表，前往开封向河南省省长吴芝圃申请迁校事宜。新中国成立后，他任河南大学理学院数学系副主任，长期主讲射影几何、几何基础，并从事数学哲学研究。1955年8月，他调至新乡市河南师范学院二院工作，后历任新乡师范学院、河南师范大学教授，河南省教授讲学团副团长，并担任自然辩证法研究所导师、河南省自然辩证法研究会理事长等职务。1979年，他主持创办全国第一届概率论师训班。1980年，他参与发起全国中学生数学联赛，并任河南省组委会主委，负责培训师资、编印教材，并向国家队输送教练。他协调组建中国代表队参加第27届国际中学生数学联赛，共取得三枚金牌，河南考生名列全国第一。

1956年，九三学社中央召开第一次全国代表大会。此后，学社中央派人到全国各省大、中城市发展社员。1957年6月，九三学社中央在新乡师范学院发展穆青田教授为社员，从此新乡市有了第一位九三学社社员。1983年，受上级委托，在中共新乡市委的支持下，穆先生开始在新乡市开展组织发展工作。1983年12月，九三学社新乡市委员会筹备组成立，穆青田任组长。在九三学社中央的关怀下，在中共新乡市委统战部的大力支持下，筹备组积极主动地开展组织建设工作。1984年12月，经社中央批准，九三学社新乡市委员会召开第一届社员大会，选举产生了九三学社新乡市第一届市委会，穆青田先生当选为主任委员。穆青田还担任新乡市政协第五届副主席。1988年7

月,九三学社新乡市委召开第二次全体社员大会,选举产生了第二届市委会,穆青田任名誉主委。此外,他还兼任河南省政协委员、九三学社河南省顾问等职务。

2006年1月13日,穆青田先生病逝于河南新乡,享年94岁。

鞠秀熙

鞠秀熙(1907~1990),辽宁丹东人,河南大学历史系教授,研究生导师,曾担任九三学社河南大学支社委员,政协开封市第四届委员会委员。

鞠秀熙先生1931年毕业于清华大学政治系,是中国大学培养的首批政治学领域的专业人才;后求学于清华大学研究院,1935年获历史学硕士学位。20世纪40年代初,他赴美留学,在科罗拉多大学、普林斯顿大学等学校学习,1948年获哲学博士学位,成为当时国内为数不多的留美政治学、世界史学者之一。

鞠秀熙先生热心教育。自清华大学毕业后,他就投身于国民教育事业。1939年,受当时东北青年教育救济处派遣,他担任了东北中山中学校长。20世纪30年代,中国正遭受日本帝国主义的侵略,国家危难和民族危亡之时,东北的很多学校迁往内陆省份,继续坚持办学。中山中学曾迁至四川威远县乡村办学,学校各种设施条件有限。面对流离失所的师生,鞠先生带领大家集思广益,动员当地士绅和民众,改善学校办学条件,在艰苦环境中坚持办学,为国家培养人才。1948年,鞠先生搭乘客轮,绕道大西洋、印度洋归国,应聘为河南大学历史系教授,从事世界现代史教学与研究工作。他曾担任欧美近现代史研究室主任、研究生导师,是河南大学世界史学科的重要奠基者之一。

他的主要研究方向为世界近现代史、美国政治制度史研究、中外历史比较研究等。他承担《世界现代史》《西洋政治思想史》《各国政府与政治》《比较宪法》等专业课程的教学工作。他的博士论文《孔子与亚里士多德的政治哲学比较研究》,对东西方两位哲人的思想进行了细致的考证和比较探讨。他发表了多篇学术论文,如《第二次世界大战前夕英法苏谈判失败的原因与苏德互不侵犯条约订立的历史意义》《世界现代史的基本特点、教学任务与学习方法》《略论苏联伟大卫国战争前夕苏芬谈判和苏芬战争》《试论富兰克林·罗斯福及其"新政"》等。尤其是对罗斯福新政、第二次世界大战史等问题的研究,具有重要的开拓意义。

鞠先生曾担任九三学社河南大学支社委员、政协开封市第四届委员会委员,为开封市和河南大学的统战事业作出了重要贡献。他还担任中国政治学会理事、河南省政治学会副会长。在1985年中国政治学会全国会议上,他被推举为中国政治学会顾问。

鞠秀熙先生为人谦和儒雅、诚恳热心。改革开放以后,他重返教师队伍,并担任世界近现代史专业研究生导师,致力于美国政治制度及其演变、美国对华政策史研究。

1990年1月18日,鞠秀熙先生因病去世。

三、工作纪事篇

2000 年以前

1912 年

8月,河南省立留学欧美预备学校(河南大学前身)正式创立,校长林伯襄。

1923 年

3月3日,中州大学在河南留学欧美预备学校基础上正式成立。首任校长张鸿烈。

1924 年

1月,国共合作、革命统一战线建立后,中州大学进步师生发起成立"河南社会科学研究会",出售、散发、阅读、研讨进步书刊,如《向导》《中国青年》及萧楚女主编的《中州评论》等,传播进步思想。

1925 年

7月底,中国共产党北方区委总负责人李大钊应开封地下党和国民二军中共产国际代表的邀请,抵达开封,开展统战工作在中州大学(河南大学前身)六号楼为师生做了《大英帝国主义侵略中国史》的著名演讲,掀开了河南大学革命运动史上光辉的一页。

10月,中共豫陕区执行委员会在开封成立,王若飞、萧楚女等中共早期领导人来此工作。

1927 年

7月,国立开封中山大学(又名国立第五中山大学)成立。

1930 年

9月,中山大学改名为河南大学,首任校长张仲鲁。

10月,河南大学师生创办文艺半月刊《霜剑》,一批进步师生以文艺为武器,与反动势力作斗争。

1931 年

10月,"九一八"事变爆发后,河南大学师生成立"抗日救国会",出版《河大抗日救国旬刊》和《抗日血钟》周刊,声援抗日救国运动。

1932 年

上海"一·二八"抗战爆发后,河南大学师生捐款捐物,派人赴沪劳军,进步学生王国权等发起成立"反帝读书会",在中共的领导和影响下,"反帝读书会"逐步扩大为开封进步学生反日大同盟。

1935 年

"一二·九"运动爆发后,12月18日,河南大学师生通电全国,呼吁:1. 援助北平学生爱国运动;2. 反对假名自治破坏统一;3. 消灭一切汉奸;4. 武力收复失地。有力地声援了民族抗战。12月21日,河南大学师生在体育场集会,通过了反对华北自治、援助北平学生、保全领土完整三项提案。12月23日,河南大学与其他学校13000余学生在省政府门前集合,河南大学学生王雷(雨田)等三人被推为临时学联领导成员,代表全体学生提出了"取消冀察政务委员会""停止屈辱外交""对日抗战,开放学生爱国运动"等项要求,并决定即日起罢课,进行爱国主义宣传。12月25日,河南大学学生在街头宣传受到警察阻挠,26日学生举行抗议示威,并要求省政府同意派学生代表去南京请愿。而政府官员的答复引起学生的愤怒,他们直奔火车站卧轨抗议,在冰天雪地里坚持了4天4夜,中断了陇海线交通,迫使南京政府派要员来汴解决问题。

1936 年

12月12日,"西安事变"发生,河南大学学生王锡璋从上海寄来张学良、杨虎城将军抗日的八项主张,一经贴出,轰动全校。进步师生出壁报、发表评论,支持张、杨二将军的爱国行动。

1937 年

"七·七"事变后,抗日战争全面爆发。以国共合作为基础的抗日民族统一战线正式形成。同年秋,河南大学学生郑若谷等发起创办抗日救亡刊物《风雨》周刊,王阑西、方天逸、姚雪垠先后任主编,该刊先后刊行30期,有力推动了抗战运动。

1937年春,河南大学学生刘惟诚、丁宝泉、汪六滨(吴强)等组建抗日救亡团体"开封市基督教青年会话剧团",演出救亡话剧和抗日歌曲暑假,河南大学学生王锡璋成立大众剧团和怒吼歌咏队,团结进步学生开展抗日救亡宣传。

1938 年

随着战事吃紧,河南大学迁往豫西南山区,宣传抗日救亡。

1942 年

10 月,国立河南大学正式挂牌命名。

1944 年

教育部综合评估,河南大学以教学、科研、学生管理的优异成绩,位列国立大学第六名。

1947 年

3 月,中国民主同盟(简称"民盟")河南省地下支部在河南大学成立,王毅斋任负责人。

河南大学教授、农学院院长涂治,受党组织派遣,调新疆农学院任院长,承担党交给的上层统一战线工作。

1948 年

6 月,解放军攻克开封。此后,通过中共地下党组织的动员,河南大学著名教授嵇文甫、王毅斋、李俊甫、罗绳武、赵俪生,讲师苏金伞及 287 名学生投奔中共中央中原局所在地——豫西宝丰县。

8 月 2 日,中原大学经中共中央中原局和中原临时人民政府批准建立。

同年,河南大学台湾校友会成立。

1949 年

河南大学政治协商会议。学生、盟员,作为学联代表赴北京出席第一届中国人民政治协商会议。

1950 年

5 月 27 日,中共河南大学党组织公开大会召开。党委书记、副校长张柏园和副校长嵇文甫在讲话中都对统一战线工作进行突出和强调。大会的召开标志着学校统一战线工作发展到了一个新的历史阶段,即从原来的发动和领导青年学生运动为夺取政权服务,变为调动一切积极因素为新中国建设服务。

8 月 7 日,学校制定了《校党委关于学校内部统一战线工作的几点意见》,这是河南大学第一份关于统一战线工作的文件。文件全面分析了当时学校统一战线工作的基本情况,制定了新中国成立初期学校落实中国共产党"团结、教育、争取、改造"知识分子的具体政策;提出了发挥党的核心领导作用,"依靠进步,团结中间,争取落后"的工作方法和任务;指出了"学术思想统战是统一战线工作不可忽视的内容"。意见对新中国成立初期学校的统一战线工作具有指导性的作用。

10月11日,河南大学新组建的教育工会发表拥护全国《各民主党派联合宣言》的声明,学校民盟动员其成员积极投入到抗美援朝的伟大斗争中。

河南省副省长、民盟省委主委、河南大学教授王毅斋,担任河南省赴朝慰问团副团长,到朝鲜前线慰问志愿军,回国后在学校做了关于赴朝情况的报告,并在《河南日报》发表《最可爱的人和最可爱的事》的文章,讴歌中国人民志愿军在抗美援朝中伟大的爱国主义和国际主义精神。

1951年

河南大学教授、民盟负责人王毅斋、杜孟模相继担任河南省政协副主席。

1953年

3月,中国国民党革命委员会(简称"民革")河南大学小组成立,张邃青任负责人。

1956年

11月,九三学社中央派人到开封发展组织,河南大学孟宪德、李式金、朱芳圃等被发展为社员。

1957年

九三学社开封市直属小组在河南大学建立,孟宪德为负责人。

1959年

7月,学校党委设立统战部。

1962年

9月,河南大学举行建校50周年庆祝大会,教育部部长杨秀峰出席会议。

1966—1976年

"文化大革命"开始后,学校各项工作受到冲击,各民主党派停止活动。

1978年

11月4日,学校下发了(校党字〔1978〕57号)文件,撤销革命委员会及其办事机构,建立党委。党委办事机构设党委办公室、组织部、宣传部、统战部、人武部、保卫部(暂为保卫科)。

1979 年

"文革"中停止活动的民革河大小组、九三学社开始恢复组织。

民盟河南大学支部委员会换届,张明旭任主委,孙应康、王寿庭任副主委。

1979 年秋,根据中央精神,河南大学党委决定,统战部部长不再由校领导兼任,10月 26 日任命杜明同志为河南大学统战部第一专职部长。当时学校党委为统战部拟定的职责范围是:负责知识分子教育和协同有关部门做好其他工作;负责对民主党派成员的团结、教育和统战政策的落实工作;负责少数民族的政策落实和团结教育工作;负责对台籍、台属成员加强爱国主义教育工作;负责外籍专家工作和外事、外侨工作。

1980 年

九三学社河南大学小组成立。

4 月 29 日,党委制定了《对加强民主党派工作的措施》,要求各级党组织重视这项工作,列入议事日程,加强领导、调动积极因素,要和党外人士交朋友。要求各党总支协助党派组织发展成员,各民主党派组织要解放思想、积极工作、制定计划。还规定党委每年不定期地向民主党派、党外人士通报情况,召开座谈会等,并提出要配备专职干部和解决办公用房等问题。

1983 年

民革河南大学支部委员会成立,陈际轩任第一届主委九三学社河南大学支社成立,黄元起任第一届主委。

1984 年

5 月 24 日,河南大学归国华侨联合会成立。

1985 年

河南大学统战理论研究会成立。

中国农工民主党(简称农工党)河南大学小组建立,徐士珍任组长。

1986 年

民进河南大学小组建立。

1987 年

12 月 26 日,河南大学台湾同胞联谊会成立。

1988 年

12 月,民盟河南大学委员会成立。黄平权任主委。

1989 年

1 月,民进开封市支部成立,河南大学教授常剑峤、荣铁生任正、副主委。

校党委、党委统战部先后组织民主党派负责人及党外人士代表赴山东、四川、北京等省市参观、考察。

1990 年

河南大学台湾校友会会长于镇洲一行 7 人返校访问。

1991 年

河南大学香港校友会会长、学校名誉教授何瑞麟回校访问。

1992 年

8 月,《群星灿烂》一书出版,书中介绍了一大批河南大学名人名师,其中包括大批民主党派代表人物、党外知识分子杰出代表。

台湾校友田曼诗等返校访问。

9 月 25 日,河南大学建校 80 周年校庆,大批旅居海外、港澳台校友返校参加庆典。

台湾河南同乡会举办了书画展,学校台、侨联工作得以大力推进。

1993 年

河南大学成立港澳台办公室。

中国民主建国会(简称民建)河南大学小组成立。

12 月 25 日,农工党河南大学支部委员会成立。

1996 年

7 月,民建河南大学支部成立,梁留科任主委。

民革河南大学支部换届,丁英俊任主委。

1997 年

1 月 21 日,民进河南大学支部成立,宋鸿藻任主委。

1999 年

民革河南大学支部换届,丁英俊任主委。

2000 年

7 月,开封医学高等专科学校、开封师范专科学校同河南大学合并,成立新的河南大学,扩大了统战工作范围。

2001 年

5月28日,九三学社开封市委员会批准成立九三学社河南大学基层委员会筹备组,高继海任组长,陈隆予、王书祥任副组长。

在中国共产党成立八十周年之际,河南大学举行了庆祝建党八十周年座谈会。各院系党总支书记、统战委员、留学归国人员、民主党派和党外知识分子代表参加了会议,畅谈中国共产党八十年来的辉煌历史,感受新中国成立以来所取得的巨大成绩。

7月13日,中共开封市委组织部下发任职通知,高继海同志任九三学社开封市委员会副主任委员候选人,按九三学社章程办理。

7月22日,中共开封市委下发任职通知,李贤臣同志任民盟开封市委员会主任委员候选人,按民盟章程办理。

10月17日,台湾校友访问团于振洲先生一行来校访问。

12月13日,中共河南大学党委制定贯彻《中共中央关于加强统一战线工作的决定》的实施意见。

党委统战部组织部分院系党总支书记和民主党派成员代表到东南6所高校进行考察、交流和学习。

2002 年

3月22日,中国民主同盟河南建盟55周年庆祝大会在河南大学举行。省政协副主席杨光喜和省委统战部、中共开封市委、河南大学的领导到会祝贺。省政协副主席、民盟河南省委主委冯宏顺,省人大常委会原副主任、民盟河南省委名誉主委范濂及全省各地民盟组织负责人、盟员代表100余人参加庆祝大会。庆祝大会上冯宏顺深情回顾河南民盟的光荣历史。省委统战部副部长王玉英代表省委统战部,向全省各级民盟组织及全体盟员表示热烈祝贺和亲切问候。

3月,民建开封市委主委、开封市人大常委、河南大学环境规划学院教授梁留科参加开封市第十一届人民代表大会第四次会议,提交的议案《行动起来,积极做好入世后的各项应对措施》被定为"一号议案"。

5月22日、26日,民进河南大学支部和九三河南大学支社换届(成立委员会),贾玉英、刘小敏分别担任主任委员。

6月19日,民盟河南大学委员会召开第十一次代表大会。会议选举产生了民盟河南大学新一届委员会,孙先科教授当选为主委。市委统战部、民盟开封市委有关负责人等到会祝贺。

8月7日,全国政协副主席万国权为我校题词:"中原名校黄河明珠。"

8月,全国政协副主席罗豪才、王文元发来贺电、贺信,祝贺河南大学九十华诞。

10月14—18日,由全国台联、河南大学、河南省台联、河南省博物院共同举办的"河洛文化与台湾"研讨会在郑州未来大酒店召开,校党委副书记赵豫林出席开幕式并讲话。中央统战部、全国台联、省委统战部、省台办、台联、省博物院及我校领导和专家出席并参加会议。来自海峡两岸的四十多位专家学者围绕河洛文化与台湾的关系进行了交流和探讨。

11月13日,我校成立统战理论研究所,郑延泽教授任所长。

12月11日下午,河南大学台湾同胞联谊会(河大台联)第二次代表大会在小礼堂召开,开封市台联会长王文生、校党委副书记赵豫林、副校长王发曾、党委统战部部长赵秀凤、河大台联第一届理事会临时负责人马尚文等出席大会。大会由河大台联第一届理事会理事吴基集同志主持。大会选举产生了第二届理事会。王发曾当选为理事长,陈春鹏、马尚文、王玲、赵瑾、胡良民、袁业倩、唐文春当选为理事。

12月12日下午,河南大学归国华侨联合会(河大侨联)第二次代表大会在学校小礼堂胜利召开。省侨联副主席张亚洲、经济文化联络处处长耿诚聪,市委统战部副部长、市政府外事侨务办公室主任赵则申,市政府外事侨务办公室副主任、市侨联副主席李清湖,校党委副书记赵豫林、副校长黄亚彬、党委统战部部长赵秀凤,党委统战部原部长、河大侨联第一届委员会副主席张文华,化学系原主任、河大侨联第一届委员会副主席张仲仪等出席大会。大会由张仲仪主持。会议选举产生了河大侨联第二届委员会,黄亚彬当选为主席,陈明发、莫卫生、聂晓兰、黄婉如、聂晓光、孟捷当选为委员。

2003 年

1月4日上午,我校召开省、市两级党外政协委员和部分人大代表座谈会。校党委书记孙培新、副书记赵豫林、副校长周铁项和党委统战部负责同志出席会议。吴雪莉、高继海、贾玉英等二十多名政协委员和部分人大代表参加座谈会。

1月17日下午,为更好体现"大团结、大联合"的主题,学校将"河南大学春节联谊会"更名为"河南大学各界迎春联谊会"。河南大学各界迎春联谊会在新办公楼一楼会议室举行。校党委书记孙培新、副校长周铁项、史全生等出席联谊会,联谊会由校党委副书记赵豫林主持。各级政协委员及党外人大代表、省政府参事、部分民主党派开封市主委、河大各民主党派和河大侨联台联的领导及其代表、留学归国人员代表、少数民族代表、党外代表人士、部分离退休老同志以及校属有关单位负责同志参加了联谊会。省政府参事、民盟开封市主委李贤臣,省政协委员、数学学院院长王天泽,省政协委员、民进河大主委贾玉英,民盟河大副主委刘济良,市侨联副主席、河大侨联常务副主席陈明发,民盟河大老盟员代表黄魁吾等在联谊会上发言。

2月23—27日,民建开封市委主委、开封市人大常委、河南大学环境规划学院教授梁留科参加开封市第十一届人民代表大会第五次会议,提交的议案《大力实施工业强市,全力推进小康社会建设》的议案被列为"一号议案",并作大会发言。4月,该议案被表彰为开封市优秀建议。

3月,历史文化学院张倩红副院长参加全国政协会议,提交《关于把河南大学列入国家"211工程"大学的提案》。

3月21日下午,统战部组织民主党派和台侨联代表30余人到新校区参观、考察。副校长、新校区建设指挥长郭天榜介绍了新校区建设理念、工程进度和施工中遇到的种种情况。副指挥长邓明灿详细介绍了新校区占地面积、建设质量、进度、招投标等情况。

3月28日下午,河南大学统战工作会议在小礼堂召开。校党委副书记赵豫林同志出席会议并讲话,会议由统战部副部长牛华男主持。党委统战部部长赵秀风同志传达了全省统战部长会议精神,副部长姜捷布置了2003年工作任务。各有关部门和基层党组织负责人40余人参加了会议。

4月3日下午,统战工作通报会在学校第二会议室召开。我校六个民主党派、统战团体负责人20余人参加会议。通报会由统战部副部长姜捷主持。副部长牛华男通报2002年统战工作,部长赵秀风传达全省统战部长会议精神,并通报2003年工作要点。民革主委丁英俊、民进主委贾玉英、农工主委姜文英等就2003年工作进行了交流和探讨。

4月21日下午,河南大学各民主党派、统战团体负责人十六大精神培训班圆满结束。培训班旨在加强换届后民主党派、侨联、台联的思想和组织建设,以学习十六大精神,中国共产党领导的多党合作和政治协商制度的形成发展,以及如何推动民主党派、侨联、台联工作不断创新为内容,以专题讲座和座谈讨论等形式进行。民主党派主委、副主委,侨联常务副主席、副主席,台联常务副会长、副会长等三十余人参加了培训。党委统战部部长赵秀风出席结业仪式并讲话。

4月30日晚上,校党委在新办公楼第一会议室向民主党派和侨、台联主要负责人通报我校开展防治非典型肺炎工作的情况。党委副书记赵豫林代表党委通报了我校近期有关防治非典型肺炎工作的具体情况及学校防治措施,希望民主党派和侨、台联理解学校决定,支持配合校党委工作,发挥自身联系广泛的优势,为我校防治非典型肺炎工作献计出力。党委统战部部长赵秀风同志主持会议并传达了省委统战部有关文件精神。

8月18日下午,驻豫全国政协委员、省政协委员来新校区视察。开封市委、市政府、市政协有关领导陪同调研。我校校长关爱和、副校长郭天榜向各位委员及市领导介绍了新校区总体规划及一期首批工程管理和进展等情况,并陪同政协委员一行视察了新校区南干道、主环道和14#组团公共教学楼。

10月29日上午,郑州大学党委统战部及各民主党派一行11人在部长畅彦西、副部长吴保庆的带领下,来我校考察交流统战工作。座谈会在新行政楼三楼第二会议室召开,校党委副书记赵豫林、纪委书记赵振海代表学校党委、行政对畅彦西等一行表示欢迎。校党委统战部赵秀凤部长介绍我校统战工作情况。民革、民进、九三学社、农工河大主委丁英俊、贾玉英、刘小敏、姜文英及民盟河大副主委王守斌等分别发言。畅彦西向我校统战部及五个民主党派务实生动的经验介绍表示感谢。

11月3日晚,学校在新行政楼第二会议室召开通报会,校党委副书记赵豫林代表学校党委向各统战组织通报近期主要工作情况。民革、民盟、民建、民进、农工、九三学社、侨联、台联等八个统战组织负责人参加会议,会议由党委统战部赵秀凤部长主持。

12月,河南省政协常委、民建开封市委主委、河南大学发展规划中心副主任梁留科参加省政协九届四次常委会,代表民建河南省委作大会发言《河南省旅游景区景点的投融资战略研究》。

12月12日,副校长赵国祥、归侨张仲仪、开封市汴京饭店总经理潘连春在新办公室第二会议室举行《关于债权转让及其使用目的的协议》签字仪式。按照《协议》,张仲仪将原借给开封市汴京饭店且已于2003年9月1日到归还日期的100万元人民币债权于2003年12月12日转让给河南大学,用于设立"河南大学禹洲奖学基金",并以约定利息作为"河南大学禹洲奖学金"奖励品学兼优的特困生。汴京饭店限期将100万元人民币归还河南大学,并在限期内以每年6万元人民币的约定利息支付给我校。市外事侨务办公室主任王官树及我校党委统战部、学生处等部门有关领导出席签字仪式。

2004 年

2月,应鹤壁市淇县县委、县政府邀请,民建河南省委会成立《淇县经济发展规划》课题组,为推动淇县经济发展,促进建设小康社会目标全面实现出谋划策。该课题由河南大学发展规划中心副主任梁留科等主持。赵秀凤部长主持。

3月,河南大学发展规划中心副主任、民建开封市委主委梁留科当选为政协开封市第九届委员会副主席。

3月,河南大学化工学院教授、农工民主党成员董学芝发明的造纸黑液资源化新技术对武汉两家公司实现技术转让。

3月26日下午,全国政协委员、历史文化学院院长张倩红教授在科技馆一楼报告厅为200多名离退休老干部作关于参加两会的基本情况和主要精神的报告。

3月29日,校党委在校办公楼三楼第二会议室召开"会前会"。即将参加开封市第九届政协委员会和第十二届人民代表大会一次会议的新一届政协委员和人大代表30余人与会。校党委赵豫林副书记出席会议并讲话。会议由党委统战部赵秀凤部长主持。

4月7日下午,校党委有关职能部门工作部署会在新行政楼一楼会议室召开,校领导张秉义、郑邦山、赵豫林、王发曾、赵振海、袁顺友等出席会议,校党委书记张秉义在会上作重要讲话,会议由党委副书记郑邦山主持。校纪委副书记王依选、校党委组织部部长史战芳、宣传部副部长杜富广、统战部部长赵秀凤分别部署了本年度的纪检监察、组织干部、宣传思想、统战等工作,并传达了上级部门对相关工作的会议精神。

据4月8日校园网报道,近日,校党委邀请民进成员、生命科学学院院长宋纯鹏教授作了《人类的生存和发展与现代生命科学》的专题报告。在校的党委中心学习组成员及部分院系和机关部门负责人参加了学习。

5月11日,全国政协副主席罗豪才到河南大学考察,并向我校法学院捐赠一批书籍。省政协副主席陈义初,市领导齐新安、李贤臣等陪同考察。罗豪才考察了我校新校区建设情况,听取了河南大学党委书记张秉义以及其他校领导的工作汇报,并与各院系领导以及法学院的部分师生进行了座谈。

5月16日,中共中央政治局常委、全国政协主席贾庆林在省委书记李克强、省委副书记支树平、省政协主席范钦臣的陪同下来我校视察指导工作,校领导张秉义、关爱和、郑邦山、王发曾、郭天榜、赵振海、袁顺友、史全生、黄亚彬、卢克平、赵国祥及开封市委、市政府领导同志随同贾主席考察。

5月20日,全国台联与台湾著名媒体"同根同源电视摄制组"来校参观、摄制电视纪录片。

5月27日上午,省政协副主席、省委统战部部长曹维新一行3人来我校视察调研。校领导张秉义、郭天榜、赵振海、袁顺友、史全生及开封市政协主席程广安、市委副书记李艳萍等领导陪同视察调研。其间,曹维新听取了我校领导、统战部部长和基层党组织书记的工作汇报发言,并与我校各民主党派负责人及无党派人士、省政府参事、全国政协委员、留学归国人员代表座谈交流。

据校园网6月4日,我校著名藏学研究专家原思明教授主持申报的国家社科基金课题《三代中央领导集体治藏思想研究》获批立项。项目将从国家稳定统一和党的民族政策的高度,对三代中央领导集体治藏思想进行系统、全面、深入的总结分析和研究探讨。原思明教授此前承担的国家社科基金项目《中国共产党西藏工作五十年》也是围绕西藏问题进行的研究。预期研究成果对做好西藏工作,促进西藏经济和社会发展,增进民族团结将起到重要的推动作用。

7月,开封市政协副主席、民建开封市委主委、河南大学发展规划中心副主任梁留科得到国家领导人江泽民的接见并合影。

7月2日下午,我校第四届教职工代表大会第三次会议在科技馆二楼报告厅开幕。校领导张秉义、关爱和、郑邦山、赵豫林、王发曾、郭天榜、赵振海、袁顺友、史全生等和学校原领导王才安、李润田、王文金出席会议。我校各民主党派负责人应邀与会并在主席台就座。开幕式由校党委副书记赵豫林主持。

7月8—10日,扬州大学葛建枢副书记率本校统战部负责人、民主党派、台侨联负责人、人大代表、政协委员来校参观、交流。

8月8日,侨联成员张仲仪荣获"全国归侨侨眷先进个人"称号,并在全国第七次归侨侨眷代表大会上受到表彰。

8月9—14日,民盟河南大学副主委刘济良、盟员赵国权赴马来西亚参加国际儒学大会,并做大会发言。

8月18日,开封市召开侨联工作会议,我校侨联被评为"开封市侨联工作先进集体";侨联成员张仲仪、曾广平、陈明发、黄婉如、聂晓光等被评为"开封市归侨侨眷先进个人"。

据校园网8月31日,我校民进会员、生命科学学院院长宋纯鹏教授被确定为32名"全国师德标兵"候选人之一,其先进事迹已在《中国教工》2004年第7期上刊登。

9月5日下午,在全国政协副主席张思卿的带领下,全国政协常委视察团前往河南大学新校区视察。校领导张秉义、关爱和、赵豫林、王发曾、郭天榜陪同视察。

9月13日,旅台京剧表演艺术家郭小庄在我校设立"郭小庄艺术奖学金"并首次颁奖。

9月24日下午,为庆贺中秋、国庆佳节的到来,农工党河大委员会在新行政楼第二会议室举办迎"双节"科研成果展。

9月27日下午,校党委统战部在新行政楼第二会议室召开台侨联中秋茶话会。开封市外事侨务办公室主任王官树,校领导赵豫林、黄亚彬及我校台联、侨联、侨眷代表出席了茶话会。会议由统战部部长赵秀凤主持。

9月,省委统战部组织全省高校统战系统"三增强、四热爱"演讲比赛,我校荣获"优秀组织奖"、"优秀创作奖"、一等奖全部奖项。路庆平、梁海燕分获个人一等奖、三等奖。

9月,统战部组织我校各民主党派负责人赴商丘师院、新乡医学院、郑州工业大学、河南财经学院参观学习。

10月12日,河南大学原化学系系主任归侨张仲仪教授出资100万元,设立"河南大学禹洲奖学基金",用于资助和奖励在校贫困大学生。

10月14日,开封市政协委员视察团一行19人,在市政协主席程广安、副主席薛文法的带领下,对我校近代建筑群申报全国文物保护单位工作进行视察指导。

10月16日,民进河南大学支部荣获"全国先进基层组织"称号,贾玉英主委赴京领奖,受到全国政协副主席、民进中央主席许嘉璐亲切接见。

10月29日,郑州大学统战部领导及民主党派负责人来我校考察、交流。

11月,盟员李申申代表河南省赴广州参加"民盟部分省市基础教育研讨会",并做了大会发言,民盟中央副主席张梅颖予以充分肯定。

12月23日下午,中国民主同盟河南大学委员会在新行政楼第四会议室举行"喜迎新年联谊会"。民盟开封市委机关负责人黄庆星、河南大学统战部部长赵秀凤等到会致贺。

12月29日,省政协副主席、省委统战部部长曹维新,向首批7名统战理论特约研究员颁发了聘任证书,我校郑延泽教授获聘。

12月,统战部组织学校4000余名师生参加全省统战知识竞赛,我校荣获"优秀组织奖"。

2005 年

1月22日,我校在新行政楼第四会议室召开各界人士迎春座谈会,校领导张秉义、关爱和、郑邦山、王发曾、赵振海、袁顺友、史全生、黄亚彬、赵国祥等出席座谈会,在校工作的民主党派代表、台侨联代表、离退休教师代表、专家学者代表及各职能部门负责人与会。

4月26日上午,开封市政协主席程广安带领市政协一行16人到我校调研,在新行政楼一楼会议室同我校有关教学科研单位负责人进行座谈。校党委书记张秉义、副校长卢克平出席了座谈会。有关职能部门负责人、有关教学科研单位负责人与会。座谈会由张秉义同志主持。

4月,我校特种功能材料重点实验室教授、民盟盟员祝迎春入选教育部2004年度"新世纪优秀人才计划",获得50万元科研资助。

5月26日,河南省宗教局、开封宗教局来校做宗教工作调研。

6月25日至7月1日,副校长郭天榜、统战部部长赵秀凤等赴山西大学参加全国高校统战工作研讨会。我校获得2006年研讨会承办权。

8月,河南省委统战部与河南大学统战部联合向中共中央统战部申报《中共早期领导人李大钊在河南的统战实践和思想研究》项目。

9月5日,全国政协副主席张思卿率全国政协委员视察团视察我校。

9月15日,党委邀请统一战线各界负责人、抗战老同志代表、部分人大代表、政协委员、党外代表人士召开"纪念抗日战争胜利60周年暨中秋座谈会",黄亚彬副校长出席会议并讲话。

9月23日,在校工会袁顺友主席、统战部赵秀凤部长的带领下,各民主党派、侨联、台联负责人和无党派人士代表一行17人,赴延安学习考察。

10月11日,省政府参事一行7人来校就高校发展、新校区建设中贷款风险相关问题做专题调研。

10月18—21日,苏鲁豫皖四省21次民盟盟务工作交流会在新乡召开,学校民盟副秘书长王震生参加会议并发言。

10月27日上午,全国政协委员(驻浙江省)视察团一行二十余人在河南省政协、省文化厅及开封市有关领导的陪同下来我校视察。校领导郑邦山、赵振海、梁晓夏及有关职能部门负责人陪同视察团参观了我校新老校区。全国政协委员、浙江政协副主席李青(李大钊之孙)在李大钊1925年河南大学演讲的六号楼前,凭吊祖父塑像并发表感言。

10月29日,民盟河南大学委员会组织盟员30余人,到位于驻马店市南郊的杨靖宇将军纪念馆参观学习,开展爱国主义教育。

11月15日,民盟开封市主委、市政协副主席李贤臣,市委统战部副部长王文生参加,对河南大学民盟工作进行调研。

12月8日上午,开封市政协副主席、民建开封市主委、河南大学博士生导师梁留科参加民建开封市庆祝民建成立六十周年大会,并作工作报告。

12月25日,民进河南大学支部委员会升格为总支委员会,贾玉英任主委。民进开封市委主委、副市长陈国桢题词祝贺。

12月底,民进河南大学总支部委员会荣获"民进河南先进基层组织"称号。

2006 年

1月，河南大学党委召开各界春节联谊会，会议由学校党委书记张秉义主持，关爱和校长向与会同志通报学校工作情况。

1月14日，开封市政协副主席、民建开封市委主委、河南大学博士生导师梁留科执笔的《整合资源，创新体制，大力促进文化产业发展》的提案作为民建河南省委集体提案，提交省政协九届一次会议，并得到中共省委书记徐光春的批示。

2月21日，河南省10名"优秀青年社科专家"评比揭晓，民盟河大主委、博士生导师孙先科，无党派人士、博士生导师牛建强榜上有名。

2月28日，开封市第八次归侨侨眷代表大会在东京大饭店闭幕。我校陈明发当选为市侨联第八届委员会副主席，黄婉如当选为常委，莫卫生、聂晓兰、聂晓光当选为委员。归侨张仲仪、曾光平分别以捐资助学和奉献专利技术服务社会，受到大会表彰。张仲仪还被开封市侨联第八届委员会聘为顾问。

2月，河南大学党委统战部与省委统战部联合申报的科研项目《中共早期领导人李大钊在河南的统战实践和思想研究》，荣获中央统战部2005年度全国统战理论研究优秀成果三等奖。

3月8日上午，民盟河南省委副主委毛德富来校，在我校新行政楼第四会议室为河南大学及开封市民盟盟员做"关于贯彻落实中共中央五号（2005）文件精神，不断开拓多党合作事业新局面"的报告。

5月13—14日，民盟河大委员会组织盟员赴林州红旗渠参观学习。

6月6日，河南省高校侨联联谊会成立大会在郑州大学召开，我校作为执行会长单位出席会议，会议决定，第二届会议在河南大学举行。

6月9日，河南省委统战部副厅级巡视员彭亚平一行来校协调安排在我校设立河南省委统战部"统战理论研究基地"事宜。

8月2日下午，广东省无党派知识分子考察团一行40人，在河南省委统战部副部长孟令峰的带领下，莅临我校参观考察。考察团成员由广东省党外实职副厅级干部、高校科研院所负责人和高级知识分子组成。我校党委副书记郑邦山、黄亚彬带领党办、统战部有关同志陪同考察。

8月22日上午，第三次全国民族理论与民族政策教育研讨会在我校新行政楼第四会议室开幕。校党委副书记黄亚彬出席开幕式。本次研讨会为期两天，旨在学习贯彻中央民族工作会议及有关文件精神，加强民族观教育，加强民族理论与民族政策教育，进一步完善民族政策教育教学体系，并及时运用到新学期的教学实践当中。

9月，开封市政协副主席、河南大学博士生导师梁留科当选为民建开封市第十一届委员会主任委员。

9月17日上午，应药学院邀请，河南省政协常委、文教卫体委员会副主任、原河南省药品食品管理监督局局长、河南大学药学专业老校友张泽书教授在金明校区行政楼报告厅为药学院2006级新生作了题为"走向朝阳——与2006级药学院新同学谈药学学科前途"的专题报告。报告会由药学院副院长宋丽教授主持。

9月30日下午，我校在明伦校区新行政楼第一会议室召开了统战各界庆"双节"茶话会。党委副书记郑邦山、纪委书记王凌、副校级调研员王发曾出席了会议，各民主党派负责人、台侨联代表、无党派人士代表、统战部全体工作人员近三十人参加茶话会。

10月12日，第十一次全国高校统战工作研讨会在我校金明校区行政楼二楼报告厅隆重开幕。中共中央统战部副部长陈喜庆，教育部思想政治工作司司长杨振斌，中共河南省委常委、统战部部长曹维新，河南省教育厅厅长蒋笃运，开封市委书记孙泉砀，河南大学党委书记张秉义、校长关爱和，中共中央统战部六局调研处处长许睢宁，中共河南省委统战部副部长孟令峰出席会议开幕式。开幕式由关爱和同志主持。开幕式结束后，陈喜庆从新世纪新阶段统一战线的重要地位和作用、正确认识和处理统一战线五大关系和统战工作的方法三个方面为与会人员作报告。陈喜庆同志全面阐述了做好统战工作的基本思路和方法，深刻分析了统战工作所面临的新情况和新问题。本次研讨会共有来自全国百余所高校的代表参加。

11月12日,农工民主党河大委员会组织医疗专家一行10人赴长垣县常村镇大堤西村进行义诊。短短半天时间他们连续接诊173人次,受到镇、村领导和广大农民朋友的一致好评,长垣县电视台对此次活动作了现场报道。

12月27日,省长李成玉主持召开省长办公会议,会议主题是郑开大道两侧功能区规划和产业布局,积极推进郑汴一体化进程。河南大学环境与规划学院"郑开大道及两侧功能区规划景观模拟系统"项目组应邀参加了本次会议。在该项目中,开封市政协副主席、民建市委主委、河南大学博士生导师梁留科作为项目规划组主要成员、河南大学秦奋博士为项目技术组组长。

2007 年

1月11日下午,开封市政协委员资助河南大学经济困难学生捐赠仪式在我校新行政楼第四会议室举行。开封市政协副主席赵建禄、胡天意、崔兰婷等与我校党委副书记黄亚彬、副校长赵国祥一起出席捐赠仪式。

1月23日下午,我校各界人士新春联谊会在新行政楼一楼会议室举行。校领导张秉义、关爱和、郑邦山、黄亚彬、赵国祥、梁晓夏、丁庭选、宋纯鹏、王凌、关学增、王发曾、郭天榜、赵振海、孟庆琦等与各界人士代表欢聚一堂,畅叙工作,共同表达对新年美好的祝愿。联谊会由校党委副书记郑邦山主持。

3月23日下午,庆祝中国民主同盟河南大学建盟60周年座谈会在新行政楼第四会议室举行。校党委统战部副部长姜捷,民盟开封市委主委马同森,副主委黄庆星、刘海潮,民盟开封市副主委、民盟河南大学委员会主委孙先科等和50余位河大盟员一同参加座谈会。座谈会由民盟河南大学委员会副主委、校教务处处长刘济良主持。

3月29日上午,开封市政协中心组一行50余人在市政协主席程广安的带领下来到我校环境与规划学院参观考察。

4月17日下午,全国政协委员、我校历史文化学院院长张倩红在明伦校区科技馆一楼报告厅,向200多位离退休老干部,作关于第十届全国人民代表大会第五次会议和政协第十届全国委员会第五次会议概况和主要精神的专题报告。

6月12日上午,河南省侨联联谊会第二届年会在我校新行政楼第四会议室开幕。中国侨联海外联络部部长林佑辉,省委统战部副部长孟令峰,省委高校工委书记、教育厅厅长蒋笃运,省侨联主席张亚洲,副主席郝红军、董子明,市侨联主席刘嘉玉,校党委书记张秉义,校党委副书记、校侨联主席黄亚彬和全省16所高校的党委统战部部长、侨联负责人出席会议。开幕式由校党委副书记郑邦山主持。

7月5—6日,由中央统战部和中华人民共和国教育部共同召开的全国高校统战工作会议在北京举行,全国87所部属院校和各省派出的一所高校参加会议,我校党委书记张秉义同志作为河南省高校唯一代表出席了本次会议,并以《发挥统战优势建设和谐河大》为题目进行交流。

7月18日上午,在江苏大学党委副书记、副校长曹友清,副校长宋余庆的带领下,该校党外人士代表团一行21人来我校考察。我校党委副书记郑邦山在新行政楼三楼会议室接待客人,并同客人亲切交谈。校党委统战部有关负责同志以及全校各民主党派代表与会。

8月1日下午,校党委统战部在新行政楼第一会议室召开各民主党派代表座谈会,就我校正在进行的教学评估的各项准备工作广泛听取意见。党委副书记郑邦山出席会议并讲话。统战部、教务处和校评建办相关负责人参加了会议。

8月10日,从各民主党派省委会换届代表大会上获悉,经大会选举,我校宋纯鹏、高继海两位同志分别当选为民进和九三学社河南省委副主委。

10月27日上午,民盟漯河市委主委、漯河市政协副主席公小惠率团来到我校——河南省民盟组织的发祥地寻根走访,受到我校党委统战部、民盟开封市委和民盟河南大学委员会的热烈接待。

12月26日下午,民盟河南大学委员会第十二次代表大会在新行政楼第四会议室召开。校党委副书记梁晓夏,党委统战部有关负责人出席会议。开封市委统战部领导王文生、赵安慈,民盟开封市主委马同森等同志到会祝贺。会议由民盟河南大学副主委刘济良主持。会议审议通过了民盟河南大学第十一届委员会工作报告,选举产生了新一届委员会。孙先科任主任委员,王守斌、刘济良、张一木、阎现章任副主任委员。

2008 年

1月9日上午,民建河南大学第二次会员大会在明伦校区新行政楼第四会议室召开。校党委常委、纪委书记王凌,党委统战部有关负责同志出席会议;民建河南省委主委、郑州市副市长龚立群,民建河南省委组织处处长李军营,开封市委统战部常务副部长王文生,开封市委统战部副调研员、党派科科长赵安慈,民建开封市委副主委苏擎宇和民盟河南大学委员会主委孙先科等到会祝贺。会议由民建河南大学总支副主委刘健主持。大会审议并通过了秦奋代表民建河南大学总支第一届委员会所作的工作报告,选举产生了民建河南大学总支第二届委员会,秦奋当选为主任委员,任艳彩、路庆平当选为副主任委员。

1月9日下午,民进河南大学第三次会员大会在明伦校区新行政楼三楼第一会议室召开。校党委常委、纪委书记王凌,党委统战部相关负责同志出席会议。民进开封市委主委、开封市副市长陈国桢,开封市委统战部常务副部长王文生,民进开封市委副主委陈冠义等到会祝贺。会议由民进河南大学总支委员会副主委汪基德主持。会议审议并通过了贾玉英代表民进河南大学总支第一届委员会所作的工作报告,选举产生了民进河南大学总支新一届委员会,贾玉英当选为主任委员,汪基德、王艳芳当选为副主任委员。

1月10日下午,农工党河南大学委员会第二次党员大会在明伦校区新行政楼第四会议室召开。校党委常委、纪委书记王凌,党委统战部相关负责人出席会议。开封市政协副主席、农工党河南省委副主委、开封市委主委蒋忠仆,开封市委统战部常务副部长王文生,原开封市人大常委会副主任、农工党河南省委副主委、农工党开封市主委吴博亚,农工党开封市委副主委陈清、平晓雯等到会祝贺。会议由农工党河南大学委员会副主委唐文春主持。会议审议通过了姜文英代表农工党河南大学第一届委员会所作的工作报告,选举产生了新一届委员会。万琪琳当选为主任委员,王运河、唐文春、张改兰、席子明当选为副主任委员。

1月15日下午,河南大学台湾同胞联谊会第三次代表大会在明伦校区新行政楼第四会议室召开。校党委常委、纪委书记王凌,党委统战部相关负责人出席会议。开封市委统战部常务副部长王文生,开封市台联理事长王丽娜等到会祝贺。会议由河南大学台联副理事长王玲主持。会议审议通过了河大台联第二届理事会工作报告,选举产生了新一届理事会,王发曾当选为理事长,郭甲社当选为常务副理事长,王玲、胡良民、唐文春当选为副理事长。

2月27日上午,我校教职工代表在新行政楼举行简单而热烈的欢送会,欢送校长关爱和、副校长宋纯鹏、历史文化学院院长张倩红赴京参加第十一届全国人民代表大会第一次会议和政协第十一届全国委员会第一次会议。

3月20日下午,学校在新行政楼第一会议室召开通报会,党委副书记梁晓夏向我校各统战组织新任领导通报学校工作并座谈。党委办公室和统战部有关负责同志与会,各民主党派、侨联和台联新一届领导班子成员参加会议。

4月19日下午,全国人大常委、全国人大法制委员会副主任、民盟中央副主席李重庵冒雨来我校"寻根"。李重庵是全国政协委员、民盟盟员、中共党员、我校已故老教授李秉德之子。李重庵考察了我校校史馆,并与我校部分老师座谈。李重庵在校考察期间,民盟河南大学委员会主委、文学院院长孙先科就民盟河南大学委员会在教学科研、参政议政、参与社会公益活动以及自身建设等工作情况,向李重庵作了汇报。

5月,河南大学博士生导师梁留科当选河南省科协第七届委员会副主席。

5月10—11日,我校党委副书记梁晓夏、副校长丁庭选和统战部负责人带领各民主党派、侨联、台联负责人赴当年中共中央所在地西柏坡参观学习,纪念民主党派、无党派民主人士响应中共"五一口号"60周年。这是河南大学统战各界纪念"五一口号"发布60周年和各民主党派开展以坚持走中国特色社会主义政治发展道路为主题的政治交接学习教育的重要内容和重要形式。

6月13日下午,北京、天津、河北、山西、内蒙古、辽宁、山东、河南八省(区、市)政协的有关负责同志来我校参观考察。

6月13日和14日,中国社科院荣誉学部委员、原民族研究所所长杜荣坤研究员,中国社科院民族学与人类学研究所白翠琴研究员应我校马列德育部民族研究所邀请作了主题为"中国民族史学与当代民族问题的若干思考"的讲座。

9月1日上午，我校校友，省委常委、统战部部长刘怀廉在省台办主任宋丽萍等的陪同下来我校调研，校领导关爱和、梁晓夏、宋纯鹏，民主党派代表及师生代表出席调研座谈会。

9月1日下午，省政协主席王全书，副主席王训智、邓永俭、袁祖亮、王平、李英杰、龚立群、梁静及秘书长张秉义带领省直有关部门主要负责人来我校就"坚持解放思想、大力发展文化产业"进行调研。我校党委书记、校长关爱和与校党委副书记梁晓夏，副校长宋纯鹏等陪同考察。我校无党派人士王立群和张倩红教授参加了当晚召开的座谈会。

10月17日下午，由党委统战部举办的"统一战线'话成就、促和谐、做贡献'"报告会在明伦校区新行政楼第四会议室进行。民革河大支部主委、公共体育教研部主任丁英俊教授以"亲历奥运、分享光荣"为题目作精彩报告，我校各民主党派、台联、侨联成员参加会议。报告会由党委统战部部长陈灿主持。

11月15—16日，民盟河南大学委员会组织30余位盟员赴信阳市新县参观考察，在许世友将军墓和鄂豫皖首府博物馆等处开展爱国主义教育。

11月17日，"中原文化宝岛行"涉台媒体记者走进七朝古都开封。市委统战部副部长沈洁霞、市台办主任张锡凤等相关领导陪同记者采访参观我校。

12月6日，民建河南省委、河南省科协、河南大学联合举办的中原城市群科学发展论坛在开封市河南大学举办。中国工程院副院长、中国工程院院士杜祥琬，中国工程院院士、河南大学环境与规划学院名誉院长孙九林等18位来自全国各地的有关领导、专家、学者围绕"中原城市群科学发展"这一主题，展开了深入研讨。河南省政府副省长张大卫，省政协副主席、民建省委主委龚立群出席论坛并讲话。

12月18日下午，农工党河南大学委员会校区支部举行第四届党员大会和换届大会，农工党河南大学委员会主任委员、政协开封市委常委万琪琳出席了大会。大会听取并通过了上届支部工作报告，选举产生了新一届支部领导班子，席子明当选为支部主任，段金茜、王达奇当选为支部副主任。万琪琳代表农工党河南大学委员会讲话，席子明代表新一届领导班子表态。

12月26日，省少数民族传统体育项目训练基地授牌仪式在我校新办公楼二楼会议室举行。河南省民委副主任李尊杰向我校副校长曹奎授予"河南省少数民族传统体育项目训练基地"牌匾。

2009 年

1月6日下午,民盟河大委员会2009年迎新大会在新行政楼第四会议室召开。校党委副书记梁晓夏与党委统战部、民盟开封市委员会有关负责人出席会议,会议由民盟河大委员会副主委王守斌主持。

3月4日,中国经济网联合网易财经邀请了全国政协委员、河南大学校长娄源功,就国家粮食安全机制和大学生就业问题进行访谈。

3月11日,全国政协委员、河南大学校长娄源功在北京召开的全国政协会议上就国家今后应重点在中西部建设高水平大学和强化中央政府责任以化解高校债务风险两个问题发言。

3月29日,由省台办协商河南大学和省社科院联合组建的"河南省豫台关系研究中心",在河南大学揭牌成立。

4月1日,时任中共中央政治局常委、国家副主席习近平同志视察河南大学,到河南省数字区域模拟实验室调研考察,观看了民建河南大学总支主委秦奋作为技术组长研发的"郑开大道及两侧功能区发展模拟系统"。

4月10日,九三学社河南大学委员会组织社员到北郊乡实地考察千亩梨园。九三学社开封市委领导也随同参观考察,并与大家一起赏春览胜,沟通情感,交流思想。

4月17日下午,开封市政协副主席、民建开封市委主委王树强一行5人来我校调研,党委统战部部长陈灿出席会议,民建河南大学总支委员会部分会员参加调研座谈。会议由民建河南大学总支委员会主委秦奋主持。

5月20日上午,按照学校学习实践科学发展观活动分析检查阶段的统一安排,我校各民主党派和无党派人士代表征求意见座谈会在明伦校区办公楼三楼会议室召开。

校党委副书记梁晓夏出席会议。

5月23日和24日,民盟河大委员会组织盟员40人赴南阳西峡县和内乡县参观考察。

5月31日下午,组织部统战部召开深入学习实践科学发展观活动专题民主生活会,校党委副书记、校学习实践科学发展观活动领导小组常务副组长梁晓夏出席会议,组织部统战部领导班子成员与会,民主党派代表、教师代表、基层党务工作者代表和组织部统战部工作人员列席了会议。

6月2日下午,全国政协副主席、中国文联主席孙家正在省、市有关领导陪同下来河南大学考察。校领导关爱和、梁晓夏、赵国祥陪同考察,校党委书记关爱和向孙家正介绍了我校的办学历程和发展现状。

9月18日下午,民进河大总支、开封市经济支部庆祝新中国成立60年座谈会在我校行政楼三楼会议室召开。市委统战部常务副部长王文生,民进开封市委副主委陈冠义,我校副校长、民进河南省委副主委宋纯鹏,校党委统战部有关负责同志等出席会议,民进河大总支和开封市经济支部40余位会员参加座谈。座谈会由民进河大总支副主委、教育科学学院院长汪基德主持。

2010 年

1月21日下午，民盟河南大学委员会在明伦校区新行政楼第四会议室召开2010年迎新大会。校党委统战部部长陈灿、民盟开封市委主委马同森、民盟河南大学委员会主委刘济良等出席会议并讲话。会议由民盟河南大学副主委王守斌主持。

2月2日上午，民进河南大学总支委员会在新行政楼第一会议室召开2010年迎春团拜会。我校副校长、民进河南省委副主委宋纯鹏，民进河南省委原副主委祁葆珠，开封市委统战部常务副部长王文生，民进开封市委副主委陈冠义，校党委统战部相关负责人，民进河南大学总支委员会负责人及会员代表参加会议。会议由民进河南大学总支副主委汪基德主持。民进河南大学总支主委贾玉英总结2009年的工作，并提出了2010年的工作设想。宋纯鹏、王文生、陈冠义和校党委统战部副部长姜捷分别发言。

4月8日下午，在省委统战部干部处和省社会主义学院教务处有关领导带领下，河南省党外领导干部第十期培训班40余名学员来校参观考察，校党委常务副书记梁晓夏和党委统战部负责同志热情接待了来访学员。

5月20日上午，由省委组织部、省委统战部、省委高校工委和省教育厅共同召开的全省高校统战工作会议在郑州举行。我校党委常务副书记梁晓夏以"坚持'六个着眼'、实现'六个加强'，努力开创统战工作新局面"为题作大会发言。

5月22—23日，民盟河南大学委员会组织60余位盟员赴三门峡参观考察。先后参观考察了三门峡大坝、虢国博物馆和卢氏县，盟员们深受教育和鼓励。

5月25日下午，中央民族大学中国民族理论与民族政策研究院院长、马列主义学院院长金炳镐教授应马列德育教研部邀请，在科技馆333学术报告厅作了题为"谈民族研究的几个问题"的学术报告。报告会前，还举行了聘任仪式，金炳镐从马列德育教研部主任赵连文手中接过了河南大学兼职教授聘书。

5月26日上午,农工党河南大学委员会主委万琪琳和淮河医院团委负责人带领20余位医疗专家来到尉氏县水波乡西水波村,送医下乡,受到村委会及广大村民的热烈欢迎。

6月12日,九三学社河南大学委员会组织30余名社员,在主委刘小敏的带领下,赴黄河故道考察生态保护和新农村建设。

8月27日下午,在省政协副主席王训智等的陪同下,全国政协原副主席、民进中央原常务副主席张怀西莅临我校视察。校领导关爱和、娄源功、宋纯鹏等陪同张怀西一行视察金明校区和明伦校区。

9月,我校成立宗教学研究所,朱丽霞博士任所长,中国社会科学院世界宗教研究所所长卓新平研究员。研究所共设四个研究方向:佛教、少林文化、道教、基督教,分别由朱丽霞博士、乔凤杰教授、赵玉玲博士、李韦博士牵头组成相关研究团队。

9月11—14日,由河南省民族事务委员会和省体育局主办,济源市人民政府承办的河南省第六届少数民族传统体育运动会在济源市举行。我校石锁队以优异成绩获得表演项目技巧组金奖,秦小龙、张亚东分别获得武术男子A类拳和男子四类拳金奖。

10月26日上午,民盟苏鲁豫皖四省部分城市第24次盟务工作会议在我校金明校区中州国际金明酒店第一会议室隆重开幕。来自苏鲁豫皖4省20个城市的93名代表汇聚一堂,共商盟务。我校校长、民盟河南省委副主委娄源功出席开幕式并讲话。

10月27—28日,河南省港澳政协委员、河南海外联谊会港澳台海外理事省情培训班在金明校区进行。校领导梁晓夏、赵国祥、王凌、关学增、刘志军、雷霆以及有关部门负责同志在新行政楼第四会议室与各位来宾进行了座谈。在热烈的气氛中,河南省政协常委、河南海外联谊会副主席、香港金鑫集团董事局主席李金松代表培训班全体学员向学校赠送了纪念品。在校期间,来宾们还在省委统战部副部长孟令峰、学校领导和有关部门负责同志陪同下考察了明伦校区。

11月22—27日,全省党外市厅级后备干部专题培训班在我校举行。省委常委、统战部部长刘怀廉,省委组织部副部长安平,省委统战部副部长陶振江,校党委书记关爱和以及开封市有关负责同志出席了22日的开学典礼。本期培训班是省委组织部、省委统战部为贯彻落实中央《2010—2020年党外代表人士教育培训改革和发展纲要》及省委会《关于2008—2012年全省大规模培训干部的实施意见》要求举办的,分别邀请中央统战部、省委政策研究室、省委统战部、省政府发展研究中心、省纪委、高等学校等领导和专家,以专题教学为主,案例教学、现场教学、音像教学紧密结合,取得良好效果。

12月10日,民建河大总支承办民建河南省委、开封市委联合开展"四下乡"活动。民建河南省委、民建开封市委赴兰考县三义寨乡南马庄村,开展农业科技、医药卫生、法律咨询、文艺演出等四下乡活动,为当地农民朋友带去了价值15000余元的药品、文体器材、科技读物。省政协副主席、民建河南省委主委龚立群,民建河南省委副主委张晓林,开封市政协副主席、民建开封市委主委王树强,开封市委统战部常务副部长王文生等领导及总支主委秦奋和会内专家70余人参加了活动。

2011 年

6月3日,校党委常务副书记梁晓夏带领民革、民盟、民建、民进、农工、九三学社、侨联、台联等统战组织负责人和无党派代表人士、留学归国人员代表赴重庆、遵义,以参观考察、座谈交流、集体学习和个别谈心为形式开展"恳谈"活动。其间,梁晓夏一行还赴重庆大学进行了学习交流。

6月28日,开封市第九次归侨侨眷代表大会在汴京饭店召开。我校11位归侨侨眷代表参加会议。大会选举产生了开封市侨联第九届委员会,我校张举玺、黄婉茹、莫卫生、聂晓光、姬新颖、邢金明当选委员,其中,张举玺当选副主席,黄婉茹当选常委。

8月24日,以"中国高等教育改革与发展研讨"为主题的民盟教育论坛在我校金明校区举行。河南省委统战部副部长陶振江,中国科学院院士、全国政协常委、民盟中央常委、民盟中央教育委员会主任、清华大学教授王光谦,民盟安徽省委会领导刘光复、郑永飞、韩卉,民盟河南省委会领导霍金花、柳锋波,我校校长娄源功,副校长刘志军等出席研讨会。论坛由民盟中央教育委员会主办,民盟河南、安徽省委会协办,河南大学承办。其间,与会专家还参观了我校明伦校区。

10月28日,校台联部分成员在王发曾会长、郭甲社常务副会长的带领下,赴郑参观河南广播电视新发射塔——中原福塔,并到我校"龙子湖校区"考察。

11月15日下午,民盟河南省委会在我校黄河文明与可持续发展研究中心三楼会议室召开参政议政座谈会,围绕粮食生产与安全的可持续发展、水利建设、文化建设等关系国计民生的问题进行研讨。民盟省委副主委、我校校长娄源功,民盟省委秘书长柳锋波,民盟省委副巡视员白协潮,民盟省委会特邀专家,以及我校党委常务副书记梁晓夏,党委统战部负责同志,民盟河南大学委员会负责人和相关学者共30人与会。会议由柳锋波主持。

11月12日,河南省第九届归侨侨眷代表大会在郑州黄河迎宾馆召开,我校7位教师代表河南大学侨界参加大会。大会审议通过了河南省归国华侨联合会第八届委员会工作报告,选举产生了第九届委员会,表彰了全省侨联系统先进集体、先进工作者和归侨侨眷先进个人。我校陈明发、张举玺、姬新颖当选为河南省侨联第九届委员会委员。河南大学侨联作为先进集体、1位统战干部作为先进工作者、2位归侨侨眷作为先进个人受到大会表彰。

2012 年

1月4日下午，民盟河大委员会迎新大会在明伦校区第四会议室召开，来自民盟河大委员会各基层支部的近80名盟员参加会议。校党委常务副书记梁晓夏，市政协副主席、民盟开封市委主委马同森及校党委统战部相关负责人与会。

2月16日，全省统战工作会议在郑州召开。我校党委常务副书记梁晓夏出席会议，并在大会第二次全体会议上代表全省高校作典型发言。

2月23日，全省少数民族文化工作会议在郑州召开，副省长张广智与省有关部门负责同志200余人与会。我校党委常务副书记梁晓夏出席会议并代表河南高校作典型发言。在会后的全省少数民族文艺晚会上，我校石锁队的精彩表演展现了少数民族传统体育的独特魅力，获得与会代表和各界群众的一致好评。

3月26—28日，全国政协副主席、著名经济学家厉无畏应邀来河南省考察文化创意产业。27日下午，在河南大学作了题为《历史文化资源的开发利用——以创意将文化资源转化为经营资本》的学术报告并被聘为河南大学特聘教授。

3月30日，省委统战部副部长陶振江等5人来校调研党外代表人士队伍建设工作并召开座谈会，我校民主党派、侨联、台联负责人和无党派人士代表、学院院长代表等与会，校党委常务副书记梁晓夏和组织部、统战部有关负责同志参加会议。座谈会围绕学习贯彻《中共中央关于加强新形势下党外代表人士队伍建设的意见》进行。会议由党委统战部部长陈灿主持。

据校园网4月1日，我校统一战线组织负责人中心组学习在明伦校区新行政楼第一会议室进行。各统战组织负责人及党委统战部负责同志参加了学习。校党委常务副书记梁晓夏出席并讲话。学习由统战部部长陈灿主持。学习围绕《中共中央关于加强新形势下党外代表人士队伍建设的意见》展开。陈灿传达了《意见》有关精神,并针对省委统战部就《意见》学习贯彻情况来校调研工作进行了部署和安排。

6月14日,河南省人民政府下发了《河南省人民政府关于聘任王立群等16人为省文史研究馆馆员的通知》(豫政任〔2012〕62号),我校无党派代表人士、文学院教授王立群和民盟河大委员会原副主委、外语学院教授王宝童被聘为河南省文史研究馆馆员。

7月8日下午,校党委在新行政楼三楼会议室组织统一战线中心组集体学习。我校各民主党派主委、台侨联负责人、无党派人士代表、党委统战部同志参加学习,校党委常务副书记梁晓夏出席并讲话。学习活动由党委统战部部长陈灿主持。

2013 年

6月23日,第十一届全国政协副主席王刚一行在河南省委副书记、省长谢伏瞻等的陪同下莅临我校视察。校领导关爱和、梁晓夏、赵国祥、王凌等陪同王刚一行视察。

7月4日,省政府在郑州举行仪式,新聘我校党外人士王立群、王宝童等15人为省文史研究馆馆员,副省长张广智出席仪式并向新任馆员颁发聘书。

7月8日下午,校党委在新行政楼三楼会议室组织统一战线中心组集体学习。我校各民主党派主委、台侨联负责人、无党派人士代表、党委统战部同志参加学习,校党委常务副书记梁晓夏出席并讲话。学习活动由校党委统战部部长陈灿主持。

10月18日,全国政协原副主席罗豪才一行来校视察。校党委书记关爱和、校长娄源功、常务副校长赵国祥陪同罗豪才一行先后参观了古代科举书院文化展、艺术学院教师美术作品展。

11月4日,由省委高校工委、省教育厅主办的全省高校统战工作座谈会暨统战工作研究会成立大会在郑州召开。省委高校工委副书记、省教育厅副厅长张亚伟,省委统战部副部长张利芳出席会议并讲话,来自全省各高校主管统战工作的校领导及统战部部长170余人与会,我校党委常务副书记梁晓夏及统战部负责人参加会议。

11月10日,中国民族声乐艺术研究会第三届全国代表大会暨换届选举会议在北京召开。民盟盟员、我校艺术学院戏剧学分院副院长黄慧慧当选为中国民族声乐艺术研究会常务理事。

11月21日下午,河南省委党校第五期县处级少数民族干部培训班学员来校参观考察。校党委常务副书记梁晓夏在小礼堂热情接待了培训班学员。

12月13日,在学校党委的领导下,经过六个民主党派和台、侨联的认真筹备、精心组织,我校统战组织集中换届工作圆满完成,新一届领导班子顺利产生。

2014 年

1月27日,省政协主席叶冬松一行,在我校常务副校长赵国祥的陪同下,专程看望慰问河南省政协原副主席、我校原校长李润田,向他送上慰问金,并致以新春的祝福。

2月21日,河南大学新一届人大代表、政协委员会前座谈会在明伦校区召开。校党委统战部部长陈灿主持会议,校党委常务副书记梁晓夏出席会议并讲话。相关职能部门负责人及我校当选的新一届市人大代表、政协委员出席座谈会。会后,与会代表、委员一行前往开封新区展览馆和"银基O秀"文化产业项目参观考察。

3月3—12日,全国政协委员、校长娄源功和全国政协委员、副校长宋纯鹏在京参加全国政协十二届二次会议。期间,两位委员积极建言献策,引起了广泛的社会关注,特别是娄源功关于"高校有皇后妃子之分何谈教育公平"等话题,引起了媒体热议。

4月9日,河南省委统战部副部长曾垂瑞一行四人来到我校,就党外代表人士实践锻炼基地建设工作进行实地考察,并就相关问题与校党委常务副书记梁晓夏以及校党委统战部负责人座谈。曾垂瑞一行还看望慰问了民进河南省委副主委、我校副校长宋纯鹏教授,并到棉花生物学国家重点实验室参观考察。

4月11日,校党委在明伦校区召开各统战组织负责人、无党派人士代表座谈会,通报学校重大事项,听取相关人士对学校领导班子及班子成员在"四风"方面存在的问题。校党委书记关爱和、常务副书记梁晓夏出席会议并讲话。党政办、党委组织部、党委宣传部、党委统战部负责同志和各统战组织负责人、无党派人士代表参加座谈会。校党委统战部部长陈灿主持座谈会。

5月27—29日,河南省第七届少数民族传统体育运动会在南阳举行。我校武术队获得两个一等奖、三个三等奖,石锁队在表演类项目中以第一名的成绩获得一等奖。

6月5日上午,中共开封市委常委、统战部部长孙继刚,常务副部长王文生一行来校调研,校党委常务副书记梁晓夏代表学校在新办公楼二楼会议室与客人座谈。我校党委统战部负责同志、八个统战组织负责人、无党派人士代表参加座谈,座谈会由党委统战部部长陈灿主持。

6月27日,全省党外代表人士实践锻炼基地启动仪式在郑州举行。我校被确定为全省党外代表人士实践锻炼基地之一。校党委常务副书记梁晓夏应邀参加启动仪式,并代表学校接受基地授牌。

6月,全国政协办公厅主办的《中国政协》杂志2014年第11期(双月刊)刊登对全国政协委员,我校校长娄源功的专访文章《娄源功:教育公平仍需"呐喊"》。

7月4日,由我校负责接收的两名党外干部(姬泓,新乡市政协研究室主任,挂职担任环境与规划学院副院长;石美丽,渑池县人大常委会副主任、工商联主席,挂职担任工商管理学院副院长)来校挂职,校党委统战部在环境与规划学院召开座谈会迎接挂职同志。党委统战部负责同志、相关学院负责人、市委统战部领导、挂职干部及其工作单位领导参加了座谈会。座谈会由校党委统战部部长陈灿主持。

10月13日,香港轩辕教育基金会主席罗文春、秘书长孔敏庄一行八人来校,在明伦校区小礼堂举行"种子助学基金"捐资助学仪式。校党委常务副书记梁晓夏接待了来访客人,并与来宾及受助学生合影留念,党委统战部、学生处、教育发展基金会及开封市外侨办负责同志参加捐资仪式。

10月20日,经由党外挂职干部协助沟通,我校工商管理学院与三门峡市工商业联合会合作签字仪式在我校举行。三门峡市委常委、统战部部长张建峰,市政协副主席、工商联主席孙继伟,市委统战部副部长、工商联党组书记刘彦斌,校党委常务副书记梁晓夏出席仪式,我校相关单位负责人参加仪式。

11月19日,民建河南大学总支与民建河南科技学院支部,在河南大学环境与规划学院四楼会议室召开合作共建联谊座谈会。座谈会由民建河南省委员、新乡市政协研究室主任、挂职河南大学担任环境与规划学院副院长的姬泓主持。

12月23日,校党委就十次党代会向统一战线各界代表人士通报情况并征求意见。校党委副书记王凌出席,民革、民盟、民建、民进、农工党、九三学社及台联、侨联代表和部分无党派代表人士与会,党委统战部、发展规划处相关领导参加座谈。

12月23—24日,应马克思主义学院邀请,国家级教学名师、中央民族大学金炳镐教授来我校讲学。金炳镐针对 2014 年 10 月中央民族工作会议召开的国内外背景进行解读,对会议精神和理论创新成果进行系统阐述,分析解答了民族工作中的一些历史和现实问题,并对社会上流传的一些错误观点进行了批判。

2015 年

1月6日，医学院召开新疆籍学生座谈会。医学院党委副书记刘志臣、各年级辅导员以及学院40名新疆少数民族学生出席了此次座谈会。此次座谈会的主题是交流和谐寝室建设、期末考试复习以及寒假安排等。

1月9日，民建河南大学总支一行13人前往河南科技学院开展第二次联谊共建活动。民建河南科技学院支部主任崔永斌主持联谊座谈会，民建新乡市委副主委、河南诚成集团总裁邓志胜和民建开封市委主委、开封市政协副主席王树强，河南科技学院党委统战部部长刘慧英，我校党委统战部部长张国强出席座谈会。民建河南省委常委、开封市委副主委、河大总支主委秦奋提出了成立河南省中华职业教育学院的建议和设想，受到与会所有成员的频频"点赞"。座谈会后，与会人员参观了河南科技学院河南省杂交小麦工程技术中心。其间，民建河大第三支部主委彭宝玉博士还为河南科技学院经济与管理学院师生做了专题报告。根据《民建开封市委河南大学总支与民建新乡市委河南科技学院支部建立友好关系意见书》的约定，6月中上旬和11月1日，两校民建组织还分别在开封、新乡进行了联合调研和联谊活动。

2月1日，党委统战部组织接待以台湾"中华杰出青年交流促进会"理事长陈长风为荣誉团长、以台湾20余所高校学生社团负责人为团员的"第十四届台湾高校杰出青年赴大陆参访团"一行36人，安排来访人员在学校参观访问，并与学生代表互动交流。

2月8日，河南省统战工作会议在郑州召开。会议表彰了河南省统战系统先进集体和先进工作者，我校作为四所受表彰的高校之一，被中共河南省委统战部、河南省人力资源和社会保障厅授予"河南省统战系统先进集体"荣誉称号。

2月13日，受省委常委、省政协副主席、省委统战部史济春委托，省委统战部副部长张利芳,在校党委副书记王凌及党委统战部负责同志的陪同下,看望慰问了河南省文史馆馆员、我校无党派人士王立群教授。

据校园网2月13日,由省委高校工委主办的"全省高校统战工作优秀案例"征集评选活动近日揭晓,我校报送的三件统战工作案例全部获奖,《注重思想引领,加强党外代表人士队伍建设》荣获一等奖,《以换届为抓手做好统战组织建设》荣获二等奖,《做好平台载体建设创新,加强思想政治教育引领》荣获三等奖。

据校园网2月13日,省委常委、省政协副主席、省委统战部部长史济春对我校党外干部实践锻炼基地挂职的姬泓同志来信作出批示,肯定了姬泓同志的工作成绩,也是对我校党外干部实践锻炼基地建设工作的肯定。

3月20日,省委统战部下发通知,要求统计报送统一战线干部信息。校党委统战部就厅级党外领导干部2014年度履职情况、学习培训及获奖情况进行调研,收集其参政议政及合作共事的总结、经验体会材料,议案提案和述职述廉述学报告以及副处级以上党外干部的基本信息等材料后予以上报。

3月26日,根据河南省归国华侨联合会的要求,党委统战部对学校各级侨界人大代表、政协委员基本情况进行统计并上报。

3月30日,省委统战部副部长曾垂瑞一行四人到我校开展党外干部谈心活动。民盟河南省委副主委、省政府参事娄源功,民进省委副主委、校侨联主席宋纯鹏,市政协副主席、民盟市委主委马同森,无党派代表人士、省文史馆馆员王立群出席座谈。在我校党外干部实践锻炼基地挂职锻炼的新乡市政协研究室主任姬泓,渑池县人大常委会副主任、县工商联主席石美丽受邀参加。

4月,按照河南省人民政府外事侨务办公室、河南省财政厅、河南省人力资源和社会保障厅联合下发的《关于调整早期归国华侨退休生活补贴标准的通知》(豫外侨〔2015〕1号)的要求,党委统战部协调人事处对学校符合规定的7名归国华侨的退休生活补贴进行调整。

5月8日,借助河南省高校统战工作信息平台(试行)启用的契机,校党委统战部通过校园网发布了《关于统计统战人员基本信息的通知》,在全校范围内开展民主党派成员、无党派人士、归侨侨眷和留学归国人员的摸底统计工作,协助各基层单位明确标准,严格界定统一战线成员身份。至7月初,完成校内统一战线成员的全面统计和数据库信息录入工作,奠定统战成员信息的数字化、动态化管理的基础。

6月中旬,省委统战部、省委高校工委和省教育厅组成联合调研组对全省高校统战工作开展调研,党委统战部在此背景下围绕中发〔2012〕4号、中发〔2006〕15号、中发〔2005〕5号和统发〔2004〕62号文件的贯彻落实情况展开自查,填写《高校统战工作调查问卷》,并分析高校统战工作面临的新形势、新问题,准确把握高校党外知识分子的新情况、新特点,明确新形势下高校统战工作的地位作用、政策措施、目标任务,结合自身工作实际,总结经验做法,形成《河南大学新时期统战工作调研报告》。

据7月9日校园网报道,按照省委统战部的统一部署和要求,近日我校组织相关部门,对首批在我校党外代表人士实践锻炼基地挂职的两位党外干部姬泓、石美丽进行年度考察。

7月17日,扬州大学党委统战部部长徐家庆带领学校民主党派调研组一行14人莅校调研,与我校党委统战部及相关统战组织负责人开展工作交流。校党委统战部部长张国强主持交流会议,副部长史富强向客人详细介绍了我校统战工作基本情况。刘济良、秦奋、张先飞、武四新等参加调研交流活动。

7月21日,我校大学生社会实践基地揭牌仪式在河南省新蔡县育才学校举行。新蔡县人大常委会主任陈学功和我校党委统战部部长张国强为实践基地揭牌。

8月9—19日,由国家民委、国家体育总局主办的全国第十届少数民族传统体育运动会在鄂尔多斯隆重举行。我校石锁队组队代表河南省参加比赛,并荣获表演项目技巧类银奖和"优秀组织奖""体育道德风尚奖"。

9月18日,河南科技大学党委统战部部长罗子俊带领该校统一战线考察组一行八人来校考察交流。校党委统战部和我校部分统战组织负责人在金明校区行政楼会议室与来宾座谈。座谈会由党委统战部部长张国强主持,副部长史富强、我校民进、农工党、民革和侨联等统战组织负责人参加座谈会。会后,来宾还参观了明伦校区近代建筑群和校史馆。

9月22日,党委统战部积极配合市委统战部工作安排,通过校园网向全校发出了《关于组织参加开封市统一战线"同心"助发展统战知识答题竞赛活动的通知》,经过初赛、复赛,从35个参赛单位中脱颖而出,晋级决赛。

10月16—17日,河南省高校统战工作理论研讨会在驻马店召开。河南大学、河南农业大学、信阳师范学院统战工作负责人分别作了大会交流发言。

10月18—19日,党委统战部协调相关部门,参与接待2015豫台产业合作洽谈会部分与会人员,并安排2015河南经贸考察团台湾代表团成员来学校参观访问。

10月29日,中央统战部刊发的《每日汇报》在"统一战线各领域动态"栏目介绍了我校大力选拔配备党外干部情况,中共河南省委统战部11月4日刊发的《河南统战信息》也以《河南大学加大党外干部选拔配备工作力度》为题进行了详细介绍。

10月29日,由省委高校工委、省教育厅主办的2015年度河南省高校统战"同心"书画展作品评选揭晓,我校选送的四幅作品全部荣获一等奖,我校还荣获优秀组织奖。

10月29日,河南理工大学党委统战部部长铁占续带领该校统一战线考察交流团一行7人莅校考察。校党委统战部部长张国强,副部长史富强,民革、民盟、民进、九三学社及无党派人士代表与客人进行了广泛深入的交流。

10月31日,民建河大总支三十余名会员,在环境与规划学院四楼学术报告厅,学习中共十八届五中全会、中央统战工作会议、省委会统战工作会议以及市委统战工作会议精神,研究部署下一步的工作。

11月5日下午,全国政协委员、我校校长娄源功应邀参加在京召开的全国政协第41次双周协商座谈会,围绕"促进高校办出特色和水平"建言献策。全国政协主席俞正声主持会议并讲话。全国政协副主席杜青林、张庆黎、卢展工、陈晓光出席座谈会。

11月13日,九三学社"京豫合作"签字仪式在郑州举行。九三学社中央常务副主席邵鸿、副主席丛斌,九三学社河南省委主委张亚忠、副主委高继海(我校外语学院教授)九三学社北京大学委员会主委沈兴海与九三学社河南大学委员会苗琛主委进行科研合作签约。双方建立长期科研战略合作关系,以科研项目为载体,着重在人才培养、科学研究、重大科研项目合作方面加强合作与交流。

11月23日,党委统战部通过校园网发布了《关于河南大学党外知识分子联谊会会员报名工作的通知》,标志着我校党外知识分子联谊会的筹建工作开始提上日程。

2016年

1月9日,由河南省侨联、致公党河南省筹委会共同举办的"法治河南·与侨同行——'致侨杯'河南省侨联系统法律知识竞赛"在郑州黄河迎宾馆举行。比赛有来自省辖市侨联、省直管县侨联以及特邀高校29支代表队参赛。河南大学代表队进入决赛,获得第二名。

1月11日,省委高校工委河南省教育厅公布了2015年全省高校统战工作优秀案例评选结果,我校荣获优秀组织奖,所报送的四件统战工作案例全部获奖,其中《开展党派联谊,加强组织建设》荣获一等奖,《发挥基地人才优势,促进校地融合发展》荣获二等奖,《发挥自身优势,办好特色支部》和《加强校地联手合作,共推开封新兴副中心城市建设》荣获三等奖。

2月25日上午,河南省高校统一战线"同心"书画作品展在我校艺术学院举办。省教育厅思政处副处长方韬、主任方志强,校党委副书记王凌,省书法家协会副主席、我校艺术学院院长赵振乾,校党委统战部部长张国强及艺术学院师生100余人出席开展仪式。

3月3—13日,全国政协十二届四次会议在京召开。其间,娄源功第十次提出推进教育公平的提案,呼吁国家支持河南高校建设,教育部官网、《中国教育报》、人民网、新华网等纷纷予以报道。娄源功针对创新教育的发言引起了央视新闻联播的关注和报道。宋纯鹏向会议提交了中西部地区创新型人才队伍建设和关于加快土壤污染治理和修复的提案,产生了良好的社会影响。

3—12月,协助6个民主党派完成基层组织届中调整及市委换届工作,完成民革、民盟及侨联等统战组织届中调整工作。推荐宋纯鹏、苗琛为所在党派的开封市委主委拟任人选；万师强、秦奋、万琪琳等为所在党派开封市委副主委拟任人选；张先飞、毛立群、彭宝玉、王新海、席子明、汪基德等15人为所在党派开封市委员拟任人选。

3月19日，市委统战部、市政府金融办联合河南大学经济学院举办开封新三板企业上市精英班。全市50余家企业的110余名企业家及各大银行、证券公司负责人参会。民盟成员，我校经济学院副院长、新三板研究院院长郭兴方为与会者授课。

4月6日，省委统战部举行党外知识分子建言献策信息员聘任仪式暨信息员工作座谈会，我校经济学院副院长、无党派人士李恒教授被中央统战部聘为党外知识分子建言献策信息员。此次全省共有六位党外人士接受聘请。受聘专家可以根据基层调研情况，提出自己建言献策意见建议，为中央领导决策提供参考依据。

4月10日下午，九三学社中央常务副主席、第十二届全国政协副秘书长、中央社会主义学院副院长邵鸿，九三学社社会服务部部长徐国权一行莅临我校视察访问。校党委副书记王凌代表学校热情接待了邵鸿一行，省政协副主席、九三学社省委主委张亚忠，中共开封市委副书记黄道功，市人大常委会副主任、九三学社开封市委主委高继海，校党委统战部、九三学社河南大学委员会负责人陪同接待。

4月11—15日，教育部、中央统战部在京举办全国高校统战部长培训班。校党委统战部部长张国强参加培训。

5月10日上午，省委会贯彻落实中央、省委关于统一战线一系列重大决策部署实地调研检查组在省委高校工委专职委员陈垠亭带领下，来我校检查统战工作。校党委书记关爱和主持调研座谈会，并介绍我校统战工作基本情况，相关职能部门负责同志参加调研座谈会。调研组还与我校各民主党派、台侨联基层组织负责人以及无党派人士代表进行了深入交流。

6月12日，九三学社中央官网发布《关于九三学社中央2016年思想建设研究课题招标立项的通知》，我校苗琛牵头申报的"高校社员对中国特色社会主义的认知度及分析"课题获准立项，学社中央给予1万元的经费资助。

7月8日，我校与豫东综合物流产业集聚区战略合作签约仪式在商丘举行。校党委统战部、商学院、哲学与公共管理学院与商丘市豫东综合物流产业集聚区相关领导和专家共同出席签约仪式。此项战略合作由挂职哲学与公共管理学院副院长的党外人士朱琳发起，党委统战部居间促成，旨在开展区域发展协同创新，为产学研有机结合提供平台与机制。

7月,根据河南省教育厅联合下发《关于开展高校统战工作"凝聚力"建设征文比赛活动的通知》(教思政〔2016〕581号)。我校党委统战部承办征文评比活动,我校所报送的参评作品获得一等奖1项,二等奖1项,三等奖2项,我校获优秀组织奖。

7月22日,校党委统战部副部长史富强和农工党开封市委员会副主委、河南大学委员会主委万琪琳教授一行奔赴杞县葛岗镇西空桑村,就开展精准扶贫工作进行前期调研。在调研沟通的基础上,8月27日,史富强和万琪琳组织十余位医疗专家,来到西空桑村开展送医下乡活动,以义诊、为乡村医生进行专业知识讲座、为村民进行健康知识讲座、面向久病致贫村民和体弱老党员代表送医送药到家、向村民发放健康知识及疾病预防宣传材料等形式协助地方完成联村帮扶、精准扶贫、精准脱贫的工作。

7月25—26日,台湾南部学者访问团一行36人到开封参访。在汴期间,参访团成员在河南大学老校区参观了科举考试馆、校史馆。

8月24日,由中央统战部副部长斯塔带队的贯彻落实中央关于统一战线一系列重大决策部署情况第八调研检查组来豫调研,并主持召开党内负责同志座谈会。党委统战部主要负责同志参加会议并发言。

9月2日,医学院在学院一楼小会议室召开2016级少数民族学生座谈会。各年级辅导员和来自新疆地区的2016级18名少数民族学生参加座谈会。学院院长马远方,党委书记郭甲社出席座谈会并讲话,学院党委副书记刘志臣主持座谈会。

9月8日晚,由民盟河南省委会和我校共同主办,开封市委统战部、民盟开封市委等协办的"放歌中原——高雅艺术进校园教师节公益演出"活动,在我校大礼堂隆重举行。民盟河南省委副主委、我校校长娄源功,省政协常委、民盟河南省委专职副主委柳锋波,省文联副主席、民盟河南省委文化工作委员会主任李仲党,民盟河南省委副巡视员、民盟河南省委经济科技处处长王跃,河南大学党委副书记王凌,开封市政协副主席、民盟开封市委主委马同森,中共开封市委统战部常务副部长金涛等出席本次活动。

9月9日,农工党河大委员会一行三十余人,在主委万琪琳的带领下,赴栾川县潭头镇河南大学抗战办学旧址纪念馆参观学习。

9月12—14日,由民盟中央主办、民盟湖北省委会承办的第四届民盟教育论坛在湖北黄冈市举行。民盟盟员、我校赵国权教授撰写的《破解基础教育难题亟须"体制革命"》入选优秀论文,并做大会发言。

据校园网10月8日,由省委高校工委主办的"2016年河南省高校统战工作优秀案例"征集评选活动近日揭晓,我校荣获优秀组织奖,我校报送的三件统战工作案例全部获奖,其中九三学社河南大学委员会报送的《开发党派优势资源,助推地方社会发展》荣获一等奖,环境与规划学院党委报送的《开掘统战资源,展现创新活力》荣获二等奖,民建河南大学总支委员会报送的《民建河南大学总支倡导两地高校基层组织联谊共建》荣获三等奖。

据校园网10月25日,省委高校工委、省教育厅公布了2016年度河南省高校统战工作"凝聚力"建设征文比赛活动结果,我校报送的参评作品荣获一等奖1项,二等奖1项,三等奖2项。

10月27日下午,省委统战部副部长曾垂瑞来校调研党外干部挂职实践锻炼工作,校党委副书记赵国祥会见了曾垂瑞一行,并就党外干部挂职实践锻炼工作进行深入交流。调研组来到经济学院、哲学与公共管理学院,看望慰问在两个学院挂职锻炼的党外人士徐括新、朱琳,并与学院党政领导交流了解情况。调研期间,曾垂瑞同志还到我校棉花生物学国家重点实验室实地参观考察。

10月27—28日,省委高校工委、教育厅在洛阳举办全省高校统战部长培训班,校党委统战部部长张国强与来自全省120多所高校的统战部部长或统战干部一起参加培训学习。培训班邀请百家讲坛名师、我校程遂营教授,做了《包公与廉政》的专题讲座。

10月29日,民盟河南大学委员会一行50余人赴红二十五军长征途经地嵩县木札岭实地考察,重走长征路,重温这段苦难和辉煌的岁月。

10月30日上午,九三学社河大四支社召开扶贫助残专题生活会,专题讨论"同心康福"优德行动的精准帮扶相关工作的安排。专题生活会由四支社主委王新海主持。

10—11月,我校对学校教师中的归侨数量、身份属性、学历和职称层次以及分布情况进行摸底统计。

11月,推荐刘绣华、武四新、姬新颖、万绍贵为河南省第十次归侨侨眷代表大会代表人选,并推荐省侨联第十届委员会委员人选;推荐河南省侨联青年委员会委员人选5名,并组织人员参与竞聘副会长。学校归国华侨联合会申报省侨联系统先进集体,侨联成员中获先进工作者1人,归侨侨眷先进个人2人。

11月8日,由省委高校工委主办的河南省高校党外人士工作片区交流座谈会在我校举行。会议由省委高校工委思政处副处级调研员方治强主持,校党委副书记赵国祥到会致辞,郑州大学、河南中医药大学、河南科技大学、许昌学院等十所高校党委统战部负责同志及我校各统战组织负责人参加了会议。

11月16日,民盟河大委员会召开届中调整会议。市政协副主席、民盟开封市委主委马同森,副主委侯慧芳,校党委统战部副部长史富强出席会议。经充分酝酿、民主协商,万师强当选为新一任民盟河南大学委员会主任委员。

11月29日,全省第二次高校统战工作会议在郑州召开。校党委书记关爱和参加会议,并以《大力加强新形势下高校党外干部队伍建设》为题进行大会发言。

11月底,我校推荐经济学院副院长、无党派人士李恒外出挂职锻炼。

11月底,九三学社河南大学委员会第一支社社员,深入到尉氏县永兴镇黄岗村对安装假肢残疾人员进行回访慰问。

12月1日,全省宗教工作会议在郑州召开。校党委副书记赵国祥参加会议。

12月7日,民盟河南省委会机关和省直支部"探寻河南民盟足迹"参访团一行31人来到河南大学明伦校区,对盟员进行盟史教育活动。民盟河南大学委员会主委万师强接待了参访团并进行了交流座谈。

12月23日,省委高校工委统战处处长张水潮、副处长李志刚一行到我校进行高校统战工作专题调研。校党委统战部、干部培训中心、教育科学学院、哲学与公共管理学院相关领导、专家参加调研座谈会。

12月29日,校党委统战部召集各民主党派和台联、侨联负责人在金明校区行政楼426座谈,传达学习第二次全省高校统战工作会议精神,总结2016年工作,部署谋划下一年度工作。校党委副书记赵国祥出席会议,会议由党委统战部部长张国强主持。

12月30日,河南省党外知识分子联谊会第一次会员代表大会暨成立大会在郑州市黄河迎宾馆举行。我校11名代表参会,民进河南省委副主委宋纯鹏、民盟河南大学委员会主委万师强当选为副会长,张治军、杜祖亮、吴泽勇当选为常务理事,傅声雷、郭志祥、白锋、李恒当选为理事。

2017 年

1月3日,省政协十一届十九次常委会在郑州开幕。会议表彰了全省政协系统先进集体和个人,省政协常委、市政协副主席、民盟开封市委主委、我校马同森教授反映的《大气中挥发性有机污染物的危害及防治对策》社情民意信息,被河南省政协评为2016年度优秀社情民意信息。

1月8—12日,河南省第十次归侨侨眷代表大会在郑州召开。我校归国华侨、基础医学院副院长姬新颖,归国留学人员、法学院教授刘霜,归国留学人员、药学院教授万绍贵以代表身份应邀出席。

1月13日,九三学社河南省委第七届委员会第七次全体(扩大)会议在郑州闭幕。会议通报了九三学社中央和省委会2016年度表彰结果。九三学社开封市委主委、河南大学主委、我校研究生院常务副院长苗琛被九三学社中央评为2016年先进组工干部,我校王路娟获得社省委会2016年度工作先进个人,纪鸿超获得社省委会理论研究工作先进个人。

2月4日,在开封市政协十一届四次会议开幕会上,我校九三学社副主委陈隆予提交的《关于加快马道街街景综合整治工作的建议》被评为优秀提案,陈隆予还被评为优秀政协委员。

2月13日,全省统战工作会议在郑州召开,省委常委、统战部部长陶明伦出席会议并讲话,副省长王艳玲主持会议。我校荣获2016年度落实省委会统战决策部署先进单位。

3月19日晚,由校党委学生工作部、校团委主办,基础医学院承办的"庆祝诺鲁孜节暨民族团结联欢晚会"在生命科学院报告厅举行。学生工作部部长陈灿,基础医学院党委书记郭甲社出席晚会,并代表学校和基础医学院向各少数民族师生致以诚挚的节日问候。

3月22日,开封市党外知识分子联谊会主导产业发展调研座谈会在我校召开。我校特种功能材料重点实验室常务副主任杜祖亮,经济学院副院长郭兴方、李恒,环境与规划学院副院长翟秋敏,药学院副院长康文艺等党外知识分子结合自身专业优势,围绕我市实施工业强市战略、打造主导产业进行发言,提出了优先发展新能源新材料产业、壮大传统产业、培育龙头企业、注重节能环保等建议。

3月31日,民进开封市第五次代表大会选举我校副校长宋纯鹏为民进开封市第五届委员会主委。4月6日,九三学社开封市第八次代表大会选举我校研究生院常务副院长苗琛为九三学社开封市第八届委员会主委。其他民主党派开封市委员会也于上半年进行了集中换届,除宋纯鹏和苗琛外,生命科学学院万师强教授、环境与规划学院秦奋教授、淮河医院万琪琳教授等分别当选为民盟、民建和农工党开封市委副主委。

另有16人分别担任各民主党派市委委员职务。

3月31日至4月1日,由中华职业教育社主办、苏州市民办教育协会和中国职业技术教育学会民办教育分会承办的"民办职业教育创新发展专题座谈会"在苏州市召开。全国政协委员、我校校长娄源功参加会议并发言。

3月3—13日,全国政协委员、校长娄源功,赴京参加全国政协十二届五次会议。其间,娄源功继续围绕教育公平参政议政建言献策,产生了良好的社会影响。

4月17日,由省委统战部主办、农工党河南省委会承办的统一战线学习大讲堂在省人民会堂举行。省政协常委、我校无党派人士王立群教授应邀作《成语中的家风家训》专题讲座。省委统战部、各民主党派省委会、省工商联、省台办、省民委、省社院等单位的领导和机关干部300余人聆听了专题讲座。

4月17日,由省委统战部主办、农工党河南省委会承办的统一战线学习大讲堂在省人民会堂举行。省政协常委、我校无党派人士王立群教授应邀作《成语中的家风家训》专题讲座。全国政协常委、省政协副主席、农工党省委主委高体健主持讲座,省政协副主席、民建省委主委龚立群,省纪委驻统战部纪检组组长李长川,省委统战部副部长曾垂瑞、副巡视员陈照顺等出席。省委统战部、各民主党派省委会、省工商联、省台办、省民委、省社院等单位的领导和机关干部300余人聆听了专题讲座。

4月22日,九三学社河大委员会在河南北斗众创高新技术研究院发起"地球日环保科普公益活动"暨2017科技环保科普公益活动的启动仪式。市人大常委会副主任,我校外语学院高继海,九三学社开封市委主委、河大委员会主委苗琛,社市委副主委李俊霞、虎华、欧阳章姝,鼓楼区纪委书记田晓民,市科协副主席赵亚伟,河南北斗众创高新技术研究院院长周广宇以及市有关部门领导出席启动仪式。

据校园网5月10日,农工党河南大学委员会一行54人,在农工党河大委员会主委万琪琳教授的带领下,到桐柏革命老区以实地考察、社会调研等形式开展"同心同德、同心同向、同心同行"主题教育。

5月20日,双楼村农民文化广场落成揭幕仪式暨河南大学精准扶贫工作阶段推进会在开封市祥符区曲兴镇双楼村农民文化广场举行。农工党河南大学委员会捐赠总价值6000元的药品及医疗器械,并开展义诊活动;民建河南大学委员会为双楼村委捐赠了办公器具,总价值10000元。

5月23日,省委统战部官网发布《开展定向服务助力精准扶贫河南大学党外代表人士在服务河南经济发展大局中显身手》的文章,报道我校统一战线积极响应省委统战部号召,在服务河南经济发展大局中显身手、展作为,为我省决胜全面小康、让中原更加出彩提供了强大的智力支持。

5月27日上午,我校首届少数民族传统体育运动会开幕式在金明校区志义体育场举行。党委统战部部长张国强,校体委副主任、公共体育教研部主任洪浩等出席开幕式。此次运动会设石锁、珍珠球和押加三个比赛项目。

6月5—7日,民盟中央在京举办脱贫攻坚民主监督培训班,民盟中央脱贫攻坚民主监督专家顾问组成员,以及来自全国22个开展脱贫攻坚民主监督工作的民盟省市区委负责同志参加培训。民盟中央副主席龙庄伟代表民盟中央在开班仪式上做重要讲话。我校区域发展与规划研究中心主任乔家君教授就国家精准扶贫工作成效第三方评估概况与客观数据获取方面为大家作辅导报告。

6月8日,由民盟盟员、艺术学院戏剧分院副院长黄慧慧领衔主演的新编民族歌剧《野火春风斗古城》汇报演出在大礼堂精彩上演。民盟河南省委专职副主委柳锋波,河南省音乐家协会副主席、民盟河南省委艺术团常务团长李仲党,开封市政协、民盟开封市委、民盟河南大学委员会负责人观看了演出。

6月13日,豫东地区高校统战工作交流会议在金明校区行政楼208会议室召开。省委高校工委统战处处长张水潮和开封、商丘、周口3地13所高校分管统战工作的校领导或党委统战部部长与会,校党委副书记赵国祥出席,统战部部长张国强主持会议。

6月15日下午,基础医学院在学院一楼会议室召开新疆籍学生座谈会。学院党委副书记刘志臣,内派教师伊明江及全体辅导员出席会议。2015、2016级40名新疆籍学生参加座谈。

6月23日,省委统战部法律顾问聘任会议在郑州举行,省委常委、统战部部长陶明伦为我校无党派人士吴泽勇等首批获聘的5位人员颁发聘书。

6月24日,民盟河大委员会召开全体委员大会,传达学习民盟河南省第十三次代表大会精神,安排部署下一阶段工作。民盟开封市委原主委、市政协副主席马同森,校党委统战部部长张国强出席会议。

7月5日,以台北市黄埔四海同心会副理事长、台湾空军退役中将李少弘先生为团长的台湾基层青年文化参访团一行33人来校参访。河南省黄埔军校同学会、开封市委统战部和学校党委统战部、校史馆及历史文化学院相关领导和部分学生陪同参观。

7月6日,由省台办、省教育厅联合主办,河南大学承办,安阳工学院等6所高校协办的"2017河南省两岸青年交流月"启动仪式在河南大学举办,共有来自台湾14所高校的154名师生参加启动仪式。开封市台办主任张志刚出席。

7月9日下午,党委统战部组织农工党河大委员会6名医疗专家,深入我校定点扶贫村——祥符区曲兴双楼村开展精准扶贫送医送药下乡活动,受到村民们的热烈欢迎。

8月10日,全省党外知识分子统战工作座谈会在郑州举行。会议认真学习习近平总书记"7·26"重要讲话精神,部署开展向黄大年同志学习活动,对做好新形势下党外知识分子统战工作进行安排。省委常委、统战部部长陶明伦出席会议并讲话。省知联会副会长、我校副校长宋纯鹏等七名党外代表人士在会上发言。

8月18—20日,省委统战部、省委高校工委、省教育厅组织河南大学等13所本科高校党委统战部负责人及相关专家赴新蔡县开展定向服务工作调研。

8月22日,河南欧美同学会(河南留学人员联谊会)成立大会在郑州举行。我校傅声雷教授当选为副会长,师冰洋教授当选为理事。

8月22—25日,由省委高校工委、省教育厅主办,我校承办的全省高校统战部长综合素能提升培训班在武汉大学举行,省委高校工委专职委员高治军、省委高校工委统战处处长张水潮、副处长李志刚等出席开班仪式,校党委统战部部长张国强主持开班仪式,来自全省各高校的120余名统战工作负责人参加培训。

9月9—10日,农工党河大委员会组织50余名党员到确山县竹沟开展"喜迎十九大,重走革命路"教育活动,参观杨靖宇将军事迹展览馆、竹沟革命纪念馆、中共中央中原局办公旧址和竹沟烈士陵园。

9月12日,中国农工民主党河南省委员会成立30周年座谈会在郑州举行。农工党河大委员会荣获河南省先进基层组织,席子明、张鹏分别荣获"优秀党员"和"先进个人"称号。

9月26—28日,由教育部主办、北京中科招商集团承办的第四届全球大学生创新创业教育论坛暨"大学三基工作会议"在韶山举行。九三学社社员、我校外语学院张璟慧应邀担任大会及论坛的中英双语主持人。

9月28日,农工党河南大学金明支部、淮河医院支部分别召开学习工作会,学习了习近平总书记的有关讲话精神和近期农工党市委相关文件,讨论明确了下一步具体工作安排。会议分别由支部主任刘广超、张永乐主持。农工党开封市委副主委,河南大学委员会主委万琪琳参加了淮河医院支部的会议并讲话。

10月初,河南省社会科学优秀成果评奖委员会发布《关于表彰2016年度河南省社会科学优秀成果的决定》(豫社科奖〔2017〕2号),对全省2016年度社科优秀成果进行了表彰。九三学社河南大学第一支社主委、河南大学外语学院张璟慧的《想象创造人自身——加斯东·巴什拉的想象哲学》获得全省文学、文艺学学科唯一的一等奖。

10月11日下午,中国社会科学院部分全国人大代表、政协委员莅临我校参观考察。校长宋纯鹏,校党委常委、副校长张宝明、副校长孙君健及相关职能部门负责人陪同参观了明伦校区。

10月17日,省委统战部、省委高校工委、省教育厅共同筹划发起的全省高校统一战线支持新蔡开展脱贫攻坚活动在新蔡县启动。校党委副书记雷霆、党委统战部及相关职能部门负责同志和我校统一战线成员代表参加启动仪式。我校研究生院常务副院长、九三学社河大委员会主委苗琛代表服务新蔡脱贫攻坚的高校民主党派和党外知识分子发言。作为牵头高校,雷霆会同河南师范大学、信阳师范学院、周口师范学院、商丘师范学院等高校领导与新蔡县人民政府就新蔡县中小学校长、副校长等教育管理人员签约。

10月18日,农工党河大委员会组织第一附属医院的医疗专家抵达祥符区半坡店乡常庄村,以送医送药下乡、助力精准扶贫的独特形式欢庆中共十九大。共接诊病患200余人,免费测血压、测血糖100余人,免费发放500余份宣传材料和价值2万余元的药品。

10月19日,全省高校统战工作督导检查工作会议在金明校区行政楼152会议室召开。省委高校工委统战处处长张水潮、副处长李志刚,郑州大学等全省十个统战工作区域牵头高校党委统战部部长与会。校党委副书记雷霆到会并致辞,统战部部长张国强主持会议。

10月23日下午,党委统战部召开"不忘初心争创一流"专题研讨会,部门全体同志参加,会议由党委统战部部长张国强主持。

10月28—29日,民盟河大委员会组织70余名盟员赴豫西山区新安县实地调研考察。

11月初,从河南省教育厅和高校图书情报工作委员会获悉,九三学社河南大学第四支社副主委、河南大学图书馆馆员尼志强的专业学术论文《宋四家之"蔡"说考》获"河南省第八届图书情报学术成果"一等奖。

11月3—5日,农工党复旦大学委员会一行15人,在该校党委统战部部长张骏楠、副部长包一敏、农工党复旦大学委员会副主委张宏伟带领下访问我校,并到一附院座谈交流。校党委统战部部长张国强、副部长史富强,一附院党委书记王莹、院长张双林,农工党开封市委员会副主委张剑赤出席座谈。张骏楠还参观了我校近代建筑群和校史馆,一附院院区和院史馆。

11月11—13日,我校党外代表人士专题培训班在焦裕禄干部学院举办。校党委副书记雷霆出席开班仪式并讲话。全校六个民主党派、台、侨联及无党派代表共48人参加了培训。

11月16日下午,由九三学社河南大学第一支社承办的第十六期"九三讲坛"在市委统战部328会议室举行。河南大学外语学院日语系社员张博博士为40余名社员作了题为《日本江户文化》的讲座。

12月1日,河南省教育系统"新时代、新担当、心故事"新疆籍学生教育管理服务工作先进事迹报告会暨总结表彰大会在河南科技大学举行。经过激烈角逐,我校第一临床学院学工办主任姜原以总分第一名的成绩荣获特等奖及最佳风采奖,并成为全省教育系统新疆籍学生教育管理服务工作先进事迹报告团成员,护理与健康学院辅导员赵宇荣获一等奖,基础医学院辅导员金慧荣获三等奖。同时,我校荣获优秀组织奖。

12月4日,党委统战部召开专题会议,集中学习校党委副书记雷霆同志在学习贯彻党的十九大精神报告会上的讲话精神,认真开展机关干部作风问题大讨论,对照《严肃纪律改进作风六项要求》,切实转变工作作风,努力使党委统战部真正成为"统一战线之家"。

12月6日,中国民主促进会第十二次全国代表大会在北京闭幕。民进开封市委主委,我校校长宋纯鹏教授当选为民进中央委员。

12月10日,中国民主同盟第十二次全国代表大会在北京闭幕。民盟开封市委副主委、河南大学主委,我校生命科学学院院长万师强教授当选为民盟中央委员。

12月11日,由省委高校工委、省教育厅主办的以"豫疆一家亲践行新思想担当新使命"为主题的"新疆籍学生教育管理服务工作先进事迹报告会"巡讲活动在我校举行。省教育厅思政处副处长方治强、内派教师协调站站长帕尔哈提,我校党委统战部、学生处、保卫处负责人、相关学院百余名师生参加,校党委常委、副校长张宝明出席并讲话。

12月12日,受省委高校工委、省教育厅委派,以华北水利水电大学党委副书记马书臣为组长的河南省首批高校统战工作示范单位第二考核组一行3人来校检查指导工作,并在金明校区行政楼308会议室分别召开了党委汇报会和党外代表人士座谈会。校党委书记卢克平、副书记雷霆及统战部、学校各民主党派、台侨联负责人和无党派人士代表出席会议。

年内,省委高校工委、省教育厅先后在全省高校中开展了统战工作优秀案例征集评选,"凝聚力建设"征文活动和"同心"书画展作品征集评选。党委统战部承办了"凝聚力建设"征文活动,并号召、推动各基层党委、民主党派和统战团体参与到上述评比活动中来,经过评选,学校推送的2件统战工作优秀案例获一等奖;"凝聚力建设"参评文章中获一等奖者3篇,二等奖2篇,三等奖3篇;"同心"书画展参评作品中获一等奖者2件,二等奖2件,三等奖3件。3项赛事中,河南大学均获优秀组织奖。

2018 年

1月6日,民进开封市委举行"砥砺奋进,执着前行"为主题的2017年度总结表彰大会。民进河南大学总支被评为"民进全省先进基层组织",我校艺术学院李玉昆获评"民进全省优秀会员",安国勇获评"民进全市优秀会员"。

1月10日,我校获得首批"河南省高校统战工作示范单位"荣誉称号(豫高发〔2018〕1号)。

1月,省创新型科技人才队伍建设工程领导小组办公室公布了获得2018年度河南省"中原学者"的5位人选,我校无党派人士傅声雷教授名列其中,成为学校第6位"中原学者"。

1月22—29日,省政协十二届一次会议在郑州召开,我校傅声雷、万师强、秦奋、汪基德、秦耀辰、苗琛、侯运华、张祎捷八名委员参会。各位政协委员接连发声,就"双一流"建设、高等教育发展、旅游资源开发、大数据应用等议题积极建言献策、参政议政,进一步彰显了我校政协委员的风采。

3月3—15日,全国政协十三届一次会议在北京召开,全国政协委员、校长宋纯鹏就中西部高等教育发展、高校"双一流"建设等议题积极参政议政、建言献策,引起了CCTV1《新闻联播》《光明日报》等各大媒体的报道,产生了良好的社会影响。

3月14日下午,由九三学社河大第一支社承办的第17期"九三讲坛"在开封市委统战部举行。河大第一支社社员、商学院特聘教授姚远以《生活中的运筹学》为题,为大家带来了一场思维的头脑风暴。

3月15日,我校召集各民主党派和台侨联负责人在金明校区行政楼406会议室举行座谈会,学习中央和省委会关于统战工作的政策精神,并就2018年我校统战工作征求党外同志意见。校党委副书记雷霆主持座谈会并讲话。

3月18日，校党委统战部协调魏宏聚教授、张元双教授赴新蔡县为县直及各乡镇、街道中心学校及中小学校长、幼儿园园长六百余人进行培训。

3月23日，开封市侨联成立青年委员会，我校侨联成员姬新颖、田柯当选副会长，万绍贵、郭向前、姜鲁南、许志成、张琳、张重生、任星、李妍妍等当选为委员。

同日，党委统战部组织全校各基层党组织统战委员在金明校区行政楼151会议室进行统战业务知识培训，培训由党委统战部副部长史富强担任主讲。截至2018年底，此类培训共开展了四次，其中10月15日的培训由校党委副书记雷霆担任主讲，重点传达学习上级关于宗教工作的文件精神。

3月23日，九三学社河大委员会第三支社召开全体社员生活会，深入学习中共十九大精神和全国两会精神。会议由河大三支社主委何艳玲主持。

3月24日晚，由学工部、校团委主办，基层医学院团委承办的"民族心连心，共筑中国梦"——民族团结联欢晚会在生命科学院报告厅举行。党委统战部、就业指导中心、新闻中心、保卫处、基础医学院负责人出席晚会。

4月13至14日，在校党委统战部副部长史富强的带领下，我校各民主党派、统战团体负责人赴驻马店市确山县红色教育基地接受革命传统和多党合作历史教育，并到黄淮学院开展统战工作学习交流活动。

4月15日，中国国民党原副主席、两岸企业家峰会台湾方面副理事长江丙坤一行4人，在省台办副主任杜春景、开封市相关部门负责人及我校党委统战部负责人陪同下来明伦校区参访。

4月28日，全省高校纪念中共中央"五一口号"发布70周年座谈会在郑州召开。省委统战部副部长梁险峰，省委高校工委专职委员高治军出席会议并讲话。民建河大总支主委秦奋作为我校党外人士代表参会并做交流发言。

同日，基础医学院在101教室召开新疆籍学生座谈会。学院党委副书记刘志臣、新疆内学办老师阿力木、各年级辅导员及学院全体新疆籍学生参加会议。

5月5—6日，在农工党开封市委副主委、河南大学主委万琪琳的带领下，农工党河大委员会60余名党员，到南水北调中线工程渠首，开展"不忘合作初心，继续携手前进"主题考察。

5月8日，省委统战部副部长曾垂瑞一行来校调研党外干部挂职锻炼工作，看望省政协委员、省欧美同学会副会长、我校无党派人士傅声雷教授，并到生态地理学实验室参观考察，与学校统战理论研究基地领导座谈。校党委书记卢克平、副书记雷霆会见了曾垂瑞一行。

5月12—13日，九三学社河大委员会、民进河大总支一行近五十人，在党委统战部副部长史富强、九三学社河大委员会主委苗琛和民进河大总支主委汪基德的带领下，前往位于栾川县潭头镇的河南大学抗战办学旧址，开展纪念"五一口号"发布70周年学习考察活动。

5月15日，省政协委员，民盟河大委员会副主委，文学院侯运华教授的提案《关于加强村级干部管理的提案》和省政协委员，民建河大总支主委秦奋教授和梁留科、肖宏滨的联名提案《关于实施河南省大数据战略发展的提案》入围2018年省政协重点提案。

5月17日，由省委高校工委、省教育厅主办，我校承办的纪念中共中央发布"五一口号"七十周年河南高校统一战线发展建设主题图片展在金明校区图书馆开展。展览以"不忘合作初心，继续携手前进"为主题，通过大量的鲜活的图片，全景再现河南省高校战线工作起步、发展、壮大的辉煌历程。十余所兄弟高校统一战线参观团，学校部分基层党组织、民主党派、统战团体也先后组团参观。5月23日，省委高校工委专职委员高治军，省委高校工委、省教育厅统战处处长张水潮等来我校检查"纪念中共中央发布'五一口号'70周年主题图片展"举办情况，校党委副书记雷霆接待了检查组。高治军对我校在此次展览工作中的大力投入和取得的成效给予充分肯定。

5月24日，我校首届"中华民族一家亲，同心共筑中国梦"演讲比赛决赛在经济学院二楼报告厅举行。基础医学院、药学院、护理与健康学院、淮河临床学院、第一临床学院近200名学生参加了此次活动。活动由党委学生工作部主办，第一临床学院承办，基础医学院、药学院、护理与健康学院、淮河临床学院协办。

5月，教育部印发2017年度"长江学者奖励计划"入选名单，民革河南大学支部主委张先飞教授入选青年长江学者，实现了我省长江学者青年学者以及人文学科领域"长江学者奖励计划"零的突破。

6月1—2日，河南省高校统一战线诗歌朗诵会决赛在河南师范大学举行。农工党河大委员会副主委席子明，第一附属医院党外人士赵小雨、杨生源等创作的《圆梦路上的河大统战人》获得一等奖，我校还获得了优秀组织奖。

6月9日，全国政协副主席马飚带领全国政协考察组来校考察"双一流"建设工作,省政协副主席高体健及省政协教科文卫体委员会、省教育厅相关负责同志,市委书记侯红,市长高建军,校领导卢克平、宋纯鹏、孙功奇、沈洁霞等参加考察活动。

6月9—10日,我校台联、侨联一行二十余人,在党委统战部副部长史富强,校台联理事会会长、原副校长王发曾,校台联常务副会长郭甲社和校侨联副主席聂晓光的带领下,前往濮阳市开展纪念"五一口号"发布70周年学习考察活动。

6月15日,第七届"中国侨界贡献奖"在北京颁奖,河南省共有2人获奖,我校侨联成员、基础医学院副院长姬新颖教授名列其中,获得二等奖,并作为河南省获奖者代表,应邀赴京参加颁奖典礼。

6月20日,学校统一战线工作领导小组在金明校区行政楼426召开会议。校党委副书记雷霆出席会议并讲话,会议由党委统战部副部长史富强主持。会议就深入贯彻落实第二次全国高校统战工作会议和全省高校统战工作会议精神,迎接省委统战部、省委高校工委、省教育厅的专项督导检查进行了安排部署。

6月21日,学校2018上半年党外代表人士培训班在省社会主义学院开班,省社会主义学院副院长赵锡昌、校党委统战部副部长史富强出席开班仪式并讲话。本期培训班为期3天,赵锡昌、省委统战部副部长曾垂瑞等担任授课教师。学校46位党外代表人士参加了培训。

同日,校党委印发《河南大学党员领导干部与党外代表人士联谊交友制度的实施办法》(校党发〔2018〕44号),明确了校级党员领导班子成员与党外代表人士联谊交友的名单,并对基层党组织党员领导干部与党外代表人士的联谊交友作出了规定。

6月25日,省委统战部、省委高校工委、省教育厅派出以省委高校工委专职委员高治军为组长的第二专项检查组来校检查指导统战工作。校党委副书记雷霆向检查组汇报工作。检查组还现场查看了统战工作督查的支撑材料,分头随机对部分基层党组织统战干部、党外代表人士和大学生进行了抽样问卷调查,并实地考察了学校食堂、宿舍、浴池等设施场所。

6月29日,民进河南省委秘书长李远、民进河南省委参政议政处负责人孙浩等一行4人来校,就河南大学和民进河南省委会共建河南省教育政策研究院有关事宜进行调研座谈。河南大学校长、民进开封市委主委宋纯鹏,河南大学教育科学学院院长、民进河南大学总支主委汪基德,民进开封市委专职副主委蒋中兴,河南大学有关负责同志陪同调研。

6月29日,党委统战部举办了统一战线"同心大讲堂",邀请研究生院常务副院长苗琛,围绕"转基因的憧憬与安全忧虑"作专题讲座。

7月3日,全国政协常委、省政协副主席、民进河南省委主委张震宇带领提案承办单位负责人来校,以实地考察与协商座谈相结合的形式,就《关于加大"双一流"大学人才引进支持力度的提案》进行协商办理。省政协常委、教科文卫体委员会主任杨丽萍,省教育厅副厅长毛杰,省科技厅副厅长夏培臣,省财政厅副厅长李新建,省人力资源和社会保障厅副厅长李海龙,省委组织部人才工作处处长刘建茂,致公党河南省委委员刘春太等陪同调研。校领导宋纯鹏、张宝明、杨中华,总会计师韩守富及学校相关职能部门、学院和实验室负责人参加调研座谈会。

7月3日,以全国政协港澳台侨委员会委员、中共中央统战部原副部长林智敏为领队、主要由港澳委员为主导的港澳青年社团代表赴内地开展体验式学习考察团一行42人莅临河南大学考察访问。宾主见面会在明伦校区小礼堂举行,省政协港澳台侨和外事委员会主任杨京伟、副主任毕素勤,开封市政协副主席陶书杰,校长宋纯鹏,校党委副书记雷霆,校党委常委、副校长孙君健以及党政办、宣传部、统战部、学工部、研工部、校团委、港澳台事务办公室等负责同志与会。

7月9日,省委统战部副巡视员陈照顺一行莅临我校,专题调研统一战线理论研究工作,并为"河南省统一战线理论研究——河南大学基地"授牌。

7月11日,校党委任命李文山为党委常委、党委统战部部长(校党发〔2018〕56号)。

7月14日,"跨越海峡相约中原"2018台胞青年夏令营到访开封。由开封市台联承办的夏令营开营仪式在河南大学小礼堂举行,河南省台办副主任杜春景、河南省台联秘书长沈艳、河南大学副校长孙君健、开封市委统战系统直属机关委员会书记金涛、开封市台联会长刘述荣以及2018台胞青年夏令营的全体成员、河南大学志愿者共40余人参加开营仪式。

同日,挂职党外干部年度考核总结会在金明校区行政楼426会议室召开。校党委组织部、统战部有关负责同志,挂职干部接收单位和派出单位负责人出席会议。会议由党委统战部副部长史富强主持。

7月20—23日,周口市举行"不忘创业初心接力改革伟业"非公经济代表人士理想信念教育培训班。我校无党派人士、经济学院副院长李恒应邀为学员作《产业转移与区域发展战略》讲座。

7月29日至8月4日,党委统战部协调体育学院师资力量,赴新蔡县举办了定向服务"出彩中原"校园足球培训。

8月1日,九三学社河大委员会第二支社召开班子谈心会,河大二支社主委王子成、副主委郑海务、支社委员杜明荣等老师参加会议。会议由王子成主持。

8月15日下午,九三学社豫陕科技合作(开封)座谈会在开封市举行。省政协副主席、九三学社河南省委主委张亚忠,中科院院士、九三学社陕西省委主委郝跃,九三学社陕西省委专职副主委赵力强、副主委王晓萍,开封市副市长孙晓红、开封市政协副主席赵洁,我校党委副书记雷霆、统战部部长李文山,中共开封市委统战部常务副部长魏宝文,九三学社开封市委主委、河南大学委员会主委苗琛等出席会议。九三学社陕西省直高校基层组织负责人、机关各部门负责同志,开封市相关社内专家学者以及各基层组织负责人参加会议。雷霆介绍我校情况,并表示:陕西高等教育发达,各类科研人才荟萃,希望借助党派搭建的平台加强河南大学与陕西各大高校的联系与合作,进一步提升河南大学一流学科建设的质量。九三学社河南大学委员会分别与社西安交大委员会和西北农林科技大学委员会签订了合作框架协议,并将就"信号处理和无线电通信""小麦品种和适应性改良"两个项目以及社务工作交流等方面开展合作。

9月5—6日,农工党河南大学淮河医院支部党员参加由省卫生计生委、省文明办、濮阳市卫计委、省扶贫开发办、河南大学淮河医院、医药卫生报社等共同联合举办的"健康中原行·大医献爱心"健康扶贫志愿服务专项行动第10站走进革命老区——濮阳市范县。

9月6—10日,河南省第八届少数民族传统体育运动会在郑州举行。我校参加了花样石锁、武术、秋千、摔跤四个项目的比赛和表演。最终,我校获得5个一等奖,3个二等奖。3名老师获得"优秀教练员"称号,5名运动员获"体育道德风尚奖运动员"称号。我校代表团还获得了"体育道德风尚奖"和"优秀组织奖"。我校代表团训练和比赛期间,校党委常委、副校长、校体委主任孙君健多次前往训练场和比赛现场慰问。

9月21日,我校在金明校区行政楼152会议室,举办我校出席开封市十五届人大候选人十二届政协提名人选培训会议,校党委常委、组织部部长李庆春,校党委常委、统战部部长李文山出席培训会议。市政协常委、研究生院常务副院长、九三学社开封市委主委、河大委员会主委苗琛和省政协委员、民盟河大委员会副主委候运华和与会代表委员分享经验和体会,并进行探讨交流。校党委副书记雷霆对参加培训人员提出殷切期望。

9月24—29日,政协开封市十二届委员会第一次会议召开。九三学社开封市委主委、河大委员会主委、我校研究生院常务副院长苗琛当选为市政协第十二届委员会副主席,我校张先飞、丁凯、翟秋敏、郭兴方、赵国权、安国勇、席子明、张璟慧、杨朝军、李恒当选为市政协常委。同比上届,我校的市政协常委人数增加了4名。会议期间,我校政协委员围绕学校"双一流"建设、创建市校命运共同体、开封自贸区建设、城市规划、脱贫攻坚、建设美丽乡村、大气污染防治、分级诊疗等方面建言献策,充分展示了我校党外人士参政议政的能力以及为开封和河南大学更出彩做贡献的热情。

10月5日,中央电视台(CCTV-10)《百家讲坛》聚焦教育,推出系列节目《我们的大学》第二季,全国政协委员、河南大学校长、民进开封市委主委宋纯鹏讲述河南大学的故事。

10月9—11日,根据上级党委安排,我校接收无党派人士、新乡市封丘县政协副主席王少华和九三学社社员、信阳市淮滨县人民政府副县长喻艳红两位挂职干部到校工作。校党委统战部部长李文山带领两位挂职干部分别来到龙子湖校区建设与管理委员会和环境与规划学院,并就两位挂职干部的工作问题进行对接。

10月11—13日,省委宗教工作督查组一行六人在省委统战部副部长梁险峰的带领下来到我校,通过听取汇报、个别谈话、会议座谈、查阅材料、实地考察等方式对学校宗教工作进行了全面督查,并反馈了督查意见。10月22日,督查组再次来校"回头看",对整改落实工作进行检查。

10月29日,由民建开封市委承办的"泛中原区域民建工作经验交流会第十五次会议暨民建社会扶贫工作会议"召开。民建河南省委会的主要领导,开封市四大班子领导及民建七省十六地市的主委与会。会议由民建开封市副主委、河南大学总支主委秦奋主持,民建开封市主委高晓阳致欢迎辞,河南省政协副主席、民建河南省委主委龚立群讲话,开封市人民政府常务副市长付磊致辞,中共开封市委统战部常务副部长魏宝文介绍了开封市社会扶贫工作开展情况并举行了"国奶扶贫工程"签约仪式。社会扶贫专家、我校环境与规划学院彭宝玉教授发表"社会扶贫一直在路上"的演讲,七省十六地市交流了民建会务工作经验和社会扶贫工作开展情况。

10月底至11月初,组织近万名本科生和2000余名研究生参加了全省大学生民族宗教理论知识网络竞赛,总答题4万余人次,并获得优秀组织奖,并组织参加了河南省大学生"中华民族一家亲同心共筑中国梦"主题演讲比赛,获得三等奖。

11月3—4日,民盟河大委员会组织27名盟员赴确山县杨靖宇将军纪念馆、确山竹沟革命纪念馆和嵖岈山卫星人民公社旧址等地考察学习。

11月9日和23日,党委统战部协调农工党河大委员会医疗专家,分别来到学校扶贫点通许县竖岗镇前付村和祥符区曲兴镇双楼村开展义诊活动,并为村民赠送了价值3000多元的药品。

11月15日,为贯彻落实民进河南省委会宣传思想工作暨六届六次常委(扩大)会议精神,民进开封市委召开"民进全市宣传思想工作会议"。受民进省委会委托,会议对在宣传思想工作中取得优异成绩的民进河南大学总支部授予"民进全省宣传思想先进集体"称号,授予民进河大总支副主委安国勇"民进全国宣传思想先进个人"称号。会议还对在市委统战部"纪念改革开放40周年"征文活动中获得一等奖的我校民进会员郭善兵进行了表彰。

11月22日,受九三学社河大委员会邀请,陕西省政协常委、九三学社西安交通大学委员会主委、"万人计划"领军人才、西安交大动力工程多相流国家重点实验室主任陈斌教授来校交流访问。开封市政协副主席、九三学社开封市委主委、九三学社河南大学委员会主委、研究生院常务副院长苗琛出席交流活动。其间,陈斌为相关学院师生做了题为"复杂区域多相流数值模拟及其应用"的学术报告,并参观了河南大学特种功能材料教育部重点实验室。苗琛,河大一支社主委张璟慧,九三学社社员、河南大学特种功能实验室教授赵勇、河南大学特聘教授郑海务等还就社务工作、相关相近学科专业之间的教学、科研等多层次、多维度合作进行了深入讨论。

11月25日,我校党外知识分子联谊会第一次会员大会暨成立大会在金明校区图书馆三楼会议室召开。省委统战部知识分子工作处处长王亚伟,省委高校工委、省教育厅统战处处长张水潮,校党委副书记雷霆,九三学社河南大学主委苗琛,开封市委统战部负责人及会员近50人出席。党委统战部部长李文山主持会议。会议选举杜祖亮为会长,白锋、杨朝军、张祎捷为副会长,李恒为秘书长。

11月25日,九三学社河大委员会召开年终总结会议。委员会班子及各支社主委一一进行述职汇报。

12月3—8日,经党委统战部协调,新蔡县5名中学校长来到河南大学附属中学,进行了为期一周的跟岗培训,深受好评。

12月7—8日,学校举行2018下半年党外代表人士培训班。本次培训共有50名党外代表人士参加。民生学院院长郑逢斌为培训班做《我们身边的大数据和人工智能》专题讲座。培训班还在党委统战部部长李文山的带领下赴兰考县焦裕禄烈士陵园、焦裕禄干部学院等地进行学习考察。

12月13日,河南大学欧美同学会(留学人员联谊会)第一次会员大会暨成立大会在金明校区图书馆三楼会议室举行。省政协副主席、河南欧美同学会会长张震宇,省委高校工委、省教育厅统战处处长张水潮,校党委书记卢克平,河南欧美同学会秘书处处长侯彦飞,民建河大总支委员会主委秦奋及我校欧美同学会会员40余人出席会议。校党委统战部部长李文山主持会议。会议选举傅声雷为会长,张先飞、师冰洋、姬新颖为副会长,段少峰为秘书长。

同日,河南省政协副主席、河南欧美同学会会长张震宇一行参观我校生态地理学实验室,环境与规划学院院长、河南大学欧美同学会会长傅声雷全程陪同参观。之后,校长宋纯鹏向张震宇汇报了学校建设发展情况。

12月18日和1月9日,民建河南大学总支赴兰考和杞县开展普惠金融调研。

12月20日,校党委学生工作部部长、学生处处长王友成在金明校区行政楼151会议室,以"如何坚定共产主义理想信念"为题,为我校60余名少数民族入党积极分子代表上党课。

12月21日,我校在金明校区行政楼426会议室,召开民主党派、统战团体换届工作协调会,安排部署换届工作,并对各民主党派、统战团体的组织发展和干部梯队建设提出了规范性的指导意见。校党委统战部部长李文山、各民主党派、统战团体负责人参加会议。

12月22日,河南欧美同学会(河南留学人员联谊会)北美分会在郑州成立,我校环境与规划学院教授秦明周当选为副会长。

12月22—23日,在主委张先飞的带领下,民革河南大学支部赴八路军驻洛办事处和洛阳博物馆参观考察。

2018年,积极组织党外人士参加全省高校统战活动,获得凝聚力建设征文一等奖1项,二等奖2项,三等奖3项,获得诗歌朗诵比赛一等奖和优秀组织奖,获得同心书画展一等奖2项、三等奖1项。

2019 年

1月4日,党委统战部在金明校区行政楼426会议室举办统战宣传骨干培训班。党委宣传部郭灿金老师应邀为5名统战宣传骨干进行人物通讯写作方面的培训。

1月9日,民建河大总支主委、省时空大数据产业技术研究院副院长秦奋教授带领民建河大总支赴杞县开展普惠金融调研。

1月10日上午,我校在行政楼426会议室召开全省两会代表委员会前会,听取代表委员意见,集中代表委员智慧,为代表委员们在省两会上提出高质量的议案提案进行讨论研究。校党委副书记雷霆出席会议并讲话,统战部部长李文山主持会议。即将出席省人大十三届二次会议和省政协十二届二次会议的8名代表委员及相关部门负责同志出席会议。

1月14—20日,省政协十二届二次会议在郑州召开,我校苗琛、傅声雷、张祎捷等7名政协委员参加会议。秦奋执笔的《关于充分发挥河南大学大学一流学科高校作用推进郑洛新国家自主创新示范区发展的建议》获得了苗琛、傅声雷、汪基德等委员的支持,作为联名提案上交。傅声雷提交了《关于加强多部门联合联动公关、综合防治大气污染的提案》。苗琛提交了《关于加强社区嵌入式小型养老护理机构的提案》。汪基德提交了《关于在河南省科研教学等项目立项中给予民办高校与公办高校同等待遇的提案》。

1月15日,无党派人士、纳米材料工程研究中心张治军教授牵头完成的"高承载陶瓷基纳米润滑材料关键技术与产业化"获得2018年度河南省科学技术进步奖一等奖。这是我校首次获得发明类河南省科学技术进步奖一等奖。

同日,"河大统战"微信公众号注册,2月26日完成审核认证,正式上线运营。该公众号是我校统一战线开展内外宣传的唯一新媒体平台。

1月18日，省豫东片区高校统战工作经验交流会在我校金明校区行政楼426会议室举行。校党委常委、副校长孙功奇出席会议并讲话。省委高校工委、省教育厅统战处处长张水潮，商丘师范学院、周口师范学院等豫东地区14所高校的统战工作负责人参加会议。

1月22日，校党委统战部组织党外人士赴祥符区曲兴镇双楼村为群众义务书写春联，副部长于红英，九三学社社员池现平、尼志强，无党派人士杨少毅和部分书法专业学生参加活动。

同日，省委统战部党外知识分子工作处、省教育厅组织统战处在郑州轻工业大学组织召开河南省部分高校网上统战工作座谈会，我校党委统战部于红英、李龙国，软件学院徐树维，新闻与传播学院刘英翠参加会议。

1月23日，学校在明伦校区行政楼第四会议室举行2019年春节团拜会，全体在校校领导、老领导、老同志代表，各单位负责人，高层次人才代表，各级人大代表、政协委员、民主党派和无党派人士代表，学生代表等参加团拜会。

1月23—27日，卢克平、宋纯鹏等校领导，分组慰问包括各民主党派、统战团体成员和党外代表人士在内的离退休教职工。其中1月26日，校党委常委、刘志军副校长，党委统战部副部长于红英、离退休工作处副处长直长运等慰问了张仁荣、王继麟、丁中一、宋鸿藻、许兴亚、贾玉英、冯步岭等老同志。

1月24日，学校在金明校区行政楼308会议室召开向民主党派统战团体通报工作情况暨人大代表、政协委员座谈会。校党委副书记雷霆、统战部部长李文山、各民主党派和统战团体代表、我校部分省市人大代表、政协委员30余人参加会议。

1月29日，省政协副主席李英杰一行来校看望慰问国家杰青、国家百千万人才工程入选者、中原学者、河大欧美同学会（留学人员联谊会）会长、环境与规划学院院长傅声雷教授。省政协农业与农村委员会办公室主任徐清璞，市政协副主席张志刚陪同看望。校党委常委、副校长孙功奇及有关单位同志参加看望慰问活动。

同日，省文史研究馆办公室副主任李亚旭一行三人来校考察贾玉英、刘泮峒两位省文史馆员人选。校党委统战部部长李文山、校纪委副书记裴强及美术学院、历史文化学院领导和教师代表参加考察座谈。

1月30日，河南欧美同学会召开一届三次会长会议，决定吸纳我校欧美同学会等

17家留学人员组织为团体会员。

2月1日,省政协副主席高体健到校看望慰问国家"百千万人才工程"入选者、校"杰出人才特区支持计划"特聘教授周树堂博士。学校总会计师韩守富及有关单位负责同志参加看望慰问活动。

2月12日,九三学社河大委员会赴尉氏县看望慰问九三学社"同心康福"优德行动精准帮扶户。市政协副主席、九三学社开封市委主委、九三学社河大主委苗琛及社市委秘书长樊丽参加慰问。

2月15—18日,市政协十二届二次会议在东京艺术中心召开。我校共有32名政协委员参加会议,共提交个人提案72份,联名提案、联组及大会发言材料近20份。

2月27日,校党委统战部部长李文山一行到我校定点扶贫村开封市祥符区曲兴镇双楼村入户走访。

2月28日,学校2019年度工作会议在金明校区计算机大楼二楼报告厅召开。全体校领导,两委委员,全体中层干部,各学部学术委员会负责人,省级以上党代表、人大代表、政协委员,各民主党派负责人,校级以上特聘教授和师生代表及离退休老同志代表参加会议。

3月1日,省社会主义学院举行2019年春季开学典礼,省委常委、统战部部长孙守刚出席典礼并讲话。我校无党派人士、数学与统计学院副院长韩小森,民建会员、计算机与信息工程学院副院长韩道军参加了第36期党外领导干部培训班。校党委统战部李龙国和省统战理论研究基地研究员、哲学与公共管理学院教师刘肖委参加了统战政策理论研究和宣传工作培训班。

3月8日,台湾中天电视台节目主持人黄智贤一行,来我校明伦校区,对校内民国历史和建筑进行拍摄采访,并参观校史馆。

3月13日,围绕"旅游业实现高质量发展"主题,省人大常委、民建河南省委专职副主委张晓林一行莅临我校,在明伦校区行政楼二楼会议室与我校文化产业与旅游管理学院教师座谈。校党委统战部部长李文山出席座谈会。会后,校党委副书记雷霆会见张晓林一行。

同日,民革开封市委向我校发来贺信,我校民革成员刘涛撰写的《关于创建全国示范性特色文化小镇的建议》被民革开封市委作为集体提案报送市政协十二届二次会议(第177号提案),并被市政协采用为大会发言材料。

3月21日,我校在金明校区行政楼426会议室召开网上统战工作研讨会。校党委统战部部长李文山,新闻与传播学院马翠轩,哲学与公共管理学院何云峰、刘肖委,软件学院徐树维等参加会议。

3月22日,校党委统战部在金明校区行政楼426会议室,召开全年工作通报暨民主党派换届工作启动会,学校各民主党派负责人参加会议。

3月23—26日,根据学校党委工作安排,党委统战部部长李文山赴上海交通大学参加我校中层正职"双一流"建设专题培训班。

3月27日,校党委副书记雷霆、统战部李龙国赴郑州参加全省高校宗教工作专题会议。

3月28日,我校"同心大讲堂"2019年首场讲座在金明校区行政楼249报告厅举行。校档案馆副馆长、校史馆馆长、校侨联成员王学春受邀作题为"弘扬河大精神,助力双一流建设"的专题报告。

3月31日,由校党委统战部、学生处、校团委、医学院主办,基础医学院承办的第四届"民族共筑梦,青春谱华章"民族团结联欢会在生命科学学院报告厅举行。

4月2—3日,省委考核组来校进行党建高质量实地考核,对包括统一战线在内的党建工作进行综合考核。

4月8日,中共中央委员、中国侨联党组书记、主席万立骏一行来我校调研,校党委书记卢克平、校长宋纯鹏陪同参观了学校近代建筑群、文物馆、校史馆、棉花生物学国家重点实验室和特种功能材料教育部重点实验室,并召开了座谈会。

4月9日,中国国民党前副主席林政则一行,在省台办副主任杜春景,市委副书记、统战部部长秦保强等陪同下到我校参观访问,校党委常委、副校长孙君健陪同参观。

4月11日,九三学社河大委员会一支社副主委、文学院伍茂国教授做客"同心大讲堂",以《中式建筑的美学奥秘》为题,在明伦校区行政楼第四会议室做报告。

4月17—18日,由我校牵头的豫东片区高校统战工作经验交流会在周口师范学院举办。校党委统战部部长李文山主持交流会。

4月19日,校党委统战部邀请民盟盟员、淮河医院心胸外科副主任医师李勇,在明伦校区离退休活动中心,以"动脉硬化的防治"为题做同心大讲堂专题讲座。

4月20日,校党委统战部邀请我校欧美同学会(留学人员联谊会)副会长、医学院副院长姬新颖教授,在金明校区图书馆一楼会议室,作题为"中美文化差异与国际交流"的同心大讲堂报告。

4月20—21日,农工党河大委员会主委万琪琳带领近40名党员,赴商丘、淮阳等地开展"庆祝祖国70华诞,助推市校发展"主题考察调研活动。

4月22日,校党委副书记雷霆,统战部李龙国赴郑州参加省委会统一战线工作领导小组会议。

4月27日,民进河南省委会召开2019年参政议政工作会议,会议表彰了2018年度参政议政优秀成果,民进河大总支主委汪基德撰写的《关于以教育信息化推进贫困地区教育扶贫的提案》,荣获民进河南省委2018年度参政议政优秀成果一等奖第一名。

4月29日,河南省人民政协理论研究会2019年工作会议在郑州召开。省政协主席刘伟、副主席钱国玉、秘书长王树山出席会议。会上,我校何云峰教授当选为副会长、常务理事,赵金康、欧健教授当选为理事。

5月10日,我校台湾同胞联谊会第五次会员代表会议在金明校区行政楼152会议室举行。校党委副书记雷霆、统战部部长李文山等出席会议。大会听取和审议了《河南大学台湾同胞联谊会第四届理事会工作报告》,选举产生了河大台联第五届理事会,吴珍当选为会长,李昉、蒋村逢当选为副会长,李昉兼任秘书长。

同日,全国政协常委、省政协副主席、民进河南省委主委张震宇来我校出席《中原文化读本》系列教材编写推进会,为该套"新中国成立以来河南省首套系统、全景展现中原历史文化的教育读本"的尽早面世悉心指导。校党委常委、副校长刘先省参加会议。

5月11日,我校侨联第五次会员代表会议在金明校区行政楼152会议室举行。校党委副书记雷霆、统战部部长李文山等出席会议。大会听取和审议了《河南大学归国华侨联合会第四届委员会工作报告》,选举产生了河大侨联第五届委员会,武四新当选为主席,段少峰、陈楠当选为副主席,田柯当选为秘书长。

5月13日,民建河大总支在主委、省时空大数据产业技术研究院副院长秦奋教授的带领下走进开封市特殊教育学校,为该校捐款10000元。

5月16日,全国政协常委、民族和宗教委员会主任王伟光在全国政协委员郑秉文,郑州市发改委主任杨东方等陪同下,到我校龙子湖校区视察。校党委书记卢克平,党委常委、副校长许绍康及相关部门负责同志陪同考察。

5月17日，省委统战部、省委高校工委宗教工作专题调研指导组在组长、商丘师范学院党委副书记陈中亚的带领下来我校开展"双防"宗教工作专题调研。

5月23—24日，校党委统战部部长李文山、统战部赵克强赴周口、商丘等地高校开展"双防"宗教工作专题调研。

5月23日，中央统战部二局副巡视员倪智泉等一行3人在省委统战部副巡视员胡宝新、开封市委统战部常务副部长吕孟锦的陪同下到访我校。校党委书记卢克平热情接待了来宾，校党委统战部及相关单位负责人陪同。

5月30日，校党委统战部邀请民进河大总支副主委、生命科学学院副院长安国勇教授，在生命科学学院三楼报告厅做题为"转基因生物与安全"的同心大讲堂专题讲座。

5月31日，我校民主党派、统战团体负责人培训暨座谈会在新校区行政楼308会议室召开。校党委副书记雷霆，统战部部长李文山及我校各民主党派、统战团体负责人近20人参加会议。

同日，在金明校区行政楼310会议室，我校九三学社社员、市政协委员何艳玲、张璟慧就市政协十二届二次会议437号提案与交警大队有关负责人做现场交流，推进相关提案的办理落实。

5月31日至6月2日，我校党外知识分子联谊会、欧美同学会和台联、侨联一行近40人，在杜祖亮、傅声雷、吴珍等的带领下，赴信阳学习考察。

6月3—6日，校党委统战部部长李文山赴广州参加河南省高校统战部长培训班。

6月12日，河南省高校统一战线庆祝新中国成立70周年诗歌朗诵会决赛在郑州航空工业管理学院举行，省委统战部副部长梁险峰、省委高校工委专职委员高治军等观看比赛并颁奖。民建河大总支副主委、新闻与传播学院播音系主任路庆平的作品《中原颂》获得大赛一等奖，我校获得优秀组织奖。

6月21日，全省高校"中华民族一家亲，同心共筑中国梦"主题演讲比赛决赛在河南师范大学举行。我校新闻与传播学院田圣楠同学以"家和万事兴"为题，阐释了中华民族就像一个大家庭，各民族就是这个家庭中的成员，只有家和才能万事兴这一主题，获得评委和观众的一致好评，我校在比赛中获得一等奖和优秀组织奖。省委高校工委专职委员高治军，省委统战部知识分子工作处处长王亚伟省民族宗教委民族关系与监督检查处二级调研员孙士文，省委高校工委、教育厅副总督学韩冰，省委高校工委、省教育厅统战处四级调研员高峰等出席总决赛,并为获奖单位颁奖。

同日,开封市党外知识分子联谊会一届三次理事会召开。我校党外知识分子联谊会副会长、淮河医院院长张祎捷当选为会长。

6月22日,原民进河大主委,数学与统计学院宋鸿藻教授不幸去世,6月24日,校党委书记卢克平在校园网发表《怀念宋鸿藻教授》一文,深切缅怀宋鸿藻教授。

同日,党委统战部邀请民建河大总支主委,省时空大数据产业技术研究院副院长秦奋教授,在环境与规划学院二楼学术报告厅,作题为"时空大数据与智慧校园"的同心大讲堂专题讲座。

6月25日,省委统战部在郑州召开筹备成立河南欧美同学会医药和生物专业委员会座谈会。我校欧美同学会副会长、医学院副院长姬新颖教授应邀在会上介绍相关经验。

6月27日,九三学社河大第三支社主委何艳玲组织第一附属医院多个学科医护专家赴祥符区举行义诊及健康科普活动。

6月27—28日,由中共中央统战部、《中国统一战线》杂志社主办的中国统一战线业务交流会在合肥召开。会上对2019年度中国统一战线宣传先进单位进行表彰,我校党委统战部荣获"中国统一战线宣传先进单位"荣誉。

6月28日,省侨联召开侨情专报工作推进会。会议聘请我校国际汉学院院长刘绣华教授,省侨联常委、中国侨界贡献奖获得者、医学院副院长姬新颖教授为河南省侨联侨情咨询特聘专家,这是我省聘请的首批侨情咨询特聘专家。

同日,第十三届河南省"新人新作"摄影展颁奖典礼在省文联举行,校党委统战部李龙国的作品《圆梦人》被评为一级佳作。

7月2日,我校"加强'文化适应'做好高校留学归国人员统战工作研究"座谈会在金明校区行政楼308会议室召开。省委统战部党外知识分子工作处处长王亚伟、校党委统战部部长李文山、副部长于红英、欧亚国际学院院长李卫国、医学院副院长姬新颖,经济学院副院长李恒,国际汉学院副院长梁建忠,国际合作与交流处副处长陈楠等参加座谈会。

7月2—4日,我校尼志强、文洁、段少峰、张鹏等四名党外代表人士赴洛阳参加省委高校工委、省教育厅举办的第三期党外代表人士培训班。

7月9—12日,校党委统战部部长李文山赴新疆大学参加全国高校统战部长培训班,并与参加培训的兄弟高校统战部部长交流。

7月9日,2019年河南省两岸青年交流月暨第六届台湾大学生中原文化之旅启动仪式在我校金明校区图书馆一楼报告厅举行。省委常委、统战部部长孙守刚,省委统战部副部长张洪林,省教育厅副厅长刁玉华等领导及来自豫台两地21所高校的近300名师生参加启动仪式。仪式结束后,校长宋纯鹏,校党委副书记雷霆,校党委常委、副校长孙君健陪同出席仪式的各位领导观看了"同心筑梦,砥砺奋进"——河南大学统战工作展览。

7月12日,由省委统战部召集的多党合作和民主党派工作有关重点问题座谈会在郑州紫荆山宾馆举行,我校哲学与公共管理学院何云锋教授参加会议,并作了题为《新时代充分发挥新型政党制度效能的思考》的发言。

同日,我校被省委高校工委、省教育厅授予"2018年度河南省高校统战工作示范单位"称号。

7月22—27日和8月2—7日,我校在华中师范大学和武汉理工大学举办了两期中层副职履职能力提升培训班,按照省委高校工委、省教育厅和学校关于"将马克思主义宗教观、党的宗教政策和国家相关法律法规等方面的内容纳入干部培训计划"要求,两次培训分别开设了《学习中国特色社会主义宗教理论,解决宗教领域突出矛盾和问题》《马克思主义宗教观视野下的文明冲突》课程。

8月5日,省政府发布人事任免通知(豫政任〔2019〕112号),我校刘泮峒、贾玉英被聘任为省文史研究馆馆员。目前,我校共有刘思谦、王威、王立群、魏千志、王宝童、丁中一、刘泮峒、贾玉英8名省文史研究馆馆员。

8月15日,省教育厅网站发布《河南大学深入开展"民族团结进步创建进校园"系列活动》一文,介绍我校开展民族团结进步创建进校园活动的做法。

8月20日,省管本科高校统战部长会议在我校金明校区图书馆三楼会议室召开。省委统战部副部长梁险峰、省委高校工委专职委员高治军出席会议并讲话。省委统战部党外知识分子工作处,省委高校工委、省教育厅统战处负责人和38所省管本科高校统战部部长等参加会议。省委高校工委、省教育厅副总督学韩冰主持会议。校党委副书记雷霆代表学校致辞,校党委统战部部长李文山作典型经验介绍。

8月23—26日,我校台联、侨联组织成员20余人,赴西安八路军办事处纪念馆、张学良公馆和延安杨家岭、梁家河等地开展学习考察活动。

8月23日,由民建开封市委主办,民建河大总支承办的"我和我的祖国"朗诵大赛隆重举行。开封市政协副主席张晖,开封市委统战部常务副部长吕孟锦、副部长徐莉,校党委统战部部长李文山、副部长于红英应邀出席活动。

8月25日,全国政协副秘书长、民进中央副主席、中国教育学会副会长朱永新一行莅校调研,校党委常委、副校长刘志军,校长办公室、出版社相关负责人参加调研活动。

8月31日,省教育厅统战处检查组莅临我校察看新生入学报到情况,并在我校召开在汴高校统战工作会议,传达有关精神。

9月2日,全国政协常委、农工党中央常委、农工党河南省委主委、省政协副主席高体健到第一附属医院调研,指导农工党第一附属医院支部开展"不忘合作初心、继续携手前进"主题教育,并为该院"农工党员之家"揭牌。校长宋纯鹏及第一附属医院全体院领导陪同调研。

9月5日,在新中国成立70周年、教师节和中秋节来临之际,校党委副书记雷霆、统战部部长李文山等看望慰问我校离退休党外代表人士。

9月8日,学校召开庆祝第35个教师节暨表彰大会,党委统战部部长李文山、副部长王春晓荣获河南大学管理优秀奖,副部长于红英荣获河南大学思想政治工作优秀奖。此次表彰中我校党外代表人士获得省部级以上科研成果奖23人,各类荣誉称号15人,教学成果奖10人。

9月10日,党委统战部启动"优秀党外代表人士采风"活动,首期推出了题为《傅声雷:心系青山共护蓝天》的报道。

9月12日,我校在金明校区行政楼208会议室召开"迎中秋,庆国庆"民主党派统战团体负责人座谈会。校党委副书记雷霆及各民主党派、统战团体负责人参加座谈。

9月18日,统战部党支部在金明校区行政楼433室召开"不忘初心、牢记使命"主题教育动员会,支部全体党员参加会议。

9月25日,由省委高校工委、省教育厅主办,我校承办的"河南省高校统一战线庆祝新中国成立70周年主题图片展"在金明校区图书馆一楼大厅开展。省委高校工委、省教育厅副总督学韩冰,校党委副书记雷霆,省委高校工委、省教育厅统战处负责人,开封市各高校统战工作负责人及我校各基层党组织统战委员出席展览活动。

9月26日,由省委高校工委、省教育厅主办的"河南省高校统一战线学习习近平总书记考察调研河南时重要讲话精神暨庆祝新中国成立70周年座谈会"在郑州召开。

校党委统战部部长李文山,民建河大总支主委、河南省时空大数据产业技术研究院常务副院长秦奋,校侨联副主席、河大创新药物设计与评价研究所所长段少峰等参加座谈会。秦奋作了题为《牢记使命砥砺前行新时代高校民主党派的新作为》的交流发言。

9月26日,九三学社河大三支社在支社主委何艳玲带领下赴祥符区罗王乡敬老院开展慰问义诊及调研活动。

9月26—27日,我校完成党外挂职干部喻艳红和王少华挂职锻炼总结考核工作。挂职干部派出单位信阳市粮食和物资储备局、新乡市封丘县政协负责同志及我校有关部门和学院负责人参加考核。

9月27日,省人民政协理论研究会理事会在郑州召开会议,传达学习贯彻中央政协工作会议暨庆祝中国人民政治协商会议成立70周年大会精神。省政协副主席、省人民政协理论研究会会长钱国玉,省政协秘书长、省人民政协理论研究会常务副会长王树山,省政协副秘书长、办公厅主任王克俊出席会议并讲话。省人民政协研究会理事、我校赵金康和欧健教授参加会议,欧健在会上进行交流发言。

10月10日,民进河大总支副主委、生命科学学院副院长安国勇被民进中央授予"民进全国组织建设先进个人"称号。

10月12日,民革河大支部换届大会在明伦校区小礼堂召开。校党委副书记雷霆,市委统战部副部长徐莉,市政协副主席、民革开封市委主委张志刚出席会议并讲话。市政协副主席、九三学社开封市委主委、河大委员会主委苗琛代表学校各民主党派和统战团体到会致贺。校党委统战部部长李文山,民革开封市委副主委陈军利,秘书长刘瑞红出席会议。会议听取并审议通过了《民革河大支部第六届委员会工作报告》,选举产生了民革河大支部第七届委员会,教育部青年长江学者、《河南大学学报》副主编张先飞当选为主任委员,淮河医院丁凯当选为副主任委员。

10月12—14日,我校纳米材料工程中心张经纬教授在省社会主义学院参加河南省留学归国人员培训班。

10月14日,统战部党支部在金明校区433室组织学习习近平总书记在黄河流域生态保护和高质量发展座谈会上的重要讲话精神。党支部书记、统战部部长李文山以《解读习近平总书记关于坚持和发展中国特色社会主义的几个问题》为题,为统战部党支部全体党员上党课。

10月15—16日,校党委副书记雷霆带领统战部全体同志,深入新老校区开展"不忘初心、牢记使命"统一战线工作专题调研,与基层党组织负责人、统战委员、党外人士进行座谈交流,深入了解我校统战工作开展情况。

10月16日,《河大统战》(内部刊物)杂志创刊,这是我校统一战线工作领域宣传习近平总书记关于加强和改进统一战线工作重要思想、党的统一战线理论和政策、上级统一战线工作部署和学校统一战线开展情况的重要纸质媒体。

10月19日,中共河南省民办教育研究会支部委员会成立仪式在郑州晨钟教育集团举行。省社科联学会处调研员郭继英宣读《关于同意成立中共河南省民办教育研究会支部委员会的批复》。会议选举产生了中共河南省民办教育研究会支部委员会,校党委统战部部长李文山当选为党支部书记。

10月20—24日,淮河医院副院长刘洋赴大别山干部学院参加河南省2019年秋季无党派人士培训班。

10月20—26日,校党委统战部部长李文山赴大别山干部学院参加全省高校统战部长培训班。

10月22日,省委统战部巡视员尚润泽、干部处处长贺姝、党派处副处长孙俊涛一行来我校考察党外优秀干部。

10月23日,校党委统战部副部长于红英,统战部民主党派办公室主任李婧赴省社会主义学院参加参政党建设理论专题培训。

10月27日,九三学社河大委员会第八次社员大会在金明校区图书馆三楼会议室举行。校党委副书记雷霆,开封市委统战部副部长徐莉,开封市政协副主席、九三学社开封市委主委、九三学社河南大学第三届委员会主委苗琛出席会议并讲话。民建河大总支主委秦奋代表学校各民主党派和统战团体到会致贺。开封市人大常委会原副主任、九三学社开封市委原主委高继海,校党委统战部部长李文山,九三学社开封市委副主委李俊霞,九三学社开封市委秘书长樊丽,九三学社河大委员会原副主委张大新等出席会议。会议审议通过了《九三学社河南大学第三届委员会工作报告》,选举产生了九三学社河大第四届委员会。张璟慧当选为主任委员,王子成、王新海、李二玲和赵勇当选为副主任委员。

10月27日,农工党河大委员会携手翠园社区卫生服务中心走进魏都路幸福庄园社区开展义诊和免费体检进社区活动。

10月28日至11月1日,由我校承办的定向服务新蔡县小学校长管理能力提升培训班在附属小学举行，新蔡县实验小学周海阔、月亮湾小学陈冬丽、明英中学小学部王黎、古吕镇三里湾小学韩峰、顿岗乡下丕岗小学杨树斌5名小学校长参加了跟岗培训。

9—10月，我校积极引导和组织党外代表人士开展大调研活动，并向省委高校工委、省教育厅提交了6份调研报告。

10月份，通过组织推荐、资格审查、材料审核、行业组专家评议、专家评审委员会评审等程序，经省委组织部部务会研究、省人才工作领导小组审定，我校党外代表人士杜祖亮、傅声雷、张先飞、徐明教授获得"第十批河南省优秀专家"荣誉称号。

11月2日，统战部党支部、组织部党支部、机关党工委机关党支部联合到济源市河南大学纳米杂化材料应用技术国家地方联合工程研究中心中试基地，开展"不忘初心、牢记使命"主题党日活动。校党委副书记雷霆以普通党员身份参加活动。

11月2日，河南欧美同学会与河南大学推动黄河流域生态保护和高质量发展座谈会在省委统战部会议室召开。省政协副主席张震宇，校欧美同学会（留学人员联谊会）会长、环境与规划学院院长傅声雷，省土地学会理事长、欧美同学会北美分会副会长、环境与规划学院教授秦明周等专家学者参加座谈会。傅声雷主持座谈会。

11月3日，省民办教育研究会第三次代表大会在郑州工业应用技术学院召开。校党委统战部部长李文山当选为省民办教育研究会第三届理事会副会长。

11月3—9日，我校开展新时代河南省高校党外知识分子思想政治工作调研，共发放和收集调研问卷400余份，并形成了我校党外知识分子思想政治工作调研报告。

11月6日，校党委统战部部长李文山、统战部赵克强赴郑州参加全省高校统战工作会议筹备会。

11月6日，民建省委基层组织建设调研座谈会在我校召开。民建河南省委专职副主委杨士海、民建河南省委组织处处长李进华、民建开封市委主委高晓阳、民建开封市委专职副主委管继平、校党委统战部副部长于红英、民建河大总支主委，省时空大数据产业技术研究院副院长秦奋教授等参加座谈会。

11月7日，民进河大总支第五次会员大会在金明校区行政楼152会议室举行，民进开封市委主委、校长宋纯鹏，校党委副书记雷霆，市委统战部副部长徐莉出席会议并讲话。校党委统战部部长李文山，市人大常委、民进开封市委专职副主委蒋中兴等出席会议。九三学社河大委员会主委张璟慧代表学校各民主党派和统战团体到会祝贺。会议审议通过了《民进河南大学总支第四届委员会工作报告》，选举产生了民进河大总支第五届委员会。安国勇当选为主任委员,郭善兵、徐括喜当选为副主任委员。

11月7日,我校收到省文化和旅游厅信函,商请我校民革成员刘涛参加黄河文化保护传承弘扬专项规划编制工作。

11月14日,2019全省高校统战工作筹备准备会在我校金明校区行政楼152会议室召开。省委统战部党外知识分子工作处处长王亚伟、四级调研员王禹斌,省委高校工委省教育厅副总督学韩冰、省委高校工委统战处四级调研员高峰及近20所高校统战部门负责人参加会议。

11月16—17日,为扎实推进"不忘合作初心,继续携手前进"主题教育,民盟河大委员会组织盟员50余人,赴济源实地考察调研。盟员们参观朱德出太行纪念展、黄河小浪底水利枢纽工程,深入学习红色文化、愚公文化,为提高参政议政、服务社会和履职尽责水平奠定了基础。

11月17日,民建河大总支第四次会员大会在金明校区行政楼152会议室举行。校党委副书记雷霆,市委统战部副部长徐莉,省政协委员、民建开封市委主委高晓阳出席会议并讲话。校党委统战部部长李文山,民建开封市委副主委管继平等出席会议。民进河大总支委员会主委安国勇代表学校各民主党派和统战团体,民建开封市新区基层委员会主委、开封市不动产管理中心主任闫凯代表民建开封市基层组织到会致贺。会议审议通过了《民建河南大学总支第三届委员会工作报告》,选举产生了民建河大总支第四届委员会。秦奋当选为主任委员,彭宝玉、韩道军当选为副主任委员。

11月19日,农工党河大委员会第四次代表大会在金明校区图书馆三楼会议室举行。校党委副书记雷霆,市委统战部副部长徐莉,市人大常委会副主任、农工党开封市委主委穆宏地出席会议并讲话。校党委统战部部长李文山,农工党开封市委副主委蒋淇等出席会议。民进河大总支委员会主委安国勇代表学校各民主党派和统战团体到会致贺。会议审议通过了《农工党河南大学第三届委员会工作报告》。选举产生了农工党河大第四届委员会,索智敏当选为主任委员,席子明、刘广超、张鹏、王达奇当选为副主任委员。

11月23—24日,民进河大总支和九三学社河大委员会组织成员赴红旗渠纪念馆开展"不忘合作初心,继续携手前进"主题教育学习活动。校党委统战部副部长于红英参加活动。

11月25日至12月1日,我校组织2019级12000余名新生参加河南省第七届大学生中国特色社会主义民族宗教理论知识网络竞赛。竞赛前夕，我校共组织动员 44 场次，宣传政策 65 场次。由于前期工作充分，各学院督促有力，我校在全省竞赛中取得了平均分优秀、304 人满分的好成绩。

11 月 28—29 日，我校分别在明伦校区小礼堂和金明校区 152 会议室召开统战工作培训暨座谈会议。校党委副书记雷霆、统战部部长李文山等出席会议。全校各基层党组织书记就近参加培训和座谈。

11 月 29—30 日，校党委统战部部长李文山、统战部李龙国赴河南科技大学参加全省高校统战工作会议筹备会。

11 月 30 日，由民革河南省委会、省卫健委主办，我校党委统战部、民革开封市委承办的"医学科普助力健康中原"座谈会在金明校区行政楼 152 会议室召开。中国工程院院士郭应禄，校党委副书记雷霆，民革河南省委副主委吕心阳，省卫健委宣传处处长杨力勇，民革河南省委副巡视员刘倬林，市政协副主席、民革开封市委主委张志刚，省医学科学普及学会秘书长耿忠民，校党委统战部副部长于红英等出席座谈会。

12 月 5 日，党委统战部邀请校侨联副主席、欧美同学会秘书长、药学院段少峰，在金明校区生命科学学院报告厅，作题为"一把双刃剑——臭蛋气的前世今生"的同心大讲堂专题讲座。

12 月 6 日，统战部在金明校区行政楼 426 会议室召开"不忘初心、牢记使命"主题教育专题民主生活会。学校主题教育第一指导督查组组长、校纪委副书记张秋梅，第一指导督查组成员翟志远出席会议。

12 月 9 日，民革河南省委会向我校发来贺信，我校民革成员刘涛撰写的《关于在黄河流域九省（区）整体打造"天下黄河"文化旅游品牌的建议》和《建议理性看待旅游服务贸易逆差》，被民革河南省委会作为社情民意信息报送省政协和民革中央，其中《关于在黄河流域九省（区）整体打造"天下黄河"文化旅游品牌的建议》被省政协采用报送全国政协信息局，《建议理性看待旅游服务贸易逆差》被省政协办公厅刊用。

12 月 9—25 日，根据《中共河南省委高校工委办公室关于做好高校统战工作信息统计报送工作的通知》（豫高办〔2019〕49 号），统战部协调学校有关部门，完成了包含 14 个表格的我校统战工作信息填报，并牵头完成了豫东地区各高校的信息收集、汇总和报送工作。

12 月 11 日，省委高校工委表彰 2019 年全省高校统一战线开展庆祝新中国成立 70

周年系列活动优秀单位和个人,我校荣获系列活动优秀组织奖,7人在系列活动中获佳绩。在主题征文中,化学化工学院教师庞杰的《记我与祖国共奋进的十年》,民建会员、大学外语教研部教师施兆莉的《清风正气润物无声》荣获一等奖;农工党河大委员会副主委、第一附属医院工会主席席子明的《致敬:我参政议政的引路人》荣获二等奖。在书画展中,无党派人士、省文史馆馆员刘泮峒的国画《太行春早》,国际教育学院教师王鸿的国画《跃上凌霄》分别获得绘画类一等奖和三等奖;九三学社社员、美术学院池现平的篆书《甲骨文对联》荣获书法类一等奖。在诗歌朗诵中,民建会员、新闻与传播学院路庆平的《中原颂》荣获一等奖。

12月12日,我校"统一战线庆祝新中国成立70周年征文活动"总结表彰会在金明校区行政楼426会议室举行。第一附属医院、化学化工学院获得优秀组织奖,化学化工学院庞杰等6人荣获一等奖,离退休教师张永江等10人荣获二等奖,第一附属医院余亚英等18人荣获三等奖。党委统战部副部长于红英、王春晓为获奖单位和个人颁奖。

12月12—13日,由水利部黄河水利委员会与中国工程院土木、水利与建筑工程学部联合举办的黄河流域生态保护和高质量发展专家解读与研讨会在郑州召开。民进中央委员、开封市委主委、校长宋纯鹏应邀出席会议并做主题发言。

12月12—14日,中国高等教育学会统战工作研究分会成立大会暨新时代高校统战工作创新发展研讨会在兰州大学举行。校党委统战部部长李文山应邀参加会议。会上,我校当选为统战工作研究分会理事单位,李文山当选为理事。

12月18日,省教科文卫体工会发布文件,我校党外知识分子联谊会会长、材料学院院长杜祖亮被评为省教科文卫体系统"中原标兵"称号,我校无党派人士张治军领军的纳米材料产业化创新工作室被评选为省教科文卫体系统"示范性劳模和工匠人才创新工作室"。

12月19日,党委统战部邀请黄河文明与可持续发展研究中心主任苗长虹教授,在明伦校区行政楼第四会议室,作题为"黄河流域生态保护和高质量发展"的同心大讲堂专题报告。

12月19日,民革河南省委十三届三次全会在郑州召开。民革河南省委委员、民革河大支部主委张先飞教授参加会议,并被授予"河南民革榜样人物"荣誉称号。这是我省首次评选"河南民革榜样人物",全省共20人入选。

12月20日,我校在金明校区行政楼152会议室召开省市人大代表、政协委员座谈会。校党委副书记雷霆出席会议并讲话。统战部部长李文山主持座谈会。我校的省、市政协委员,党委办公室、校长办公室、发展规划处、保卫处、黄河文明与可持续发展研究中心等单位负责同志参加会议。

12月20日,我校在金明校区行政楼152会议室召开党外代表人士培训暨座谈会。校党委副书记雷霆,统战部部长李文山,副部长于红英、王春晓,学校各民主党派负责人参加会议。会议由李文山主持。于红英领学中央近期出台的关于加强中国特色社会主义参政党建设的三个文件。与会人员自学了党委统战部发放的中央统战部部长尤权同志解读党的十九届四中全会《决定》的文章——《坚持大统战格局》。李文山就我校拟出台的《关于支持我校民主党派组织加强自身建设》的有关文件主要内容进行了通报,并征求大家意见建议。雷霆对拟出台的两个文件的起草背景、主旨进行了说明,通报了主题教育期间统一战线专题调研及有关工作的进展情况,并勉励各民主党派进一步弘扬爱国爱校的优良传统,坚守中国特色社会主义参政党的定位,努力加强自身建设,团结带领党派成员主动作为,为学校"双一流"建设和高质量发展作出新的更大贡献。

12月24日,校党委研究通过了《中共河南大学委员会关于加强基层党组织统战工作的实施意见》(校党发〔2019〕149号),为推进各基层党组织落实统战工作职责,完善工作制度,开展统战活动,推动基层统战工作制度化、规范化建设提供了遵循。

12月24日,市有关方面来校考察党委统战部部长李文山拟增补市政协委员工作。

12月26日,由我校党委统战部、开封市委统战部、开封市工商联共同举办的"科研成果转化校企合作项目对接会"在金明校区图书馆二楼会议室举行。校党委统战部部长李文山,开封市委统战部副部长、市工商联党组书记、常务副主席张志军,开封市工商联副主席刘晓丽,校科学技术研究院副院长李谦及学校部分重点科研机构负责人,开封市企业家代表30余人参加会议。

12月27日,我校统一战线摄影作品展颁奖暨特约摄影师聘任仪式在金明校区行政楼152会议室举行。仪式上对统一战线"喜迎新中国成立70周年摄影展"获奖者进行了表彰,校党委统战部部长李文山等领导为获奖者颁发了"河南大学统一战线特约摄影师"聘书。

12月31日,全省高校民族团结进步创建工作推进会在河南财经政法大学召开。

省委统战部副部长梁险峰、省委高校工委专职委员高治军出席会议。我校党委副书记雷霆、统战部部长李文山参加会议。会上，我校被授予"河南省民族团结进步创建示范单位"称号，我校护理与健康学院辅导员赵宇作交流发言。

12月31日，省精神文明建设指导委员会办公室、省妇联等联合发文，农工党河大委员会副主委张鹏家庭荣获"2019年度河南省最美家庭"称号。

2020 年

1月4日,河南欧美同学会(河南留学人员联谊会)、省社会主义学院在郑州联合举办"不忘留学初心、唱响文化自信"喜迎2020新春联谊会。我校党委统战部副部长于红英、欧美同学会会长(留学人员联谊会)傅声雷、秘书长段少峰等参加联谊会。

1月4日,九三学社河大委员会第三支社主委何艳玲带领支社社员代表走访慰问老社员。

1月5—6日,九三学社河南省委八届四次全会在郑州召开。我校九三学社社员王路娟、张璟慧获评"理论研究工作先进个人",李二玲获评"社会服务工作先进个人"。

1月8—13日,政协河南省第十二届委员会第三次会议在郑州召开。我校苗琛、傅声雷、张祎捷、秦耀辰、汪基德、秦奋等参加会议。苗琛和李二玲就如何推动我省农业绿色可持续性发展,提交了联名提案《加快农业绿色化转型,促进农业高质量发展》。傅声雷提出了加大对高层次人才"引进"和"培养"的支持力度,建立定期的高层次人才学术交流机制,积极谋划国家级重大项目和成果,建立高层次人才跟踪机制,加强人文关怀等建议。秦耀辰、汪基德、秦奋等从自身专业领域出发,在深入调研的基础上,就一流本科建设、黄河流域文化核心区统筹发展、基层教师队伍建设、加强科学数据管理和共享服务、新型养老探索等方面提交了相关提案。

1月10日,2019年度国家科学技术奖励大会在北京人民大会堂召开,我校作为第一完成单位,由党外代表人士张治军教授主持的"高性能节能抗磨纳米润滑油脂关键技术与产业化"项目摘得国家科学技术发明二等奖,实现了我校在国家三大奖上的新突破。

1月13日,党委统战部部长李文山带领统战部全体人员走访慰问赵秀凤、刘欣梅、袁业倩等退休老同志,给他们送上了组织的关怀和新春的问候。

1月15—17日,中共河南大学第十一次代表大会召开。大会审议通过了《中共河南大学第十届委员会工作报告》和《中共河南大学第十届纪律检查委员会工作报告》,选举产生了中国共产党河南大学第十一届委员会和中国共产党河南大学第十一届纪律检查委员会。党委统战部部长李文山当选为中共河南大学第十一届委员会常务委员。

1月15—18日,政协开封市第十二届三次会议在东京艺术中心召开,会上对评选出的2019年度优秀政协委员、优秀提案进行了表彰。我校安国勇、翟秋敏、赵国权、张鹏获得2019年度优秀政协委员称号。刘清华等人的《关于进一步加强我市低速电动车辆管理的建议》《破解"住房难",改善人民群众居住品质,加快推进我市老旧小区加装电梯工作》,辛永芬的《关于加强开封方言保护和传承的提案》,翟秋敏的《有效管控我市雾霾天气,打赢污染防治攻坚战》,赵国权等人的《关于进一步加大我市校园及周边环境综合整治的建议》,刘广超的《强化社区服务功能,在我市推广居家智慧养老新模式》,张璟慧的《关于尽快高质量整修万胜路的建议》,李二玲的《壮大村级集体经济,助推开封乡村振兴》,何艳玲的《切实提高我市社区管理水平,破解群众"办事难"问题》,李丽的《构建大数据共享应用平台,推进开封智慧城市建设》10件提案获优秀提案。

1月16日,省文史馆来我校慰问魏千志、王宝童、丁中一三位省文史馆馆员。

1月16日,由我校党外代表人士、基础医学院姬新颖教授牵头成立的肿瘤精准诊疗河南省产业技术创新战略联盟获批。

1月17日,省政协副主席李英杰来校看望慰问我校欧美同学会(留学人员联谊会)会长、环境与规划学院院长傅声雷教授,省政协副秘书长郭立魁,省政协农业与农村委员会办公室主任徐清璞,市政协副主席、民革开封市委主委张志刚陪同看望。

1月19日,全国政协常委、河南省政协副主席高体健到我校看望慰问周树堂教授。省政协副秘书长张广东,省政协教科卫体委员会副主任李新中,开封市政协副主席、卫健委主任刘述荣等陪同看望。校党委常委、副校长刘志军,校党委常委、组织部部长李庆春,校党委常委、统战部部长李文山,生命科学学院、国家重点实验室等相关单位负责人参加看望慰问活动。

1月22日,省委省政府在郑东新区国际会展中心轩辕堂举办2020年春节团拜会。

省委书记王国生发表新年致辞,省长尹弘主持团拜会。民革河大支部主委、《河南大学学报》编辑部副主编张先飞作为全省专家学者代表应邀参加。

今年年初,我校党外知识分子联谊会副会长、淮河医院院长张祎捷,被任命为开封市新型冠状病毒感染的医疗救治专家组组长。

1月26日上午,由我校淮河医院和第一附属医院52名医务人员组成的医疗队驰援武汉。九三学社河大委员会第三支社社员、第一附属医院重症医学部主任、副主任医师杨超主动申请参加了援鄂医疗队,为我校党外人士抗击疫情树立了一面旗帜。

1月26日,省政协委员、民建开封市委副主委、民建河大总支主委、河南省时空大数据产业技术研究院常务副院长秦奋向民建中央副主席周汉民提出了延长春节假期的建议,得到周汉民副主席的肯定并成文上报。

1月28日,九三学社河大委员会副主委、特种功能材料教育部重点实验室、材料学院赵勇教授课题组,在锂金属电池领域取得新进展,相关成果全文在国际化学顶级期刊《德国应用化学》(Angewandte Chemie International Edition)上发表。

2月2日,面对防疫物资匮乏的现状,民建河大总支向会员发出捐助倡议,不到2小时,总支会员就捐款近5000元,并将酒精500斤、消毒液500斤、隔离服50件等物资,分两批送到抗疫一线的医护人员手中。

2月7日,九三学社河大委员会向第一附属医院、淮河医院捐赠一批医用酒精。

2月8日,在民革党员、校欧美同学会副会长姬新颖教授的组织和带领之下,河南省感染病与生物安全专业委员会的20多家产学研医单位的46名会员和热心人士,通过河南大学教育发展基金会,为学校疫情防控捐赠14560元。

2月9日,民进河大总支主委安国勇、副主委徐括喜等,代表民进河大总支,向学校捐赠防疫消毒液500斤。校党委统战部副部长王春晓、校医院副院长朱萌等参加捐赠活动。

3月11日,我校收到上级有关部门发来的感谢函,主要内容是:基础医学院姬新颖提出的"关于把生物安全(感染病防控)作为国家安全工作重要任务的建议"被采纳。来信对我校和姬新颖教授积极参政议政取得的成果表示热烈祝贺和衷心感谢。

3月12日,农工党党员、作物逆境适应与改良国家重点实验室张立新教授课题组及合作者在光合作用研究领域取得重要进展。研究成果以全文形式在《Cell》杂志在线发表。

3月12日,九三学社河大委员会到祥符区西姜寨乡开展义务植树活动,并就开封市乡村振兴"1+6"乡村示范带之西姜寨田园综合体项目发展情况进行调研。

3月17日,校党委常委、统战部部长李文山在开封市分会场参加全省统战工作会议。

3月19日,校党委常委会召开会议,学习传达全省统战工作会议精神,并研究通过了《河南大学2020年统一战线工作要点》。

3月19日,教育部、国家语委发布《关于表彰"中国语言资源保护奖"先进集体和先进个人的决定》(教语信〔2020〕1号),我校民盟盟员辛永芬、段亚广荣获"先进个人"称号。

3月20日,中国激光杂志社发布"2019年度中国光学十大进展"。我校申怀彬教授、李林松教授、杜祖亮教授等人和中国科技大学张振宇教授的科研成果《兼具高亮度和高效率的量子点发光二极管》成功入选。

3月24日,学校召开2020年度党的建设暨全面从严治党工作视频会议。校党委书记卢克平主持会议并讲话,副书记雷霆传达全省统战工作会议精神,并对学校2020年统一战线重点工作进行安排和部署。

3月26日,包括九三学社社员杨超在内的我校援鄂医疗队52名医务人员,圆满完成抗疫医疗救治任务后凯旋。省委书记王国生、省长尹弘、省政协主席刘伟,校领导卢克平、孙君健到郑州东站迎接。在开封市市民广场,开封市委书记侯红、市长高建军等市领导,卢克平、宋纯鹏,孙君健等校领导与开封市人民一道举行热烈的欢迎仪式。

3月份,中宣部公布2019年文化名家暨"四个一批"人才和宣传思想文化青年英才入选名单,我校3人入选。其中,民革河大支部主委、《河南大学学报》副主编张先飞教授入选文化名家暨"四个一批"人才名单(理论界),无党派人士、音乐学院金亚迪副教授入选宣传思想文化青年英才名单(文艺界)。

4月7日,省教育厅网站发布了题为《高校党外人士代表谈疫情之下"肝胆相照共克时艰"》,全文刊登了全国政协委员、民进开封市主委、校长宋纯鹏的文章《在灾难大考中坚定报国力行的使命担当》。

4月8日,《中国政协报》以《培养当代大学生的家国情怀和国际视野》为题,发表对全国政协委员、我校校长宋纯鹏的专访文章。

4月9日,党委统战部向各基层党委、党总支转发了《各民主党派河南大学组织关于新时代组织发展工作座谈会纪要》,要求各基层党组织根据协商达成的共识,协助民主党派河南大学组织做好组织发展工作。对即将出台的《关于加强学校民主党派建设的实施办法》征求意见。

4月15日,中共开封市委统战部发布了《关于表彰全市统一战线抗击新冠肺炎疫情"最美统战人"先进个人的通报》(汴统发〔2020〕9号),我校民盟盟员聂鹏、马超,九三学社社员杨超、秦文婧、何艳玲,农工党党员蔡尚原、索智敏、万琪琳、张鹏、席子明、郭明、张华、王达奇、刘广超、张凤林、张帆、赵红霞,民进会员安国勇,知联会会员张祎捷获得表彰。

4月23日,在由团省委会等举办的"青言青语"朗读者启动仪式上,民革河大支部主委、《河南大学学报》副主编张先飞受聘为河南省青年文化迭代计划顾问。在活动启动现场,张先飞作为评议嘉宾,倡导青年热爱读书,阅读经典,提升精神。

4月30日,校党委研究通过了《河南大学加强民主党派建设实施办法》(校党发〔2020〕30号)。

4月30日,民建河大总支、民建开封市委理论与宣传委员会召开会议,传达学习民建市委十三届十三次委员(扩大)会议精神。民建开封市委主委高晓阳,副主委秦奋、管继平,民建河大总支班子成员及理论与宣传委员会主任、副主任彭宝玉、田虹、徐可、王浩、张小馨、孟向东、许立民及委员会部分骨干会员参加会议。

4月30日,开封市侨联十届四次全委会召开,我校侨联被评为2019年度"全市侨联工作先进单位",田柯被评为"开封市侨联系统先进工作者",姬新颖被评为"开封市归侨侨眷先进个人"。

2020年全省两会期间,我校民革成员、文化产业与旅游管理学院刘涛老师,积极参与民革省委会组织的两会政协会议发言、集体提案征集活动,《振兴黄河流域古都名城文化凝聚高质量发展精神力量》《关于振兴黄河流域古都名城文化凝聚高质量发展精神动力的提案》《关于在河南自贸区设立文化金融合作试验区,推动中小银行与中小文化企业全面对接的提案》三项成果均被采用。

5月7—8日,全省省管本科高校统战部长会议在郑州召开。省委统战部副部长梁险峰、省委高校工委专职委员高治军出席会议并讲话。校党委常委、统战部部长李文山参加会议,并在会上作了题为《基于"文化适应"视角,建立高校留学归国人员统战工作制度体系》的交流发言。

5月20日,我校收到民革河南省委会贺信,对我校民革成员、文化产业与旅游管理学院刘涛老师在参政议政方面取得的佳绩表示祝贺。刘涛撰写的关于促进郑汴新区经济发展、强化郑州对黄河流域带动作用的建议,被民革河南省委会作为社情民意报送有关部门后被采用,并被省主要领导批示。

5月20日,九三学社河大委员会第三支社秦文婧等医疗卫生领域社员来到祥符区刘店乡杜庄村,为村民义诊送健康。

5月22日,民盟河南省委宣传处处长夏许峰一行在我校和杜孟模故居开展民盟传统教育基地调研。市政协副主席、民盟开封市委主委刘海潮,民盟开封市委专职副主委侯慧芳,我校党委统战部副部长于红英等陪同调研。

5月22日上午,九三学社河大委员会第四支社召开支社班子网上视频谈心会。班子成员王新海、尼志强、纪鸿超、陈楠、王萌参加会议。九三学社河大委员会主委张璟慧应邀参加。

5月23日上午,九三学社河大委员会第二支社在生命科学学院会议室召开支社班子谈心会。班子成员王子成、郑海务、杜明荣、许涛、王路娟参加会议。九三学社河大委员会主委张璟慧应邀参加。

5月21—27日,全国政协委员、校长宋纯鹏在京参加全国政协十三届三次会议,提出了在豫筹建"黄河国家实验室"等多项建议。

5月29日,九三学社社员、副校长王学路教授在生物学顶级期刊 Journal of Integrative Plant Biology(SCI1区)发表学术论文。

6月2—10日,哲学与公共管理学院2019级通过腾讯会议召开"两会正当时"主题班会。班会主要包括"介绍两会基本知识""假如我是人大代表/政协委员"和知识竞赛等环节。在"假如我是人大代表/政协委员"环节,通过让学生扮演人大代表或政协委员提出自己的"议案/提案"并为其辩护,让学生切身体会到"在其位、谋其事"的主人翁意识。

6月3日下午,学校在金明校区行政楼152会议室召开党委理论学习中心组学习扩大会议,传达学习2020年全国两会精神。会议采用主会场和同步视频会的形式,全体在校校领导、两委委员出席主会场会议,全体中层干部参加视频会议。全国人大代表、校党委书记卢克平传达十三届全国人大三次会议的有关精神。全国政协委员、校长宋纯鹏传达全国政协十三届三次会议的有关精神。校党委副书记张宝明主持报告会。

6月3日,党委统战部组织相关单位在金明校区行政楼426会议室召开涉宗文件修订工作协调会。会议对开展文件修订工作的必要性和重要性进行了强调,并提出了修订建议,明确了完成时限。

6月3日,我校九三学社社员、生命科学学院王子成教授入选"2019年度贾汪区双创人才(创业类)"。

6月10日,省委统战部副部长陈照顺和省委统战部民宗处副处长郝焱来校进行民族宗教工作调研。校党委副书记雷霆,党委常委、统战部部长李文山,副部长于红英和梁工、齐德舜、郭胜利、李明轩、张曦等专家学者参加座谈。

6月11日,《中国哲学社会科学最有影响力学者排行榜:基于中文学术成果的评价(2020版)》发布,我校四名教授上榜,其中无党派人士刘思谦、民革河大支部主委张先飞在二级学科"中国文学"榜单中,分列第98和第118位。张先飞同时入选历史文化学排行榜,列二级学科"文化"榜单第36位。

6月12日,在校党委统战部的牵线推动下,兰考县委统战部副部长杨静一行5人来到音乐学院,就新阶层统战工作实践创新基地合作事宜进行沟通交流。校党委统战部副部长于红英、音乐学院副院长李计成等参加座谈交流。

6月14日,由农工党河大委员会副主委王达奇演唱的《大美中华》登上"学习强国"学习平台。王达奇将京剧唱腔融入演唱中,使歌曲韵味更加深长,古今辉映,让人回味无穷。

6月15日,校党委统战部发布《关于做好2020年度河南大学统战工作研究课题申报工作的通知》,这是为推进统战理论研究,学校首次启动统战工作研究课题申报工作。

6月15日,从省政协获悉,我校民革成员、文化产业与旅游管理学院刘涛老师反映的《关于进行郑汴新区承接RCEP核心机构可行性研究的建议》被省政协办公厅《社情民意信息》刊用,并受到省政府主要领导批示。

6月20日,我校九三学社社员王学路、李锁平、赵勇等参加在黄河科技学院召开的"九三学社河南省委高层次人才2020年度工作会议"。省政协副主席、九三学社省委主委张亚忠,省委统战部副部长张红林等出席会议。我校副校长王学路就高层次人才的发展及个人科研做专题报告。九三学社河大委员会等11个社组织与黄河科技学院进行了项目签约,赵勇、郑海务等被聘为黄河科技学院特聘教授。

6月11日,市政协召开十二届三次会议重点提案交办会。市政协常委、民革河大支部主委张先飞的提案《提升治理、落实、监管"三大能力"巩固扩大我市"五城联创"成果》和市政协委员、民建河大总支副主委彭宝玉的《关于做好我市脱贫攻坚与乡村振兴有机衔接的建议》被列为2020年开封市重点督办提案。

6月24日,九三学社开封市委在开封市政协六楼常委会议室召开"风雨同担——九三学社开封市委抗疫先进事迹报告会",我校九三学社第三支社社员、第一附属医院重症医学部主任、副主任医师杨超应邀在会上作事迹报告。

6月24日,九三学社河大委员会第三支社在市委统战部328会议室召开组织生活会。九三学社省委专职副主委陈志民,市政协副主席、九三学社开封市委主委、我校研究生院常务副院长苗琛,九三学社开封市委专职副主委李俊霞,九三学社省委组织处干部张博参加会议,会议由三支社主委何艳玲主持。

6月28日,党委学工部公布了2019年度河南大学学生工作创新项目和辅导员个人品牌项目评选结果。

7月2日,省委统战部副部长梁险峰、省知联会轮值会长花亚伟一行,来校调研省党外知识分子实践创新示范基地建设情况,听取我校党外知识分子联谊会工作汇报,讨论《河南省党外知识分子理论创新示范基地建设方案》。省知联会副会长、校长宋纯鹏,校党委副书记雷霆,校党委常委、统战部部长李文山出席座谈会。

7月9日,党委统战部与校工会、机关党委一起,赴黄河小浪底水利枢纽工程,联合开展"牢记初心使命·争当出彩先锋"主题党日活动。

7月10日,九三学社河南省委会召开"战疫给我们的启示"理论学习交流会。九三学社河大主委张璟慧,成员王路娟、纪鸿超应邀参加座谈。张璟慧以《"文学书写"带给我们的激励与启示》为题,王路娟以《在战疫中见证中国制度和国家治理体系显著优势》为题在座谈会上发言。

7月13日,《河南统战工作》2020年第7期刊发《赓续优良传统发挥特色优势不断开创新时代统一战线工作新局面》一文,介绍了我校统战工作的经验做法。文章从党委高度重视,统战工作开创新局面;突出政治建设,党派团体建设呈现新气象;加强思想引领,党外知识分子队伍显现新风貌;创造良好环境,党外代表人士展现新作为四个方面概括总结了我校在统战工作方面的经验做法。

7月15日,"吴雪莉先生95华诞暨教育思想研讨会"在外语学院举行。省委外事工作委员会办公室(河南省人民政府外事办公室)一级巡视员杨玮斌,副校长阚云超,校党委组织部、宣传部、统战部、人事处、国际合作与交流处、大学外语教研部等部门负责人,外语学院领导班子及师生代表出席研讨会。

7月16日,校党委统战部公布了2020年度统战工作研究课题立项评审结果。本次共立项15个课题,内容涉及统战工作体制机制与创新发展、党外知识分子思想政治引领、民族团结进步创建工作、网络统战工作体制机制研究和留学归国人员文化适应等方面。

7月17日,民建开封市委在市委统战部三楼会议室召开推动黄河流域中心城市和城市群高质量发展调研座谈会。民建开封市委副主委、河南大学主委、环境与规划学院教授秦奋围绕"推动黄河流域中心城市和城市群高质量发展"课题进展情况进行了汇报。我校艾少伟、丁志伟、彭宝玉、韩道军分别就加强黄河流域生态保护、中原城市群协同高质量发展、传承和弘扬黄河文化等进行了发言。

7月18日,中国地理学会经济地理学专业委员会主办的第七期"经济地理学创新与发展论坛"在"科技云会"平台召开。九三学社河大委员会副主委、中国地理学会经济地理学专业委员会副主任李二玲教授做关于"中国农业产业集群发展的理论与实践"的报告,约2250人在线观看。

7月21日,省委统战部印发《河南省党外知识分子联谊会关于确定2020年度调研课题的通知》(豫统办〔2020〕9号),公布了省党外知识分子联谊会年度调研课题,我校党委统战部承担了《中原黄河流域旅游发展研究》的调研课题。

7月27日,我校九三学社社员王路娟博士的文章《在战疫中见证中国制度和国家治理体系显著优势》被九三学社省委会官网刊发。

7月29日,"河南省新时代宣讲师志愿服务·走进新安县"集中宣讲活动在新安县新时代文明实践中心会议室启动,河南省"新时代宣讲师"、我校九三学社社员董彦军以《慢性病防治健康素养》为题作专题报告。

7月份,我校无党派人士、音乐学院副教授虎翼获得河南省"优秀教师"称号。

8月4日,省民族宗教委、省委高校工委、省社科院联合发文,同意在省社科院成立"河南省宗教中国化研究中心",并在我校成立"河南省佛教中国化研究中心"和"河南省伊斯兰教中国化研究中心"。

8月7—9日,九三学社河大委员会与民进河大总支一起,赴洛阳嵩县就乡村旅游产业、山区农业经济发展等进行调研。市政协副主席、九三学社市委主委苗琛,市人大常委会原副主任、九三学社市委原主委高继海,九三学社河大委员会主委张璟慧,以及民进河大总支主委安国勇,民进河大总支原主委贾玉英、汪基德及我校九三学社、民进的骨干成员参加活动。

8月9日,纪念中国农工民主党成立九十周年表彰大会在京召开。农工党河大委员会荣获"党史和理论工作先进基层组织"称号。

8月12日,我校文化产业与旅游管理学院刘涛、医学院姬新颖的五项建议被民革河南省委会采纳。此外,刘涛"打造新型人文城市群推动黄河文化旅游高质量发展"的提案和姬新颖"打造七位一体区域抗疫中心和疫情监控体系维护国家安全"的提案获得民革河南省委会2020年度重点调研课题资助。

8月17日晚,在第三个"中国医师节"来临之际,"出彩河南人"第二届最美医生颁奖典礼在郑州举行。省人大常委会副主任徐济超、副省长戴柏华、省政协副主席高体健出席颁奖典礼。我校援鄂医疗队队员,九三学社社员杨超获"最美医生"称号。

8月14日,我校九三学社社员王新海、郑海务、王伟带领的课题组或参与研究的课题分别取得重要科研成果,在国际重要期刊 Chemical Engineering Journal、Nature、ACS Nano 上发表。

8月20日,由无党派人士、河南省纳米生物医学国际联合实验室主任、药学院院长师冰洋教授主持承担的国家重点研发计划"纳米科技"重点专项青年项目"脑靶向仿生纳米药物的精准诊疗技术及应用"项目中期总结会以视频会议形式召开。该项目由我校牵头,南开大学和华南师范大学参与,于2018年获批,也是目前为止河南省唯一的国家重点研发计划青年项目。

8月21日,省委统战部、省委高校工委、省教育厅在新乡召开全省高校统战部长工作会议,总结上半年工作,安排部署下半年工作。省委统战部副部长梁险峰、省委高校工委专职委员高治军出席会议并讲话。我校党委常委、统战部部长李文山参加会议。

8月31日,河南省党外知识分子理论研究基地揭牌仪式暨座谈会在我校金明校区行政楼152会议室举行。省委统战部副部长梁险峰,省党外知识分子联谊会轮值会长、省科协副主席房卫平,校党委书记卢克平,副书记雷霆,以及省委统战部、省教育厅、省党外知识分子联谊会、我校党委统战部、我校党外知识分子联谊会等相关单位负责人,研究基地部分专家参加揭牌仪式并座谈。仪式由雷霆主持。梁险峰和卢克平共同为"河南省党外知识分子理论研究基地"揭牌。

8月31日,临床医学院召开学习习近平总书记在中央第七次西藏工作座谈会上的讲话精神座谈会。学院思政工作队伍全体人员参加,学院党委书记谢纳泽主持。

9月2—4日,我校2020年新任辅导员培训班在金明校区举行,各学院新任专兼职辅导员共26人参加培训。其间,党委统战部副部长于红英、保卫处副处长王赛之通过理论政策解读和翔实案例,对如何做好大学生安全教育工作进行了指导。

9月4日,民进中央副主席、秘书长高友东,全国政协委员、民进河南省委副主委、郑州大学法学院常务副院长沈开举,省政协常委、民进河南省委会专职副主委朱彤晖等一行6人来校考察调研。全国政协委员、校长宋纯鹏,出版社党总支书记、社长于华龙等陪同参观调研。

9月6日,农工党开封市委副主委、河大委员会原主委万琪琳,农工党河大委员会副主委张鹏带领医院农工党党员,与翠园社区卫生服务中心联合,在魏都社区开展义诊活动。

9月8日,九三学社河大委员会组织社员参观河南省第九届版画展及我校美术学院动漫工作室,并举行教师节座谈会。市人大常委会原副主任、九三学社开封市委原主委高继海,九三学社河大委员会原副主委、国内戏曲研究资深专家张大新,九三学社河大委员会主委张璟慧及部分社员参加活动。

9月9日,九三学社中央官网发布公告,我校王路娟老师在九三学社中央举办的庆祝建社75周年征文活动中喜获三等奖。

9月9日,在第36个教师节到来之际,民进开封市委专职副主委蒋中兴带领机关人员走访慰问我校教育科学学院教授、民进河大总支原主委汪基德,送去节日的问候和组织的关怀。

9月15日,湖北省政协副秘书长、九三学社湖北省委专职副主委应楚洲一行莅汴交流社务工作,并参观调研我校作物逆境适应与改良国家重点实验室。九三学社河南省委专职副主委陈志民、秘书长王治华、办公室主任刁卫星、组干处处长苗红娣,校党委副书记雷霆,副校长、九三学社社员王学路,党委常委、统战部部长李文山,市政协副主席、九三学社市委主委苗琛,九三学社市委秘书长樊丽,九三学社河大委员会主委张璟慧等陪同参观调研。

9月21日，全国人大常委会委员、环境与资源保护委员会副主任、农工党中央专职副主席龚建明一行来校就黄河流域生态保护工作进行调研，农工党河南省专职副主委花亚伟，农工党河南省委二级巡视员办公室主任高东升，市人大常委会副主任、农工党市委主委穆宏地，开封市委统战部副部长徐莉，农工党开封市委专职副主委、秘书长蒋淇出席调研活动。校党委书记卢克平，党委副书记、副校长刘志军，党委常委、统战部部长李文山，张立新、苗长虹、秦奋、程遂营、索智敏等专家学者参加调研座谈。

9月21—23日，由中国科协、国家发改委、九三学社中央等主办的"2020中国创新创业成果交易会"在广州举行。九三学社河大委员会副主委、化学化工学院王新海教授受邀参加交易会线上路演，集中展示了世界上第一艘太阳能无人驾驶水生态保障船——"大河一号"，及其所属的FEST集成处理系统及相关项目应用成果。

9月23日，在国庆节和中秋节来临之际，校党委书记卢克平，副书记雷霆，党委常委、统战部部长李文山走访慰问魏千志、吴雪莉等离退休党外代表人士。

9月23—25日，李文山带领党委统战部的同志看望慰问学校离退休党外代表人士和本部门退休老同志。

9月25日，我校九三学社社员郑海务应邀参加江苏省徐州市贾汪区委、区政府主办的2020高端装备与智能制造产业"双招双引"恳谈会暨高层次人才项目路演活动。郑海务的项目作为高层次人才项目与当地塔山镇进行了签约，并作为特邀代表作大会报告。

9月28日，九三学社河大委员会主委张璟慧带领社员慰问市公安局交警支队护学岗。

9月28日，临床医学院在学院106会议室召开学习座谈会，座谈习近平总书记在第三次中央新疆工作座谈会上的讲话精神。学院全体思政工作队伍参加学习座谈。学习座谈会由学院党委书记谢纳泽主持。

9月29日，河南省1+5宗教中国化研究中心成立揭牌仪式在河南省社会科学院举行。省委统战部副部长、省民宗委党组书记、主任李湘豫，省社科院党委书记阮金泉，省委高校工委副厅级干部张冰燕，省民宗委副主任杨三忠，省社科院副院长王承哲，部分高校、研究中心和有关单位代表参加揭牌仪式。"河南省宗教中国化研究中心"的5个分教研究中心中，"河南省伊斯兰教中国化研究中心"和"河南省佛教中国化研究中心"设在我校。校党委统战部副部长于红英代表学校在揭牌仪式上发言。

10月3日,九三学社社员、副校长王学路,校党委常委、统战部部长李文山,市政协副主席、九三学社开封市委主委、研究生院常务副院长苗琛,九三学社河大委员会主委张璟慧带领九三学社社员到我校菊花科研基地调研指导工作。

10月10日,省文史研究馆办公室副主任李亚旭为我校新增省文史研究馆馆员贾玉英、刘泮峒颁发馆员聘书。校党委常委、统战部部长李文山出席受聘仪式。

10月10日,民进河大总支与九三学社河大委员会联袂到祥符区调研"中国农民丰收节"。市政协副主席、九三学社开封市委主委、研究生院常务副院长苗琛,开封市人大常委会原副主任、九三学社开封市委原主委高继海,民进河大总支主委安国勇,九三学社河大委员会主委张璟慧等20余人参加活动。

10月14日,从省有关部门获悉,我校民革成员、文化产业与旅游管理学院刘涛老师报送的《关于在黄河流域九省(区)整体打造"天下黄河"文化旅游品牌的建议》被省委会办公厅信息室编发的《综合与摘报》第13期刊用,并得到省政协主要负责同志和省政府分管领导的批示。

10月16日,文学院举办2020级新疆籍预科生开学典礼。学生处处长王友成、教务处副处长樊小勇、保卫处副处长王赛之,文学院党委书记葛本成、院长王宏林等出席典礼,2020级新疆籍预科班全体新生参加典礼。

10月17—18日,农工党河大委员会近40人赴三门峡实地考察黄河湿地生态保护,城市绿色发展以及山水林田湖草一体化保护和修复工程。

10月23日,九三学社河大委员会在主委张璟慧的带领下参观在我校明伦校区举行的国际动漫节,并聆听了第三届中国高等院校动画高峰论坛。九三学社河大第一支社主委倪娜被聘为动漫产业发展智库专家,并主持了论坛主题演讲。

10月29日,民进河大总支委员会在主委安国勇的带领下,赴前付村开展慰问调研,并对农作物的旺长进行管理技术指导。

10月30日,九三学社河大委员会第一支社在新校区行政楼研究生院会议室召开履职报告会与民主生活会。市政协副主席、九三学社市委主委苗琛,九三学社河大委员会主委张璟慧参加。

10月30日,第12届北京菊花文化节世界花卉大观园第11届菊花擂台赛落下帷幕,九三学社河大委员会副主委、生命科学学院王子成教授课题组及所在培育基地选送的菊花参赛作品获得一等奖和银奖。

10月31日,中国古文字研究会第二十三届学术年会在我校举行。年会现场发布了由我校欧美同学会会员张重生老师主研的首款AI甲骨缀合产品——缀多多现场发布,首次在真正意义上实现了人工智能批量缀合甲骨,新科技与传统文化跨越千年实现完美结合。

10月,我校九三学社社员王路娟博士的文章《坚定方向 弘扬传统 思想建社 继往开来——新时代背景下加强九三学社思想建设工作的实践与思考》,被河南九三社讯(2020年第3期)刊登。

11月2日,经校党委研究决定,任命来我校挂职锻炼的周口职业技术学院农牧工程学院院长李嘉、河南省豫盐盐产品开发有限公司董事长陶伟丽,分别担任科学技术研究院副院长和商学院副院长。

11月4日,统战部党支部在部长、党支部书记李文山带领下,赴开封市祥符区曲兴镇双楼村和通许县竖岗镇前付村调研我校驻村扶贫工作,了解驻村工作队工作情况,并慰问驻村工作队员。

11月4日,农工党河大委员会主委索智敏带领我校淮河医院和第一附属医院的农工党医疗专家,到我校定点扶贫村祥符区曲兴镇双楼村开展义诊活动。农工党市委副主委万琪琳也以医疗专家身份参加了义诊活动。前往开展党日活动的校党委常委、统战部部长李文山和农工党医疗专家为该村赠送了常用药品。

11月5日、6日,党委统战部分别在明伦校区、金明校区召开统战委员培训暨统战工作推进会,全校各单位统战委员及相关人员参加会议。党委统战部副部长于红英带领大家学习了中央和我校近期出台的有关统战工作文件。校党委常委、统战部部长李文山出席会议并讲话,对建校110周年统一战线纪事系列丛书的编撰等工作进行安排和部署。

11月5日,九三学社河大委员会第二支社履职报告会暨民主生活会在九三学社开封市委一楼会议室召开。市政协副主席、九三学社市委主委苗琛,九三学社河大委员会主委张璟慧应邀参加。

11月8—14日,党委统战部副部长于红英赴上海交通大学参加学校组织的中层党政管理副职治理能力提升专题培训班。

11月13日,省委统战部知识分子工作处、省委高校工委统战处领导和河南师范大学、河南工业大学、郑州航空工业管理学院、新乡学院等兄弟高校统战部负责人参加在我校举行的统战工作专项推进会。

11月14日，我校民革成员、文化产业与旅游管理学院教师刘涛，在民革中央机关报《团结报》上发表了题为《围绕国家重大区域发展战略形成文化产业发展新格局》的文章。

11月16日，九三学社中央官微"九三学社之声"，刊发我校社员王路娟的文章《坚定方向弘扬传统思想建设继往开来——新时代背景下加强九三学社思想建设工作的实践与思考》。

11月21日，九三学社河大委员会第四支社在九三学社开封市委一楼会议室召开了学习中共十九届五中全会精神与履职报告会暨民主生活会。第四支社支委班子及部分社员参加。九三学社开封市委副主委虎华、九三学社河大委员会主委张璟慧应邀出席。

11月22—26日，校党委常委、统战部部长李文山前往云南师范大学参加中国高等教育学会统战工作研究分会2020年年会和全国高校统战部长培训班，并与参会（训）的省内外兄弟高校统战部部长开展工作交流。

11月22—27日，全省高校统战部长培训班在省社会主义学院举行，我校党委统战部副部长于红英参加培训。27日，校党委常委、统战部部长李文山以《如何开展高校统战工作》为题，为培训班学员作专题辅导报告。

11月24日，九三学社中央官网发布了《关于表彰抗击新冠肺炎疫情先进集体和先进个人的决定》（九三学社中央发〔2020〕17号）。我校杨超被社中央授予抗击新冠疫情湖北抗疫一线优秀社员。

11月25日，省委统战部印发《关于推动第一批省级党外知识分子实践创新基地建设的通知》，我校党外知识分子负责联系共建的开封市华通成套开关有限公司被确定为第一批省级党外知识分子实践创新基地。

11月26日，民进河南省委副主委、河南开放大学副校长马玉霞，民进河南省委二级巡视员王彩虹一行来校调研。在汴期间，马玉霞等还参加了民进河大总支和民进开封市鼓楼支部的组织生活。全国政协委员、民进开封市委主委、校长宋纯鹏，民进开封市委专职副主委蒋中兴，民进河大总支主委安国勇、民进鼓楼支部主委刘家钧等参加活动。宋纯鹏致欢迎辞，安国勇代表河大总支汇报工作。

11月26日，我校党委统战部主办的同心大讲堂在明伦校区小礼堂开讲。黄河文明与可持续发展研究中心王蕴智教授作了题为《黄河流域中原地区是汉字形成与发展的摇篮》的专题讲座,来自黄河文明与可持续发展研究中心等单位的70余名师生聆听讲座,党委统战部副部长王春晓主持讲座。

11月28日,由中国商业史学会中国大运河专业委员会等联合承办的中国大运河专业委员会成立大会暨新时代大运河文化发展高端论坛举行。论坛主会场设在上海交通大学,同时举办线上论坛。民革党员、我校文化产业管理系刘涛老师受聘为中国大运河专业委员会副主任委员,并代表共同发起单位发言。

12月3—4日,省党外知识分子理论研究基地副主任、哲学与公共管理学院教授何云峰,研究基地秘书长、校党委统战部副部长于红英等一行四人赴武汉大学,参加"党外知识分子与中国特色社会主义论坛(2020)"学术年会,并参观中国统一战线理论研究会党外知识分子统战工作理论研究基地。

12月5日,我校定向服务新蔡县教学名师和骨干教师专业素养提升培训班在新蔡县新时代实验学校报告厅举行。校党委统战部副部长于红英和新蔡县统战部常务副部长张玉勇,县教育局党组成员、教师进修学校校长张志亮等出席开班仪式。我校郝兆杰、王萍教授为新蔡县300余名骨干教师做专题报告。

12月10日,由省委高校工委专职委员何秀敏担任组长的省委统战部、省委高校工委督导检查组一行7人,来校检查指导"双防"宗教工作。在校督查期间,督查组成员与校领导班子成员、相关职能部门负责人、基层党组织书记、统战委员、辅导员、教师代表和学生代表进行了分组访谈,并通过查阅档案资料,深入新老校区食堂、宿舍等处实地考察等方式对我校"双防"宗教工作进行了全方位督查。

12月11日,校党委统战部原部长王守训同志因病医治无效,在郑州逝世,享年82岁。12月12日,校党委副书记雷霆,党委常委、统战部部长李文山及有关部门负责同志前往郑州吊唁。

12月14日,九三学社中央发布《关于表彰2020年全国优秀新闻作品和十佳网站、微信公众号、期刊的决定》,张璟慧等撰写的以我校援鄂医疗队员杨超事迹为主题的《九三学社社员杨超:风雨同担向死而生》获得网络类优秀新闻作品一等奖。

12月15日,我校党外代表人士实践锻炼基地第五批挂职锻炼干部见面会在金明校区行政楼308会议室召开。校党委副书记雷霆,校党委常委、组织部部长李庆春,校党委常委、统战部部长李文山,商学院党委书记冯海清,科学技术研究院副院长胡彬彬,挂职干部李嘉、陶伟丽参加会议。李文山主持见面会。

12月15日,以省纪委监委驻省委统战部纪检监察组副组长程云为组长的考察组,来我校考察拟增补省欧美同学会副会长、我校职务犯罪检察研究中心刘路阳。

12月15日,九三学社河大委员会副主委赵勇课题组在锂氧气电池领域取得新进展,相关成果以全文形式在国际学术期刊《中国科学:材料》(Science China Materials, 2020, DOI: s40843-020-1519-9,影响因子=6.098)上发表。

12月17—18日,民革河南省委会在郑州举办全省参政议政工作暨高端智库培训,并公布了有关课题评审结果,表彰了一批先进集体和个人。我校民革党员刘涛主持的重点调研课题"打造新型人文城市群推动黄河文化旅游高质量发展"被评为优秀,刘涛本人被评为"2020年度民革河南省委会反映社情民意信息工作先进工作者"和"提案和发言工作先进个人"。

12月17日,民建河南省委在郑州举办民建成立75周年、河南民建组织成立70周年暨民建河南省委会成立40周年大会,表彰了一批先进集体和个人。我校民建会员彭宝玉被评为民建河南省优秀会员,秦奋、孙秋菊、翟磊被评为民建省委抗击新冠疫情先进个人,民建开封市河南大学总支被评为民建河南省先进集体。

12月21日,省委统战部官网公布了全省统一战线"助力决胜全面小康决战脱贫攻坚"征文活动获奖名单,我校党委统战部李龙国提交的《万琪琳:不忘初心,情系桑梓》一文获得二等奖。

12月23日,校党委理论学习中心组学习《河南省关于加强和改进新时代党外知识分子思想政治工作的实施意见》。

12月23日,省发改委召开促消费政策咨询专家组成立会议及促消费座谈会。省发改委党组成员、副主任支安宇出席会议,为专家组成员颁发聘书并讲话。我校民革党员、文化产业与旅游管理学院刘涛被聘为专家组成员。

12月26日,河南欧美同学会(河南留学人员联谊会)一届二次理事会在郑州召开。我校欧美同学会(留学人员联谊会)获"先进集体"荣誉称号,我校法学院刘路阳教授增补为副会长,环境与规划学院秦明周教授增补为理事。环境与规划学院院长、河南欧美同学会副会长傅声雷教授出席会议。

12月27日,民盟河大委员会第十四次代表会议在金明校区图书馆三楼会议室召开。校党委副书记雷霆,市委统战部副部长徐莉,市政协副主席、民盟开封市委主委刘海潮出席会议并讲话。民建河大总支主委秦奋代表学校各民主党派和统战团体到会致贺。市政协原副主席、民盟开封市委原主委马同森,校党委常委、统战部部长李文山,民盟开封市委副主委侯慧芳等出席会议。民盟河大委员会近60名代表参加了会议,会议由民盟河南大学第十三届委员会副主委阎现章主持。会议审议通过了《民盟河南大学第十三届委员会工作报告》,选举产生了民盟河南大学第十四届委员会,郭兴方当选为主任委员,黄慧慧、毛立群、辛永芬、翟秋敏当选为副主任委员。

12月30日,我校民盟盟员杨健生、黄慧慧荣获民盟中央"民盟思想政治建设与宣传工作先进个人"称号。

2021 年

1月8日下午，我校在金明校区行政楼152会议室召开省市人大代表、政协委员培训交流会。校党委副书记雷霆出席会议并讲话，我校省市人大代表和政协委员、党委办公室、校长办公室、发展规划处、总务处、保卫处、黄河文明与可持续发展研究中心等单位负责同志参加会议，校党委常委、统战部部长李文山主持会议。

1月9日，党外挂职干部、商学院副院长陶伟丽，商学院研究生办公室主任、MBA中心办公室主任刘旭旺等一行到星联芒果集团进行参观学习，参观活动结束后，商学院代表团一行在星联芒果集团总部举行沟通交流会。

1月11—14日，各民主党派中央、省委会、市委相继召开工作会议，总结工作，表彰先进。民建河南大学总支获"民建河南省先进集体"称号，农工党河南大学委员会获"农工党河南省先进基层组织"称号，农工党河南大学淮河医院总支获农工党市委"先进组织"称号。民盟盟员杨健生、黄慧慧被民盟中央授予"民盟思想政治建设和宣传工作先进个人"称号。九三学社社员杨超被九三学社中央授予"湖北抗疫一线优秀社员"称号。农工党党员王达奇的微视频作品"我和我的祖国"获农工党中央"微视频展播"大赛一等奖。九三学社社员王路娟荣获社中央举办的九三建社75周年征文三等奖。民革党员姬新颖和刘涛获得"民革河南省委员会2020年度重点调研课题成果优秀奖"。民盟盟员马超被民盟省委会授予"最美统战人"称号。民建会员秦奋和彭宝玉分别被民建省委会授予"抗击新冠疫情先进个人"和"民建河南省优秀会员"称号。民进会员安国勇、刘昂被民进省委会授予"全省新型冠状肺炎防控先进个人"称号。九三学社社员张璟慧获得"九三学社省委理论研究工作先进个人"，李二玲获"九三学社省委社会服务工作先进个人"称号，王路娟、秦文婧和武利萍被九三学社省委会授予"新冠肺炎疫情防控工作先进个人"。

1月15日,河南大学作物逆境适应与改良国家重点实验室王学路教授团队和华中农业大学李友国教授在 Nature Plants 上发表了题为 Glycine max NNL1 restricts symbiotic compatibility with bradyrhizobia via root hair infection in soybean 的研究论文。副校长、九三学社社员王学路教授和华中农业大学李友国教授为该论文共同通讯作者,华中农业大学与河南大学联合培养的张豹博士后为第一作者,河北省农科院张孟臣研究员团队、美国农业部宋启建研究员等参与该研究。

1月17日、18日,政协河南省第十二届委员会第四次会议、河南省第十三届人民代表大会第四次会议相继在郑州开幕。会议期间,我校人大代表、政协委员认真参加全体会议和分组讨论活动,积极建言献策。

1月21—22日,省欧美同学会(中国留学人员联谊会)第一次全国会员代表大会召开,会议选举产生了第八届理事会。我校法学院教授刘路阳当选为理事会理事。

1月28日上午,民盟河南大学委员会赴通许县前付村调研脱贫攻坚和乡村振兴工作,并慰问驻村干部。

2月1日,校党委常委、统战部部长李文山带领工作人员先后走访易启祥、阎现章等退休党外老同志,以及刘欣梅、袁业倩等党委统战部退休老同志。

2月3日,全国政协常委、省政协副主席、农工党省委主委高体健一行来校看望慰问我校棉花生物学国家重点实验室主任周树堂教授。全国政协委员、省政协副秘书长张广东,省政协常委、教科卫体委员会副主任修振环,教科卫体委员会副主任李新中,开封市人大常委会副主任、农工党市主委穆宏地,开封市政协副主席赵洁陪同看望。副校长冯淑霞,有关部门负责人参加会见。

2月4日,市政协副主席、民盟开封市委主委刘海潮带领机关工作人员走访慰问了李贤臣、马同森、易启祥、温振宇、王宝童、姜同、廖春保、张孟钦、曹尔瑞、黄树林、云学文、姚桂月、张宝兰等老同志,为他们送上新春的关怀和美好的祝福。民盟河南大学委员会主委郭兴方、民盟黄河水院总支主委张建忠、民盟文职院总支主委褚自刚、民盟高等教育委员会副主任李华等陪同慰问。

2月4日,民建河南大学总支副主委彭宝玉提出"以改革驱动创新打造国际文化旅游名城",建议刊登开封日报上,提出在"十四五"时期,要发挥好开封独特的、丰富的历史文化资源和在全国文化产业发展格局中占据特殊地位,抓住文旅产业发展面临的新机遇,乘势而上,推动开封文旅产业高质量发展。

2月5日上午,在新春佳节即将到来之际,省政协主席、党组书记刘伟一行来校走访慰问我校材料学院程纲教授。省政协秘书长汪中山,开封市委书记高建军、市政协主席焦跃进、市人大常委会副主任徐同君、市政协副主席赵洁,校党委书记卢克平及学校相关职能部门负责人陪同慰问。

2月5日,省政协副主席、民革河南省委主委李英杰一行来校看望慰问我校国家杰出基金获得者、河南大学欧美同学会(河南大学留学人员联谊会)会长、河南欧美同学会副会长、第十二届河南省政协委员、环境与规划学院院长傅声雷教授。省政协副秘书长郭立魁,省政协农业与农村委员会副主任崔翼,省政协农业与农村委员会办公室主任徐清璞,开封市政协副主席、民革市委主委张志刚,开封市政协农业农村委主任梁培峰等陪同看望。副校长冯淑霞等有关部门负责人参加会见。

2月6日,省文史馆馆员刘泮峒来到驻汴某部军营,为官兵们写春联,表达他对解放军战士的崇敬之情。3月3日,学校收到一封来自解放军驻汴某部的感谢信。

2月6日,教育科学学院领导班子与学院民主党派人士欢聚一堂,共同分享学院取得的成绩,畅想学院美好明天。

2月23日,文学院2020级新疆籍预科班于线上开展第四期"跟着习总书记学诗词"主题班会。班会由预科班班长逊哈儿·吐尔汗别主持,预科班辅导员卡哈尔应邀参加本次活动。

2月24日下午,开封市委常委、统战部部长邵华,常务副部长吕孟锦,副部长徐莉一行来学校调研统战工作,校党委副书记张宝明,校党委常委、统战部部长李文山,副部长于红英陪同调研。

3月5日,特种功能材料教育部重点实验室赵勇教授课题组系统总结了材料缺陷对电解水性能的影响,相关成果发表在 Energy & Environmental Science (Energy Environ. Sci. ,2021,DOI:10.1039/D0EE03635H)。

3月12日下午,省归国华侨联合会事业权益部部长牛海棠,省侨联机关干部任天骄、魏士奇一行来我校调研基层组织建设等工作,开封市侨联主席黄海鸿陪同调研。

校党委统战部副部长于红英、王春晓,省侨联常委、我校医学院副院长姬新颖,校侨联主席武四新、副主席段少峰、陈楠、秘书长田柯,中原发展研究院副院长孟骞、体育学院教师史鹏飞等参加调研座谈会,王春晓主持会议。与会人员就侨联基层组织建设、队伍建设、《侨情专报》的信息工作机制等方面进行交流。

3月12日，河南省党外知识分子联谊会副会长、省政协副秘书长张广东来校，对省党外知识分子理论研究基地建设情况进行调研，校党委副书记张宝明，校党委常委、统战部部长李文山，统战部副部长于红英，党外知识分子理论研究基地何云峰、欧健、齐德舜、刘肖委等参加了调研活动。

3月16日上午，河南大学哲学与公共管理学院教授、河南省统一战线理论研究河南大学基地副主任何云峰在嵩县党史学习教育专题报告会上作了题为《中国共产党百年党建历程》的辅导报告。

3月18日，从九三学社河南省委员会传来好消息，在2012—2020年助力脱贫攻坚先进集体和先进个人表彰活动中，九三学社河南大学委员会荣获"2012—2020年助力脱贫攻坚组织贡献奖"，我校李二玲教授荣获"2012—2020年助力脱贫攻坚个人贡献奖"。

3月20日上午，学校统一战线名牌讲坛"同心大讲堂"在哲学与公共管理学院第一会议室再度开讲，哲学与公共管理学院教授、河南省党外知识分子理论研究基地副主任何云峰以《从百年党史看中国共产党的统战经验》为题，对中国共产党百年历史中统一战线工作的发展历程进行生动解读。党委统战部副部长于红英主持讲座。

3月20日下午，校党委统战部副部长于红英以"坚持马克思主义无神论，做党的事业合格接班人"为题，为音乐学院第三期入党积极分子培训班授课，127名入党积极分子参加培训。

3月22日下午，"守望之家"少数民族学生思想政治工作室2021年工作研讨会在曾宪梓楼"守望之家"工作室召开。工作室全体核心成员参加会议，会议由工作室主持人、临床医学院党委副书记姜原主持。

3月23日上午，文学院2020级新疆籍预科班"跟着习总书记学诗词"主题班会在学院党建活动室举办，院党委副书记王志国、预科班辅导员卡哈尔出席此次班会。班会由加娜提·阿布孜克尔同学主持。

3月24—26日，河南省少数民族学生思想政治工作干部培训班在开封大学举办。省委高校工委专职委员何秀敏向10所"高校少数民族学生思想政治工作室"高校授牌，我校党委学生工作部副部长、学生处副处长王林代表学校受牌。

3月26日中午，药学院在学院二楼会议室召开了新疆籍学生座谈会。药学院党委副书记、副院长宋晓勇及各年级辅导员和学院全体新疆籍学生参加会议。

3月26日,我校在新校区行政楼426会议室召开统战工作、宗教工作领导小组会议。学校统战工作、宗教工作领导小组各成员部门负责同志参加会议,审议《关于学习宣传贯彻〈中国共产党统一战线工作条例〉的通知》(征求意见稿)。校党委常委、统战部部长李文山主持会议。

3月27日,民革河南省委会向我校党委统战部发来贺信,对我校民革党员、文化产业与旅游管理学院刘涛老师的参政议政成果进行通报表扬。在今年1月份召开的政协河南省十二届四次会议上,刘涛为民革河南省委会提交的5篇提案和发言材料被大会采用,参政议政成绩显著,受到民革河南省委会的充分肯定。

3月27日至4月1日,文学院于学院二楼大教室集中开展2021年春季入党积极分子系列课程培训。校党委统战部副部长于红英以"坚持马克思主义无神论,做党的事业合格接班人"为主题,从"坚持马克思主义无神论是大原则""我国民族宗教政策"和"做党的事业合格接班人"等方面进行了讲解。

3月29日中午,护理与健康学院在综合楼4203教室开展"谈身边变化,明初心使命"主题活动。2018级辅导员热孜万古丽·黑木都主持活动,"石榴班"全体在校生参加活动。

3月30日,纪委监察专员办公室机关在行政楼406会议室开展政治理论和业务学习,专题学习研讨《中国共产党统一战线工作条例》,邀请校党委常委、党委统战部部长李文山进行专题辅导。学习研讨会由校纪委副书记张润泳主持,纪委监察专员办公室机关全体干部参加学习。

3月30日上午,党委统战部、学生处在金明校区行政楼426会议室组织《中国共产党统一战线工作条例》学习,进行铸牢中华民族共同体意识培训,党委统战部、学生处负责人,以及从事新疆籍学生工作的内派教师,药学院、护理与健康学院、临床医学院、口腔医学院、文学院辅导员,部分学生干部、少数民族学生参加了学习培训。

4月1日下午,"守望之家"少数民族学生思想政治工作室成员、护理与健康学院2018级辅导员热孜万古丽·黑木都带领部分学生党员和"石榴班"全体在校学生赴开封市烈士陵园开展"追思先烈·感恩奋进"主题教育实践活动。

3月28日至4月2日,武术学院举办第一期入党积极分子党课培训班。本次党课培训中,学院组织学员们集中在线学习了《党的宗教理论和宗教政策》《为什么把纪律挺在前面》以及河南大学校史视频讲座和影片。

4月11—21日,九三学社河南大学各支社委员会召开履职报告会。

4月12—16日,河南省委统战部2021年春季学期培训班在南水北调干部学院举办。我校何云峰、李龙国参加了全省统战理论政策研究和宣传工作培训班。其间,何云峰教授还参加了河南统一战线2021年重点理论课题研究推进会。

4月22日下午,由"守望之家"少数民族学生思想政治工作室举办的"学党史·悟思想·践初心"民族团结微党课大赛(学生组)在金明综合楼2205教室举行。

4月23日下午,农工党河南大学一附院总支40余名党员在主委席子明的带领下,到开封党员政治生活馆参观学习。

4月23日下午,"守望之家"工作室在曾宪梓楼学术报告厅,举办学习经验及考研经验交流会。临床医学院2016级考取研究生的四名少数民族学生,应邀作学习及考研经验分享。

4月25日,新疆维吾尔自治区昌吉回族自治州吉木萨尔县卫生健康委员会党委书记包霞一行7人到临床医学院调研交流。临床医学院党委书记谢纳泽、党委副书记姜原等在学院106会议室与客人进行座谈,就毕业生关心的共性问题进行咨询交流。

4月26日,我校受到省委统战部表彰通报,由我校文化产业与旅游管理学院陈楠等人完成的《中原黄河流域旅游发展研究》获得省知联会建言献策优秀成果一等奖。

4月28日下午,校党委常委、统战部部长李文山在文学院二楼会议室为学院党委委员、部分党支部书记讲专题党课。

5月11日,校党委学生工作部副部长、学生处副处长王林,内派教师陈昌明到临床医学院调研,指导少数民族学生教育管理工作。

5月11日,河南大学党委统战部在明伦校区小礼堂举办"同心大讲堂"专题讲座。民革河南大学支部主委张先飞教授作了题为《五四:青年中国的诞生》的专题报告,80余名师生现场聆听了讲座,党委统战部副部长于红英主持讲座。

5月12日,河南省社科联隆重举行第十届河南省优秀青年社科专家颁发证书仪式,并召开专题座谈会。我院校级特聘教授、博士生导师,九三学社社员姚远被中共河南省委组织部、中共河南省委宣传部、河南省人力资源和社会保障厅、河南省社会科学界联合会联合授予"第十届河南省优秀青年社科专家"殊荣。

5月15日,文学院2020级新疆籍预科班在学院一楼党建活动室A101开展"青春向党,奋斗强国"的主题团日活动。

5月16日,民进河大总支部分会员在安国勇主委率领下,前往开封市杞县宗店乡刘庄村豫东战役、淮海战役纪念馆考察、学习。

5月16日上午,民进河南大学总支在金明校区棉花生物学国家重点实验室会议室召开《中国共产党统一战线工作条例》学习专题会议。民进河南大学总支主委、棉花生物学国家重点实验室(河南大学)常务副主任安国勇,副主委郭善兵、徐括喜,委员徐博、刘昂,骨干会员朱建霞、刘浩等十余位会员参加了专题学习会。

5月20日,校党委常委、统战部部长李文山带领部门同志前往兰考县委统战部调研交流,并开展"百年风华、初心如磐"主题党日活动。

5月20日上午,生命科学学院在学院B201会议室召开党委理论学习中心组(扩大)会议,专题学习师德师风建设、《中国共产党统一战线工作条例》和新时代意识形态工作等。

5月22—23日,农工党河南大学委员会一行50人,在副主委席子明、刘广超、张鹏带领下,赴林州红旗渠开展中共党史学习实践活动,并分组召开学习讨论会。

5月25日下午,临床医学院在学院106会议室召开党委理论学习中心组(扩大)学习会议,集中学习《中国共产党统一战线工作条例》。

5月26日上午,武术学院在学院一楼会议室召开党委理论学习中心组(扩大)学习会议,集中学习《中国共产党统一战线工作条例》。

5月26日下午,傅声雷教授主持的中原学者项目验收工作在环境与规划学院301会议室进行。傅声雷教授汇报了中原学者项目——"关键生态过程的生态地理学研究"完成情况,介绍了团队后续研究规划,专家组对中原学者项目进行了质疑和讨论。

5月27日,全省政协文史馆工作座谈会在郑州召开。会议宣布了省政协文史馆首批特聘专家和特聘征集员名单并举行了聘任仪式,我校历史文化学院赵金康教授被聘为省政协文史馆首批特聘专家并出席了当天的座谈会。

5月28日,河南省统一战线理论学会第四次会员代表大会在郑州召开。会议书面听取了河南省统战理论学会第三届理事会工作报告,审议通过了河南省统一战线理论学会章程(修正案)、河南省统一战线理论学会第四次会员代表大会选举办法,选举产生了第四届理事会和会长、副会长、秘书长。张红林当选为会长,河南省党外知识分子理论研究基地副主任、我校哲学与公共管理学院教授何云峰当选为副会长,校党委常委、统战部部长李文山和马克思主义学院齐德舜、陈卫华、欧健教授当选为理事。

6月1日上午,开封市政协副主席张晖,开封市政协副主席、九三学社开封市委主委、研究生院常务副院长苗琛赴祥符区西姜寨爱思嘉现代农业产业园,就乡村振兴及高油酸花生全产业链建设情况进行调研。

6月2日,从河南省科协获悉,第三批河南省首席科普专家入选对象开始公示,我校校长、民进会员宋纯鹏,医学院副院长、民革党员姬新颖,物理与电子学院教师、无党派人士戴树玺三人入选。

6月8日下午,党委统战部在历史文化学院一楼113教室举办"同心大讲堂"专题讲座,邀请历史文化学院副院长、博士生导师魏继印教授作了题为《黄河文明与中华民族共同体》的专题报告,60余名师生现场聆听了讲座。

6月10日,临床医学院、"守望之家"少数民族学生思想政治工作室举办"红心不变·舞我风华"舞蹈比赛圆满落幕,各民族学生用优美的舞姿展示多元风尚,以火热的激情讴歌党的恩情。

6月7—11日,由中国高等教育学会统战工作研究分会主办、西南交通大学社会主义学院承办的"高校统战干部能力提升培训班(第1期)"在西南交通大学举办。我校党委统战部理论宣传科长李龙国参加培训。

6月17—19日,由全国艺术专业学位研究生教育指导委员会主办、东北师范大学承办的"全国艺术硕士研究生舞蹈领域培养院校作品展演活动"在东北师范大学举行。我校原创舞剧《"担"当》斩获"组织奖",台联副会长兼秘书长李昉副教授荣获"指导教师奖"。

6月19日上午,民盟河南大学委员会主委郭兴方、副主委辛永芬、翟秋敏以及部分盟员老师深入尉氏县张市镇,围绕乡村振兴和智慧农业建设发展情况进行调研,以实际行动助力乡村振兴战略实施。

6月21日,河南大学欧美同学会(河南大学留学人员联谊会)副秘书长郑海务的课题组在摩擦纳米发电机研究领域取得新进展,相关成果在线发表于自然指数期刊、国际权威期刊 *Advanced Functional Materials*。

6月24日上午,校党委常委、统战部部长李文山带领部门同志,看望慰问老党员,并为她们颁发"光荣在党50年"纪念章。

6月24日,河南省教科文卫体工会委员会主办了"中国梦·劳动美——永远跟党走"全省高校教职工摄影、书法、绘画展。我校盟员许胜建的书法作品《笙歌·翰墨》对联荣获河南省书法类金奖、河南大学书法类一等奖。

6月25日下午3点,在河南大学国际合作与交流处会议室举行提案办理研讨会。开封市政协委员毛立群在市政协十二届四次会议上提交了《关于推进我市市校黄河战略合作的建议》,被列为市政协本年度第211号提案。参会单位有提案承办的市科技局、市政府发展研究中心、市发改委、市教体局4个单位,以及民盟河南大学委员会主委郭兴方,河南大学黄河文明与可持续发展中心副主任侯卫东。

6月26日上午,民盟河南大学委员会在金明校区行政楼152会议室召开"学党史,跟党走"主题教育学习会。40余位盟员代表参加了会议,民盟开封市委许娜等同志应邀出席会议。

7月1日上午,河南大学统一战线庆祝中国共产党成立100周年座谈会在金明校区行政楼426会议室召开。校党委副书记张宝明出席会议并讲话,学校各民主党派、统战团体基层组织负责人参加会议,校党委常委、统战部部长李文山主持座谈会。

7月2日上午,河南大学第三届校园动漫大赛暨"玄蚂杯"动漫创意工坊开幕式在河南大学美术学院举行,九三学社河南大学委员会全方位参与该活动。

7月6日上午,民革河南大学支部主委张先飞、副主委丁凯及三位支部委员参加民革开封市委第十五次代表大会,选举产生新一届民革开封市委员会领导班子,张志刚当选新一届民革开封市委员会主委,张先飞当选民革开封市委委员。

7月7日,民建开封市第十四次代表大会举行。大会听取并审议通过了高晓阳代表民建开封市第十三届委员会所作的工作报告。大会选举产生了民建开封市第十四届委员会委员18人。代表大会还通过了《中国民主建国会开封市第十四次代表大会决议》。

7月8日,九三学社开封市第九次代表大会在市政协六楼常委会议室召开。会议审议通过了九三学社开封市第八届委员会工作报告和监督委员会工作报告,选举出了九三学社开封市第九届委员会和新一届领导班子,通过了九三学社开封市第九次代表大会决议。

7月9日,中国民主同盟开封市第十四次代表大会成功举行。会议听取并审议了民盟开封市第十三届委员会工作报告《薪火相传 共襄盛举 为谱写开封更加出彩的绚丽篇章作出积极贡献》。选举产生了民盟开封市第十四届委员会,刘海潮当选民盟开封市第十四届委员会主任委员,我校郭兴方、黄慧慧当选副主任委员。

7月10日下午,"回顾奋斗历程、坚守合作初心"同心大讲堂党史学习专题讲座在金明校区行政楼151会议室举行,上海复旦大学企业教育研究中心主任、高等教育研究所硕士生导师,九三学社中央教育文化委员会副秘书长张晓鹏教授应邀作《"无名英雄"武剑西的传奇人生》报告。九三学社市委副主委樊丽、民进河南大学总支主委安国勇、九三学社河南大学委员会主委张璟慧等60余人参加报告会。党委统战部副部长于红英主持报告会。

7月10日下午,民进河南大学总支主委安国勇,副主委郭善兵、徐括喜及会员代表陈国剑、陈友民、朱建霞等来到金明校区图书馆一楼大厅,参观了由河南大学党委宣传部、图书馆、档案馆、文物馆主办的河南大学"红色档案文献"展,现场开展党史、校史学习教育。

7月13日,农工党河南大学委员会主委索智敏,农工党河南大学委员会原主委万琪琳,副主委刘广超、王达奇、张鹏、王运河、王泽坤、信文启、韩文韬等20多名党员代表参观了河南大学"红色档案文献"展,现场开展党史、校史学习教育。

7月15日,全省党外知识分子联谊会会长学习贯彻习近平总书记"七一"重要讲话精神座谈会在河南大学召开。省委统战部副部长梁险峰出席会议并讲话。

7月16日,河南省第一届党外知识分子学习贯彻习近平总书记关于加强和改进统一战线工作的重要思想研讨会在河南大学召开,省党外知识分子联谊会会长、省政协副主席、民革省委会主委李英杰,省委统战部副部长梁险峰,省委高校工委专职委员何秀敏,河南大学党委书记卢克平等有关领导出席会议并致辞,省知联会执行会长、省政协副秘书长张广东,省知联会副会长、河南工程学院校长李利英,省知联会专委会主任、省药品监督管理局局长章锦丽,省知联会常务理事、鹤壁市人民政府副市长李小莉,省委统战部知工处,省委统战部省知联会秘书处,省委高校工委、省教育厅组干(统战)处等有关领导出席会议。

7月26日,面对河南强降雨引发的灾情,河南大学美国校友会启动支持河南抗洪救灾募捐活动。校友们踊跃捐款,当地侨胞及各界爱心人士越来越多参与其中。

8月23日下午,河南大学第一附属医院支援尉氏县人民医院医疗队73名队员和3名支援尉氏县疫情防控及诊疗专家圆满完成任务,平安凯旋。在归来的英雄队伍中有一位女英雄,她就是九三学社河南大学委员会委员、河南大学第三支社委员、河南大学第一附属医院呼吸与危重症病区主任秦文婧医生。

7—8月,新冠疫情再次来袭,河南多地遭遇极端强降雨天气,河南大学民主党派基层组织发挥各自优势、积极献策出力,与全省人民风雨同行、奋勇抗洪,为打赢防汛救灾攻坚战贡献力量。

9月30日,校党委副书记张宝明同志与党委统战部工作人员看望慰问我校党外代表人士,给他们送去国庆节日的祝福。

10月1日,九三学社河南大学委员会第二支社社员、河南大学作物逆境适应与改良国家重点实验室王学路及其团队在国际著名学术期刊Science(《科学》)上发表了题为"Light-induced Mobile Factors from Shoots Regulate Rhizobium-triggered Soybean Root Nodulation"的研究论文,这一突破性成果引起学界的高度重视。

10月10—11日,由九三学社河南省委、九三学社开封市委、九三学社河南大学委员会共同承办的以"加强农业结构调整推进农业绿色发展"为主题的九三学社中央第三十二次科学座谈会在开封举行。学校党委书记卢克平,校长宋纯鹏,副校长、九三学社社员王学路,研究生院常务副院长、开封市政协副主席、九三学社开封市委主委苗琛等出席。

10月13日下午,校党委理论学习中心组在金明校区图书馆三楼会议室召开扩大学习会,校党委副书记张宝明领学习近平总书记在中央民族工作会议上发表的重要讲话精神,与会成员自学了《中国共产党统一战线工作条例》《宗教事务条例》等辅导材料。

10月13—14日,全国人大常委、宪法和法律委员会副主任委员、民盟中央专职副主席徐辉带领民盟中央调研组一行莅豫开展参政党理论研究工作专题调研。参政党理论研究专家、河南大学盟员阎现章、开封盟员朱锋等受邀参会,围绕开展参政党理论研究的经验心得和存在问题同与会领导、专家进行深入交流,并就进一步加强参政党理论研究工作提出意见建议。

10月15日,在校知联会会长、材料学院院长杜祖亮,党委统战部副部长于红英、刘百陆的带领下,我校部分党外知识分子到开封市华通成套开关有限责任公司进行座谈交流。交流结束后于红英向公司转交了"河南省党外知识分子实践创新基地"牌匾。

10月18日下午、19日下午,党委统战部、学生处(党委学生工作部)在金明校区行政楼151会议室、明伦校区法学院二楼一会议室分别举办统战工作政策法规培训,全体统战委员、新生辅导员参加了培训。党委统战部副部长于红英主持培训活动。

10月19日上午,由开封市人民政府、河南大学、中国动漫集团有限公司共同主办的第三届金犀奖·动漫节开幕式在开封开元名都大酒店隆重举行。河南大学党委书记卢克平,河南大学党委常委、副校长谭贞出席活动。九三学社河南大学委员会第一支社主委、河南大学美术学院动画系副主任、中国高校影视学会动画与数字媒体艺术专业委员会理事、金犀奖·动漫节执行秘书长倪娜副教授全程参与。

10月20日,中宣部在京召开宣传思想文化领域高层次人才代表座谈会,中共中央政治局委员、中宣部部长黄坤明作出重要指示。我校青年长江学者、国家哲学社会科学"万人计划"领军人才、民革河南大学支部主委张先飞教授参加座谈会。

10月22日中午,九三学社河南大学委员会第一支社领导班子民主生活会在九三学社开封市委一楼会议室召开。开封市政协副主席、九三学社开封市委主委苗琛,九三学社开封市委副主委、九三学社河南大学委员会主委张璟慧,以及第一支社全体班子成员参加了会议。会议由第一支社主委倪娜主持。

10月22日下午,九三学社河南大学委员会第四支社领导班子民主生活会在九三学社开封市委会议室召开,第四支社全体班子成员参加了会议。九三学社开封市委专职副主委樊丽,九三学社开封市委副主委、九三学社河南大学委员会主委张璟慧应邀出席。会议由九三学社河南大学委员会副主委、第四支社主委王新海主持。

10月23—24日,我校民盟盟员40余人组成学习考察团赴商丘永城淮海战役陈官庄纪念馆开展红色教育活动。

10月26日中午,九三学社河南大学委员会第二支社领导班子民主生活会在九三学社开封市委会议室召开。开封市政协副主席、九三学社开封市委主委苗琛,九三学社开封市委副主委、九三学社河南大学委员会主委张璟慧,以及河南大学第二支社班子成员参加会议。会议由九三学社河南大学委员会副主委、河南大学第二支社主委王子成主持。

10月27日下午,九三学社开封市委社会服务工作委员会在九三学社开封市委副主委、河南大学主委张璟慧的带领下来到汴京公园,就协调对接开展科普讲座社会服务工作相关事宜进行了座谈。社市委社会服务工作委员会主任司献军,副主任姜军、王子成;汴京公园党委书记杜娟、主任李大寨等参加座谈。

10月28日中午,在河南大学第一附属医院16号楼会议室召开了九三学社河南大学委员会第三支社领导班子民主生活会。九三学社开封市委副主委、九三学社河南大学委员会主委张璟慧,以及河大三支社全体班子成员参加了会议。会议由三支社主委何艳玲主持。

11月2日,九三学社开封市委社会服务工作委员会主任司献军,副主任姜军、王子成一行到祥符区陈留镇尹庄村,深入开封菊花生产龙头企业、开封前方园艺有限公司,就菊花产业发展情况进行调研。

11月3日上午,2020年度国家科学技术奖励大会在北京人民大会堂隆重举行。我校王家耀院士为第一完成人、秦奋教授(河南省政协委员、民建开封市委副主委、民建河南大学总支主委)为主要完成人的"智能化地图综合与多尺度级联更新关键技术及应用"项目荣获国家科学技术进步二等奖。

11月12日下午,开封市党外知识分子联谊会会长会召开。市党外知识分子联谊会会长、河南大学淮河医院院长张祎捷主持会议。

11月15日,九三学社河南大学委员会副主委王新海教授主持的河南省重大科技专项"五效立体富营养化集成处理系统(FEST)关键技术研发及产业化"顺利通过验收,在成果转化与产业化方面得到了来自中国矿业大学、河南省生态环境科学研究院、江苏师范大学、郑州大学、华北水利水电大学等与会专家的一致好评。

11月17日,农工党中央2021年理论研究优秀论文评选结果揭晓,我校农工党副主委、一附院农工党主委、工会主席席子明撰写的《新时代统一战线法宝作用的内涵研究》荣获三等奖。

11月19日下午,九三学社开封市委青年工作委员会组织青年社员观看了九三学社中央组织部举办的青年骨干线上系列培训(第三期)活动。社市委青年工作委员会主任赵勇、副主任倪娜在河南大学组织十余名社员进行集体学习,社河南大学委员会、黄河水院支社、市直支社、鼓楼支社、禹王台支社、卫校支社等多个基层组织分别以集中观看和个别学习的方式参与到了此次线上培训活动。

11月25日,九三学社河南大学第三支社委员会在河南大学第一附属医院15号楼培训室召开组织生活会,专题学习中共十九届六中全会精神。会议由第三支社主委何艳玲主持。

11月26日下午,由中共河南省委统战部、省委高校工委、省教育厅主办,河南师范大学承办的全省高校大学生"中华民族一家亲,同心共筑中国梦"主题演讲比赛决赛成功举行,我校选送的新闻与传播学院 2019 级播音与主持艺术专业关舒同学的《弘扬民族大义谱写青春华章》演讲视频获得一等奖,我校荣获"优秀组织奖"。

12 月 2 日中午,河南大学"侨胞之家"揭牌仪式在金明校区举行。河南大学侨联主席武四新和党委统战部副部长于红英共同为"侨胞之家"揭牌,侨联副主席段少峰、陈楠出席会议,九三学社河南大学委员会主委张璟慧到会祝贺,侨联会员近 20 人参会。党委统战部副部长刘百陆主持仪式。

12 月 2 日,九三学社河南大学委员会在河南大学金明校区行政大楼举行"社员之家"揭牌仪式。开封市政协副主席、九三学社开封市委主委苗琛,河南大学党委统战部副部长于红英、刘百陆,九三学社开封市委专职副主委樊丽,九三学社开封市委副主委、九三学社河南大学委员会主委张璟慧,副主委王子成、王新海,委员董彦军、尼志强,河南大学第一支社主委倪娜以及河南大学第四支社副主委陈楠等二十余人参加了仪式。在外考察工作的河南大学党委副书记季波,以及九三学社开封市委副主委欧阳章姝打来电话祝贺。河南大学侨联主席武四新带领侨联成员到场观礼。仪式由张璟慧主持。

12 月 3 日下午,民建河南大学总支赴祥符区曲兴镇双楼村进行调研,并召开政治理论学习会,专题学习中共十九届六中全会精神。河南大学党委统战部副部长于红英,民建河南大学总支主委秦奋,民建开封市委副主委彭宝玉,民建河南大学总支副主委韩道军,河南大学驻双楼村工作队队长车颖涛,以及民建河南大学总支全体会员参加了学习活动。

12 月 3 日,民建河南大学总支举行"思源·励志"捐赠活动,向祥符区曲兴镇双楼小学捐赠一批新书包和课外图书。

12 月 3 日,根据省委统战部相关通知的要求,我校完成挂职党外干部实践锻炼总结考察工作。

12 月 6 日,2021 年度国家社科基金重大项目立项名单公布,民盟河南大学委员会副主委、河南大学辛永芬教授担任首席专家申报的项目《基于大型语料库的中原官话共时比较与历时探考研究》获批 2021 年度国家社科基金重大项目立项。

12 月 10 日下午,民进河南省委参政议政处处长张军善做客"同心大讲堂",为民主党派培训班作题为"社情民意信息文稿撰写探析——理论·方法·案例"的报告,党委统战部副部长于红英主持报告会。

12月15日,开封市召开创建2023年"东亚文化之都"专家组研讨会。九三学社开封市委参政议政工作委员会副主任、河南大学文化产业与旅游管理学院教授陈楠以《以"文都"创建为契机,推动文旅融合进入新境界》为题做了专题汇报。

12月15日,河南省花卉协会菊花分会在开封成立。九三学社开封市委社会服务工作委员会副主任、九三学社河南大学委员会副主委王子成教授当选第一届理事、副会长。

12月19日,河南大学省部共建作物逆境适应与改良国家重点实验室教授宋纯鹏团队在小麦"祖先物种"——节节麦研究上的重要研究成果被《中国科学报》报道。

12月22日,中国农工民主党河南省委会在郑州召开农工党河南省优秀参政议政成果表彰会,农工党河南大学副主委席子明撰写的提案,1篇荣获一等奖,2篇荣获二等奖,是开封市唯一荣获一等奖的提案,也是唯一获得三项奖励的作者。

12月24日上午,河南大学铸牢中华民族共同体意识研究中心揭牌仪式在金明校区308会议室举行。校党委书记卢克平、党委副书记季波、党委常委、副校长孙君健,人文社科研究院院长桓占伟、人事处副处长尹猛、黄河文明与可持续发展研究中心副主任陈家涛,河南大学铸牢中华民族共同体意识研究中心教师代表等出席揭牌仪式。仪式由党委统战部副部长于红英主持。卢克平、季波、孙君健等共同为"河南大学铸牢中华民族共同体意识研究中心"揭牌。

12月24日,民建河南大学总支会员参加民建开封市委会的制造业产业体系调研活动。秦奋、彭宝玉、韩道军、焦文献、尚文英等就开封市制造业发展方向,分别提出了加强顶层规划,促进产学研结合,加大科技投入,建设研发中心,产业发展要惠及民生,结合国家"双碳"目标发展清洁能源产业等意见建议,调研报告转化为开封市政协重点提案。

12月31日上午,金明校区行政楼426会议室,河南省文史研究馆办公室主任李亚旭一行和我校省文史研究馆馆员魏千志、刘泮峒、贾玉英亲切座谈,党委统战部副部长于红英主持座谈会。

后 记

本套丛书是河南大学110周年华诞献礼丛书之一,旨在客观展现河南大学统一战线的历史与现状、艰难与辉煌,涵盖河南大学统一战线的方方面面,尤其对近年来的统战工作作了较为详细的记述,使事有所闻、闻有所感,载之青史、以昭后人。

丛书编纂工作启动于2019年初,定稿于2022年秋,历时三年余。丛书凡三部共四册,分为《河南大学统战忆往》《河南大学党外代表人士风采》和《河南大学人大代表、政协委员议案提案选编(2018—2022年)》(二册,内部资料)。丛书编纂具体分工如下:

李文山:统筹协调,确定编纂总体思路、基本原则和内容构架,并审读全部书稿;

王春晓、赵克强:《河南大学统战忆往》;

于红英、李龙国:《河南大学党外代表人士风采》;

王春晓、李婧:《河南大学人大代表、政协委员议案提案选编(2018—2022年)》;

刘百陆:协助李文山审读全部书稿。

学校领导对编纂工作高度重视,卢克平、张锁江、张宝明、季波等校领导在编写要求、内容安排、入选人物等方面提出了宝贵的指导意见。

丛书的出版有赖于河南大学和社会各界的支持与襄助。感谢各基层党组织、各民主党派、统战团体和各位撰稿人员的积极支持和配合。感谢档案馆在档案查阅、出版社在书籍出版方面给予的大力支持。感谢所有关心、支持丛书编撰出版的单位和个人,谨在此一并致谢!

由于编者水平有限,书中疏漏之处在所难免,敬请方家不吝赐正。

编 者

2022年9月18日